Harald Salomann

Internet Self-Service in Kundenbeziehungen

GABLER EDITION WISSENSCHAFT

Harald Salomann

Internet Self-Service in Kundenbeziehungen

Gestaltungselemente, Prozessarchitektur und Fallstudien aus der Finanzdienstleistungsbranche

Mit einem Geleitwort von Prof. Dr. Walter Brenner

GABLER EDITION WISSENSCHAFT

Bibliografische Information Der Deutschen Nationalbibliothek
Die Deutsche Nationalbibliothek verzeichnet diese Publikation in der
Deutschen Nationalbibliografie; detaillierte bibliografische Daten sind im Internet über
<http://dnb.d-nb.de> abrufbar.

Dissertation Universität St. Gallen, 2008

1. Auflage 2008

Lektorat: Frauke Schindler / Sabine Schöller

Der Gabler Verlag ist ein Unternehmen von Springer Science+Business Media.
www.gabler.de

Umschlaggestaltung: Regine Zimmer, Dipl.-Designerin, Frankfurt/Main
Gedruckt auf säurefreiem und chlorfrei gebleichtem Papier

ISBN 978-3-8349-0841-4

Geleitwort

Die Interaktion zwischen Unternehmen und Kunden hat sich in den letzten Jahren stark verändert. In der Vergangenheit wurde der Kunde meist als passiver Akteur betrachtet, der die Leistungen eines Unternehmens lediglich entgegennimmt. Heutzutage werden hingegen immer mehr Aufgaben von den Unternehmen auf die Kunden übertragen. Der Kunde ist somit aktiver Bestandteil der Wertschöpfungskette geworden. Die Auswirkungen dieses Transformationsprozesses sind im Alltag offensichtlich und zeigen sich in vielfältigen Anwendungsszenarien. Beispiele hierfür sind Geldautomaten, automatisierte Sprachdialogsysteme in Call Centern oder die zunehmende Abwicklung von Banktransaktionen über das Internet.

Diese Entwicklung wird häufig unter dem Begriff Self-Service zusammengefasst. Aufgrund der rasanten Verbreitung des Internets sind in den letzten Jahren insbesondere Internet Self-Services in den Fokus der Betrachtung gerückt. Allerdings ergeben sich aus dieser zunehmenden Serviceautomatisierung für die Unternehmen auch grosse Herausforderungen in den Bereichen Kundenkontrolle, Kundenloyalität sowie Kundenzufriedenheit.

Harald Salomann untersucht in seiner Arbeit die Auswirkungen dieser Veränderungen auf kundenorientierte Prozesse in der Finanzdienstleistungsbranche. Er analysiert erfolgreiche Internet Self-Service Lösungen und leitet daraus Erfolgsfaktoren für die Praxis ab. Die Handlungsempfehlungen sind in einem strategischen Rahmenwerk, einer Self-Service Prozesslandkarte sowie in einem Systemarchitekturvorschlag dokumentiert. Diese Ergebnistypen unterstützen Unternehmen aus der Finanzdienstleistungsbranche bei der Konzeption, Planung sowie Umsetzung von Internet Self-Services.

Die praktische Relevanz der Arbeit ist durch eine mehrjährige Zusammenarbeit mit führenden Finanzdienstleistungsunternehmen im Rahmen der Kompetenzzentren des Instituts für Wirtschaftsinformatik an der Universität St. Gallen sowie durch die Aufnahme von sechs Fallstudien aus der Finanzdienstleistungsbranche sichergestellt. Des Weiteren führt Herr Salomann eine umfangreiche Analyse der bestehenden Literatur zum Thema Self-Service durch und gelangt dadurch zu einer Abgrenzung des Self-Service Konzepts von anderen Begriffen und Schlagwörtern in diesem Bereich. Diese Begriffsbestimmung liefert dem Wissenschaftler ein stabiles Rahmenwerk, auf dessen Basis eine weitergehende Untersuchung von Forschungsfragen möglich wird. Nicht zuletzt bietet die vorliegende Arbeit auch für Studenten und Dozenten durch die umfangreichen Fallstudien und anschaulichen Beispiele einen einfachen Einstieg in das Thema Internet Self-Service.

Neben Unternehmen aus der Finanzdienstleistungsbranche schafft die Arbeit auch einen Erkenntnisgewinn für Unternehmen aus anderen Dienstleistungssektoren. Da dieses Thema in Zukunft noch weiter an Relevanz gewinnen wird, können auch diese Unternehmen wichtige Erkenntnisse aus den in dieser Arbeit formulierten Handlungsempfehlungen ziehen.

Prof. Dr. Walter Brenner

Vorwort

Die vorliegende Arbeit entstand im Rahmen meiner mehr als dreijährigen Tätigkeit als wissenschaftlicher Mitarbeiter in den Kompetenzzentren „Customer ► Knowledge ► Performance“ (CC CKP) und „Customer Management“ (CC CM) am Institut für Wirtschaftsinformatik der Universität St. Gallen (IWI-HSG). In diesen Kompetenzzentren forschte ein Team von wissenschaftlichen Mitarbeitern in Zusammenarbeit mit Unternehmensvertretern an Themen des Customer Relationship Managements und des Wissensmanagements.

An dieser Stelle möchte ich allen danken, die zum Gelingen dieser Arbeit beigetragen haben. Mein Dank gebührt zunächst Prof. Dr. Walter Brenner, geschäftsführender Direktor des Instituts, für die wissenschaftliche Betreuung, die ausgezeichneten Arbeitsbedingungen und das interessante und praxisnahe Forschungsumfeld am IWI. Ebenso danke ich Prof. Dr. Beat Bernet für die Übernahme des Korreferats dieser Arbeit. Mein besonderer Dank gilt dem Leiter der Kompetenzzentren, Prof. Dr. Lutz Kolbe, für die fachliche und persönliche Unterstützung während der letzten Jahre. Die freundschaftliche und gleichzeitig motivierende Zusammenarbeit mit ihm werde ich in sehr guter Erinnerung behalten. Prof. Dr. Glen L. Urban vom Center for Digital Business an der MIT Sloan School of Management, USA, danke ich für die Unterstützung meines Forschungsaufenthalts am MIT. Mein Dank gebührt auch den Geschäftsführern des Instituts, Dr. Ernst Ensslin und Dr. Dieter Zerndt, für ihre Hilfsbereitschaft in allen geschäftlichen Belangen.

Bei meinen Kollegen und Freunden am IWI-HSG möchte ich mich für die angenehme und humorvolle Arbeitsatmosphäre bedanken. Mein spezieller Dank gilt meinen Teamkollegen aus den Kompetenzzentren, Dr. Henning Gebert, Dr. Stefan Kremer, Dr. Adrian Büren, Dr. Malte Geib, Dr. Annette Reichold, Dr. Ragnar Schierholz, Dr. Malte Dous, Christian Fischer, Friedrich Köster, Susanne Glissmann, HanhQuyen Nguyen und Bernhard Schindlholzer, für die zahlreichen Diskussionen und Anregungen. Stellvertretend für alle weiteren Kollegen am IWI möchte ich an dieser Stelle Dr. Axel Hochstein, Dr. Oliver Wilke, Dr. Christian Braun, Dr. Enrico Senger, Alexander Ritschel, Nico Ebert, Falk Übernickel, Veit Schulz, Christian Wilhelmi und Jan Schemm für ihre Hilfsbereitschaft sowie die fachliche und persönliche Unterstützung danken. Mein Dank gebührt weiterhin dem IWI IT Team, Markus Handke, Daniel Seiler und Roman Thies, für ihre Unterstützung nicht nur bei technischen Aufgaben.

Ganz besonders danke ich schliesslich meinen Eltern Roswitha und Peter Salomann, die mich stets förderten und auf meinem Weg immer ausserordentlich unterstützt haben. Ihnen widme ich diese Arbeit.

St. Gallen, im Oktober 2007 *Harald Salomann*

Inhaltsübersicht

Inhaltsverzeichnis

Abkürzungsverzeichnis

ADO	ActiveX Data Objects
ADSL	Asymmetric Digital Subscriber Line
AG	Aktiengesellschaft
AGOF	Arbeitsgemeinschaft Online Forschung e.V.
AIX	Advanced Interactive Executive
API	Application Programming Interface
ASP	Active Server Pages
B2B	Business-to-Business
B2C	Business-to-Consumer
BaFin	Bundesanstalt für Finanzdienstleistungsaufsicht
BAG	Bundesamt für Gesundheit
BdB	Bundesverband deutscher Banken
BE	Business Engineering
BECS	Business Engineering Case Studies
BehiG	Behindertengleichstellungsgesetz
BFS	Bundesamt für Statistik
BGB	Bürgerliches Gesetzbuch
BHS	Beisheim Holding Schweiz
BMIA	Business Model of the Information Age
bspw.	beispielsweise
BTX	Bildschirmtext
bzw.	beziehungsweise
ca.	circa
CAB	Cabinet
CAS	Computer Aided Selling
CC BAI	Kompetenzzentrum Banking Architectures of the Information Age
CC CKP	Kompetenzzentrum Customer ► Knowledge ► Performance
CC CM	Kompetenzzentrum Customer Management
CD	Compact Disc
CGI	Common Gateway Interface
CHF	Schweizer Franken

CICS	Customer Information Control System
CIL	Common Intermediate Language
CLR	Common Language Runtime
CMS	Content Management System
CORBA	Common Object Request Broker Architecture
CRM	Customer Relationship Management
CSS	Cascading Style Sheets
CSV	Character Separated Values
CTI	Computer Telephony Integration
CUSS	Common Use Self-Service
CVS	Concurrent Versions System
d.h.	das heisst
DBMS	Datenbankmanagementsystem
DOM	Document Object Model
E-Business	Electronic Business
E-Mail	Electronic Mail
EAI	Enterprise Application Integration
EBPP	Electronic Bill Presentment and Payment
et al.	et alii
EU	Europäische Union
EUR	Euro
f	folgende
FAQs	Frequently Asked Questions
ff	fortfolgende
FTP	File Transfer Protocol
G2C	Government-to-Citizen
ggf.	gegebenenfalls
GmbH	Gesellschaft mit beschränkter Haftung
GPL	General Public License
HGB	Handelsgesetzbuch
HSG	Universität St. Gallen – Hochschule für Wirtschafts-, Rechts- und Sozialwissenschaften

HTML	Hypertext Markup Language
HTTP	Hypertext Transfer Protocol
HTTPS	Hypertext Transfer Protocol Secure
i.d.R.	in der Regel
IANA	Internet Assigned Numbers Authority
IDE	Integrated Development Environment
IF	International Forum
IIS	Internet Information Services
IMS	Information Management Server
IP	Internet Protocol
ISO	Internationale Organisation für Normung
ISV	Independent Software Vendor
IT	Informationstechnologie
ITOC	IMS TCP/IP OTMA Connection
IVR	Interactive Voice Response
IWI	Institut für Wirtschaftsinformatik
J2EE	Java 2 Platform, Enterprise Edition
JCP	Java Community Process
JDBC	Java Database Connectivity
JSP	Java Server Pages
JSR	Java Specification Request
JVM	Java Virtual Machine
Kap.	Kapitel
KFZ	Kraftfahrzeug
KM	Knowledge Management
KMU	kleine und mittlere Unternehmen
LAN	Local Area Network
M-Business	Mobile Business
Mio.	Million[en]
Mrd.	Milliarde[n]
MVS	Multiple Virtual Storage
ODBC	Open Database Connectivity

OLAP	Online Analytical Processing
OSI	Open Systems Interconnection
OTMA	Open Transaction Manager Access
PC	Personal Computer
PDF	Portable Document Format
PIN	Persönliche Identifikationsnummer
PKW	Personenkraftwagen
PL	Procedural Language
PR	Public Relations
PROMET	Projektmethode
RACF	Resource Access Control Facility
RDBMS	Relationales Datenbankmanagementsystem
RIA	Rich Internet Application
S.	Seite
s.	siehe
SFA	Sales Force Automation
SigG	Signaturgesetz
SigV	Signaturverordnung
SITA	Société Internationale de Télécommunications Aéronautiques
SMTP	Simple Mail Transfer Protocol
SOAP	Simple Object Access Protocol
sog.	so genannt
SQL	Structured Query Language
SSI	Server Side Includes
SSL	Secure Sockets Layer
SST	Self-Service Technology
TAN	Transaktionsnummer
TBSS	Technology Based Self-Service
TCP	Transmission Control Protocol
TCS	Touring Club Schweiz
u.a.	unter anderem
UDDI	Universal Description, Discovery and Integration

URI	Uniform Resource Identifier
URL	Uniform Resource Locator
US[A]	Vereinigte Staaten [von Amerika]
V-Business	Voice Business
VAG	Versicherungsaufsichtsgesetz
vgl.	vergleiche
VPN	Virtual Private Network
W3B	World Wide Web Benutzer-Analyse
W3C	World Wide Web Consortium
WAI	Web Accessibility Initiative
WAN	Wide Area Network
WAP	Wireless Application Protocol
WSDL	Web Services Description Language
WSRP	Web Services for Remote Portlets
XHTML	Extensible Hypertext Markup Language
XML	Extensible Markup Language
z.B.	zum Beispiel
ZertES	Bundesgesetz über Zertifizierungsdienste im Bereich der elektronischen Signatur

Zusammenfassung

Self-Services gewinnen in Kundenbeziehungen zunehmend an Bedeutung. Die vorliegende Dissertation beschäftigt sich mit der Frage, wie Unternehmen ihre Self-Service Angebote erfolgreich entwickeln und umsetzen können. Dabei werden schwerpunktmässig Internet Self-Services in der Finanzdienstleistungsbranche betrachtet.

Die Arbeit basiert auf den theoretischen Grundlagen der Forschungsgebiete Customer Relationship Management, Business Engineering und Self-Service Technologie. Diese Erkenntnisse werden durch die Untersuchung von sechs Fallstudien um praktische Erfahrungen ergänzt. Diese Fallstudien beschreiben unterschiedliche Ansätze für die erfolgreiche Gestaltung von Self-Service Lösungen.

Entlang der Ebenen Strategie, Prozesse und Systeme werden Handlungsempfehlungen abgeleitet. Damit unterstützt die Dissertation die Planung, Konzeption und Umsetzung von Internet Self-Services in der Finanzdienstleistungsbranche.

Abstract

Self-services become increasingly important in customer relationships. This dissertation addresses the question of how companies can successfully design and implement their self-service offerings. In doing so, it focuses on Internet self-services in the financial services industry.

The doctoral thesis is based on the theoretical fundamentals in the research areas of customer relationship management, business engineering and self-service technology. These findings are complemented with practical insights gained through the analysis of six case studies. These case studies illustrate different approaches for designing successful self-service solutions.

Recommendations for action are derived along the levels of strategy, processes and systems. Thus, the dissertation supports planning, design and implementation of Internet self-services in the financial services industry.

1 Einleitung

1.1 Ausgangslage

"Self-services could indeed transform the service economy in much the same way that mass production transformed manufacturing, by allowing services to be delivered at low cost in large volumes." [The Economist, 16. September 2004]

Die Bedeutung von Self-Services in Kundenbeziehungen nimmt stetig zu. Die Beispiele hierfür sind vielfältig. Ein Anruf bei der Hotline eines Unternehmens führt heutzutage selten direkt zu einem Mitarbeiter, sondern zunächst zu einem automatisierten Sprachdialogsystem, welches Anfragen klassifiziert und kanalisiert. Automaten in Banken, Bahnhöfen und Flughäfen ermöglichen es dem Kunden, Aufgaben durchzuführen, welche zuvor von Angestellten eines Unternehmens getätigt wurden. Die rasante Verbreitung des Internets hat diesen Trend noch verstärkt. Dies führt beispielsweise dazu, dass Banken einige Produkte ausschliesslich online anbieten oder Fluggesellschaften Rabatte nur für Buchungen gewähren, die der Kunde selbst über das Internet vornimmt. Self-Services haben auch in die öffentliche Verwaltung Einzug gehalten, so dass mehr und mehr Dienstleistungen online abgewickelt werden können [s. Schedler 2006, 32-35]. Diese aktuelle sowie zukünftige Bedeutung von Self-Services kann durch Zahlen und weitere Praxisbeispiele untermauert werden:

- *Internet.* Im August 2000 lag der Anteil der Deutschen, die das Internet zum Einkaufen nutzten, bei 8% (gemessen an der Gesamtbevölkerung) [s. BdB 2004a, 1]. Im Mai 2004 betrug dieser Anteil bereits 34% mit steigender Tendenz. Diese Entwicklung gilt auch für die Abwicklung von Banktransaktionen über das Internet. Im Bereich des Online Banking ist der Anteil von 8% in 1998 auf 30% in 2004 angewachsen [BdB 2004a, 6].

- *Telefon.* Im Bereich Call Center wird zunehmend auf Self-Service Technologien gesetzt. Ein Beispiel hierfür ist der Einsatz von Sprachdialogsystemen (sog. IVR-Systeme) zur Automatisierung von Kundenanfragen. In den USA setzen bereits über 90% der Call Center diese Technologie ein [Genesys 2004, 25]. Im deutschsprachigen Raum liegt dieser Anteil erst bei 24%. Allerdings planen weitere 31% der Unternehmen den Einsatz der IVR-Technologie zur Automatisierung der Kundeninteraktion [Aspect 2005, 10].

- *Automat.* Zur Unterstützung und Beschleunigung des Check-Ins setzen viele Flughäfen Self-Service Automaten ein. Eine Umfrage unter den weltweit 250 grössten Flughäfen belegt, dass diese Self-Service Technologie bereits auf 50% der Flughäfen zum Einsatz kommt – Tendenz steigend [SITA 2005, 1]. Der Trend geht hin zu sog. „Common Use Self-Service (CUSS)" Kiosks, bei denen Check-Ins für mehrere Fluggesellschaften möglich sind. Diese zweite Generation von Self-Service Kiosks ist heute erst auf 9% der Flughäfen installiert. Dieser Wert soll aber mittelfristig auf 75% ansteigen [SITA 2005, 3].

Als Antwort auf den steigenden Kostendruck sowie als Nachweis der Börsenfähigkeit hat die Deutsche Bahn im Jahr 2004 ein Initiative lanciert, die darauf abzielte die Vertriebskosten um jährlich 100 Mio. EUR zu senken [s. Ott 2004]. Integraler Bestandteil dieser Strategie ist der verstärkte Einsatz von Self-Service Angeboten. Statt auf persönlichen Kontakt setzt die Deutsche Bahn damit zunehmend auf Internet und Automaten. Im Jahr 2000 wurden nur 10% der Tickets am Automaten gelöst. Dieser Wert soll auf 20% ansteigen. Dies gilt auch für den Anteil an Internetbuchungen, der von 0,5% auf 5,9% steigen soll. Gleichzeitig hat die Bahn im Zeitraum von 2000 bis 2004 die Zahl der Schalter und Reisezentren von 896 auf 592 verringert. Dies ging mit dem Abbau von 1.000 Stellen beim Ticketverkauf einher.

Die genannten Zahlen und praktischen Beispiele belegen die grosse Bedeutung von Self-Services in Kundenbeziehungen. Gleichzeitig weisen sie aber auf Herausforderungen hin. Meist werden Kostenreduktionen dadurch erzielt, dass standardisierte Transaktionen, die hohe Volumina aufweisen, automatisiert werden. Dies kann mit einer Kundendifferenzierung einhergehen, so dass Kunden mit einem hohen Kundenwert persönlich betreut werden, während sog. „C-Kunden" an den (vermeintlich) kostengünstigeren Self-Service verwiesen werden [Brady 2000]. Diese durch Self-Service Technologie realisierte Serviceautomatisierung und –differenzierung kann auch negative Auswirkungen auf die Kundenbeziehung haben. In der Literatur ist es unbestritten, dass die Interaktion mit den Kunden einen sog. „magic moment" [Vavra 1995] oder auch „moment of truth" [Carlzon 1987] darstellt, der Einfluss auf eine Reihe von Determinanten der Kundenbeziehung hat. Hierzu zählen die Kundenzufriedenheit [Parasuraman et al. 1985, 44; Smith/Bolton 1998], die Kundenloyalität [Gremler/Brown 1999, 273ff], die Anzahl an Weiterempfehlungen sowie die Mund-zu-Mund-Propaganda [Keaveney 1995, 76; Tax et al. 1998, 60]. Die Differenzierung über den Service ist daher umso wichtiger, je mehr die Produkte aus Sicht der Kunden austauschbar sind. Die Substitution von persönlicher Interaktion durch Self-Service führt oftmals zu einem Verlust an Kundenkontrolle, einer erschwerten Kundenbindung und damit letztlich zu unzufriedenen Kunden [Selnes/Hansen 2001, 80ff; Mulligan/Gordon 2002, 37f]. In einigen Fällen ist die über Self-Service Kanäle stattfindende Interaktion – gemessen an der Erfüllung der Kundenerwartungen – den traditionellen Kanälen sogar unterlegen [vgl. Temkin et al. 2004].

Im Jahr 2006 erfolgte bei der Deutschen Bahn eine Anpassung der in 2004 initiierten Self-Service Strategie [s. N24 2006]. Zwar ist der Ticketverkauf über Internet und Automaten weiterhin ein strategischer Schwerpunkt, allerdings soll auch der persönliche Kontakt mit den Kunden wieder mehr in den Vordergrund gerückt werden. Dies führt dazu, dass insbesondere in grossen und häufig frequentierten Bahn-

höfen zusätzliches Schalterpersonal eingesetzt wird. Als ein Grund hierfür wird von der Bahn die Verbesserung der Serviceleistung angeführt.

Diese konfligierenden Elemente von Self-Service (d.h. mögliche Kostenreduktion einerseits, aber auch mögliche negative Auswirkungen auf die Kundenbeziehung andererseits) stellen für Unternehmen eine aktuelle Herausforderung dar. Die Theorie liefert hierzu vereinzelt Ansätze [Meuter et al. 2000b; Bitner et al. 2002], eine Auflösung dieses Konflikts ist jedoch nicht vorhanden bzw. lediglich unzureichend untersucht. Ein umfassendes Modell, welches strategische Potenziale des Self-Service evaluiert, Implikationen für Self-Service Prozesse aufzeigt und Hinweise auf die systemtechnische Umsetzung liefert, fehlt bisher.

1.2 Zielsetzung, Abgrenzung und Adressaten

Die grundlegende Forschungsfrage dieser Arbeit leitet sich aus der in Abschnitt 1.1 beschriebenen Ausgangslage und den damit verbundenen Herausforderungen ab.

Wie sollen Unternehmen ihre Self-Service Aktivitäten in Kundenbeziehungen entlang der Ebenen Strategie, Prozesse und Systeme gestalten?

Ausgehend von dieser grundlegenden Forschungsfrage ergeben sich weitere Fragestellungen:

- *Strategie.* Welche Geschäftsmodelle gibt es im Bereich Self-Service? Welche Charakteristika weisen diese auf? Wo liegen die Potenziale und Herausforderungen dieser Geschäftsmodelle?

- *Prozesse.* Welche Konsequenzen haben unterschiedliche Geschäftsmodelle für die Ausgestaltung der Prozessebene? Welche Phasen des Kundenprozesses können durch Self-Services abgedeckt werden? Welche Funktionalitäten werden dazu benötigt?

- *Systeme.* Wie können Self-Service Prozesse systemtechnisch unterstützt und umgesetzt werden? Welche Systemkomponenten beinhalten State-of-the-Art Self-Service Lösungen? Welche Technologien können zukünftig für die Gestaltung von Self-Service Interaktionen relevant werden?

Diese Fragestellungen machen deutlich, dass die vorliegende Arbeit das Thema Self-Service in Kundenbeziehungen auf den Ebenen Strategie, Prozesse und Systeme untersucht. Die Zielsetzungen hierbei sind, strategische Potenziale von Self-Service Geschäftsmodellen aufzuzeigen, Implikationen für die Gestaltungen des Kundenprozesses sowie der damit korrespondierenden CRM-Prozesse abzuleiten und Elemente einer Self-Service Systembeschreibung zur Strategie- und Prozessunterstützung zu entwickeln. Auf der technologischen Ebene fokussiert die Dissertation primär auf das Internet. Andere Self-Service Technologien (z.B. Automaten oder Telefon) werden nicht betrachtet. Weiterhin sind sämtliche Fallstudien der Finanzdienstleistungsbranche entnommen. Diese Eingrenzung in den Bereichen Technologie und Branche soll dazu dienen, die Komplexität des Untersuchungsobjekts beherrschbar zu machen und die Vergleichbarkeit der Erkenntnisse (insb. im Rahmen der betrachteten Fallstudien) sicherzustellen.

Das *Erfahrungsobjekt* (d.h. der untersuchte Ausschnitt der Realität) der vorliegenden Arbeit ist die bei Internet Self-Service stattfindende Interaktion zwischen Unternehmen und Kunden [s. Bernet 1982, 15ff; Bernet 2003, 3f]. Dies beinhaltet eine Betrachtung der Aktivitäten und Transaktionen zwischen den beteiligten Akteuren sowie eine Untersuchung der benötigten (technologischen) Infrastruktur und Rahmenbedingungen. Das *Erkenntnisobjekt* (d.h. der Blickwinkel, unter dem die Problemstellungen untersucht werden) beschäftigt sich mit der Frage, wie die untersuchten Self-Service Systeme auf den Ebenen Strategie, Prozesse und Systeme zu strukturieren und gestalten sind. Das *Erkenntnisziel* für die Bewertung und Auswahl möglicher Lösungen besteht in der Ableitung sowohl theorieorientierter als auch auf praktische Gestaltungsentscheidungen ausgerichteter, wissenschaftlicher Aussagen.

Die Arbeit richtet sich an alle Personen, die sich mit der Gestaltung von Self-Service Aktivitäten in Kundenbeziehungen beschäftigen. Im Einzelnen schafft diese Dissertation Nutzen für:

- *Wissenschaftler und Forscher,* die sich mit Fragestellungen in der Self-Service Domäne auf den Ebenen Strategie, Prozesse und Systeme beschäftigen. Hierbei soll die Arbeit einen grundlegenden Beitrag zur Klassifizierung unterschiedlicher Geschäftsmodelle sowie zur Konzeption von Self-Service Ansätzen liefern.
- *Lehrende und Studierende,* denen anhand der aufgenommenen Fallstudien aufgezeigt werden soll, wie die in der Theorie entwickelten Konzepte praktisch umgesetzt werden können. Hierbei sollen insbesondere die mit dem Einsatz von Self-Service verbundenen Herausforderungen identifiziert und illustriert werden.
- *Praktiker und Entscheidungsträger,* denen die Arbeit kritische Erfolgsfaktoren bei der praktischen Gestaltung von Self-Service Ansätzen in Kundenbeziehungen aufzeigen soll. Dies beinhaltet die Ableitung von Handlungsoptionen auf den Ebenen Strategie, Prozesse und Systeme, welche insbesondere den unternehmensspezifischen Kontext in der Finanzdienstleistungsbranche berücksichtigen.

1.3 Entstehung und Einordnung

Die vorliegende Arbeit entstand im Rahmen der Kompetenzzentren Customer ► Knowledge ► Performance (CC CKP) und Customer Management (CC CM) am Institut für Wirtschaftsinformatik der Universität St. Gallen (IWI-HSG). Ein *Kompetenzzentrum* stellt einen kooperativen Forschungsansatz dar, bei dem überwiegend Grossunternehmen in Zusammenarbeit mit dem IWI-HSG Fragestellungen aus dem Bereich der Wirtschaftsinformatik und verwandter Gebiete untersuchen und Konzepte erarbeiten. Ein Kompetenzzentrum ist grundsätzlich auf eine langfristige Kooperation ausgerichtet, um die Nachhaltigkeit der entwickelten Konzepte zu gewährleisten. Grundlagen der Zusammenarbeit bilden die am IWI-HSG entwickelten Konzepte des Business Engineering (BE) [Brenner 1995; Österle 1995], Method Engineering [Gutzwiller 1994, 11-39] und Informationsmanagements [Brenner 1994].

Im Rahmen der Kompetenzzentren CC CKP und CC CKM wurden in Kooperation mit den Forschungspartnern Themenstellungen aus dem Bereich Customer Relationship Management (CRM) bearbeitet. Die thematischen Schwerpunkte lagen auf der Gestaltung kundenorientierter Prozesse im analytischen, operativen und kooperativen CRM sowie deren Verbindung mit kundenorientiertem Wissensmanagement. Die Entwicklung von Konzepten, Methoden und Lösungen im Bereich CRM erfolgte in Workshops sowie Praxisprojekten, welche auf bilateraler Basis mit den Forschungspartnern durchgeführt wurden [Kolbe et al. 2003, 9-12]. Gemäss dem kooperativen Forschungsansatz findet die Forschungsarbeit primär auf Basis von Fallstudien statt, die dazu dienen sollen, konzeptionelle Forschung mit praktischer Beobachtung zu verbinden. Dies dient wiederum als Basis für die Erarbeitung methodischer Vorgehensweisen und praktischer Lösungen [Lee 1989]. Die Aufnahme von Fallstudien ist nicht auf den Kreis der Partnerunternehmen im Kompetenzzentrum beschränkt. Im Idealfall erfolgt eine Validierung der erarbeiteten Konzepte durch partizipative Aktionsforschung bei den Partnerunternehmen [Whyte 1991]. Im Rahmen der Kompetenzzentren CC CKP und CC CM wurde dieser qualitative Forschungsansatz um die Anwendung quantitativer Methoden ergänzt. In der vorliegenden Arbeit handelt es sich hierbei um eine Umfrage unter 89 Anwenderunternehmen im deutschsprachigen Raum zur Identifizierung des Status quo sowie zukünftiger Entwicklungen in den Bereichen CRM und Self-Service [Salomann et al. 2005a].

Neben den im CC CKP sowie CC CM entwickelten Konzepten liefern u.a. folgende wissenschaftliche Arbeiten am IWI-HSG Grundlagen und Anknüpfungspunkte für das Dissertationsprojekt:

- Die Ergebnisse aus dem Kompetenzzentrum CC BAI (Banking Architectures of the Information Age) liefern Erkenntnisse zu Leistungsprozessen im Kundenbeziehungsmanagement bei Banken [Heinrich 2002; Heinrich/Leist 2002; Leist/Winter 2002].
- Die im Rahmen der Kompetenzzentren CC CKP und CC CM sowie deren Vorgängerkompetenzzentren entstandene CRM-Architektur entlang der Ebenen Strategie, Prozesse und Systeme dient zur Einordnung und Strukturierung des Untersuchungsobjekts [Gebert et al. 2003; Kolbe et al. 2003; Riempp 2003; Kolbe 2006]. Hierzu gehören auch Arbeiten zur Einführung von CRM [Schulze 2000], zur Architektur von CRM bei Banken [Schmid 2001], zu Portalen [Kremer 2004] und zum Multi-Kanal-Management [Gronover 2003].

- Die konzeptionellen Grundlagen des Business Networking aus dem Kompetenzzentrum Business Networking finden Eingang in die Analyse von Finanzdienstleistungsnetzwerken sowie in die Gestaltung des Prozessmanagements [Alt 2004]. Dies beinhaltet insbesondere Arbeiten zur Gestaltung und Umsetzung von Portalen [Puschmann 2003; Cäsar 2005].
- Die Arbeit von [Senger 2004] zum Stand elektronischer Kooperationen sowie die darin entwickelte Methode zur Erhebung von Fallstudien im Rahmen des Business Engineering (PROMET BECS) liefert die Grundlage sowie Anknüpfungspunkte für die Aufnahme und Analyse der Fallstudien des Dissertationsprojekts.

1.4 Forschungsmethodik

1.4.1 Wirtschaftsinformatik als handlungsorientierte Wissenschaft

Die vorliegende Arbeit ist in das Forschungsgebiet der Wirtschaftsinformatik einzuordnen. Diese stellt ein selbständiges betriebswirtschaftliches Vertiefungsfach dar [Wöhe 1996, 89]. Der Ursprung der Wirtschaftsinformatik als Forschungsdisziplin zeichnet sich durch eine Verbindung der Konzepte von elektronischer Datenverarbeitung und Betriebswirtschaftslehre aus. „*Gegenstand der Wirtschaftsinformatik sind Informationssysteme in Wirtschaft und Verwaltung*" [Ferstl/Sinz 1998, 1]. Hierbei wird untersucht, wie der Einsatz von Informations- und Kommunikationstechnik betriebswirtschaftliche Abläufe und Lösungsverfahren beeinflussen, gestalten und erweitern kann [Scheer 1992, 161].

Damit gehört die Wirtschaftsinformatik – wie auch die Managementlehre – zu den angewandten bzw. handlungsorientierten Wissenschaften [Ulrich 1984, 178-191]. Da der Betrachtungsgegenstand der betrieblichen Wirklichkeit entstammt, bezieht sie ihre Problemstellungen ebenfalls aus der Praxis. Ihre Tätigkeit ist darauf ausgerichtet „*mit Hilfe von Erkenntnissen der theoretischen oder Grundlagenwissenschaften Regeln, Modelle und Verfahren für praktisches Handeln zu entwickeln*" [Ulrich 1984, 200]. Anwendungsorientierte Wissenschaften treffen somit wertende und normative Aussagen. Ihr Forschungsziel besteht in der Gestaltung der betrieblichen Realität. Diese Entwicklung von interdisziplinären Gestaltungsmodellen wird auch als „*Design Science*" bezeichnet. Charakteristisch für Design Science ist die Erstellung und Evaluierung von Artefakten, die darauf abzielen, identifizierte organisationale Probleme zu lösen [Hevner et al. 2004, 77].

Die Betriebswirtschaftslehre als anwendungsorientierte Wissenschaft bedient sich einer Reihe von Forschungsmethoden [Chmielewicz 1974]. Entsprechend dem anwendungsorientierten Ansatz haben sich infolgedessen auch in der Wirtschaftsinformatik unterschiedliche Forschungsmethoden (z.B. Experiment, Umfrage, Fallstudienforschung, Aktionsforschung oder Simulation) mit jeweils unterschiedlichen Stärken und Schwächen herausgebildet [Galliers 1991, 337]. Um die praktische Relevanz sicherzustellen, basieren zahlreiche Erkenntnisse der Wirtschaftsinformatik auf qualitativ-empirischer Forschungsarbeit. Nach [Myers 2002] umfassen diese qualitativen Methoden vorwiegend Fallstudienforschung [Benbasat et al. 1987; Eisenhardt 1989; Yin 1994], Aktionsforschung [Rapoport 1970; Checkland 1991], ethnographische Forschung [Harvey/Myers 1995] und Ansätze aus dem Bereich der Grounded Theory [Martin/Turner 1986; Glaser 1992]. Die Methoden der quantitativen und qualitativen Forschung sind bei korrekter Anwendung als gleichwertig einzustufen [Avison et al. 1999, 94; Gummesson 2000, 3]. Eine ausschliessliche Fokussierung auf Literaturanalyse („*Desk Research*“) und quantitativ-empirischen Methoden wird der anwendungs- und gestaltungsorientierten Ausrichtung der Wirtschaftsinformatik nicht gerecht [Brenner 1993; Benbasat/Zmud 1999, 5f.]. Dies wird auch dadurch deutlich, dass einige der grundlegenden Erkenntnisse der Managementlehre primär auf die Anwendung qualitativer Forschungsmethoden zurückzuführen sind [Gummesson 2000]. Als Beispiele können hier die „*Hawthorne Experimente*“ [Mayo 1933; Roethlisberger/Dickson 1939] oder die Studien von Frederick W. Taylor zum „*Scientific Management*“ genannt werden [Taylor 1911].

Die methodische Grundlage der vorliegenden Arbeit ist die Fallstudienforschung. Dieser Forschungsansatz verfolgt das Ziel, die komplexen Zusammenhänge der betrieblichen Realität zu erfassen. Fallstudienforschung zeichnet sich durch Detailreichtum aus und ermöglicht die Analyse einer grösseren Anzahl von Variablen als dies bei anderen Ansätzen der Fall ist (z.B. Laborexperiment oder Umfrage) [Galliers 1991, 337]. Sie kommt insbesondere dann zum Einsatz, wenn Untersuchungsgegenstand und Umwelt nicht klar getrennt werden können [Yin 1994, 13] und ist daher für die Untersuchung von Informationssystemen geeignet [Benbasat et al. 1987, 387].

Die Anwendung quantitativer Methoden zielt auf eine statistische Generalisierbarkeit der ermittelten Ergebnisse ab. Diese Generalisierbarkeit im statistischen Sinne ist bei der qualitativen Forschung in aller Regel nicht möglich, aber gleichzeitig auch nicht gewollt. Die Generalisierung wird bei der Fallstudienforschung analytisch und nicht über die Stichprobengrösse bestimmt. „*In this sense, the case study [...] does not represent a ‚sample', and the investigator's goal is to expand and generalize theories (analytic generalization) and not to enumerate frequencies (statistical generalization)*“ [Yin 1994, 21]. Zur Erreichung analytischer Generalisierbarkeit setzen viele Forscher Mehrfach-Fallstudien im Sinne einer vergleichenden Fallstudienanalyse („*cross case analysis*“) ein [Miles/Huberman 1994, 245-261]. Hierfür sind zwischen vier und zehn Fallstudien ausreichend sofern sie einer Replikationslogik folgen [Eisenhardt 1989, 545]. Weniger als vier Fallstudien erlauben in der Regel keine empirisch fundierten Aussagen. Mehr als zehn führen dazu, dass die Komplexität der betrachteten Phänomene und die dazugehörige Datenmenge zu stark ansteigen. Die vorliegende Arbeit greift auf sechs Fallstudien zurück und liegt somit innerhalb des als angemessen erachteten Spektrums. Bei der Selektion der Fallstudien kann die Replikationslogik entweder in Form der „*literal replication*" oder als „*theoretical replication*" auftreten [Yin 1994, 53]. Erstere sagt gleiche oder ähnliche Ergebnisse voraus, letztere liefert gegensätzliche Erkenntnisse – jeweils auf Basis vorhersehbarer Gründe.

Die Informationsquellen für die Aufnahme einer Fallstudie sind vielfältig. Bei der Datensammlung können Dokumente (z.B. Geschäftsberichte oder unternehmensinterne Präsentationen), Interviews oder direkte Beobachtung des untersuchten Phänomens zum Erkenntnisgewinn beitragen [Yin 1994, 84ff]. Diese Elemente dienten auch als zentrale Informationsquellen bei den Fallstudienaufnahmen des vorliegenden Dissertationsprojekts. Weiterhin muss die Erhebung der Fallstudien innerhalb eines methodischen Rahmens erfolgen, um Gütekriterien wie Objektivität oder Nachvollziehbarkeit der Ergebnisse und Aussagen zu gewährleisten [Senger 2004, 50]. Deshalb erfolgte die Fallstudienaufnahme in der vorliegenden Arbeit in Anlehnung an PROMET BECS. Hierbei handelt es sich um eine am IWI-HSG entwickelte Erhebungsmethodik für Transformationsprojekte des Business Engineering, welche die genannten Anforderungen erfüllt und somit die Gewinnung allgemein gültiger Erkenntnisse zulässt [Senger/Österle 2002].

1.4.2 Forschungsprozess des Dissertationsprojekts

Das Business Engineering stellt das Rahmenwerk der am IWI-HSG durchgeführten angewandten Forschung dar. Business Engineering versteht sich als eine systematische Vorgehensweise, welche den Transformationsprozess von Unternehmen des Industriezeitalters hin zum Informationszeitalter unterstützt [Österle/Winter 2000, 10f]. Das Business Engineering ist in das Forschungsgebiet der Wirtschaftsinformatik einzuordnen. Die untersuchte betriebliche Realität bzw. Ausschnitte daraus werden in Modellen und Methoden abgebildet. Entsprechend der Ausrichtung der Wirtschaftsinformatik als angewandter Wissenschaft sind die aus diesen Modellen und Methoden ableitbaren Aussagen und Erkenntnisse in der Praxis validierbar [Gutzwiller 1994; Brenner 1995]. Der damit verbundene Forschungsprozess umfasst fünf Schritte [Österle et al. 1992, 35f]: (1) Die Problemstellungen werden von Wissenschaft und Praxis im Sinne eines partizipativen Forschungsprozesses zunächst gemeinsam definiert, wobei die Wissenschaft eine Strukturierung der Problemstellung anhand existierender Theorien vornimmt. (2) Dies bildet die Grundlage für die Ableitung von Vorschlägen zur Gestaltung der betrieblichen Realität. (3) Die Vorschläge werden überprüft und (4) dann in der Praxis eingesetzt. (5) Dem partizipativen Forschungsprozess folgend werden die Ergebnisse des Praxiseinsatzes gemeinsam mit der Wissenschaft untersucht und ständig weiterentwickelt.

Der Forschungsprozess der vorliegenden Arbeit ist in Abbildung 1-1 zusammengefasst. Der Abgleich von theoretischen Konzepten (s. Abschnitt 2) und Praxiserfahrungen (s. Abschnitt 3) führt zu der Feststellung, dass für die Gestaltung von Internet Self-Services in den Kundenbeziehungen von Finanzdienstleistern keine ausreichenden

Konzepte entlang der Ebenen Strategie, Prozesse und Systeme vorliegen („*Forscherische Lücke*"). Das Dissertationsprojekt greift diese Lücke auf und entwickelt auf Basis des vorgestellten partizipativen Forschungsansatzes Beiträge sowohl für die Theorie als auch für die Praxis. Diese umfassen auf der theoretischen Seite die Evaluation unterschiedlicher Self-Service Strategien und Geschäftsmodelle sowie die Einordnung der Thematik in ein ganzheitliches Rahmenwerk entlang der Ebenen Strategie, Prozesse und Systeme. Die Beiträge für die Praxis beinhalten die Identifikation relevanter Self-Service Funktionalitäten und deren systemtechnischer Umsetzung sowie die Ableitung von Handlungsempfehlungen für die Gestaltung von Internet Self-Services basierend auf den erhobenen Fallstudien.

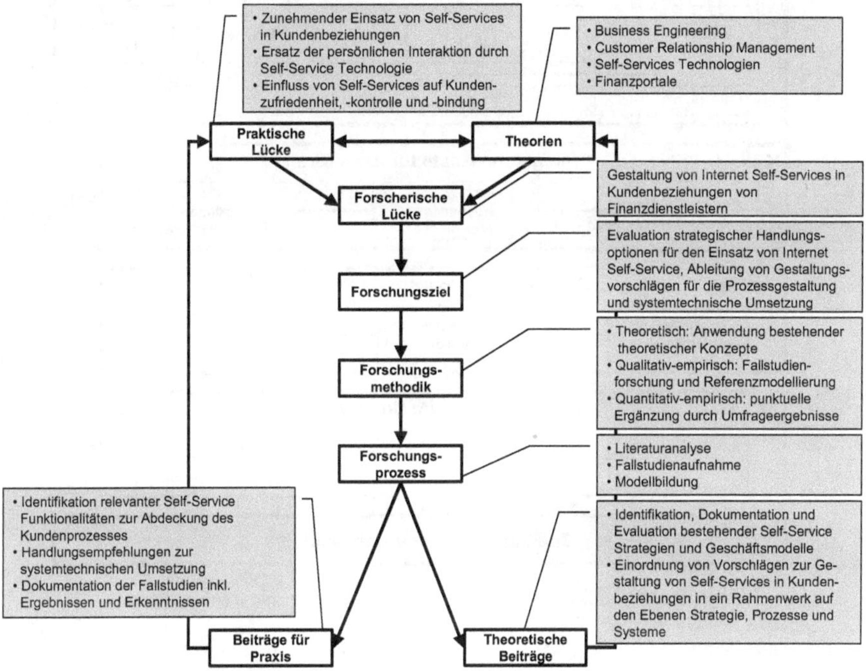

Abbildung 1-1: Forschungsprozess des Dissertationsprojektes[1]

1.5 Aufbau der Arbeit

Entlang des in Abbildung 1-1 dargestellten Forschungsprozesses gliedert sich die vorliegende Arbeit in sieben Kapitel (s. Abbildung 1-2).

[1] Nach [Fleisch 2001, 289-296; Riempp 2004, 316]

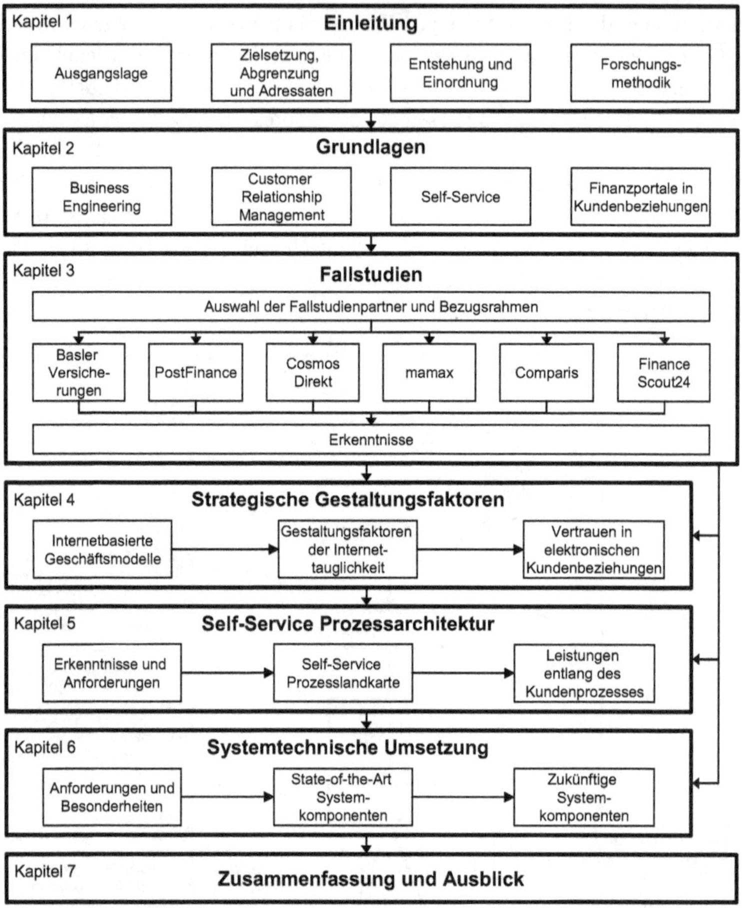

Abbildung 1-2: Aufbau und Vorgehen der Arbeit

Das *erste Kapitel* motiviert das Thema und zeigt dessen Relevanz auf. Dabei wird der Adressatenkreis vorgestellt, die Zielsetzung der Arbeit formuliert und die Einordnung des Dissertationsprojekts in die Forschungslandschaft am IWI-HSG vorgenommen. Dies beinhaltet auch die Erläuterung der Forschungsmethodik der Arbeit.

Kapitel 2 fasst die theoretischen Grundlagen zusammen, auf denen die nachfolgende Fallstudienanalyse sowie die Ableitung der Ergebnisse beruhen. Diese Grundlagen umfassen die Bereiche Business Engineering, Customer Relationship Management sowie Self-Services und Finanzportale in Kundenbeziehungen.

In *Kapitel 3* werden die Internet Self-Service Lösungen ausgewählter Unternehmen der Finanzdienstleistungsbranche vorgestellt und untersucht. Diese Analyse erfolgt entlang der Ebenen Strategie, Prozesse und Systeme und liefert grundlegende Erkenntnisse für die Ableitung der Ergebnistypen in den nachfolgenden Kapiteln.

Basierend auf den theoretischen Grundlagen und den Erfahrungen aus der Praxis, entwickelt *Kapitel 4* ein strategisches Rahmenwerk für die Gestaltung von Internet Self-Services in Kundenbeziehungen von Finanzdienstleistern. Dies umfasst eine Analyse internetbasierter Geschäftsmodelle, eine Evaluierung von Gestaltungsfaktoren der Self-Service Fähigkeit sowie die Untersuchung der Bedeutung von Vertrauen in elektronischen Kundenbeziehungen.

Die Erkenntnisse der Strategieebene werden in *Kapitel 5* im Rahmen einer Self-Service Prozessarchitektur aufgegriffen und umgesetzt. Dabei werden die Self-Service Prozesskategorien Kooperation, Unterstützung und Leistungserstellung unterschieden und Prozessleistungen entlang dieser Kategorien definiert. Zentraler Ausgangspunkt ist der Kundenprozess, dessen umfassende Abdeckung durch Self-Services eine der zentralen Anforderungen der vorliegenden Arbeit darstellt.

Die systemtechnischen Aspekte werden in *Kapitel 6* untersucht. Dieses Kapitel beinhaltet eine Beschreibung der Systemkomponenten, welche zur Umsetzung der strategischen und prozessualen Vorgaben benötigt werden. Die Beschreibung der Systemkomponenten wird entlang der Ebenen Visualisierung, Darstellung, Geschäftslogik und Datenhaltung detailliert. Dabei werden auch zukünftige Entwicklungen in diesem Bereich diskutiert.

Kapitel 7 fasst die Ergebnisse der vorliegenden Arbeit zusammen. Dies beinhaltet eine Reflektion der Erkenntnisse sowie das Aufzeigen weiteren Forschungsbedarfs. Zudem werden Trends und mögliche Entwicklungen vorgestellt, die die Gestaltung von Internet Self-Services in Zukunft beeinflussen können.

2 Grundlagen

Dieses Kapitel legt die theoretischen Grundlagen zur Beantwortung der eingangs formulierten Forschungsfrage. Hierbei werden zunächst die Konzepte des Business Engineering als Forschungsrahmen des Dissertationsprojekts erläutert (s. Abschnitt 2.1). Im Anschluss daran werden die Grundlagen zu Customer Relationship Management (s. Abschnitt 2.2) und Self-Service in Kundenbeziehungen untersucht (s. Abschnitt 2.3). Dies bildet die Basis für die Betrachtung von Internetportalen in der Finanzdienstleistungsbranche in Abschnitt 2.4. Das Kapitel schliesst mit einer Zusammenfassung der wichtigsten Beiträge für die vorliegende Arbeit (s. Abschnitt 2.5).

2.1 Business Engineering

2.1.1 Definition und Konzept

Business Engineering ist ein interdisziplinärer Ansatz mit engen Verbindungen zur Wirtschaftsinformatik, zum Technologiemanagement und zur Organisationslehre [Österle/Winter 2000, 13]. Der grundlegende Forschungsansatz basiert auf der zunehmenden Informatisierung von Wirtschaft und Gesellschaft [Österle 1995, 14]. Das Business Engineering unterstützt diesen Transformationsprozess durch die Bereitstellung ingenieurmässiger Methoden. Die bei der Transformation von Unternehmen ablaufenden Veränderungsprozesse werden in eine fachliche und eine politisch-kulturelle Dimension untergliedert [Österle/Winter 2000, 12]. Die fachliche Dimension stellt den Schwerpunkt dieser Arbeit dar. Sie rückt die traditionellen Methoden und Modelle der Technologiebeobachtung in den Vordergrund und analysiert den Transformationsprozess auf den Ebenen Unternehmensstrategie, Geschäftsprozesse sowie Informations- und Kommunikationssysteme:

- *Strategie.* Auf dieser Ebene erfolgt die langfristige Gestaltung unternehmenspolitischer Entscheidungen. Dies umfasst Aspekte wie z.B. die Bearbeitung neuer Geschäftsfelder, die Einführung neuer Produkte oder den Rückzug aus Märkten.

- *Prozesse.* Die Prozessebene ist das Bindeglied zwischen den Ebenen Strategie und Systeme und stellt damit den „*Schlüssel zum Business Engineering*“ [Österle 1995, 19] dar. Die auf der Strategieebene definierte Unternehmensleistung wird durch eine Abfolge von Aufgaben erbracht. Dies beinhaltet u.a. Aspekte der Definition organisatorischer Einheiten, Prozessleistungen, Transaktionen und Entitätstypen.

- *Systeme.* Die Abwicklung der Prozesse wird durch den Einsatz von Informations- und Kommunikationstechnik auf der Systemebene unterstützt. Relevante Fragestellungen auf dieser Ebene sind u.a. die Vergabe von Zugriffsrechten oder die Gestaltung von Bildschirmmasken und Dialogflüssen.

Business Engineering versteht sich als eine „*methoden- und modellbasierte Konstruktionslehre für Unternehmen des Informationszeitalters*" [Österle/Winter 2003, 7]. Die Methoden und Modelle dienen beim Business Engineering der Unterstützung des Transformationsprozesses. Diese fachliche Betrachtung wird im Rahmen der politisch-kulturellen Dimension um die Analyse sog. „weicher Faktoren", wie z.B. Führung, Verhalten und Macht, ergänzt.

2.1.2 Modelle

Das Business Engineering zeichnet sich durch ein ingenieurmässiges Vorgehen aus und nutzt daher Modelle zur Analyse und Gestaltung von Systemen. In informaler Sprechweise handelt es sich bei einem Modell um ein System, welches ein anderes System zielorientiert abbildet [Bernet 1982, 62; Ferstl/Sinz 1998, 18]. Ein Modell stellt eine Abstraktion der Elemente und Beziehungen des untersuchten Systems dar [Rosemann 1996, 17]. Diese Abstraktion ist notwendig, um die Komplexität des betrachteten Ausschnitts der Realität beherrschbar zu machen. Komplexität ist die „*Fähigkeit eines Systems, in einer gegebenen Zeitspanne eine grosse Zahl von verschiedenen Zuständen annehmen zu können*" [Ulrich/Probst 1988, 58]. Die Unternehmung bzw. Ausschnitte aus der betrieblichen Realität sind als soziale Systeme zu verstehen, die stets komplex und nicht-trivial sind, da das konkrete Verhalten zu einem bestimmten Zeitpunkt nicht voraussagbar ist [Ulrich/Probst 1988, 62ff]. Daher kommen bei der Modellbildung zum Zwecke der Komplexitätsbeherrschung unterschiedliche Ebenen und Sichten auf ein System zum Einsatz [Ferstl/Sinz 1998, 117]. Dies erfolgt beim Business Engineering durch eine Strukturierung entlang der Ebenen Strategie, Prozesse und Systeme (s. Abschnitt 2.1.1). Die Bestandteile eines Modells sind [Guntram 1985; Ferstl/Sinz 1998, 18f]:

- Das *Objektsystem* als relevanter Ausschnitt der betrieblichen Realität sowie der dazugehörigen Umwelt.
- Das *Modellsystem*, welches das Abbild des Objektsystems darstellt.
- Die *Modellabbildung* bzw. *Abbildungsrelation*, mit deren Hilfe die Abbildung des Objektsystems auf das Modellsystem vorgenommen wird.

Bestandteil eines jeden Modellierungsansatzes ist ein Metamodell. Folgerichtig ist auch für das Business Engineering ein Metamodell definiert [s. Österle/Blessing 2000, 77]. Es beinhaltet „*die verfügbaren Arten von Modellbausteinen, die Regeln für die Verknüpfung von Modellbausteinen durch Beziehungen sowie die Bedeutung (Semantik) der Modellbausteine und Beziehungen*" [Ferstl/Sinz 1998, 120]. Ein Metamodell stellt damit das Begriffssystem für die Modellerstellung bereit.

Die aus dem Prozess der Modellierung resultierenden Modelle können in verschiedene Klassen eingeteilt werden. Hierbei kann es sich um Beschreibungs-, Erklärungs- oder Gestaltungsmodelle handeln [Ulrich 1970, 147; Krallmann 1996, 16f]. Ein Beschreibungsmodell stellt die wesentlichen Eigenschaften des Untersuchungsobjekts dar, während ein Erklärungsmodell die Zusammenhänge zwischen den Objekten und Attributen des Untersuchungsobjekts begründet. Ein Gestaltungsmodell zeigt schliesslich die Herausforderungen und Gestaltungsmöglichkeiten des Untersuchungsobjekts auf.

2.1.3 Referenzmodellierung

Die Referenzmodellierung stellt einen Forschungsschwerpunkt im Bereich Wirtschaftsinformatik dar [Schütte 1998, 1]. Im Gegensatz zu anderen Modellen werden Referenzmodelle nicht für einen bestimmten Anwendungskontext entwickelt. Der Referenzcharakter dieser Modelle zeichnet sich vielmehr dadurch aus, dass sie Allgemeingültigkeit beanspruchen und dafür zunächst Sollempfehlungen für einen abstrakten Anwendungsbereich bereitstellen. Die so formulierten Ausgangslösungen werden in einem nächsten Schritt für die Anwendung in einem spezifischen Szenario bedarfsgerecht modifiziert [Schütte 1998, 69f; Becker et al. 2002b, 25f]. Diese Vorgehensweise stellt die Grundlage für die im Rahmen der vorliegenden Arbeit zu entwickelnden Ergebnistypen dar. Hierbei soll die Ableitung einer Referenzprozessarchitektur die konkrete Umsetzung von Internet Self-Services in Kundenbeziehungen von Finanzdienstleistern unterstützen.

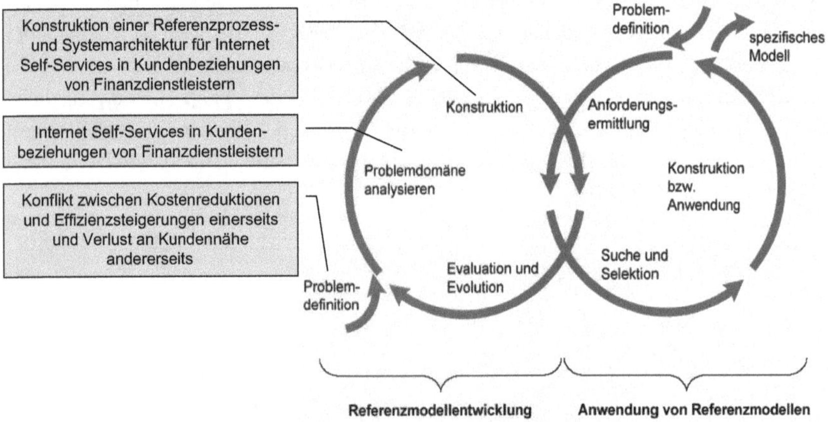

Abbildung 2-1: Vorgehensweise bei der Referenzmodellierung

Die Vorgehensweise bei der Referenzmodellierung im Rahmen dieser Arbeit ist in Abbildung 2-1 zusammengefasst. Das Vorgehen basiert auf zwei wesentlichen Bestandteilen: Referenzmodellentwicklung und Referenzmodellanwendung. Diese beiden Bestandteile greifen ineinander und können daher nicht isoliert betrachtet werden. Zunächst wird die Problemdomäne analysiert. In der vorliegenden Arbeit handelt es sich hierbei um den Einsatz von Internet Self-Services in den Kundenbeziehungen der Finanzdienstleistungsbranche. Darauf aufbauend wird die Konstruktion des Referenzmodells durchgeführt. Die Ableitung dieses Modells kann induktiv, deduktiv oder durch eine Kombination beider Ansätze erfolgen [Becker et al. 2002a]. Wie in Abschnitt 1.4.1 erläutert kommt im Rahmen dieser Arbeit Fallstudienforschung zum Einsatz, d.h. die Konstruktion der Referenzmodelle erfolgt auf induktiver Basis. Die Auswahlkriterien (s. Abschnitt 3.1) bei der Fallstudienaufnahme stellen sicher, dass es sich um „*good practice*" Fallstudien von Self-Service Lösungen in der Finanzdienstleistungsbranche handelt. Die eigentliche Anwendung des Referenzmodells kann zeitlich nachgelagert zur Entwicklung durchgeführt werden. Die Anwendung des Referenzmodells wird daher im Rahmen der vorliegenden Arbeit nicht betrachtet.

2.1.4 Architekturen

Eine im Business Engineering häufig verwendete Modellart ist die Architektur (auch: Architekturmodell) [z.B. Christ 2002; Puschmann 2003; Geib 2005]. Eine Architektur beinhaltet den Bauplan eines Objektsystems durch Spezifikation der Komponenten und Beziehungen (Modellsystem) sowie die Konstruktionsregeln für die Erstellung des Bauplans [Ferstl/Sinz 1998, 177]. Es handelt sich bei einer Architektur um eine Beschreibung der einzelnen Bausteine, „*aus denen ein Informationssystem besteht, hinsichtlich ihrer Art, funktionalen Eigenschaften und ihres Zusammenwirkens*" [Scheer 1998, 1]. Die Geschäftsarchitektur des Informationszeitalters (Business Model of the Information Age, BMIA) stellt die grundlegende Architektur des Business Engineering dar. Sie illustriert die zentralen Bausteine der digitalen Wirtschaft (s. Abbildung 2-2). Im Einzelnen sind dies der Kundenprozess, das Kundenprozessportal, das Geschäftsnetwerk, die Business Collaboration Infrastructure sowie Web Services [Österle 2002a, 20ff].

Zentraler Ausgangspunkt der Geschäftsarchitektur des Informationszeitalters sind die Anforderungen des Kunden. Diese spiegeln sich im Kundenprozess wider. Der Kundenprozess umfasst alle Aktivitäten, die ein Kunde zur Befriedigung eines Bedürfnisses oder zur Lösung einer spezifischen Problemstellung durchlaufen muss [Österle 2003, 24f]. Das Unternehmen des Informationszeitalters positioniert sich in diesem Zusammenhang als Leistungsintegrator, d.h. das Unternehmen versucht dem Kunden möglichst viele Leistungen bedarfsgerecht aus einer Hand zur Verfügung zu stellen. Diese möglichst umfassende Leistungsbereitstellung erfordert eine Abstimmung von Kunden und Unternehmen, welche in Form von Kooperationsprozessen erfolgt. Diese Schnittstelle zwischen Kunden und Anbieter wird durch ein Kundenprozessportal unterstützt, welches die Portalleistungen zusammenfasst, die zur Abdeckung des Kundenprozesses elektronisch zur Verfügung gestellt werden können [Schwarz 2000, 41; Davydov 2001, 182].

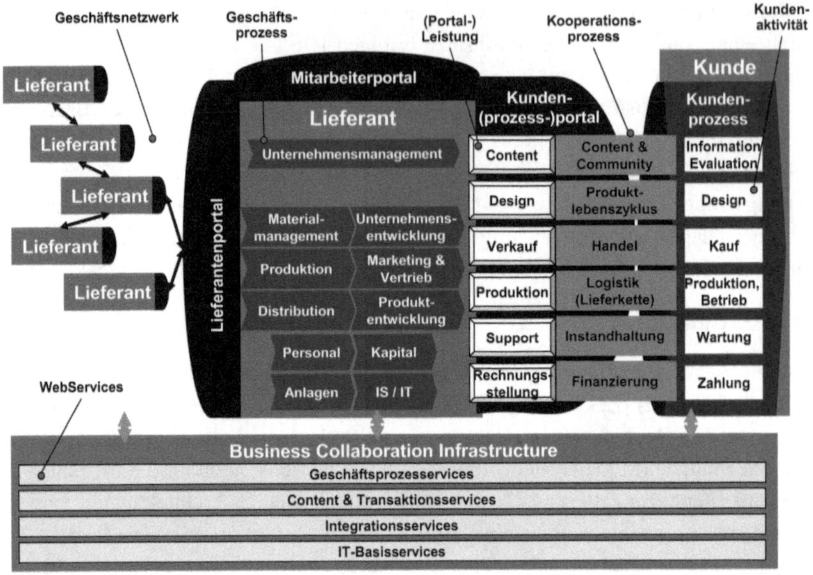

Abbildung 2-2: Geschäftsarchitektur des Informationszeitalters [Österle 2002b, 334]

Die vollständige Abdeckung des Kundenprozesses durch ein einziges Unternehmen ist in aller Regel nicht möglich [Senger 2004, 35]. In der Praxis führt dies zur Bildung von Geschäftsnetzwerken, welche alle Unternehmen umfassen, die an der Bereitstellung von Produkten und Dienstleistungen entlang der Aktivitäten des Kundenprozesses beteiligt sind. Die Kommunikation zwischen den Partnern des Geschäftsnetzwerks erfolgt mittels der Business Collaboration Infrastructure. Diese Infrastruktur basiert auf standardisierten Applikationen, Prozessen und allgemein anerkannten Handelsvereinbarungen, die für Web Services benötigt werden [Österle 2003, 24]. Bei Web Services handelt es sich um standardisierte elektronische Dienstleistungen, die alle im Geschäftsnetzwerk enthaltenen Unternehmen in ähnlicher Form benötigen (z.B. Lohnabrechnung oder Zahlungsverkehrsdienste) [Österle 2002a, 32].

2.1.5 Beitrag für diese Arbeit

Die Verwendung des Business Engineering als Forschungsrahmen liefert für das Dissertationsprojekt folgende Erkenntnisse:

- Das Business Engineering entspricht dem Gedanken der Wirtschaftsinformatik als anwendungsorientierter Wissenschaft. Es stellt die für ein ingenieurmässiges Vorgehen benötigte methoden- und modellbasierte Konstruktionslehre zur Verfügung.

- Das Business Engineering als Forschungsrahmen umfasst die für die vorliegende Arbeit relevanten Strukturierungsebenen Strategie, Prozesse und Systeme. Entlang dieser Ebenen erfolgt die Untersuchung der Forschungsfrage.
- Referenzmodelle beanspruchen Allgemeingültigkeit und werden zunächst für einen abstrakten Anwendungskontext entwickelt. Die Ableitung von Soll-Empfehlungen im Rahmen der Referenzmodellierung kann sowohl induktiv als auch deduktiv erfolgen. Die vorliegende Arbeit wählt einen induktiven Ansatz basierend auf Fallstudienforschung.
- Die Geschäftsarchitektur des Informationszeitalters stellt einen wesentlichen Bezugsrahmen zur Beantwortung der Forschungsfrage dar. Dies gilt insbesondere für die darin enthaltene Kundenorientierung, welche im Kundenprozess und im Kundenprozessportal zum Ausdruck kommt.

2.2 Customer Relationship Management

2.2.1 Definition und Konzept

Customer Relationship Management stellt Aufbau, Ausbau und Pflege der Beziehungen eines Unternehmens zu seinen Kunden in den Mittelpunkt der Betrachtung. Dies bedeutet eine Abkehr vom Transaktionsmarketing und eine Hinwendung zum Beziehungsmarketing [vgl. Webster 1992, 5ff; Meffert 1994, 525f; Parvatiyar/Sheth 1994, 1ff; Bliemel/Eggert 1998, 37; Payne/Rapp 1999, 4f]. Beim Transaktionsmarketing steht die Kundenakquisition im Vordergrund, während CRM die langfristige Bindung eines Kunden an das Unternehmen verfolgt. Ausschlaggebend hierfür ist die Erkenntnis, dass diese Vorgehensweise für den langfristigen Unternehmenserfolg aus einer Reihe von Gründen vorteilhafter ist:

- Die Kosten der Kundenakquisition sind höher als die Kosten der Kundenbindung. Dies erfordert ein Umdenken bei den Unternehmen: nicht nur die Aktivitäten vor und während des Kaufes sind entscheidend, sondern auch die Sicherstellung der Kundenbindung nach dem Kauf. Untersuchungen von [Reichheld/Sasser 1990, 110] belegen, dass Unternehmen ihren Jahresgewinn zwischen 25% und 85% steigern können, wenn sie die Kundenabwanderung um 5% reduzieren.
- Durch die verstärkte Ausrichtung an den Kundenbedürfnissen steigt die Kundenzufriedenheit an, was letztlich auch zu einer Erhöhung der Kundenloyalität führt [Reichheld/Sasser 1990].
- Loyale Kunden kaufen häufiger bzw. sind empfänglicher für zusätzliche Leistungen (d.h. Cross- und Up-Selling) [Reichheld/Sasser 1999, 139], generieren höhere Umsätze [Reichheld/Schefter 2000], sind weniger preissensitiv [Jendrosch 2001, 2f] und stärken durch Weiterempfehlungen die Reputation eines Unternehmens [Reichheld/Sasser 1990; Payne 1998].

Neben dieser Kundenorientierung beinhaltet das Konzept des CRM sowohl Wissens- als auch Technologieorientierung als weitere, zentrale Elemente [Schulze 2000, 12]. Die Technologieorientierung hat ihren Ursprung im Einsatz von Informationssystemen in den Bereichen Marketing, Sales und Service, wie dies z.B. bei den Ansätzen Computer Aided Selling (CAS) und Sales Force Automation (SFA) der Fall ist. Den Konzepten des Wissensmanagements kommt im Kontext kundenorientierter Geschäftsprozesse ebenfalls eine entscheidende Bedeutung zu (s. Abschnitt 2.2.4). Entsprechend den unterschiedlichen Einflüssen des CRM haben sich verschiedene Sichtweisen auf das Konzept herausgebildet. Je nach Perspektive wird CRM als Philosophie, Strategie, Prozess oder Technologie verstanden [Zablah et al. 2004].

Diese Arbeit versteht CRM als einen prozessbasierten sowie kunden- und technologieorientierten Managementansatz. Dieser IT-Bezug unterscheidet CRM von anderen Ansätzen wie z.B. dem Total Quality Management (TQM) [Grant/Shani 1994] oder dem Relationship Management (RM) [Levitt 1983]. CRM-Systeme kommen für die Sammlung, Analyse und Bereitstellung des Wissens zum Einsatz, das im Rahmen der kundenorientierten Geschäftsprozesse benötigt wird. Dieses Wissen wird in den Bereichen Marketing, Vertrieb und Service wiederum zur verbesserten Kundengewinnung und Kundenbindung genutzt [Schmid 2001]. Hierbei handelt es sich neben der Leistungsinnovation und –pflege um zwei der vier Gestaltungsbereiche des aufgabenorientierten Marketings [Tomczak/Reinecke 1996].

Die vorliegende Arbeit definiert **CRM** als einen interaktiven Prozess zur Erreichung einer möglichst optimalen Balance zwischen Unternehmensinvestitionen einerseits sowie Kundenzufriedenheit andererseits mit dem Ziel, das Unternehmensergebnis zu maximieren [Shaw/Reed 1999, 4].

Der im Bereich CRM oftmals postulierte Zusammenhang zwischen Kundenzufriedenheit, Kundenloyalität und damit letztlich auch Kundenprofitabilität stellt jedoch keinen Automatismus dar [Day 1999, 19]. So können auch zufriedene Kunden den Anbieter wechseln. Dieses Phänomen wird in der Literatur als „*variety seeking*“ bezeichnet, d.h. der Kunde wechselt – trotz Zufriedenheit – zu einem anderen Unternehmen aufgrund von Neugier, Langeweile oder des Wunsches nach Abwechslung [Bruhn/Homburg 2000, 84]. Hingegen können auch unzufriedene Kunden einem Unternehmen gegenüber aufgrund von Wechselbarrieren (z.B. Vertragslaufzeit) loyal sein.

Das Beispiel der Stadtsparkasse KölnBonn illustriert den möglichen Zusammenhang zwischen Kundenzufriedenheit und Unternehmenserfolg. Untersuchungen dort haben gezeigt, dass die Anzahl der Weiterempfehlungen um 6% steigt und die Anzahl der Kontoauflösungen um 17% sinkt, wenn sich der Anteil der sehr zufriedenen und zufriedenen Kunden um jeweils 2,5 Prozentpunkte erhöht [Drewes/Klee 1995, 522]. Das Phänomen des „variety seeking“ kann allerdings dazu führen, dass auch zu-

friedene Kunden abwandern. So gaben bspw. 90% der Kunden, die von einem amerikanischen Automobilhersteller abwanderten, an, mit dem Unternehmen an sich zufrieden zu sein [Reichheld/Aspinall 1993, 26].

2.2.2 Prozesse

In der Literatur sind funktionale, systemtechnische und prozessuale Kategorisierungen von CRM weit verbreitet [Riempp 2003, 53; Zellner 2003, 22f]. Die funktionale Kategorisierung stellt kundenorientierte Geschäftsfunktionen, wie z.B. Marketing, Vertrieb und Service, in den Vordergrund [Schulze 2000, 18]. Die systemtechnische Kategorisierung unterscheidet zwischen operativem, kommunikativem und analytischem CRM (s. Abschnitt 2.2.3) [Hettich et al. 2000, 1350; Schwede 2000; Schwede/Spies 2001]. Die prozessuale Kategorisierung beschreibt hingegen Geschäftsprozesse auf Anbieterseite mit direktem Kundenkontakt bzw. einem engen Bezug zum Kunden, welche die Erfüllung der strategischen CRM-Ziele eines Unternehmens unterstützen [Gronover 2003, 18]. Ein einheitliches, prozessorientiertes CRM-Modell findet sich in der Literatur allerdings nur in Ansätzen wieder [Schmid 2001; Helmke et al. 2003; Schumacher/Meyer 2003]. Die existierenden Modelle sind darüber hinaus meist unternehmensspezifisch (d.h. sie erheben keinen Anspruch auf Allgemeingültigkeit) oder beanspruchen Allgemeingültigkeit ohne dies methodisch ausreichend zu begründen und zu validieren.

Die Entwicklung einer CRM-Prozessarchitektur, welche die kundenorientierten Geschäftsprozesse strukturiert und systematisch darstellt, war eine zentrale Aufgabenstellung des Kompetenzzentrums Customer Management sowie deren Vorgängerkompetenzzentren. Die Architektur wurde im Rahmen eines iterativen Forschungsprozesses von Forschern des IWI-HSG in Zusammenarbeit mit Forschungspartnern aus der Praxis erstellt (s. Abbildung 2-3). Durch Publikationen [z.B. Dous et al. 2005; Geib et al. 2005b; Salomann et al. 2005b; Kolbe 2006] und Diskussionen sowohl mit Wissenschaftlern als auch Praktikern wurde die CRM-Prozessarchitektur validiert und weiterentwickelt. Sie bildet eine der wesentlichen Grundlagen der vorliegenden Arbeit.

Die Kundenorientierung wurde bereits als ein zentrales Merkmal des CRM identifiziert (s. Abschnitt 2.2.1). Gleichzeitig ist diese Kundenorientierung auch charakteristisch für das Business Engineering, welches das Forschungsrahmenwerk der vorliegenden Arbeit darstellt (s. Abschnitt 2.1). Diese Ausrichtung am Kundenprozess ist daher ein elementarer Bestandteil der CRM-Prozessarchitektur. In Anlehnung an [Gronover 2003, 24] durchlaufen die Kunden in der Finanzdienstleistungsbranche entlang des Kundenprozesses die Phasen „*Information*", „*Beratung*", „*Vertragsabschluss & Initialabwicklung*", „*Transaktion*", „*Service*" und „*Vertragsauflösung bzw. –erneuerung*". Da die meisten Anbieter den Kundenprozess nicht vollständig abdecken können oder wollen, bilden sich Geschäftsnetzwerke von Dienstleistern heraus, welche ergänzende Produkte und Dienstleistungen zur Verfügung stellen. Bei den Prozesstypen können operative, analytische und CRM-Führungsprozesse unterschieden werden. Neben diesen CRM-Prozesstypen gibt es weiterhin das Feedback & Knowledge Management als Unterstützungsprozess. Im Rahmen eines kontinuierlichen Verbesserungsprozesses wird dort Wissen von Kunden gesammelt, analysiert und bereitgestellt, um Produkte, Dienstleistungen und Prozesse im Unternehmen zu verbessern. Daneben verfügen die Unternehmen über Leistungsinnovations-, Leistungserstellungs-, Unterstützungs- und Führungsprozesse.

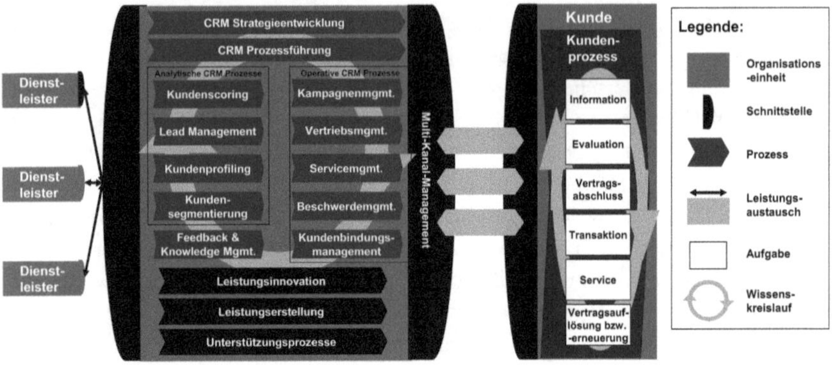

Abbildung 2-3: CRM-Prozessarchitektur für das Customer Relationship Management (in Anlehnung an [Geib et al. 2005b, 2])

Operative CRM-Prozesse

Operative CRM-Prozesse zeichnen sich durch einen *direkten* Kundenkontakt aus und sind auf die Abdeckung des Kundenprozesses ausgerichtet. Im Einzelnen umfasst diese Kategorie die folgenden Prozesse:

- *Kampagnenmanagement* kann im Sinne des Relationship Marketing als zentraler Marketingprozess verstanden werden. Hierbei geht es um die Planung, Realisation, Steuerung und Kontrolle von Marketingaktionen, die zielgruppen- und zeitpunktgerecht über verschiedene Kanäle ablaufen [Gronover et al. 2002, 27]. Das Kampagnenmanagement adressiert bekannte Empfänger, bei denen es sich entweder um bereits bestehende oder potenzielle Kunden handelt. Die Ansprache erfolgt individualisiert (sog. „*One-to-One Marketing*“, [Peppers/Rogers 1993]) oder segmentspezifisch. Ziel ist es, Kundenkontakte („*Leads*“) für das Lead Management sowie Vertriebsmanagement zu generieren. Das Kampagnenmanagement deckt die Phase „*Information*“ innerhalb des Kundenprozesses ab.
- Wie das Kampagnenmanagement richtet sich auch das *Vertriebsmanagement* an bestehende und potenzielle Kunden, die dem Unternehmen bereits bekannt sind. Ziel ist es, den Kunden zunächst über mögliche Angebotsoptionen zu beraten, um dann ein Angebot unterbreiten und einen Vertrag abschliessen zu können. Das Ver-

triebsmanagement deckt somit die Vorkauf- und Kaufphasen des Kundenprozesses ab, d.h. „*Information*“, „*Evaluation*“ und „*Vertragsabschluss*“ [Johnston/Marshall 2003, 50ff].

- Hingegen decken Service- und Beschwerdemanagement die nach dem Kauf stattfindenden Phasen „*Transaktion*“, „*Service*“ und „*Vertragsauflösung bzw. –erneuerung*“ ab. Beim *Servicemanagement* erfolgt hierbei die Planung, Bereitstellung und Kontrolle von Dienstleistungen in der Nachkaufphase. Das *Beschwerdemanagement* nimmt die vom Kunden artikulierte Unzufriedenheit auf, analysiert diese und kommuniziert sie innerhalb des Unternehmens [Stauss/Seidel 2002]. Kurzfristig soll durch die direkte Adressierung der Ursachen der Beschwerde die Kundenzufriedenheit erhöht werden. Langfristig soll das Wissen aus diesen Beschwerden gesammelt, analysiert und im Rahmen des kontinuierlichen Verbesserungsprozesses des *Feedback & Knowledge Managements* verarbeitet werden.

- Durch das *Kundenbindungsmanagement* soll die Dauer und Intensität der Beziehungen eines Unternehmens mit seinen Kunden optimiert werden. Massnahmen, die in diesem Bereich ergriffen werden, sind die Einführung von Kundenbindungsprogrammen (z.B. „*Miles and More*“ bei Lufthansa oder „*Cumulus*“ bei Migros) sowie die Planung, Durchführung und Kontrolle von Aktivitäten im Bereich *Churn Management*. Dadurch sollen wechselgefährdete Kunden frühzeitig erkannt werden, um auf dieser Basis Gegenmassnahmen ableiten zu können [Barth/Kaletsch 2001, 132].

Analytische CRM-Prozesse

Diese CRM-Prozesskategorie ist für die Analyse und Zusammenführung der Daten zuständig, die in den kundenorientierten Geschäftsprozessen gesammelt werden [Zipser 2001]. Somit dienen die operativen CRM-Prozesse zum einen als Datenquellen, zum anderen werden die Ergebnisse der Analyse wieder an diese zurückgespiegelt, um deren Effektivität und Effizienz zu verbessern. Weiterhin werden die Analyseergebnisse auch im Rahmen der Leistungsinnovations- und Leistungserstellungsprozesse sowie der CRM-Führungsprozesse verwendet. Zu dieser Kategorie gehören die folgenden Prozesse:

- Das *Lead Management* ist dafür verantwortlich, die im Rahmen des Kampagnenmanagements generierten Kundenkontakte („*Leads*“) zu konsolidieren, zu qualifizieren und zu priorisieren. Dies dient dem Vertriebsmanagement wiederum für eine effektive und präzise Kundenansprache.

- Das *Kampagnenmanagement* wird durch die Aktivitäten des *Kundenscoring* unterstützt. Aus der Menge bestehender bzw. potenzieller Kunden werden hierbei diejenigen selektiert, welche eine überdurchschnittlich hohe Wahrscheinlichkeit für den

Kauf eines bestimmten Produkts oder einer Dienstleistung aufweisen [Berry/Linoff 2000, 249f; Hippner/Wilde 2002, 224f].

- Während das Kundenscoring die Kampagnenzielgruppe optimiert, hat das *Kundenprofiling* die Klassifikation und Charakterisierung des einzelnen Kunden zum Gegenstand. Dies beinhaltet z.B. die Analyse von Kundendaten zur Durchführung von Kundenwertbetrachtungen oder die Ermittlung von Kundenpräferenzen [Berry/Linoff 2000].
- Hingegen ist die *Kundensegmentierung* nicht auf den einzelnen Kunden ausgerichtet, sondern auf Kundengruppen. Ziel hierbei ist die Bildung von Kundensegmenten, die in sich möglichst homogen und untereinander möglichst heterogen sind [Kotler 2003, 9]. Diese Kundensegmentierung soll dazu beitragen, die Produkte und Dienstleistungen eines Unternehmens besser an die Bedürfnisse und Ansprüche der Kundensegmente anzupassen.

CRM-Führungsprozesse

Die CRM-Führungsprozesse beinhalten alle unternehmerischen Führungsaufgaben, welche dazu benötigt werden, die operativen sowie analytischen CRM-Prozesse zu gestalten, zu steuern und zu entwickeln. Im Einzelnen umfassen diese Führungsaufgaben die folgenden Prozesse:

- Der Prozess *CRM-Strategieentwicklung* ist für die Ableitung der CRM-Strategie aus der Unternehmensstrategie verantwortlich [Kuss/Tomczak 2002]. Gegenstand dieses Prozesses ist die langfristige Planung, Realisation und Kontrolle der CRM-Aktivitäten eines Unternehmens zur Erreichung der Marketing- und Unternehmensziele. Daraus leiten sich Vorgaben für die CRM-Prozessführung ab.
- Die *CRM-Prozessführung* ist primär für die Umsetzung der Vorgaben der CRM-Strategieentwicklung verantwortlich. Dies beinhaltet die Steuerung der analytischen und operativen CRM-Prozesse. Ziel der Prozessführung ist die kontinuierliche Weiterentwicklung der Effektivität und Effizienz der CRM-Prozesse [Österle 1995, 105ff].
- Das *Multi-Kanal-Management* verfolgt eine Harmonisierung der operativen CRM-Prozesse. Ziel hierbei ist eine „*ganzheitliche und abgestimmte Entwicklung, Gestaltung und Steuerung von Produkt- und Wissensflüssen über verschiedene Medien und Kanäle, mit dem Ziel die Kundenbindung zu erhöhen sowie die Vertriebs- und Servicekosten zu senken*“ [Gronover 2003, 19f].
- Ein Bestandteil der CRM-Führungsprozesse ist weiterhin ein *geschlossener Wissenskreislauf* („*closed knowledge loop*“), um die Effektivität der CRM-Aktivitäten zu gewährleisten. Dieser Wissenskreislauf wird durch eine Kombination und Integ-

ration des Wissens *von, für* und *über* Kunden erreicht. Die Wissensorientierung im CRM wird in Abschnitt 2.2.4 vertieft erläutert.

2.2.3 Systeme

Informationssysteme dienen im CRM der Unterstützung der Vorgaben auf den Ebenen Strategie und Prozesse. Dieser IT-Bezug ist ein charakteristisches Merkmal des CRM (s. Abschnitt 2.2.1). Analog zur CRM-Prozessarchitektur haben Forscher des IWI-HSG im Rahmen des in Abschnitt 1.3 beschriebenen, partizipativen Forschungsprozesses eine korrespondierende CRM-Systemarchitektur entwickelt (s. Abbildung 2-4). Diese enthält alle für das CRM relevanten Systeme und Applikationen sowie deren Beziehungen untereinander.

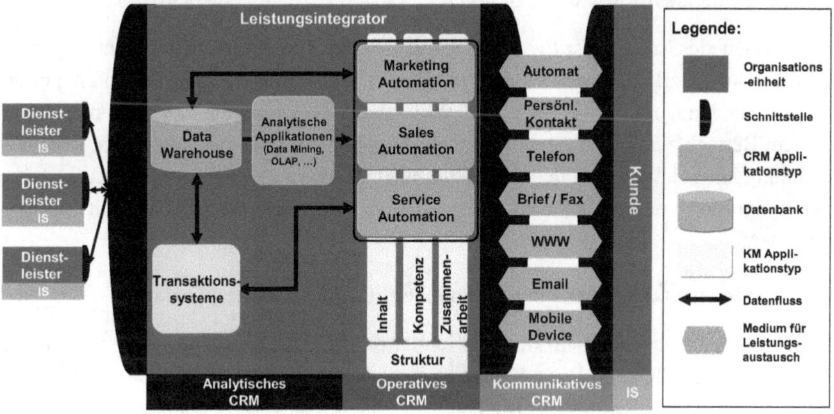

Abbildung 2-4: Informationssystemarchitektur für das Customer Relationship Management [Geib et al. 2005b, 4]

Das *operative CRM* umfasst Applikationen, welche die direkte Interaktion mit den Kunden unterstützen (sog. „*customer facing applications*“) [Shahnam 2000]. Diese Lösungen werden von Mitarbeitern aus den Bereichen Marketing, Vertrieb und Service zur Effizienzsteigerung genutzt [Hippner et al. 2004, 2]. Typische Anwendungsszenarien umfassen Tools zur Unterstützung des Kampagnenmanagements, Systeme zur Unterstützung des Aussendienstes im Bereich Sales Force Automation und Systeme zur Unterstützung der Kundeninteraktion im Bereich Service und Support (z.B. Customer Contact Center) [Winkelmann 2004, 312ff].

Die Systeme des *analytischen CRM* sammeln, speichern und analysieren die Kundeninformationen, die wiederum in den operativen CRM-Systemen generiert werden. Diese Ergebnisse werden in den analytischen CRM-Prozessen dazu genutzt, um die Kunden und deren Verhalten besser verstehen zu können [Zipser 2001, 39ff]. Dieses Zusammenspiel von analytischen und operativen CRM-Systemen ist eine Voraussetzung für die Implementierung eines Wissenskreislaufes im Sinne eine „*closed-loop CRM*“

(s. Abschnitt 2.2.4). Analytische CRM-Systeme kommen typischerweise aus den Bereichen Data Warehousing, Online Analytical Processing (OLAP) und Data Mining [Shahnam 2000]. Ein Data Warehouse stellt umfangreiche Auszüge aus operativen Daten zusammengefasst oder in detaillierter Form bereit [Lusti 1999, 125ff]. In der Praxis sind oftmals auch sog. Data Marts anzutreffen. Bei letzteren handelt es sich um abteilungs- oder themenspezifische Sichten (z.B. Marketing Data Mart), die meist von den entsprechenden Fachabteilungen betreut werden. OLAP-Tools ermöglichen in diesem Zusammenhang auch ungeübten Nutzern die Durchführung flexibler und mehrdimensionaler Ad-hoc-Abfragen [s. Lusti 1999, 250ff]. Die Methoden und Werkzeuge des Data Minig erlauben hingegen komplexere Analysen und setzen erfahrene Benutzer voraus. Ziel dieser explorativen Analyse ist es, unbekannte Muster in einer Datenmenge zu erkennen sowie diese zu beschreiben und zu verallgemeinern.

Im Bereich des *kommunikativen CRM* werden die Kanäle und Kundeninteraktionspunkte koordiniert und synchronisiert [Shahnam 2000]. Beispiele hierfür sind Automaten, mobile Endgeräte und das World Wide Web. Technologien und Systeme, die in diesem Bereich zum Einsatz kommen, sind IVR-Systeme bei Voice-Portalen, Internettechnologien bei Web-Portalen oder Computer Telephony Integration (CTI)-Systeme zur Integration von Kundeninteraktionspunkten (z.B. Telefon oder Fax) mit Computersystemen.

2.2.4 Wissensmanagement in kundenorientierten Geschäftsprozessen

Das Wissensmanagement in kundenorientierten Geschäftsprozessen ist ein zentraler Bestandteil des CRM, da beide Konzepte einander sinnvoll ergänzen können. Die Ansätze des Customer Knowledge Management (auch: Knowledge-enabled CRM) zielen darauf ab, vorhandenes Wissen zu nutzen, um im Sinne eines kontinuierlichen Verbesserungsprozesses das Produkt- und Dienstleistungsportfolio eines Unternehmens mit den Bedürfnissen und Wünschen der Kunden in Einklang zu bringen [Massey et al. 2001; Gibbert et al. 2002; Gebert et al. 2003; Salomann et al. 2006a]. Das Wissensmanagement stellt eine wesentliche Voraussetzung für die Effektivität der CRM-Aktivitäten innerhalb eines Unternehmens dar [Jutla et al. 2001; Croteau/Li 2003]. Die Methoden und Ansätze des Wissensmanagements ergänzen CRM-Aktivitäten. Sie ermöglichen es, einen Sachverhalt nicht nur zu verstehen, sondern unterstützen auch die Fähigkeit, dieses Verständnis in Handlungen umzusetzen [Zahn et al. 2000]. Die Problemlösungskompetenz ist hierbei an Personen gebunden [Drucker 1999, 87]. Dies verdeutlicht die Definition von Wissen als „*capacity for effective action*“ [Kofmann/Senge 1993, 15; Nonaka 1994, 15]. Dieses Begriffsverständnis liegt auch der vorliegenden Arbeit zugrunde. Wissensmanagement selbst wird verstanden als „*process of continually managing knowledge of all kinds to meet existing and emerging needs, to identify and exploit existing and acquired knowledge assets and to develop new opportunities*“ [Quintas et al. 1997, 387].

Die in Abschnitt 2.2.2 vorgestellten CRM-Prozesse sind wissensintensiv und daher für eine Unterstützung durch die Methoden des Wissensmanagements in besonderer Weise geeignet [Harris et al. 2003; Korell/Spath 2003]. Sie weisen eine hohe Prozesskomplexität auf, sind daher kaum vorhersehbar und benötigen einen grossen Entscheidungsspielraum, was wiederum ein hohes Wissensniveau der Mitarbeiter erfordert [Eppler et al. 1999; Remus 2002, 109ff]. Die Wissens- und Informationsflüsse im Rahmen dieser CRM-Prozesse können in drei Kategorien unterteilt werden:

- *Wissen von Kunden* sammelt und analysiert das Wissen über Märkte, Produkte, Lieferanten und Prozesse aus Kundensicht. Dies kann z.B. in Form des Feedback- oder Beschwerdemanagements erfolgen [Garcia-Murillo/Annabi 2002; Gibbert et al. 2002]. Diese Wissenskategorie ist für die Etablierung eines kontinuierlichen Verbesserungsprozesses der Produkte und Dienstleistungen eines Unternehmens entscheidend.

- *Wissen für Kunden* stellt Informationen über Märkte, Produkte, Lieferanten oder Prozesse bereit [Garcia-Murillo/Annabi 2002]. Diese Wissenskategorie dient der Befriedigung der Informationsbedürfnisse der Kunden.

- *Wissen über Kunden* beinhaltet sowohl vergangenheitsorientierte Informationen über die Stammdaten oder Kontakthistorie eines Kunden, aber auch zukunftsgerichtete Informationen, die in den Präferenzen und Erwartungen des Kunden zum Ausdruck kommen [Davenport et al. 2001]. Diese Wissenskategorie bildet die Grundlage für eine personalisierte Interaktion mit dem Kunden.

Das Zusammenspiel des Wissens *von*, *für* und *über* Kunden ermöglicht den Aufbau eines geschlossenen Wissenskreislaufs. Dabei wird das Wissen, das von und über die Kunden in den operativen CRM-Prozessen gesammelt wird, an die analytischen CRM-Prozesse weitergegeben. Die Ergebnisse der Analyse werden wiederum den operativen CRM-Prozessen zur Verfügung gestellt, damit diese Wissen für die Kunden effizienter und effektiver bereitstellen können.

2.2.5 Beitrag für diese Arbeit

Aus den Ausführungen zum Customer Relationship Management gewinnt die Arbeit die folgenden Erkenntnisse:

- CRM zeichnet sich durch eine hohe Kundenorientierung aus. Ziel der CRM-Aktivitäten ist es, den Kunden langfristig an das Unternehmen zu binden und die Kundenbeziehung möglichst profitabel zu gestalten.

- Neben dieser Kundenorientierung beinhaltet CRM weiterhin einen IT-Bezug sowie den Einsatz von Methoden und Instrumenten des Wissensmanagements. Hierbei wird zwischen Wissen von, für und über Kunden unterschieden.

- Auf der Prozessebene des CRM gibt es operative Prozesse mit direktem Kundenkontakt, welche auf die Abdeckung des Kundenprozesses ausgerichtet sind. Analytische CRM-Prozesse werten die in den operativen Prozessen gesammelten, kundenorientierten Daten zunächst aus und stellen diese wiederum den operativen CRM-Prozessen zur Verfügung. Die Gestaltung, Steuerung und Entwicklung der CRM-Aktivitäten erfolgt über CRM-Führungsprozesse.

- Die Umsetzung der CRM-Prozesse wird durch Systeme unterstützt. Hierbei wird zwischen Applikationen und Systemlösungen aus den Bereichen analytisches, operatives und kommunikatives CRM unterschieden.

2.3 Self-Service

2.3.1 Service – Definition und Konzept

Zum Verständnis des Self-Service Konzepts ist zunächst eine Erläuterung des Servicebegriffs notwendig. Der Begriff „*Service*" ist in der Literatur nicht einheitlich definiert [Grönroos 2000]. Zum einen wird Service insbesondere im Konsum- und Investitionsgüterbereich oftmals lediglich als eine produktbegleitende Zusatzleistung verstanden [Meffert/Bruhn 1997, 27]. Dieses Verständnis tritt auch bei der deutschen Übersetzung des anglo-amerikanischen Worts Service mit „*Kundendienst*" zu Tage [Cäsar 2005, 12]. Typischerweise werden darunter Aktivitäten wie z.B. „*answering questions, taking orders, dealing with billing issues, handling complaints, and perhaps scheduling maintenance or repairs*" [Zeithaml/Bitner 2003, 3] subsumiert. Hierbei wird primär auf den Bereich After Sales (d.h. Inanspruchnahme von Leistungen nach dem Kauf) fokussiert, was eine enge Auslegung des Begriffs darstellt [Baumbach 1998, 23 f].

Darüber hinaus kann der Begriff Service auch umfassender im Sinne von „*Dienstleistung*" verstanden werden [Meffert/Bruhn 1997, 23ff]. Der Arbeit liegt dieses Begriffsverständnis zugrunde. Ein Service ist in diesem Zusammenhang eine Leistung, welche auf die Schaffung von Prozess- sowie Kundennutzen ausgerichtet ist [Bieger 2000, 7]. Um dies zu erreichen, werden in der Literatur die folgenden drei Merkmale als konstitutiv für eine Dienstleistung erachtet [Meffert/Bruhn 1997, 27; Grönroos 2000, 47; Bruhn 2003, 18]:

- *Potenzialdimension.* Der Dienstleistungsanbieter hält menschliche oder maschinelle Leistungsfähigkeit und –bereitschaft vor. Eine Produktion auf Vorrat ist nicht möglich. Das Potenzial entsteht durch die Kombination interner Faktoren.

- *Prozessdimension.* Diese Dimension charakterisiert die Erstellungsphase einer Dienstleistung. Der Dienstleistungsnachfrager bringt sich oder ein Objekt ein (sog. „*externer Faktor*"). Die Leistungsbereitschaft der Potenzialdimension wird mit dem externen Faktor kombiniert. Kennzeichnend ist, dass Produktion und Konsumption einer Dienstleistung zeitlich zusammenfallen. Dieses *Uno-actu-Prinzip* ist ein wesentliches Unterscheidungsmerkmal zu einer Sachleistung.

- *Ergebnisdimension.* Eine Dienstleistung wird als Ergebnis der Kombination interner und externer Faktoren betrachtet. Ein wesentliches Charakteristikum ist die Immaterialität der erzeugten Dienstleistung.

Diese Arbeit versteht unter **Service** eine marktfähige Leistung, welche die Leistungsbereitschaft und –fähigkeit des Anbieters voraussetzt (*Potenzialorientierung*), die Kombination interner und externer Faktoren erfordert (*Prozessorientierung*) und auf das Erzielen eines Nutzens ausgerichtet ist (*Ergebnisorientierung*).

2.3.2 Self-Service – Definition und Konzept

Wissenschaftliche Untersuchungen zum Thema Self-Service finden seit den 70er Jahren statt. Als Erster analysierte [Toffler 1970], ein amerikanischer Schriftsteller und Futurologe, die neu entstandene Rolle des Kunden als Produzent und Konsument in einem Self-Service System. Er definierte Self-Service als die Übernahme von Aufgaben durch den Kunden, welche zuvor von anderen Akteuren (z.B. Unternehmensmitarbeitern) erledigt wurden. Er bezeichnete diese Rolle als „*prosuming*“, ein Kunstwort bestehend aus den englischen Begriffen „*producing*“ und „*consuming*“. Darauf aufbauend unterschied Toffler zwei Arten von Systemen:

- *„Relieving“.* Hierbei handelt es sich um das traditionelle Rollenverständnis, bei dem der Produzent alle Aufgaben übernimmt und dem Konsumenten lediglich eine passive Rolle zukommt.
- *„Prosuming + Enabler“.* In diesem Produktionssystem hat der Kunde die Rolle eines „*Prosumers*“, d.h. er konsumiert, nimmt aber gleichzeitig Funktionen wahr, die ursprünglich dem Produzenten vorbehalten waren. Dies wird durch die Bereitstellung sog. „*Enabler*“ erreicht, d.h. Self-Service Technologien, welche der Produzent dem Leistungsabnehmer zur Verfügung stellt.

Als Erfinder des Self-Service in der Praxis gilt Clarence Saunders, der im Jahre 1916 in Memphis, Tennessee, den Einzelhandel durch das Konzept der Selbstbedienung signifikant beeinflusst hat [Grün/Brunner 2002, 42f]. Bis zu dieser Zeit war es üblich, dass die Kunden dem Ladenverkäufer ihre Bestellung vorgaben und dieser dann die Waren für sie zusammenstellte. Diese passive Rolle des Kunden wurde in Saunders' „Piggly Wiggly“ Lebensmittelgeschäft in eine aktive Beteiligung umgewandelt: die Kunden mussten sich die Waren selbst zusammenstellen und wurden somit aktiv am Wertschöpfungsprozess beteiligt. Diese heute selbstverständliche Vertriebsform des Einzelhandels stellte zur damaligen Zeit einen revolutionären Schritt dar. Basierend auf Saunders' Geschäftsidee wurde eine Filialkette gegrün-

det, welche heute noch tätig ist. Das Konzept war auch ausserhalb der USA erfolgreich. Im Jahre 1938 wurde beispielsweise der erste Selbstbedienungsladen in Deutschland eröffnet [Bremme 1988, 90].

Die von Toffler identifizierten Grundmuster finden sich in sämtlichen Definitionen von Self-Service wieder, wenngleich die verwendeten Begriffe variieren. Wikström beispielsweise charakterisiert Self-Service als „*a sort of joint venture in the marketplace, in which the consumer increasingly assumes the role of co-producer*" [Wikström 1996, 360]. Laut Saueressig erbringt der Nachfrager beim Self-Service „*einen Teil der Dienstleistung selbst und übernimmt somit einzelne Aufgaben im Dienstleistungsprozess*" [Saueressig 1999, 35]. Der Leistungsabnehmer ist daher ein „*aktiver Mitakteur des Leistungsprozesses.*" [Piller/Reichwald 2003, 516] Diese enge Bindung des Leistungsabnehmers an das Unternehmen führt dazu, dass in dem Verständnis einiger Autoren der Kunde als Mitarbeiter („*partial employee*") des Unternehmens gesehen wird [Mills/Morris 1986; Bowers et al. 1990]. Je nachdem wie stark der Abnehmer in den Leistungserstellungsprozess involviert ist, können Abstufungen vorgenommen werden. Prahalad und Ramaswamy sehen den Kunden daher nicht nur als Mitarbeiter („*collaborator*") sondern auch als Co-Entwickler („*co-developer*") und Mitbewerber („*competitor*") [Prahalad/Ramaswamy 2000].

Die Literaturanalyse (s. Tabelle 2-1) zeigt, dass die im Bereich Self-Service verwendeten Definitionen und Erklärungen zwar grundlegende Gemeinsamkeiten aufweisen, aber ein einheitliches Verständnis nicht existiert [vgl. Salomann et al. 2006b]. Daher wird für diese Arbeit eine eigene Definition abgeleitet.

Ein **Self-Service** ist eine Dienstleistung an der Schnittstelle zwischen Unternehmen und Kunden, welche die folgenden Abgrenzungskriterien aufweist:

(1) Bezug nehmend auf die Prozessdimension einer Dienstleistung (s. Abschnitt 2.3.1) ist eine *verstärkte Mitwirkung, Einbindung und Integration des Leistungsabnehmers in den Erstellungs- und Produktionsprozess* kennzeichnend für Self-Service. Der Kunde übernimmt Aktivitäten der Leistungserstellung, die ohne den Einsatz eines Self-Service von Seiten des Unternehmens erbracht würden.

(2) In den beim Self-Service stattfindenden Austauschbeziehungen zwischen Leistungsersteller und –abnehmer sind auf Seiten des Erstellers *keine persönlichen Interaktionen* vorhanden. Der Interaktionstyp „Mensch – Mensch" ist nicht Bestandteil des Self-Service Konzepts. Diese persönliche Interaktion wird durch *Self-Service Technologien* als Enabler ersetzt.

Autor	Fokus	Erkenntnisse und Ergebnisse
[Toffler 1970]	Kunde	Der Autor analysiert die kombinierte Rolle des Kunden als Produzent und Konsument. Diese Entwicklung wird als "*prosuming*" bezeichnet und ist definiert als die Einbindung des Kunden in Aufgaben, welche vorher von anderen Aufgabenträgern (z.B. Angestellten des Unternehmens) durchgeführt wurden.
[Chase 1978]	Kunde	Der Autor teilt Service-Systeme in die Kategorien "*high-contact*" und "*low-contact*" ein, abhängig vom Ausmass der Interaktion mit den Kunden. Hierbei wird argumentiert, dass die Chance einen effizienten Service zu entwickeln umso höher ist, je weniger direkte Kundeninteraktion besteht.
[Lovelock/Young 1979]	Kunde	Die Autoren stellen fest, dass das Kundenverhalten die Produktivität von Services beeinflusst, da die Kunden integraler Bestandteil der Leistungserstellung sind. Eine Steigerung der Produktivität erfordert daher auch eine Änderung des Kundenverhaltens.
[Bateson 1985]	Kunde	Die Studie erstellt ein Profil des typischen Self-Service Kunden. Die Entscheidung eines Kunden für oder gegen Self-Services hängt von der individuellen Persönlichkeit des Kunden ab. Entscheidende Faktoren hierbei sind die Zeit, welche der Service in Anspruch nimmt, sowie die Kontrolle über die Situation.
[Mills/Morris 1986]	Kunde	Der Beitrag untersucht die Rolle des Kunden als Angestellten ("*partial employees*") einer Service-Organisation. Dabei können sich Kunden und Servicebereitsteller die Verantwortlichkeiten bei der Leistungserstellung teilen.
[Bowers et al. 1990]	Kunde	Die Autoren diskutieren die Idee, Kunden als Mitarbeiter und Mitarbeiter als Kunden zu betrachten. Angestellte können mit Hilfe des internen Marketings wie Kunden behandelt werden. Andererseits können Kunden durch Training und Incentives wie Mitarbeiter behandelt werden.
[Dabholkar 1996b]	Technologie	Der Autor stellt Personalkosten und den technologischen Fortschritt als Haupttreiber für die Einführung technologiebasierter Self-Services in Kundenbeziehungen dar.
[Wikström 1996]	Kunde	Dieser Artikel diskutiert die Rolle des Kunden als Ko-Produzenten innerhalb des Marktplatzes. Hieraus ergeben sich die grössten Vorteile für den Kunden selbst, aber auch Unternehmen können dadurch strategische Wettbewerbsvorteile erzielen.
[Meuter et al. 2000b]	Technologie	Die Autoren analysieren in dieser Studie den Einfluss von Self-Service Technologien in Kundenbeziehungen. Die untersuchten Faktoren umfassen das Beschwerdeverhalten der Kunden, Mund-zu-Mund Propaganda sowie Wiederkaufabsichten.
[Prahalad/Ramaswamy 2000]	Kunde	Die Autoren diskutieren den Wandel der Kunden von passiven Bestandteilen innerhalb der Wertschöpfungskette hin zu aktiven Akteuren. In diesem Zusammenhang werden die Abnehmer Bestandteil eines erweiterten Netzwerks und agieren als Geschäftspartner, Ideengeber und sogar als Mitbewerber.
[Bitner et al. 2002]	Technologie	Der Beitrag zeigt, dass Unternehmen die Schwierigkeit der Implementierung von Self-Service Technologien in Kundenbeziehungen oftmals unterschätzen. Dabei werden Quellen der Kunden(un-)zufriedenheit aufgezeigt.
[Curran/Meuter 2005]	Technologie	Die Autoren vergleichen drei Self-Service Technologien: Geldautomat, Telephone Banking und Online Banking. Sie untersuchen in diesem Zusammenhang die Faktoren, welche die Kundenakzeptanz beeinflussen. Als wichtigster Faktor wird hierbei die Bedienfreundlichkeit ("*ease-of-use*") identifiziert.

Tabelle 2-1: Literaturübersicht zum Thema Self-Service

Die zweite, technologie-getriebene Komponente der Self-Service Definition nimmt gerade in der jüngeren Forschungsarbeit eine immer bedeutendere Stellung ein. Dies wird auch durch die in diesem Umfeld geprägten Begriffe, wie z.B. „*Technology-*

Based Self-Service (TBSS)“ [Dabholkar 1996a; Bobbitt/Dabholkar 2001], „*Self-Service Technology (SST)*“ [Meuter et al. 2000a; Bitner et al. 2002; Lee/Allaway 2002] oder „*Self-Service Automation*“ [Schöler 2004], deutlich. Diese zunehmende Technologieorientierung ist in einen übergeordneten Trend einzuordnen, der dazu führt, dass Informations- und Kommunikationstechnik zu einer zentralen Triebfeder für Veränderungen in Wirtschaft und Gesellschaft wird [s. Brenner/Witte 2006, 1]. Bei den Self-Service Technologien werden vier Kategorien unterschieden [Meuter et al. 2000b]: *Internet* (z.B. Online Banking über ein Internetportal), *Telefon* (z.B. Telephone Banking über Sprachdialogsysteme), *Automat* (z.B. Geldautomat oder Kontoauszugsdrucker) und *Video/CD* (z.B. Video-basierte Schulungen für Mitarbeiter).

2.3.3 Treiber für den Einsatz von Self-Service

Die bisherigen Ausführungen haben gezeigt, dass innerhalb des Self-Service Konzepts sowohl Leistungsabnehmer (= Konsument, Nachfrager, Kunde) als auch Leistungsersteller (= Produzent, Anbieter, Unternehmen) involviert sind. Daher lassen sich Treiber und Motive für den Einsatz und die Nutzung von Self-Service auf beiden Seiten identifizieren.

2.3.3.1 Anbieterseitige Motive

Realisierung von Kosteneinsparungen und Effizienzsteigerungen

Eines der Hauptmotive für den Einsatz von Self-Services auf Seiten der Anbieter ist die Realisierung möglicher Kostenreduktionen. Dies ist auf ein kennzeichnendes Merkmal von Self-Service zurückzuführen: der Substitution von persönlicher Interaktion durch Technologie und die dadurch mögliche Einsparung von Personalkosten. Dieser Aspekt wird von einer Reihe von Autoren als ein Hauptmotiv identifiziert [Saueressig 1999; Bitner et al. 2002]. Eine Studie, die am IWI-HSG unter 89 Anwenderunternehmen zum Thema CRM und Self-Service durchgeführt wurde, belegt dies ebenfalls. Dort gaben 84% der befragten Unternehmen Kosteneinsparungen als Hauptgrund für die Einführung von Self-Services an [Salomann et al. 2005a]. Die Kosteneinsparungspotenziale werden auf die Vermeidung von Medienbrüchen, die Eliminierung von Leerlaufzeiten und die Verkürzung von Durchlaufzeiten zurückgeführt, welche sich durch die Automatisierung mit Hilfe von Self-Service Technologien ergeben. Diese Argumentation wird durch zahlreiche Studien belegt, welche versuchen, die (potenziellen) Kosteneinsparungen zahlenmässig zu erfassen. Nach Untersuchungen von Moon und Frei betragen die Kosten für eine Transaktion beim Online Banking 0,02 US$, im Vergleich zu 0,36 US$ am Automaten und 1,15 US$ bei einem Bankangestellten [Moon/Frei 2000]. Andere Studien zeigen eine Bandbreite zwischen 40 US$ und 400 US$ bei persönlicher Interaktion gegenüber 0,1 US$ bis 0,4 US$ beim Einsatz von Self-Service Technologien [Wright/Quinn 2002].

Die Swiss Re, das weltweit grösste Rückversicherungsunternehmen mit Hauptsitz in Zürich, sah sich bei der Abwicklung kleiner und mittelgrosser Risiken durch die Underwriter mit einer Reihe von Ineffizienzen konfrontiert. Hierbei handelte es sich um zeitaufwändige Administrationsprozesse, redundante Aufgabenbearbeitung und unvollständige sowie inkonsistente Datengrundlagen. Dies resultierte in hohen Administrationskosten aufgrund derer die Risiken nicht mehr profitabel gezeichnet werden konnten. Im Jahr 2000 wurde daher ein Portal eingeführt, welches die Abwicklung kleiner und mittelgrosser Risiken im fakultativen Bereich online ermöglichte. Dadurch konnten die vorherrschenden Ineffizienzen erfolgreich adressiert und eine profitable Zeichnung dieser Risiken erreicht werden. Diese Ausrichtung des Internet Self-Service auf die Realisierung effizienter Prozessabläufe kommt auch in der Portalbezeichnung „SwiftRe" zum Ausdruck.

Unstreitig ist in der Literatur, dass Self-Service Transaktionen kostengünstiger durchgeführt werden können als persönliche Interaktionen. Die oben angeführten Zahlen belegen jedoch, dass die möglichen Kosteneinsparungen zum Teil beträchtlich variieren. Die genaue Höhe der Kosteneinsparungen kann somit nicht zweifelsfrei bestimmt werden. Weiterhin ist kritisch anzumerken, dass Self-Services nicht nur Kosten einsparen, sondern auch zusätzliche Kosten verursachen bzw. die Anbieter zu Preisreduktionen zwingen können:

- Der verstärkte Einsatz von Self-Services (insb. Internet Self-Service) hat zu mehr Transparenz bei Produkten, Märkten und Preisen geführt. Zu nennen sind hier primär Internetvergleichsportale (z.B. Comparis in der Schweiz oder FinanceScout24 in Deutschland), welche den Konsumenten die Möglichkeit geben, unterschiedliche Handlungsalternativen relativ leicht und kostenlos evaluieren und vergleichen zu können [Urban 2004]. In Deutschland werden solche Portale bereits von 73% aller Internetnutzer für Preisvergleiche bei Waren und Dienstleistungen eingesetzt [BdB 2004a, 2]. Dies führt dazu, dass die Ausnutzung von Informationsasymmetrien durch die Anbieter nicht mehr (bzw. nicht mehr im gleichen Masse) möglich ist und gleichzeitig die Transaktionskosten für Nachfrager durch den Einsatz von Internet Self-Service in der ex-ante-Phase (d.h. vor dem Kauf) sinken [Picot et al. 1997, 111; Hummel 2002, 720f]. Als Resultat steigt der Kostendruck auf Seiten der Anbieter. Dies kann am Beispiel der amerikanischen Lebensversicherungsbranche verdeutlicht werden. Dort sind aufgrund der Nutzung von Internetvergleichsportalen die von den Kunden zu zahlenden Prämien für Lebensversicherungen zwischen 8% und 15% gesunken [Brown/Goolsbee 2002, 483ff].

- Self-Services führen zu einem veränderten Kundenverhalten, welches sich auch in den Kostenstrukturen niederschlägt. So hat z.B. die Verfügbarkeit von Geldautomaten dazu geführt, dass Kunden – im Vergleich zur persönlichen Interaktion mit den Bankangestellten – die Transaktionshäufigkeit erhöhen, aber im Gegenzug das

Transaktionsvolumen reduzieren [Fotschki/Stockmann 1994; Stavins 2000]. Ein Kunde, welcher beispielsweise früher *eine* Transaktion am Bankschalter durchgeführt hat und sich vom Bankangestellten 300 CHF aushändigen liess, ersetzt diese *eine* Transaktion durch *drei* Transaktionen am Geldautomaten, bei denen er jeweils nur 100 CHF abhebt[2]. Um also aussagekräftige Kostenvergleiche zu ermitteln, müsste man diese *eine* Transaktion zwischen Kunde und Bankangestelltem *drei* Transaktionen am Geldautomaten gegenüberstellen.

- Die Einführung von Self-Services ist nicht notwendigerweise mit der Substitution persönlicher Interaktionskanäle und einer Einsparung der damit zusammenhängenden Kosten verbunden. Dies kann am Beispiel der Bankautomaten in den USA illustriert werden. Bei Einführung dieser Self-Service Technologie wurde vorhergesagt, dass es zu einer Reduktion der Anzahl an Bankfilialen und damit zu Kosteneinsparungen kommen würde. Allerdings gab es in den USA im Jahr 1973 2.000 Geldautomaten und 26.700 Filialen, 1992 hingegen 90.000 Geldautomaten und 52.400 Filialen [Humphrey 1994, 65]. Diese Zahlen zeigen, dass die Einführung von Geldautomaten nicht zu einer Reduktion der Bankfilialen geführt hat. Geldautomaten stellen somit kein Substitut, sondern vielmehr ein Komplement zu Bankfilialen dar [Stavins 2000, 14; Florian et al. 2004].

- Verfehlte Self-Service Strategien können kostensteigernde Wirkung entfalten. Dies trifft z.B. dann zu, wenn Self-Services nicht benutzerfreundlich gestaltet sind, so dass der Kunde nicht in der Lage ist, die ihm übertragenen Aktivitäten selbständig durchzuführen. Beispiele aus der Praxis belegen, dass Self-Services, welche ursprünglich darauf abzielten, die Anzahl der Anrufe in einem Call Center zu reduzieren, das Gegenteil bewirkt und zu einer Steigerung der Arbeitsbelastung geführt haben. Ursache war, dass die benutzerunfreundlich gestalteten Self-Services mehr Fragen aufwarfen als sie beantworten konnten [s. Monse/Janusch 2003].

Erhöhung der Kundenzufriedenheit und –loyalität

Oftmals sind die Unternehmen gezwungen, eine Self-Service Alternative anzubieten, um die Erwartungen ihrer Kunden zu erfüllen [Bitner et al. 2002]. Finden Kunden diese Alternative nicht vor, führt dies zu Unzufriedenheit und letztlich dazu, dass ein Kunde ein Unternehmen verlässt bzw. überhaupt nicht erst Kunde des Unternehmens wird. Branchenanalysen zeigen, dass 92% der Kunden von ihrer Bank ein dichtes Netz an Geldautomaten erwarten [vgl. Florian et al. 2004]. Die Verfügbarkeit dieser Self-Service Alternative stellt damit einen kritischen Erfolgsfaktor in der Finanzdienstleistungsbranche dar.

---

[2] Bei dem gewählten Beispiel handelt es sich um fiktive Zahlen, die dazu dienen sollen, die Argumentation zu illustrieren.

Erschliessung neuer Kundensegmente

Die Einführung von Self-Services ist in der Praxis auch mit der Absicht verbunden, neue Kundensegmente zu erschliessen, um dadurch die bereits bestehende Kundenbasis zu erweitern [Bitner et al. 2002]. Beispielsweise wurden insbesondere zu Zeiten der sog. „*New Economy*" Internet Self-Services – auch aufgrund der soziodemographischen Struktur der Internetnutzer – dazu eingesetzt, insbesondere ein junges Kundensegment anzusprechen. Diese Strategie ist jedoch nicht auf das Internet als Self-Service Enabler beschränkt. Die generelle Attraktivität von Self-Services für jüngere Käuferschichten wurde bereits vor dieser Zeit durch wissenschaftliche Studien untermauert [Langeard et al. 1981].

Die Tatra Bank, die grösste Privatbank der Slowakei, befand sich Ende der 90er Jahre aufgrund makroökonomischer Rahmenbedingungen wirtschaftlich in einer schwierigen Situation [vgl. Decker 2001]. Die Bank suchte daher nach Möglichkeiten, die Kundenanzahl zu erhöhen und die Kapitalbasis zu stärken. Das benötigte Wachstum sollte durch die Erschliessung junger Kundenschichten erreicht werden. Zu diesem Zweck hat die Tatra Bank verstärkt auf Self-Service Technologie gesetzt. Der Webauftritt der Tatra Bank wurde strategisch als Einstiegsportal für junge Leute angelegt und nach deren Bedürfnissen gestaltet. Dies beinhaltete z.B. die Kooperation mit 30 Internet-Shops, welche für die junge Zielgruppe von hoher Relevanz waren. Mit dieser Strategie gelang es der Tatra Bank, Neukunden zu gewinnen und gleichzeitig die Transaktionskosten um 10% zu senken.

Allerdings vollziehen sich im Bereich des Internet Self-Service derzeit insb. mit Hinblick auf die Altersstruktur signifikante Änderungen (s. Abbildung 2-5). Die erste W3B-Studie[3] aus dem Jahre 1995 ergab, dass damals 93,8% der deutschen Internetnutzer männlich waren, 94,5% der Nutzer hatten Abitur und das Alter des Internetnutzers lag im Durchschnitt bei 29 Jahren [W3B 1995]. Die Charakterisierung „männlich", „jung" und „überdurchschnittlich gebildet" hat sich seither verändert. Mit dem Wandel des Internets zum Massenmedium nähern sich die soziodemographischen Strukturen der Internetnutzerschaft denen der Gesamtbevölkerung immer weiter an. Aktuelle Untersuchungen der Arbeitsgemeinschaft Online Forschung e.V. (AGOF) zeigen, dass der Schwerpunkt der Altersklassen im Internet (im Vergleich zur Gesamtbevölkerung) zwar immer noch bei den 14-49-jährigen Personen liegt, allerdings holen die über 50-jährigen Onliner stark auf [AGOF 2006]. In den letzten Jahren fanden die grössten Zuwächse bei den Internet-Nutzern über 50 Jahre statt (2,5% in 1995 im Vergleich zu 20,1% in 2004) [W3B 1995; W3B 2005]. Dies führt in diesem Bereich zur Herausbildung neuer Kundengruppen, was durch Begriffe wie z.B. „*Silver Surfer*" oder „*Best Ager*" verdeutlicht wird [AGOF 2006]. Infolgedessen sind die anderen,

[3] Die W3B-Studie ist eine halbjährlich durchgeführte Meinungsumfrage unter Internetnutzern im deutschsprachigen Raum. An den letzten Umfragen nahmen jeweils ca. 100.000 Internetnutzer teil.

ehemals anerkannten Charakteristika des Internetnutzers in dieser Allgemeingültigkeit nicht mehr zutreffend. So findet auch bei den Kriterien „Geschlecht“ und „Bildungsstand“ eine Annäherung an die soziodemographischen Strukturen der Gesamtbevölkerung statt. Gerade in den jüngeren Zielgruppen sind Frauen als Internetnutzer häufig vertreten [AGOF 2006]. Diese strukturellen Verschiebungen in der Nutzung des Internets als Self-Service Enabler sind nicht auf Deutschland begrenzt, sondern stellen einen generellen Trend dar. Andere Länder, wie z.B. die Schweiz, weisen im Bereich der Internetnutzung eine ähnliche Entwicklung auf [BFS 2005].

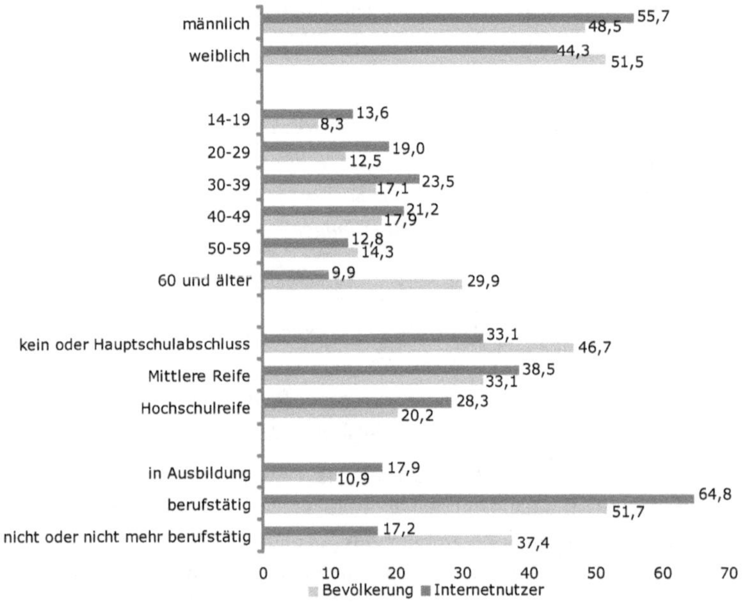

Abbildung 2-5: Soziodemographische Strukturen der Internetnutzer im Vergleich zur Gesamtbevölkerung in Deutschland [AGOF 2006][4]

Weiterhin gibt es die Möglichkeit, die Kundenbasis durch den Einsatz von Self-Service Technologie nicht nur soziodemographisch, sondern auch geographisch relativ leicht und kostengünstig zu erweitern [Bitner et al. 2002, 98]. Hier bietet insbesondere das Internet als Self-Service Technologie die Möglichkeit, bis dahin lokal abgegrenzte Produkt- und Dienstleistungsangebote auf globaler Basis anzubieten. Dieser Zugang zu neuen Märkten ist einer der Hauptgründe, weshalb kleine und mittlere Unternehmen (KMUs) Internet Self-Services einsetzen [Stockdale/Standing 2004, 305ff].

[4] Angaben in Prozent, Basis der Untersuchung: 103.509 Fälle (Internetnutzer letzte 3 Monate)/117.257 Fälle (Wohnbevölkerung ab 14 Jahre) [AGOF 2006]

2.3.3.2 Nachfragerseitige Motive

Streben nach Unabhängigkeit

Konsumenten nutzen Self-Services oftmals aufgrund eines Strebens nach Unabhängigkeit [vgl. Bateson 1985]. Im Rahmen von explorativen Forschungsansätzen erhobene Kundenprofile zeigen, dass das grösste Differenzierungsmerkmal im Erreichen von Unabhängigkeit besteht. Self-Service Kunden schätzen insbesondere die aktive Mitwirkung am Leistungserstellungsprozess, welche ihnen ein Gefühl der Kontrolle verleiht. Hierbei spielt auch der Faktor Zeit eine Rolle. Kunden, die bevorzugt Self-Service nutzen, empfinden den „traditionellen" Service und die damit verbundene passive Rolle als (zeit-) ineffizient. Die aktive Beteiligung im Rahmen des Self-Service vermittelt diesen Kunden das Gefühl, mit ihrer Zeit effizienter umzugehen.

Realisierung von Kosten- und Leistungsvorteilen

Die Ausführungen in Abschnitt 2.3.3.1 haben verdeutlicht, dass die Realisierung von Kosteneinsparungen auf Seiten der Leistungsanbieter ein Hauptgrund für die Einführung von Self-Service ist. Dies führt oftmals dazu, dass die realisierten Kosteneinsparungen zumindest teilweise an die Kunden weitergegeben werden. Gleichzeitig werden vergünstigte Preise auf Self-Service Kanälen als Anreiz genutzt, um die Kunden auf diese Kanäle zu lenken. Dies ist z.B. bei Internet-Versicherern der Fall, deren Geschäftsmodell es ihnen erlaubt, günstigere Tarife als traditionelle Versicherer anzubieten, da die Vertriebskosten typischerweise nur zwischen 12% und 26% der Prämien betragen [Köhne 2003, 22]. Eine in Deutschland durchgeführte Studie unter 1.800 Versicherungskunden und 500 Versicherungsinteressenten hat ergeben, dass für 63% der Befragten bei einem Versicherungsabschluss über das Internet ein Preisvorteil ausschlaggebend ist [psychonomics 2000].

Bei der Nordea Bank handelt es sich um eine im skandinavischen Raum tätige Bank mit Hauptsitz in Stockholm. Der Einsatz von Self-Service Technologie ist elementarer Bestandteil der strategischen Ausrichtung und in den Visionen der Bank formuliert [Nordea 2006]. Diese strategische Positionierung spiegelt sich auch in der Gestaltung der Preisstruktur wider [Enders et al. 2006]. Die Kunden der Nordea Bank zahlen 5 EUR pro Transaktion, wenn sie diese in einer Filiale von einem Bankangestellten durchführen lassen. Kostengünstiger ist die Nutzung der Online Self-Services. Hier zahlen Kunden für eine unbegrenzte Anzahl an Transaktionen lediglich 2 EUR pro Monat.

Unterstützung des Kundenprozesses

Beim Kundenprozess handelt es sich um eine Abfolge an Aktivitäten (z.B. Information, Evaluation, Kauf, Nutzung), welche ein Kunde durchläuft, um ein Bedürfnis zu befriedigen oder ein spezifisches Problem zu lösen [Österle 2003]. Die Anforderungen des Konsumenten an diese Kundenprozessunterstützung steigen ständig und umfassen zahlreiche Merkmale (s. Abbildung 2-6).

Die Nutzung von Self-Service Technologien, insb. die Nutzung des Internets, ermöglicht es den Kunden, diese Merkmale der Kundenprozessunterstützung relativ leicht umzusetzen. Stellvertretend seien an dieser Stelle die Merkmale „*anytime*“ und „*anywhere*“ genannt. Im Bereich des Online Banking hat der Kunde die Möglichkeit, Bankgeschäfte rund um die Uhr von (praktisch) überall zu erledigen. Damit entfällt eine Bindung an Ladenöffnungszeiten oder ähnliche Restriktionen. Dieser Trend wird durch die zunehmende Verbreitung mobiler Technologien (z.B. Smartphones) in den letzten Jahren weiter verstärkt.

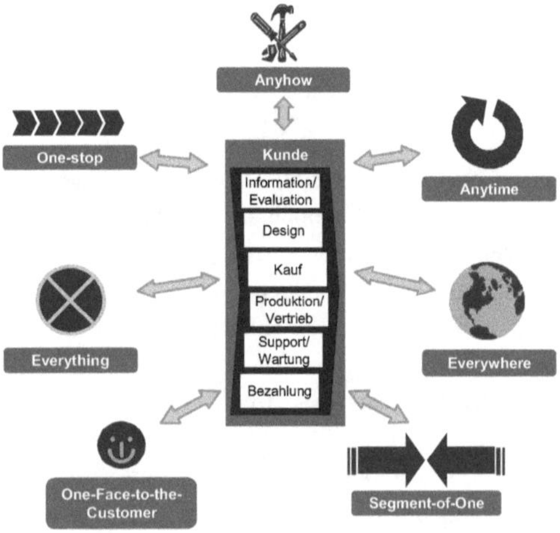

Abbildung 2-6: Prinzipien des idealen Kundenprozesses [vgl. Kagermann/Österle 2006, 45]

Schaffung von Transparenz und Ausübung von Marktmacht

Durch die Nutzung von Self-Services können Konsumenten ihre Machtstellung steigern [vgl. Urban 2004]. Dies ist insbesondere für den Bereich Internet Self-Service zutreffend. Das Interesse der Kunden an der Schaffung von Markttransparenz hat daher zur Entstehung neuer Intermediäre geführt. Diese positionieren sich als Aggregatoren, welche den Konsumenten Vergleichsinformationen aus einer Vielzahl von Quellen in konsolidierter Form zur Verfügung stellen. Ein Beispiel für solche Aggregatoren sind Internetvergleichsportale. Diese Entwicklung wird durch die Bildung sog. „*Online Communities*“ weiter verstärkt. Hier haben die Kunden die Möglichkeit, sich untereinander auszutauschen und so ihre Erfahrungen mit Produkten und Dienstleistungen an andere Kunden bzw. Interessenten weiterzugeben.

Ein Beispiel für einen Aggregator ist das amerikanische Unternehmen BizRate.com, welches seit 1996 eine Webseite betreibt, auf der sich Kunden u.a. über Preisniveau, Pünktlichkeit der Lieferung und den Kundenservice eines Online-Händlers informieren können. Dieser Internet Self-Service steht Konsumenten kostenfrei zur Verfügung. Die Finanzierung erfolgt über Werbeeinnahmen sowie der Vermarktung von Marktforschungsdaten [Kuhlins/Müller 2003]. Die Evaluation der Händler findet über Kundenbefragungen statt. Direkt nach dem Einkauf wird den Kunden des Online-Händlers eine BizRate-Umfrage präsentiert. Dieselben Kunden werden einige Zeit später wieder zu einer Follow-up Umfrage eingeladen. Basierend auf diesen Ergebnissen wird eine Bewertung des Online-Händlers vorgenommen. Den Konsumenten bietet dies den Vorteil, dass sie Suchkosten minimieren, indem sie Servicequalität, Preisniveau und ähnliche Kriterien leicht vergleichen können [Zhu et al. 2002]. Die am Vergleich teilnehmenden Online-Händler haben den Anreiz, dass sie durch BizRate eine grössere Kundenbasis ansprechen können, da solche Internetvergleichsdienste bei den Konsumenten sehr populär sind.

2.3.4 Beitrag für diese Arbeit

Die Arbeit gewinnt aus den obigen Ausführungen die folgenden Erkenntnisse (s. Tabelle 2-2):

- Die aktive Mitwirkung und Integration des Leistungsabnehmers in den Produktionsprozess ist kennzeichnend für Self-Service.
- Eine persönliche Interaktion zwischen Leistungsersteller und –abnehmer ist nicht Bestandteil des Self-Service Konzepts. Diese Interaktion wird durch Self-Service Technologien, welche eine Enabler-Funktion wahrnehmen, ersetzt.
- Der Einsatz von Self-Services ist bei den Anbietern sehr oft in einem Streben nach Effizienzsteigerung und Kostensenkung begründet. Diese Realisierung von Kostenvorteilen ist gleichzeitig auch ein Motiv auf Seiten der Konsumenten. Allerdings spielen hier auch Aspekte der Erlangung von Unabhängigkeit und der Ausübung von Marktmacht eine wichtige Rolle.

Merkmal	Ausprägung					
Mitwirkung an der Leistungserstellung	Vor dem Kauf		Kauf	Nach dem Kauf		
	Information	Evaluation	Vertragsabschluss	Transaktion	Service	Auflösung/ Erneuerung
Technologie als Enabler	Internet	Telefon		Automat	Video/CD	
Anbieterseitige Motive	Kostenreduktion und Effizienzsteigerung		Kundenzufriedenheit und –loyalität		Neue Kundensegmente	
Nachfragerseitige Motive	Unabhängigkeit	Kosten- und Leistungsvorteil		Unterstützung des Kundenprozesses	Transparenz und Marktmacht	

Tabelle 2-2: Merkmale von Self-Service

2.4 Finanzportale in Kundenbeziehungen

2.4.1 Definition und Konzept

Die mit Hilfe von Internettechnologien realisierten Self-Services werden in Theorie und Praxis typischerweise unter dem Begriff „*Portal*“ subsumiert. Analog der wörtlichen Bedeutung eines Portals als „*monumental gestalteter Eingang eines Gebäudes*“ [Brockhaus 2005], charakterisiert der Begriff Portal im Kontext der vorliegenden Arbeit den Einstiegspunkt des Self-Service Nutzers. Das Portal stellt damit eine Integrationsplattform zur Nutzung von Self-Services dar und kann aus verschiedenen Blickwinkeln betrachtet werden (s. Tabelle 2-3):

- *Technologie*. Entsprechend der eingesetzten Technologie können unterschiedliche Arten von Portalen identifiziert werden. Neben den Internetportalen, welche im Bereich des E-Business Verwendung finden, handelt es sich hierbei u.a. um WAP Portale im Bereich M-Business (Mobile Business) oder Voice Portale im Bereich V-Business (Voice Business) [Bamberger/König 2002, 261].

- *Breite und Tiefe des Angebots*. Hier wird typischerweise zwischen horizontalen und vertikalen Portalen unterschieden. Horizontale Portale sind thematisch breit aufgestellt und decken eine Vielzahl von Aspekten ab. Hingegen sind vertikale Portale auf einen thematisch abgegrenzten Bereich fokussiert [Mutter 2003, 36; Stelzer 2004, 14ff].

- *Zielgruppe*. Bei dieser Klassifizierung stehen die Bedürfnisse und Interessen der Zielgruppe im Mittelpunkt der Betrachtung. Beispiele hierfür sind Mitarbeiter-, Geschäftskunden-, Lieferanten- und Endkundenportale [Österle 2002b, 334; Vlachakis et al. 2005, 12f].

- *Prozessorientierung*. Portale sind auf die Abdeckung und Unterstützung von Prozessen der jeweiligen Zielgruppe ausgerichtet [Österle 2002a, 23; Vlachakis et al. 2005, 13f]. Je nachdem auf welche Phasen des Prozesses das Portal ausgelegt ist, können verschiedene Portaltypen abgegrenzt werden. Im Bereich des Kundenprozesses sind dies Informationsportale, falls der Schwerpunkt in der Entscheidungsfindung und –unterstützung des Kunden in der Vorkaufphase liegt. Hingegen fokussieren Verkaufsportale primär auf den Vertrieb von Produkten. Serviceportale adressieren die Anliegen des Kunden in der Nachkaufphase [Capgemini 2005].

Das dieser Arbeit zugrunde liegende Begriffsverständnis eines Portals[5] entspricht dem in Abschnitt 2.1.4 eingeführten Konzept des Kundenprozessportals, welches Bestandteil der Geschäftsarchitektur des Informationszeitalters ist [Österle 2002a, 23].

[5] Für eine weitergehende Diskussion des Begriffs „Portal“ siehe [Puschmann 2003, 57 f.; Kremer 2004, 16; Cäsar 2005, 188ff]

Ein **Portal** bildet die auf Basis von Internettechnologien realisierte Schnittstelle zwischen dem Nutzer und dem Unternehmen. Es bündelt und integriert die Self-Services, welche ein Unternehmen für die Abdeckung eines spezifischen Kundenprozesses bereitstellt, unter einer einheitlichen Benutzeroberfläche.

Betrachtungsgegenstand des Dissertationsprojekts sind nicht Portale im Allgemeinen, sondern der Einsatz von Finanzportalen[6] in Kundenbeziehungen im Speziellen.

Im Begriffsverständnis der vorliegenden Arbeit handelt es sich bei einem **Finanzportal** um ein vertikales Internetportal, welches thematisch auf die Finanzdienstleistungsbranche eingegrenzt ist.

Die in dieser Arbeit betrachtete Portalzielgruppe sind Endkunden in einem B2C-Kontext, d.h. B2B-Szenarien oder Employee Self-Service Portale sind nicht Gegenstand der Betrachtung. Weiterhin wird der gesamte Kundenprozess in der Finanzdienstleistungsbranche untersucht. Die Schwerpunkte des Dissertationsprojekts sind in Tabelle 2-3 zusammengefasst.

<table>
<tr><th>Merkmal</th><th colspan="6">Ausprägung</th></tr>
<tr><td>Technologie</td><td colspan="2">Internetportal</td><td colspan="2">WAP Portal</td><td colspan="2">Voice Portal</td></tr>
<tr><td>Breite und Tiefe</td><td colspan="3">Horizontales Portal</td><td colspan="3">Vertikales Portal</td></tr>
<tr><td>Zielgruppe</td><td>Mitarbeiterportal</td><td colspan="2">Geschäftskundenportal</td><td colspan="2">Lieferantenportal</td><td>Endkundenportal</td></tr>
<tr><td>Prozessorientierung</td><td colspan="2">Informationsportal</td><td colspan="2">Verkaufsportal</td><td colspan="2">Serviceportal</td></tr>
</table>

= Schwerpunkt der vorliegenden Arbeit

Tabelle 2-3: Kategorisierung von Portalen

2.4.2 Merkmale

Die bisherigen Ausführungen haben gezeigt, dass Portale darauf ausgerichtet sind, die Nutzer bei der Erfüllung ihrer Aufgaben und Aktivitäten zu unterstützen und die dafür benötigten Self-Services bereitzustellen. Diese Unterstützung ist über eine Reihe von Gestaltungsmerkmalen realisiert. Ausführungen zu Art und Umfang dieser Funktionalitäten lassen sich sowohl in wissenschaftlichen Publikationen als auch in Praxisbeiträgen sowie Veröffentlichungen von Portalanbietern finden.

[6] Für eine weitergehende Diskussion des Begriffs „Finanzportal" siehe [Bauer/Hammerschmidt 2001, 8ff; Schmidt 2001, 277; Mutter 2003, 38ff]

Merkmal		Beschreibung	Literatur
funktional	Collaboration	Hierbei geht es um die Aufgabenunterstützung von (räumlich getrennten) Nutzern mittels Portaltechnologie. Beispiele sind die gemeinsame Nutzung von Calendar- und Scheduling-Tools, Instant Messaging oder der Einsatz audiovisueller Medien (z.B. Videokonferenz).	[Aneja et al. 2000; Bullinger et al. 2002; Raol et al. 2002; Vlachakis et al. 2005]
	Community	Portale können dazu eingesetzt werden die Kommunikation mit den Nutzern zu intensivieren. Dabei wird versucht durch die Schaffung von Communities („*Gemeinschaften*") eine starke Bindung zu erzielen. Dies fördert den Erfahrungsaustausch unter den Nutzern und kann vom Anbieter zur Imagepflege eingesetzt werden.	[Bickart/Schindler 2001; Bullinger et al. 2002; Geib et al. 2005a]
	Informationsgehalt („Informativeness")	Oftmals dient ein Portal in erster Linie der Bereitstellung von Informationen für die Nutzer. Dabei muss die Relevanz des Inhalts gewährleistet werden. Dazu gehört z.B. die Sicherstellung der Akkuratheit, Aktualität und Korrektheit der publizierten Informationen.	[Eighmey 1997; Chen/Wells 1999; Zhang/von Dran 2000; Chen et al. 2002; Chakraborty et al. 2003]
	Interaktivität	Bei der Interaktivität einer Webseite geht es um den Aufbau eines aktiven Dialogs mit den Nutzern. Interaktive Elemente können z.B. Angebotsrechner oder Feedbackformulare sein. Oftmals wird hierunter auch der Entertainmentfaktor einer Webseite verstanden (z.B. Spiele).	[Deighton 1996; Ghose/Dou 1998; Coviello et al. 2001; Chakraborty et al. 2003]
	Navigation	Die Navigation stellt begriffliche und graphische Strukturen als Wegweiser bereit. Die Ausgestaltung der Navigation beeinflusst, wie einfach sich ein Nutzer im Portal zurechtfindet.	[Zhang/von Dran 2000; Riempp 2003]
	Personalisierung	Die Personalisierung zielt auf die individualisierte Kommunikation mit den Portalnutzern ab. Diese kann entweder vom Nutzer (Pull) oder vom Portalbetreiber (Push) ausgehen. Die Personalisierung kann auf den Ebenen Präsentation, Navigation und Interaktion stattfinden.	[Piller/Zanner 2001; Schackmann/Schü 2001; Raol et al. 2002; Chakraborty et al. 2003; Vlachakis et al. 2005]
	Privatsphäre („Privacy")	Portale können dazu genutzt werden, Informationen über die Nutzer zu sammeln bzw. erfordern diese oftmals explizit die Eingabe persönlicher Daten (z.B. bei Vertragsabschluss). Der Nutzer sollte darauf aufmerksam gemacht werden, welche Daten zu welchem Zweck gesammelt werden und an wen diese Daten weitergegeben werden.	[Milne/Boza 1999; Urban et al. 2000; Phelps et al. 2001; Shankar et al. 2002]
	Suche	Suchfunktionalitäten in Portalen sollen den Nutzer beim effizienten Finden der relevanten Informationen unterstützen.	[Bullinger et al. 2002; Riempp 2003; Kremer 2004]
	Übersichtlichkeit („Organization")	Die Übersichtlichkeit eines Portals erhöht deren Qualität. Dabei geht es darum, ob das Portal für den Nutzer einfach und intuitiv zu benutzen ist und ob die Inhalte logisch strukturiert aufbereitet sind.	[Chen/Wells 1999; Chen et al. 2002; Chakraborty et al. 2003; Zhang/Li 2003]
technisch	Integration	Ein Portal fasst unterschiedliche Applikationen in einer Benutzeroberfläche zusammen, was die Integration bestehender Anwendungssysteme erforderlich macht.	[Fleisch/Österle 2001; Ruh et al. 2001]
	Rechte- und Benutzerverwaltung	Die Rechte- und Benutzerverwaltung stellt die Identität eines Nutzers fest (Authentifizierung) und prüft, welche Rechte der jeweilige Nutzer hat (Autorisierung).	[Nusser 1998; Oppliger 1998; Raepple 2001]
	Sicherheit	Bei der Übertragung und Speicherung von Daten über das Internet sind Sicherheitsstandards einzuhalten. Kriterien hierfür sind Verfügbarkeit, Vertraulichkeit, Integrität und Non-Repudiation.	[Furnell/Karweni 1999; Yousafzai et al. 2003]

Tabelle 2-4: Merkmale von Portalen

Die typischen Gestaltungsmerkmale von Portalen sind in Tabelle 2-4 zusammengefasst. Diese Übersicht bildet gleichzeitig den Analyserahmen für die in Kapitel 3 in den Fallstudien untersuchten Finanzportale. Allerdings werden hierbei Anpassungen bzw. Zusammenfassungen vorgenommen, da einige Gestaltungsmerkmale mehreren Kategorien zugeordnet werden können. Bspw. sind Online-Rechner interaktive Elemente, dienen aber gleichzeitig auch dem Informationsgehalt einer Webseite. Bei den Merkmalen wird zudem zwischen funktionalen und technischen Elementen unterschieden. Funktionale Merkmale zeichnen sich dadurch aus, dass sie für den Nutzer des Portals direkt wahrnehmbar sind (z.B. Suche, Diskussionsforum). Hingegen sind die Merkmale auf der technischen Ebene für den Nutzer nur indirekt greifbar (z.B. schnellere Prozessabläufe durch die Integration verschiedener Applikationen in einem Portal). Die Fallstudienbeschreibungen fokussieren auf die funktionalen Elemente, während die technischen Merkmale in der Beschreibung der Systemkomponenten aufgegriffen werden (s. Kapitel 6). Auch hier gilt, dass die Grenzen zwischen funktionalen und technischen Merkmalen fliessend sind. So wird Sicherheit bspw. durch die Umsetzung technischer Standards gewährleistet, muss aber gleichzeitig bei der funktionalen Gestaltung von Portalen berücksichtigt werden.

2.4.3 Finanzportale in virtuellen Finanzintermediationssystemen

Unter dem Begriff Finanzintermediation werden jene Prozesse zusammengefasst, „*die zum Ziel haben, Nachfrage und Angebot nach Kapital zusammenzuführen und abzustimmen*" [Bernet 2003, 2]. Finanzportale sind hierbei ein integraler Bestandteil virtueller Finanzintermediationssysteme, da sie – wie in Abschnitt 2.4.1 erläutert – den Marktteilnehmern als Einstiegspunkt dienen und so die Zusammenführung von Angebot und Nachfrage unterstützen (s. Abbildung 2-7). Weitere Bestandteile des virtuellen Finanzintermediationssystems sind [vgl. Bernet 2003, 169f; Mutter 2003, 32ff]:

- *Nachfrager.* Hierbei handelt es sich um Personen oder Institutionen, welche das Internet zur Abwicklung ihrer Finanzgeschäfte nutzen. Die vorliegende Arbeit betrachtet private Nachfrager in B2C-Szenarien.

- *Anbieter.* Anbieter stellen den Nachfragern Produkte und Dienstleistungen zur Befriedigung ihrer Finanzbedürfnisse zur Verfügung. Dabei kann zwischen Anbietern von Finanzprodukten (z.B. Banken oder Versicherungen) sowie Anbietern von Informationsprodukten (z.B. Nachrichten- oder Ratingagenturen) unterschieden werden. Das Dissertationsprojekt untersucht im Rahmen der Fallstudien unterschiedliche Anbieter von Finanzprodukten (s. Kapitel 3).

- *Elektronische Märkte.* Bei elektronischen Märkten handelt es sich um Plattformen zur Transaktionsabwicklung zwischen Anbietern und Nachfragern im Rahmen der Allokation von Ressourcen. Die Nachfrager haben die Möglichkeit entweder über Finanzportale indirekt auf die elektronischen Märkte zuzugreifen oder aber ihre Finanzbedürfnisse direkt (d.h. ohne Zuhilfenahme eines Finanzportals) zu befriedigen. Geschäftsmodelle elektronischer Märkte sind z.B. Marktplatz, Shop, Auktion oder Tauschbörse [Hummel 2002, 14ff].

- *Transaktionssyteme.* Zur Abwicklung der Finanztransaktionen kommen Transaktionssysteme zum Einsatz. Beispiele sind Systeme für den Zahlungsverkehr oder zur Wertpapierabwicklung.

- *Aufsichtssysteme.* Der regulatorische Rahmen innerhalb des Finanzintermediationssystems wird durch Aufsichtssysteme vorgegeben.

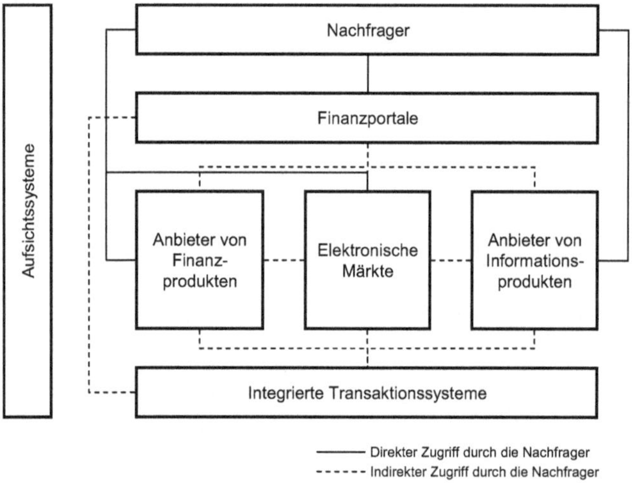

Abbildung 2-7: Kernelemente eines virtuellen Finanzintermediationsystems (nach [Bernet 2003, 169f; Mutter 2003, 33])

Die bisherigen Ausführungen haben gezeigt, dass die Finanzprodukte, welche von Finanzdienstleistern zur Befriedigung der Nachfragerbedürfnisse angeboten werden, eine Schlüsselrolle in Finanzintermediationssystemen einnehmen. Finanzdienstleistungen stellen integrierte Dienstleistungen dar, welche ein *Kernprodukt* (z.B. Sparplan), *Kern-Marktleistungen* (z.B. Problemlösung durch Beratung) sowie *erweiterte Leistungen und Funktionen* (z.B. Abrundung der Gesamtleistung durch Rücksichtnahme auf die spezifische Lebenssituation des Kunden) bündeln [Haller 2000, 279f]. Finanzdienstleistungen können somit als eine Kombination aus Finanz- und Informationsprodukten verstanden werden [s. Mutter 2003, 30]. Finanzdienstleistungen weisen im Wesentlichen die Charakteristika von Dienstleistungen entlang der Dimensionen Potenzial, Prozess und Ergebnis auf, welche in Abschnitt 2.3.1 erläutert wurden. Allerdings ergeben sich für Finanzdienstleistungen auch Besonderheiten, die gerade im Zusammenhang mit der Abwicklung von Internet Self-Services über Finanzportale eine Rolle spielen:

- *Komplexität.* Kunden nehmen Finanzdienstleistungen als komplex wahr, weshalb der Beratungsbedarf tendenziell höher ist als bei anderen Dienstleistungen [Süchting 1991]. Analog zu den Ausführungen zur *Systemkomplexität* in Abschnitt 2.1.2 wird *Produktkomplexität* typischerweise anhand der Anzahl der Bestandteile eines Produkts („*differentiation*") sowie der Anzahl an Beziehungen zwischen diesen einzelnen Bestandteilen („*interconnectivity*") definiert [Clark/Fujimoto 1991; Murmann 1994; Fagade et al. 1998; Hobday 1998; Xideas/Moschuris 1998; Lebcir 2002]. Je grösser die Anzahl der Bestandteile und/oder die Beziehungen zwischen diesen sind, desto höher ist die Komplexität eines Produkts. Diese Charakterisierung ist auch für Finanzprodukte zutreffend. Hier wird oftmals die Anzahl an Parametern, auf deren Grundlage ein Finanzprodukt beschrieben und tarifiert wird, als ein Komplexitätstreiber identifiziert [Holzheu et al. 2000, 10f.]. Bei Finanzprodukten kommt deren Immaterialität als weiterer Komplexitätstreiber hinzu [Mutter 2003, 31]. Diese lässt eine Überprüfung des Produkts im Sinne von „Fühlen" oder „Anfassen" vor dem Kauf nicht zu, was wiederum das Risikoempfinden des Nachfragers erhöht. Der Komplexitätsgrad einer Finanzdienstleistung wirkt sich auf deren Self-Service Fähigkeit aus. Je höher die Komplexität, desto schwieriger ist die Umsetzung des Internet Self-Service. Dies wird in Abbildung 2-8 am Beispiel von Versicherungsprodukten aufgezeigt. Hierbei wird das Transaktionsvolumen als ein weiterer Einflussfaktor der Self-Service Fähigkeit identifiziert, d.h. je grösser die finanzielle Reichweite der Entscheidung, desto geringer ist die Self-Service Fähigkeit des Produkts.

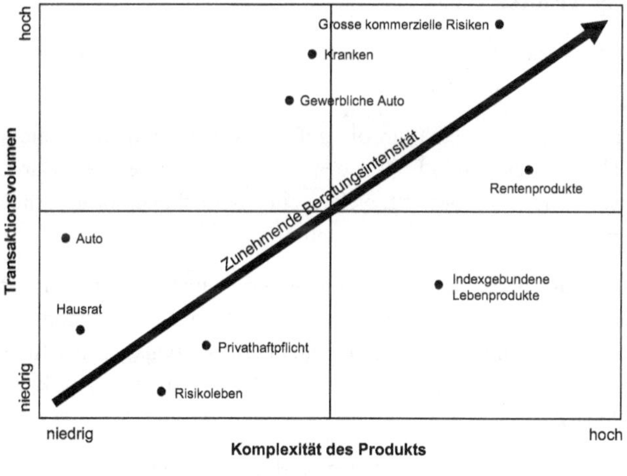

Abbildung 2-8: Beratungsintensität von Versicherungsprodukten (in Anlehnung an [Donaldson, Lufkin & Jenrette 2000])

- *Vertrauen.* Vertrauen ist ein Bestandteil jeder (Kunden-) Interaktion, da immer das Risiko besteht, dass sich eine der beteiligten Parteien nicht an die Vereinbarung hält [Rousseau et al. 1998, 395]. Vertrauen kann daher als *„willingness to take risks"* [Johnson-George/Swap 1982, 1306] definiert werden. Gerade die im Bereich Finanzdienstleistungen benötigten und verwendeten Informationen sind sensibel und dringen teilweise sehr stark in die Privatsphäre der Nachfrager ein (z.B. bei Fragen nach der geistigen Verfassung oder dem Krankheitsbild beim Abschluss einer Lebensversicherung). Vertrauen ist daher ein essenzieller Bestandteil jeder Beziehung zwischen Finanzdienstleister und Nachfrager [Bernet 1998; Gronover 2003]. Der Aufbau des benötigten Vertrauens wird im Bereich Internet Self-Service aufgrund der fehlenden persönlichen Interaktion nochmals erschwert [Furnell/Karweni 1999, 375ff]. Das mangelnde Vertrauen äussert sich auch darin, dass Sicherheitsbedenken gegenüber Self-Service Technologien viele potenzielle Kunden immer noch davon abhalten, ihre Finanztransaktionen über das Internet durchzuführen [psychonomics 2000; BdB 2004b]. Sicherheit und Privatsphäre gelten daher als unabdingbare Voraussetzungen für den Aufbau von Vertrauen in elektronischen Kundenbeziehungen [Yousafzai et al. 2003, 853ff]. Die Gewährleistung von Sicherheitsstandards sowie die Wahrung der Privatsphäre sind infolgedessen integrale Gestaltungsmerkmale von Internetportalen (s. Tabelle 2-4).

Im Rahmen der vorliegenden Arbeit werden diese Spezifika von Finanzprodukten bei der Beantwortung der Frage, wie Finanzdienstleister ihre Internet Self-Service Aktivitäten in Kundenbeziehungen entlang der Ebenen Strategie, Prozesse und Systeme gestalten sollen, berücksichtigt.

2.4.4 Beitrag für diese Arbeit

Die Ausführungen zu Finanzportalen in Kundenbeziehungen liefern für die vorliegende Arbeit die folgenden Erkenntnisse:

- Bei Portalen handelt es sich um die auf Basis von Internettechnologie realisierte Schnittstelle zwischen dem Endkunden und dem Unternehmen. Darin werden die Internet Self-Services gebündelt, welche ein Unternehmen für die Abdeckung eines spezifischen Kundenprozesses bereitstellt.

- Bei einem Finanzportal handelt es sich um ein thematisch auf die Finanzdienstleistungsbranche eingegrenztes Internetportal. Ein Finanzportal gehört zu den integralen Bestandteilen eines virtuellen Finanzintermediationssystems (neben den Elementen Anbieter, Nachfrager, elektronische Märkte sowie Transaktions- und Aufsichtssysteme).

- Die über Finanzportale angebotenen und abgewickelten Finanzdienstleistungen weisen die üblichen Charakteristika von Dienstleistungen auf. Zusätzlich wird die Self-Service Fähigkeit von Finanzdienstleistungen durch die Faktoren Komplexität, Vertrauen, Privatsphäre und Sicherheit beeinflusst.

2.5 Zusammenfassung

Die bisherigen Ausführungen zeigen, dass die Verbreitung von Self-Services in Kundenbeziehungen aktuell bereits eine wichtige Rolle spielt und auch in Zukunft weiter an Bedeutung gewinnen wird. Gründe hierfür sind sowohl auf Seiten der Anbieter als auch auf Seiten der Nachfrager zu suchen. Die Anbieter versprechen sich durch die Einführung von Self-Services in erster Linie Kosteneinsparungen und Effizienzsteigerungen, während die Nachfrager insbesondere den hohen Grad an Unabhängigkeit und die Steigerung ihrer Marktmacht schätzen. Allerdings ergibt sich daraus auch ein Konfliktpotenzial. Die Erfahrungen in der Praxis zeigen, dass Self-Services für Unternehmen einen Verlust an Kundennähe bedeuten können und ausschliesslich auf Effizienzsteigerung angelegte Self-Services Unzufriedenheit beim Kunden hervorrufen.

Eine Analyse der einschlägigen Literatur führt zu dem Ergebnis, dass umfassende Lösungsansätze hierzu bisher noch nicht existieren. Oftmals stellen die theoretischen Untersuchungen ausschliesslich den Kunden und dessen Bedürfnisse in den Mittelpunkt und lassen andere Aspekte, wie z.B. technologische Umsetzungsmöglichkeiten oder Kosten-/Nutzenerwägungen, ausser Acht. Andere Betrachtungen sind wiederum sehr stark technologiegetrieben ohne den Nutzer und dessen Bedürfnisse ausreichend zu berücksichtigen.

Ziel dieser Arbeit ist es daher, ausgehend vom Business Engineering als Forschungsrahmen die Frage zu beantworten, wie Unternehmen ihre Self-Service Aktivitäten entlang der Ebenen Strategie, Prozesse und Systeme erfolgreich gestalten sollen. Dies wird am Beispiel von Internet Self-Services in der Finanzdienstleistungsbranche illustriert und in den folgenden Kapiteln in Form strategischer Gestaltungsfaktoren, einer Self-Service Prozessarchitektur sowie einer Beschreibung der Systemkomponenten dokumentiert. Weiterhin haben die Ausführungen gezeigt, dass Finanzportale wesentlicher Bestandteil virtueller Finanzintermediationssysteme sind und den Marktteilnehmern als Einstiegspunkt dienen. In der Finanzdienstleistungsbranche sind darüber hinaus die Faktoren Komplexität und Vertrauen sowie deren Einfluss auf die Self-Service Fähigkeit von Finanzprodukten relevant. Diese Faktoren finden bei der Entwicklung der Ergebnistypen Berücksichtigung.

Die im folgenden Kapitel 3 untersuchten Internetportale in der Finanzdienstleistungsbranche ergänzen die bisher gewonnenen theoretischen Erkenntnisse durch praktische Fallbeispiele. Sowohl die Ansätze in der Literatur als auch die praktischen Erfahrungen dienen als Grundlage zur Ableitung der Ergebnistypen des Dissertationsprojekts auf den Ebenen Strategie, Prozesse und Systeme.

3 Fallstudien: Erfahrungen aus der Praxis

Der Schwerpunkt dieses Kapitels liegt auf der Darstellung von Erfahrungen aus der Praxis. Dazu werden sechs Fallbeispiele von Unternehmen aus der Finanzdienstleistungsbranche untersucht (s. Abschnitte 3.2 bis 3.7). Zuvor wird der gemeinsame Bezugsrahmen der Fallstudien erläutert (s. Abschnitt 3.1). Im Anschluss an deren Darstellung wird eine Erläuterung der Erkenntnisse im Rahmen einer vergleichenden Fallstudienanalyse vorgenommen (s. Abschnitt 3.8). Das Kapitel schliesst mit einer Zusammenfassung der Ergebnisse (s. Abschnitt 3.9), welche als Grundlage für die Ableitung der Ergebnistypen in den folgenden Kapiteln dienen.

3.1 Auswahl der Fallstudienpartner und Bezugsrahmen

Ziel der Fallstudienbetrachtung ist die Analyse von Lösungsansätzen im Bereich Internet Self-Service in der Finanzdienstleistungsbranche. Dies beinhaltet die Identifikation bestehender Herausforderungen und Erfolgsfaktoren sowie zukünftiger Entwicklungen. Für die Auswahl der Fallstudienpartner sind folgende Kriterien massgebend:

- Das Unternehmen kommt aus der *Finanzdienstleistungsbranche* bzw. ist Bestandteil eines *virtuellen Finanzintermediationssystems.*
- Das Unternehmen sieht Internet Self-Service als eine wichtige *Herausforderung* an. In diesem Zusammenhang sind entsprechende *Lösungsansätze* vorhanden, welche bereits in der unternehmerischen Praxis umgesetzt wurden.
- Die Self-Services des Unternehmens richten sich an *Endkunden.* Das Unternehmen kann auch anderen Zielgruppen Self-Services anbieten (z.B. Mitarbeitern oder Geschäftskunden), diese sind aber nicht Gegenstand der Fallstudienanalyse.
- Das Unternehmen ist bereit, vertiefte Einblicke in *unternehmensinterne Abläufe* sowie Zugriff auf *gesichertes Datenmaterial* zu gewähren.

Die Fallstudienanalyse untersucht bewusst Finanzdienstleister mit unterschiedlichen Rollen innerhalb des virtuellen Finanzintermediationssystems, um Unterschiede sowie Gemeinsamkeiten der jeweiligen Ansätze im Bereich Internet Self-Service herausarbeiten zu können. Bei den Fallstudienpartnern handelt es sich im Einzelnen um (s. Tabelle 3-1):

- *Basler Schweiz,* welche die Basler Versicherungen und die Baloise Bank SoBa umfasst und ein in der Schweiz führender Anbieter integrierter Lösungen in den Bereichen Versicherung, Vorsorge und Vermögensbildung ist. Die Online-Aktivitäten von Bank und Versicherung sind im Portal *baloise.ch* gebündelt. Die Fallstudie legt einen Schwerpunkt auf den Bereich Versicherung.
- *PostFinance,* welche schwerpunktmässig im Retail Banking im Schweizer Markt tätig und dort im Bereich Zahlungsverkehr Marktführer ist. Die Self-Service Akti-

vitäten beinhalten den Webseitenauftritt *postfinance.ch* sowie das Online Banking Angebot *yellownet*.

- *CosmosDirekt*, der grösste Direktversicherer Deutschlands, der seine Versicherungsprodukte ohne Aussendienst vertreibt und das Internet – neben Telefon, Fax und Brief – in seine Multi-Kanal Strategie integriert hat.
- *mamax*, ein Lebensversicherer, der seine Produkte in Deutschland ausschliesslich über das Internet vertreibt.
- *Comparis*, das führende Internetvergleichsportal der Schweiz, welches die Kaufentscheidung der Kunden in den Bereichen Versicherung und Finanzierung durch die Bereitstellung von Informationen unterstützt.
- *FinanceScout24*, ein im deutschen Markt tätiger Finanzdienstleister, der den Kunden Vergleichsinformationen zu Bank- und Versicherungsprodukten anbietet. Diese Produkte können sowohl online als auch über den eigenen Aussendienst abgeschlossen werden.

	Basler Schweiz	Post Finance	Cosmos Direkt	mamax	Comparis	Finance Scout24
Portal-lösung	baloise.ch	postfinance.ch, yellownet	cosmosdirekt.de	mamax.de	comparis.ch	finance scout24.de
Fokus der Fallstudie	Internet Self-Service als *zusätzlicher* Kundeninteraktionspunkt neben den bereits existierenden, „traditionellen" Kanälen		Internet Self-Service als *ein* Vertriebskanal	Internet Self-Service als *einziger* Vertriebskanal	Internet Self-Service als Vergleichsmöglichkeit für Finanzdienstleistungen *unterschiedlicher Anbieter*	
Branche	Bank und Versicherung	Finanz-dienstleister	Direkt-versicherung	Lebens-versicherung	Internetver-gleichsdienst	Finanz-dienstleister
Mitarbeiter	3.277 (2005)	2.246 (2005)	1.158 (2005)	9 (2005)	30 (2005)	90 (2005)
Ergebnis (2005)	Versicherung: 96,6 Mio. CHF (vor Steuern), Bank: 21,8 Mio. CHF (nach Steuern)	312 Mio. CHF (Betriebsergebnis)	Lebensversicherung: 8 Mio. EUR, Versicherung: 15 Tsd. EUR (Jahresüberschuss)	-0,4 Mio. EUR (Jahresfehlbetrag)	wird nicht veröffentlicht	wird nicht veröffentlicht
Finanz-kenn-zahlen (2005)	Versicherung: 3.819 Mio. CHF (Prämieneinnahmen), Bank: 5.249 Mio. CHF (Bilanzsumme)	47.256 Mio. CHF (Bilanzsumme)	155,6 Mrd. EUR (Beitragseinnahmen)	10,7 Mio. EUR (gebuchte Bruttobeiträge)	wird nicht veröffentlicht	wird nicht veröffentlicht
Kunden bzw. Verträge (2005)	ca. 781.000 Versicherungs- und 110.000 Bankkunden	2,2 Mio. Kunden insgesamt, 625.000 im Online Banking	1,4 Mio. Kunden	8.892 betreute Verträge	170 Mio. Webseitenaufrufe, 9 Mio. Webseitenbesuche	4,9 Mio. Webseitenaufrufe, 1,16 Mio. Webseitenbesucher

Tabelle 3-1: Charakterisierung der aufgenommenen Fallstudien

Die Aufnahme der Fallstudien erfolgte im Rahmen von Interviews mit den für die Gestaltung der Internet Self-Services verantwortlichen Unternehmensmitarbeitern. Hierbei handelte es sich in aller Regel um Vertreter der Fachbereiche (z.B. Marketing und/oder Vertrieb) und/oder IT-Verantwortliche (s. Anhang A.1). Weiterhin wurden die Fallstudieninterviews um Informationen aus unternehmensinternen Dokumenten (z.B. Präsentationen, Projektdokumentationen) und aus öffentlich verfügbarem Datenmaterial (z.B. Geschäftsberichte) ergänzt. Die Fallstudien selbst wurden in Anlehnung an die am IWI-HSG entwickelte Fallstudienmethodik PROMET BECS (Business Engineering Case Studies) aufgenommen [Senger/Österle 2002]. Anpassungen erfolgten in der Darstellung der Projektbeschreibung, da diese nicht originärer Gegenstand der Betrachtung war, d.h. es wurde die in den Unternehmen bereits vorhandene Internet Self-Service Lösung untersucht. Betrachtungen im Sinne einer vergleichenden Gegenüberstellung von „*alter*" und „*neuer*" Lösung wurden jedoch nicht vorgenommen. Für alle Fallstudien wurde eine einheitliche Struktur verwendet, um die Vergleichbarkeit der gewonnenen Aussagen und Erkenntnisse zu gewährleisten:

- Im einführenden Abschnitt jeder Fallstudie werden die Rahmendaten des *Unternehmens* erläutert.
- Die *Ausgangssituation* erläutert den Kontext der Internet Self-Service Aktivitäten des Unternehmens. Dies beinhaltet u.a. eine Beschreibung des Geschäftsmodells sowie eine Charakterisierung des Produkt- und Dienstleistungsportfolios.
- Eine Untersuchung der *Funktionalitäten* der Portallösung soll einen Eindruck über Leistungsumfang und –tiefe vermitteln. Hierbei steht primär die Nutzerperspektive im Vordergrund („*externe Perspektive*"). Grundlage hierfür sind die in Abschnitt 2.4.2 erläuterten Gestaltungsmerkmale von Portalen.
- Danach erfolgt eine Analyse der strategischen Ausrichtung, prozessualen Unterstützung und systemtechnischen Umsetzung der Self-Service Lösung („*interne Perspektive*") entlang der Ebenen des Business Engineering (s. Abschnitt 2.1).
- Jede Fallstudie schliesst mit einer *Zusammenfassung*. Diese umfasst eine Übersicht kritischer Erfolgsfaktoren, geplanter Weiterentwicklungen, zukünftiger Herausforderungen sowie Erkenntnisse, die aus dem Fallbeispiel gewonnen werden können.

3.2 Basler Schweiz

3.2.1 Unternehmen

Die Basler Schweiz gehört zu den führenden Versicherungen in der Schweiz und ist die grösste Geschäftseinheit innerhalb der Bâloise-Gruppe (s. Tabelle 3-2). Sie bietet Versicherungslösungen aus den Bereichen Leben und Nicht-Leben speziell für Privatkunden sowie kleinere und mittlere Unternehmen an. Im Jahr 2000 kaufte die Bâloise-Gruppe die Solothurner Bank SoBa. Seit dieser Zeit werden die Produktlösungen der Basler Versicherungen durch die Bankangebote der Baloise Bank SoBa ergänzt. Im Markt positioniert sich die Bank als regionale Universalbank im Kanton Solothurn. Die Zielgruppen der Baloise Bank SoBa sind ebenfalls Privatkunden sowie kleinere und mittlere Betriebe.

Basler Schweiz	
Gründung	1863
Hauptsitz	Basel
Branche	Finanzdienstleistung
Geschäftsfelder	Die Basler Schweiz bietet Lösungen sowohl aus den Bereichen Bank als auch Versicherung an. Die Versicherungsangebote umfassen die Sparten Nicht-Leben und Lebensversicherungen. Die Bankdienstleistungen werden von der Baloise Bank SoBa erbracht. Der Erwerb der Banklizenz erfolgte im Jahr 2000 im Zuge der Übernahme der Solothurner Bank SoBa.
Unternehmensstruktur	Die Basler Schweiz gehört zur Bâloise-Gruppe, welche ihren Konzernsitz in Basel hat. Die Gruppe ist in Kontinentaleuropa tätig und bietet Lösungen für Versicherung und Vorsorge primär für Privatpersonen sowie kleinere und mittlere Unternehmen an. Zu den Kernmärkten zählen neben der Schweiz auch Deutschland, Belgien, Österreich und Luxemburg. Die Basler Schweiz ist die grösste Geschäftseinheit innerhalb der Bâloise-Gruppe.
E-Business	Im Bereich E-Business werden die Intranet- und Internet-Lösungen der Basler Schweiz betreut. Die Portallösung der Basler bietet Zugriff auf die Dienstleistungen der Basler Versicherungen sowie der Baloise Bank SoBa.
Homepage	www.baloise.ch
Prämieneinnahmen (Basler Versicherungen)	3.819,3 Mio. CHF (in 2005)
Gewinn vor Steuern (Basler Versicherungen)	96,6 Mio. CHF (in 2005)
Bilanzsumme (Baloise Bank SoBa)	5.249,8 Mio. CHF (in 2005)
Gewinn nach Steuern (Baloise Bank SoBa)	21,8 Mio. CHF (in 2005)
Mitarbeiter (Basler Schweiz)	3.277 (davon 253 Konzern) (in 2005)
Erhebungszeitraum der Fallstudie	März – Mai 2006

Tabelle 3-2: Kurzportrait der Basler Schweiz

Durch die Kombination von Bank und Versicherung wird versucht Synergien zu erzielen. So profitiert beispielsweise die Baloise Bank SoBa als Regionalbank von der schweizweiten Präsenz der Basler Versicherungen. In diesem Zusammenhang werden über den Aussendienst der Basler Versicherungen auch Bankprodukte vertrieben. Rechtlich gesehen handelt es sich bei Basler Versicherungen und Baloise Bank SoBa allerdings um eigenständige Einheiten.

3.2.2 Ausgangssituation

Die ersten Aktivitäten im Bereich E-Business wurden im Jahr 1996 unternommen. Dies führte zur Gründung der Abteilung E-Business im Jahr 1997. Die E-Business-Aktivitäten wurden ab 1999 im Zuge des Booms der „New Economy" stark forciert, was dazu führte, dass immer mehr Produkte online verkauft wurden. Ab dem Jahr 2000 konnten Auto- und Hausratversicherungen online abgeschlossen werden, im nächsten Jahr folgten Lebensversicherungen. Durch den Erwerb der Solothurner Bank

SoBa im Jahr 2000 wurde das Online-Versicherungsportfolio um Bankprodukte erweitert. Im Jahre 2002 wurden sämtliche E-Business-Aktivitäten in einer Plattform konsolidiert.

	Versicherung
Angebote und Abschlüsse	• Auto-, Motorrad- und Kleinmotorräderversicherung • Hausrat-, Gebäude- und Privathaftpflichtversicherung • Lebensversicherung • Reiseversicherung
Schadenmeldungen	• Online-Schadenmeldung, z.B. für Fahrzeugschäden oder Haushalts- und Gebäudeschäden • Abruf der 24-Stunden-Gratistelefonnummer zur Meldung von Schäden
Adress- und Vertragsänderungen	• Adressänderungen für Versicherungsverträge können online vorgenommen werden • Vertragsänderungen für Motorfahrzeuge (z.B. Anpassung der Jahreskilometerleistung)
Bestellungen für Motorfahrzeuge	• „Grüne Karte" für Auslandsfahrten • Zustellung des Versicherungsnachweises für Motorfahrzeuge
BVG-Meldeformulare	• Für Firmen, welche einen Anschlussvertrag mit der Bâloise Sammelstiftung für die berufliche Vorsorge haben, stehen verschiedene PDF-Formulare zum Download bereit
Online Rechner	• Bonus/Malus-Rechner um zu berechnen, ob es nach einem Haftpflicht- oder Kollisionskasko-Schaden vorteilhaft ist, Schäden selbst zu zahlen, um einen Anstieg der Prämie zu vermeiden
Sonstige Services	• Online-Kontaktformular • Vertragsbedingungen
	Bank
Konto- und Depoteröffnung	• Eröffnung eines neuen Kontos oder Wertschriften-Depots kann online beantragt werden
Online Banking	• Transaktionsplattform der Baloise Bank SoBa • Online Banking Services wie z.B. Überweisungsaufträge oder Wertpapierhandel
Online Rechner	• Hypothekenrechner • Währungsrechner • Sparrechner
Sonstige Services	• Kontaktformular, Vertragsbedingungen • Portfolio, Kursliste

Tabelle 3-3: Produktportfolio baloise.ch

Das Internet als Vertriebskanal hat bei der Basler insbesondere im Bereich der Kundeninformation eine grosse Bedeutung. Im Jahr 2005 wurden ca. 780.000 Prämienberechnungen im Bereich Autoversicherung, ca. 65.000 Prämienberechnungen im Bereich Hausrat- und Privathaftpflichtversicherung sowie ca. 20.000 Prämienberechnungen im Bereich Lebensversicherung online durchgeführt. Dies führte zu 2.200 über das Internet abgeschlossenen Verträgen im Jahr 2005. Davon entfallen ca. 60% auf Autoversicherungen, ca. 20% auf Hausrat- und Privathaftpflichtversicherungen sowie ca. 20% auf Reiseversicherungen. Die anderen Versicherungsarten sind in diesem Zusammenhang von untergeordneter Bedeutung.

Über das Internet werden Vertragsabschlüsse oftmals lediglich initiiert. Der eigentliche Abschluss von Versicherungen findet grösstenteils über den Aussendienst statt. Um dies zu ändern, wurden Versicherungen anfangs als Anreiz für den Kunden online 10% günstiger verkauft. Diese Preisreduktion bei der Nutzung des Internetkanals hat jedoch beim Aussendienst grosse Widerstände hervorgerufen. Daher gibt es seit 2004 gleiche Preise auf allen Kanälen (d.h. die Preise des Internetkanals wurden den Aussendienstpreisen angepasst). Den strategischen Schwerpunkt der E-Business-Aktivitäten stellt aktuell das Internetangebot zur Abdeckung der Nachkaufphasen dar (z.B. Durchführung von Vertrags- oder Adressänderungen, s. Tabelle 3-3).

3.2.3 baloise.ch

Navigation

Auf der Webseite der Basler Schweiz können sich Kunden über die Produkte und Dienstleistungen aus den Bereichen Bank und Versicherung informieren, Prämienberechnungen durchführen, Angebote anfragen, Verträge abschliessen sowie After Sales Services in Anspruch nehmen. Basierend auf einer Analyse des Kundenverhaltens, ist der Internetauftritt zielgruppenspezifisch angepasst (s. Abbildung 3-1):

- Die Zielgruppe der „*Bummler*“ (ca. 20% aller Nutzer) zeichnet sich durch ein eher ungerichtetes Surfen auf den Webseiten aus. Das Informationsangebot für diese Gruppe ist im Menüpunkt „*Beratung*“ zusammengefasst. Diese Kunden bzw. Interessenten sind sich über ihre Bedürfnisse noch nicht völlig klar. Die Beratung erfolgt daher entlang unterschiedlicher Lebenssituationen (z.B. „Fahren und Reisen“ oder „Familie und Partnerschaft“). Ziel ist es, inhaltlich zunächst die individuelle Kundensituation aufzugreifen und allgemeine Hilfestellung zu den Themen anzubieten. Erst in einem zweiten Schritt wird dann ein Bezug zu den Produkten der Basler hergestellt.

- Die Gruppe der sog. „*Sucher*“ (ca. 40% aller Nutzer) hat bereits konkrete Vorstellungen was sie will und nutzt das Internetangebot, um zielgerichtet unterschiedliche Handlungsoptionen zu evaluieren. Die Informationen für diese Nutzer sind daher nach Produkten gegliedert (z.B. Hypotheken oder Haushalts- und Gebäudeversicherungen) und in den Menüpunkten „*Privatpersonen*“ bzw. „*Firmen*“ zusammengefasst.

- Als letzte Zielgruppe gibt es die „*Profis*“ (ca. 40% aller Nutzer). Diese wissen genau was sie wollen und benötigen daher keine Beratungsleistung. Für diese Kunden steht der Menüpunkt „*Service*“ zur Verfügung. Dort können ohne weitere Umwege Angebote angefragt, Prämienberechnungen durchgeführt und Verträge abgeschlossen werden. Zudem gibt es speziell für diese Zielgruppe auf der Startseite eine Box, welche den direkten Zugriff auf Prämienberechnungen, Versicherungs- und Bankservices sowie das Online Banking Login ermöglicht.

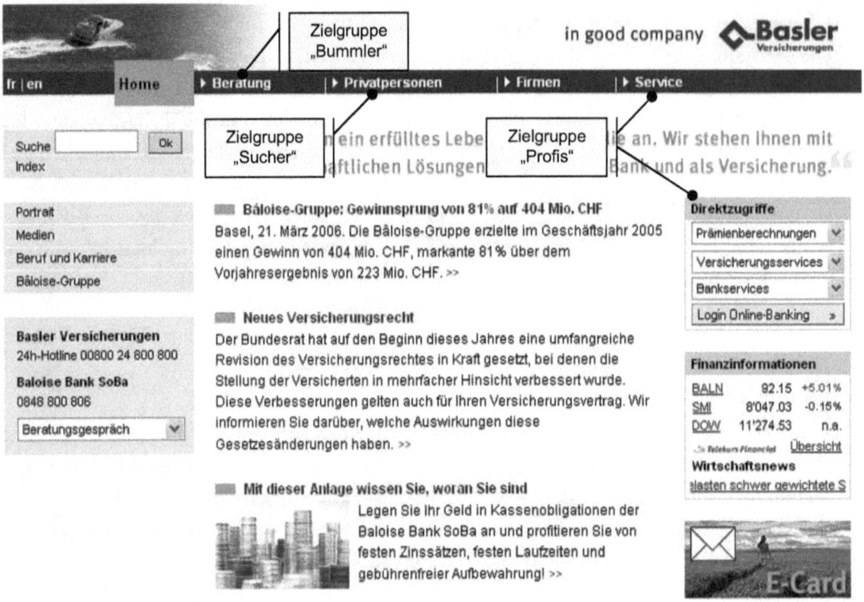

Abbildung 3-1: Startseite baloise.ch

Informationsgehalt und Interaktivität

Die Darstellung der Informationen erfolgt primär mit Hilfe von Text und Graphiken. Diese Informationen werden punktuell durch zusätzliche Beratungstools ergänzt. Ein Instrument ist der Lebenssituationsplaner, welcher es den Kunden ermöglicht entlang einer Lebenszeitachse verschiedene Beratungsleistungen in Anspruch zu nehmen. Weiterhin kommen zur Unterstützung der Beratung verschiedene Online-Rechner zum Einsatz. So gibt es bspw. einen Sparrechner, mit dessen Hilfe der Kunde berechnen kann, welche monatlichen Geldbeträge wie lange zur Erreichung eines Vermögensziels angespart werden müssen. Mit dem Hypothekenrechner kann der Nutzer ermitteln, wie viel Kapital zur Realisierung eines Vorhabens benötigt wird.

Auf eine Unterstützung des Beratungsteils der Webseite durch FAQs, Lexikon oder Glossar wird aus Kosten-/Nutzenerwägungen heraus verzichtet. Ein Demokonto für Online Banking war Bestandteil des Internetauftritts, wird aber ebenfalls aus Kosten-/ Nutzengründen nicht mehr angeboten. Einen zugangsbeschränkten Bereich für Versicherungskunden gibt es nicht, daher kann auch kein Demokonto angeboten werden. Des Weiteren lassen die begrenzten monetären und personellen Ressourcen im Bereich E-Business den regelmässigen Versand eines Newsletters nicht zu. Nach Einschätzung der Basler steht der dafür notwendige redaktionelle Aufwand in keinem Verhältnis zum erwarteten Nutzen. Eine Guided Tour zur Webseite wurde ebenfalls abgeschaltet, da die Zugriffszahlen zu gering waren.

Die Redaktionsprozesse zur Sicherstellung der Aktualität und Korrektheit der Webseiteninhalte sind bei der Basler im Rahmen eines formalisierten Freigabeprozesses nach dem Vier-Augen-Prinzip gestaltet. Die redaktionelle Verantwortung für die Inhalte liegt im Bereich E-Business. Dies umfasst u.a. die Aspekte Schreibstil, mediengerechte Aufbereitung der Inhalte und Kundenansprache. Neben dieser redaktionellen Betreuung gibt es für jede Information einen Verantwortlichen auf der Fachbereichsseite. Bei Unklarheiten bzw. zur Verifikation von Informationen erfolgt eine Nachfrage bei den Fachbereichsverantwortlichen. Die Redaktionsprozesse werden durch eine Content Management Lösung unterstützt. Die bestehenden Inhalte werden halbjährlich einer Überprüfung unterzogen sowie laufend ausgebaut und aktualisiert.

Personalisierung

Das Wissen über Kunden zum Zwecke der Personalisierung der Webseiteninhalte wird nicht systematisch genutzt. Diese Funktionalität wird von der Basler im Bereich Finanzdienstleistungen generell als schwer umsetzbar erachtet. Weiterhin schätzt die Basler die vorhandene Kundenbasis als zu klein ein. Daher wird ein standardisierter Webseitenauftritt für alle Kunden als ausreichend angesehen. Allerdings wird versucht, Cross- und Up-Selling-Potenziale zu nutzen. Dies macht sich im situationsorientierten Beratungsansatz bemerkbar, bei dem den Kunden passend zur jeweiligen Lebenssituation die komplette Produktvielfalt aus Bank- und Versicherungsprodukten angeboten wird (z.B. Angebote zu Hypothek, Gebäude- und Hausratversicherung in der Lebensphase „Bauen und Wohnen"). Auch auf den jeweiligen Produktseiten selbst wird auf ergänzende Angebote hingewiesen.

Übersichtlichkeit

Die Webseite wurde nach Usability-Kriterien entwickelt und wird kontinuierlich daraufhin überprüft. Dafür wurde im Jahr 2004 eigens eine Studie in Kooperation mit eye square, einem international tätigen Marktforschungsinstitut, welches in dem Bereich der Analyse und Visualisierung von Blickbewegungsdaten führend ist, durchgeführt. Diese Studie erfolgte in zwei Phasen. In der ersten Phase haben Mitarbeiter von eye square die Webseite untersucht. Sie mussten hierbei u.a. von der Basler vorgegebene Aufgabenstellungen lösen (z.B. „Schliessen Sie eine Autoversicherung ab"). In einer zweiten Phase wurden 20 Probanden zu Labortests eingeladen. Zehn der Probanden waren Kunden der Basler, kannten aber die Webseite nicht. Die anderen zehn Teilnehmer hatten keinerlei Geschäftsbeziehung mit der Basler. Die Probanden wurden u.a. dazu befragt, welche Emotionen sie mit der Marke „Basler" verbinden. Weiterhin mussten sie vorab definierte Aufgabenstellungen bearbeiten. Das Vorgehen der Probanden wurde auf Video aufgezeichnet und ausgewertet. Zudem wurden Blickbewegungsdaten ausgewertet und analysiert, um herauszufinden, welche Elemente und Stellen der Webseite mit welcher Intensität betrachtet werden.

Ein Ergebnis war, dass das Navigationsmenü nicht als solches wahrgenommen wurde. Daraufhin wurde die Navigationsleiste besser hervorgehoben (z.B. durch farbliche Gestaltung, Schriftart, Verwendung von Pfeilen und Boxen). Zudem wurde die Anzahl der Informationsboxen auf der Webseite reduziert, deren Inhalt gekürzt sowie auf den Einsatz von Graphiken verzichtet. Grund hierfür war, dass die Nutzer diese Inhaltsboxen häufig mit Werbebannern bzw. Navigationselementen verwechselt haben.

Suche

Durch die Funktionalitäten in diesem Bereich erhält der Nutzer zusätzlich zur Navigation über die Menüpunkte weitere Möglichkeiten zur Orientierung. Beispielsweise kann der Nutzer beim Webseitenauftritt der Basler mit Hilfe von Schlüsselwörtern eine *Volltextsuche* durchführen. Die Eingabe dieser Schlüsselwörter wird protokolliert und ausgewertet. So können Informationen darüber gewonnen werden, welche Inhalte häufig nachgefragt werden. Zudem lassen sich Rückschlüsse auf Verbesserungsmöglichkeiten für die Benutzerführung sowie den Ausbau bzw. die Optimierung von bestehenden Inhalten ziehen. Neben der Volltextsuche hat der Nutzer weiterhin die Möglichkeit den *Index* zu nutzen. Dort sind alle Themen und Inhalte der Webseite in alphabetischer Reihenfolge zusammengestellt. Klickt der Nutzer auf einen entsprechenden Indexeintrag, erfolgt direkt eine Weiterleitung auf die passende Webseite.

Suchmaschinenmarketing

Das Suchmaschinenmarketing zielt darauf ab, die Anzahl der Webseiten-Besucher zu erhöhen. Dies beinhaltet u.a. die Positionierung der Webseite in externen Suchmaschinen (z.B. Google) mit dem Ziel, möglichst viele Suchanfragen von dort auf die Webseite der Basler weiterzuleiten. Zum einen werden die Webseiten der Basler dafür bei der Programmierung mit einem vertretbaren Aufwand auf die organische Suche[7] hin optimiert (z.B. Verwendung von Schlagwörtern, sauberer HTML-Code, aussagekräftige Verlinkungen). Zum anderen werden Google AdWords-Anzeigen zugekauft.

Insgesamt kommt ca. 1/3 der Webseitenbesucher über eine Suchwebseite (i.d.R. Google). Dies beinhaltet sowohl Weiterleitungen über die organischen Suchergebnisse als auch zugekaufte Anzeigen (z.B. Google AdWords). Die Besucher, welche durch den Klick auf eine zugekaufte AdWords-Anzeige auf die Webseite kommen, werden mit Hilfe von Cookies über mehrere Monate hinweg protokolliert, um festzustellen, ob

---

[7] Die organische Suche („organic search") liefert dem Nutzer Links zu Webseiten, welche einzig aufgrund des Algorithmus der Suchmaschine als relevant für die Suchanfrage des Nutzers erachtet wurden (auch: „natural search" bzw. „algorithmic search"). Dies steht im Gegensatz zu Webseiten, welche als Treffer gelistet werden, weil dafür Geld an den Suchmaschinenbetreiber gezahlt wurde. Diese Ergebnisse sind typischerweise neben oder unterhalb der Trefferliste der organischen Suche zu finden. Ein Beispiel für ein solches Angebot ist „Google AdWords", welches auch in den Fallbeispielen häufig zum Einsatz kommt. Bei der Eingabe vorab festglegter Suchbegriffe durch den Nutzer, erscheint eine AdWords-Anzeige direkt neben den eigentlichen Suchergebnissen. Der Auftraggeber zahlt nur dann für die AdWords-Anzeige, wenn der Nutzer auch tatsächlich auf diese klickt („Cost-per-Click").

es tatsächlich zum Abschluss kommt und ob sich damit die mit den Google-AdWords verbundenen Kosten letzten Endes rechnen (z.B. über die Auswertung der Kenngrössen „*Cost-per-Order*“ oder „*Cost-per-Click*“).

Auf eine aktive Kooperation mit Internetvergleichsdiensten, wie z.B. Comparis (s. Abschnitt 3.6), verzichtet die Basler. Zwar wird im Bereich Autoversicherungen von den 780.000 durchgeführten Prämienberechnungen der grösste Teil von Comparis durchgeführt. Allerdings erachtet die Basler die bei der Weiterleitung von Kundenanfragen fälligen Provisionen als zu hoch. Zudem sind nach den Erfahrungen der Basler die über Internetvergleichsdienste generierten Kundenkontakte oftmals nicht an einem tatsächlichen Versicherungswechsel interessiert, sondern suchen nur die Bestätigung, dass sie bereits beim besten bzw. billigsten Versicherer Kunde sind.

Privatsphäre und Sicherheit

Schliesst ein Kunde online eine Versicherung ab, erfolgt dies ausschliesslich über Rechnung, d.h. der Kunde muss keine Informationen, wie z.B. Konto- oder Kreditkartennummer, eingeben. Die in das Vertragsabschlussformular eingegebenen Daten werden über eine SSL-verschlüsselte Leitung übertragen. Diese SSL-verschlüsselte Datenübertragung gilt auch für alle anderen Formulare und Prämienrechner. Das Thema Sicherheit ist bei den Bankdienstleistungen von grösserer Bedeutung als im Versicherungsbereich. Bei der Banking-Transaktionsplattform muss der Kunde beim Login zusätzlich Benutzernamen, Passwort sowie Streichlistennummer eingeben. Die Daten werden hier ebenfalls über eine SSL-verschlüsselte Leitung übertragen.

Bei der Sammlung, Bearbeitung und Verwendung personenbezogener Daten hält sich die Basler an das Schweizerische Datenschutzgesetz sowie das Bankgeheimnis. Dies wird auch im Rahmen einer Datenschutzerklärung auf der Webseite an die Kunden kommuniziert. Insbesondere wird der Nutzer darauf hingewiesen, dass standardmässig die Zugriffsdaten sowie die IP-Adresse erfasst werden und HTTP-Cookies zum Einsatz kommen. Das Thema Sicherheit selbst wird beim Webseitenauftritt der Basler bewusst nicht offensiv kommuniziert. Hier wird der Standpunkt vertreten, dass Sicherheit eine Selbstverständlichkeit ist, die nicht besonders hervorgehoben werden muss. Um jedoch Aufklärungsarbeit zu leisten und beim Kunden Sensibilität für sicherheitsrelevante Fragestellungen zu schaffen, gibt es in unregelmässigen Abständen Features auf der Webseite (z.B. „Was bedeutet SSL-Verschlüsselung?“, „Was ist Phishing?“).

Der Einsatz von *Trust Seals*[8] wurde ebenfalls evaluiert. Allerdings wird darauf verzichtet, da es nach Einschätzung der Basler kein Trust Seal gibt, welches einen höheren Grad an Bekanntheit bzw. Vertrauen als die eigene Marke ausstrahlt. Ebenso wird

[8] Ein Trust Seal ist ein Zertifikat, welches von einer unabhängigen Instanz vergeben und auf der Webseite eines Unternehmens kommuniziert wird. Der Erwerb eines Trust Seals durch ein Unternehmen bestätigt, dass im Rahmen eines Zertifizierungsprozesses die Einhaltung allgemein anerkannter Richtlinien im Bereich Datenschutz und Sicherheit geprüft wurden [Moores 2005].

auf eine Kommunikation des Abschneidens in *Produktvergleichstests* verzichtet. Deren Verwendung wird als rechtlich problematisch gesehen, da diese Ergebnisse eine Verbindlichkeit suggerieren, die so nicht vorhanden ist. Die Testergebnisse kommen nur unter gewissen Prämissen zustande, die nicht auf alle Kunden zutreffen. Hingegen wird ein gutes Abschneiden bei *Webseitenvergleichstest* in der Kundenkommunikation eingesetzt. So wurde beispielsweise die Auszeichnung des Internetauftritts mit einem silbernen „IF communication design award 2004“ auf der Webseite kommuniziert.

3.2.4 Einordnung

Strategische Ausrichtung

Die Basler Schweiz positioniert sich strategisch als *„early follower“*, d.h. man wartet Trends im Markt ab und versucht, diesen dann frühzeitig zu folgen. Dies gilt auch für die Gestaltung der Self-Service Aktivitäten im Bereich E-Business. Allerdings wird dort der Innovationsgedanke stärker betont als in anderen Bereichen der Basler. Die strategischen Schwerpunkte haben sich dabei über die Jahre hinweg verändert. Anfangs wurde das Internet als strategischer Vertriebskanal in der Vorkauf- und Kaufphase gesehen. Daher wurde auch ein 10%-iger Preisnachlass auf alle online getätigten Vertragsabschlüsse gewährt. Dieser Online-Rabatt wurde abgeschafft und das Internet wird jetzt lediglich als ein weiterer Vertriebskanal gesehen. Zudem hat sich der strategische Schwerpunkt für Internet Self-Services in die Bereiche vor und nach dem Kauf verlagert, d.h. die Bereitstellung von Informationen zur Kaufentscheidung sowie die Dienstleistungen in der Nachkaufphase stehen verstärkt im Mittelpunkt.

Abdeckung des Kundenprozesses

Information. Diese Phase des Kundenprozesses wird durch den Webauftritt der Basler unterstützt. Der Kunde bzw. Interessent hat die Möglichkeit, sich über verschiedene Produkte und Dienstleistungen aus den Bereichen Bank und Versicherung zu informieren. Die Gestaltung des Informationsangebots orientiert sich an den Nutzergruppen „Bummler“ und „Sucher“ und deckt deren unterschiedliche Bedürfnisse ab, d.h. der Nutzer kann sich sehr tiefgehend informieren, muss das aber nicht tun.

Evaluation. In der Evaluationsphase kann der Nutzer die Angebote der Basler analysieren. Beispielsweise kann er verschiedene Produktvarianten mit Hilfe des Prämienrechners vergleichen oder Angebote anfragen (was meist von der Kundengruppe "Profis" in Anspruch genommen wird). Diese Evaluierungsmöglichkeiten sind auf das Produktportfolio der Basler begrenzt.

Vertragsabschluss. Diese Phase ist entweder online abgedeckt oder erfordert einen Wechsel in den Offline-Kanal. Dies richtet sich einerseits danach, ob das Produkt eine weitgehend selbsterklärende Darstellung erlaubt. Dies ist bei Standardprodukten der Fall (z.B. Autoversicherung). Gleichzeitig muss eine kritische Nachfragemasse gegeben sein, welche den Aufwand, der für die Entwicklung und Betreuung des Produkts online notwendig ist, rechtfertigt. Aktuell ist ein Vertragsabschluss im Internet für Motorrad- und Gebäudeversicherungen nicht möglich, da bei diesen Versicherungen mindestens eines der beiden Kriterien nicht erfüllt ist (s. Tabelle 3-4). Bei der Lebensversicherung ist die kritische Nachfragemasse zwar erfüllt, aber ein Abschluss ist aufgrund der rechtlichen und gesetzgeberischen Vorgaben nicht möglich. So müssen beispielsweise bei Abschluss einer Lebensversicherung eine Gesundheitsprüfung sowie eine Unterschrift erbracht werden. Zudem will sich die Basler Versicherung eine eingehende Prüfung der Unterlagen offen halten. Diese Prüfung findet bei anderen Versicherungsprodukten sofort online statt. Weiterhin verlangt die Basler bei den anderen Versicherungen, bei denen der Abschluss online möglich ist, keine Unterschrift vom Kunden. Die Basler setzt hier auf das Prinzip des „*konkludenten Handelns*", d.h. eine zum Vertragsabschluss benötigte Willenserklärung des Kunden liegt dann vor, wenn sie ohne ausdrückliche Erklärung des Kunden durch schlüssiges Verhalten abgegeben wird. Die Basler sieht die erste Beitragszahlung des Kunden als eine solche Handlung an. Bei der Bank stellt sich diese Vertragsabschlusssituation in einigen Bereichen anders dar. Beispielsweise kann die Eröffnung eines neuen Kontos oder Wertschriften-Depots online zwar beantragt werden, allerdings ist dafür ein Identitätsnachweis notwendig, der aktuell nur offline erbracht werden kann. In diesem Zusammenhang wurde das Thema digitale Signatur bereits diskutiert. Allerdings ist dies aktuell keine Option, da die Infrastruktur nicht vorhanden ist bzw. die dafür notwendigen Investitionen als zu hoch erachtet werden.

	Prämienberechnung	**Angebotsanfrage**	**Vertragsabschluss**
Hausrat- und Haftpflichtversicherung	x (bei Hausrat ≤ 150.000 CHF)	x (bei Hausrat > 150.000 CHF)	x (bei Hausrat ≤ 150.000 CHF)
Autoversicherung	x		x
Kleinmotorräderversicherung	x		x
Reiseversicherung	x		x
Motorradversicherung		x	
Gebäudeversicherung		x	
Lebensversicherung	x		(x)

x = Transaktion online möglich

(x) = Transaktion eingeschränkt online möglich (d.h. Ausdrucken und Unterschreiben des Antrags notwendig)

Tabelle 3-4: Versicherungsproduktportfolio baloise.ch

Transaktion. Im Bereich Versicherungen besteht in der Nachkaufphase die Möglichkeit, Versicherungsschäden online zu melden oder Vertrags- und Adressänderungen für Versicherungsverträge vorzunehmen. Im Jahr 2005 wurden ca. 2.000 Adressänderungen, 3.500 Schadensmeldungen sowie 4.000 Kontaktanfragen online vorgenommen. Allerdings gilt auch in diesem Bereich, dass eine kritische Masse vorhanden sein muss, um die Investitionen für die Entwicklung und Betreuung eines Self-Service Angebots zu rechtfertigen. Daher wird die Möglichkeit, Vertragsänderungen online vorzunehmen, nur für Motorfahrzeugversicherungen angeboten, da dort Mutationen am häufigsten sind (z.B. Anpassung der Jahreskilometerleistung oder neuer Fahrzeuglenker). Weiterhin kann der Kunde über die Online Banking Plattform Banktransaktionen vornehmen (z.B. Überweisungen tätigen, Daueraufträge einrichten oder Wertpapiere kaufen).

Service. Hat der Kunde in der Nachkaufphase ein Serviceanliegen (z.B. Frage zu einem erworbenen Produkt), so kann er online ein allgemeines Kontaktformular nutzen, welches dann vom Servicecenter bearbeitet wird. Weitergehende Services, z.B. in Form von Wissensdatenbanken, stehen online nicht zur Verfügung. Die primäre Anlaufstelle für Servicefragen ist daher die telefonische Hotline bzw. der Aussendienst. Das Servicecenter für die telefonische Hotline wird von der Basler selbst betrieben und umfasst ca. 15 Vollzeitstellen.

Systemtechnische Umsetzung

Präsentation. Die Erstellung der Webseiten sowie die Verwaltung und Pflege der Inhalte erfolgt über ein Content Management System, welches auf Basis von Lotus Notes von p-coa.ch, einem auf Lotus Notes spezialisierten Dienstleister, entwickelt wurde und aktuell noch weiterentwickelt wird. Soweit möglich und nötig sind hier Workflows für die internen Redaktionsprozesse abgebildet.

Anwendung. Die Entwicklung einfacher Formulare erfolgt ebenfalls unter Zuhilfenahme von Lotus Notes/Domino. Die Entwicklung komplexerer Funktionalitäten erfolgt mit Hilfe von BEA WebLogic. Die Standardsoftware WebLogic von BEA Systems stellt zum einen die Laufzeitumgebung für den Server Teil der Client-Server-Anwendungen bereit. Zum anderen bietet diese Lösung auch die Funktionalität, die HTTP-Requests des Clients (d.h. Internetbrowsers) zu verarbeiten. Die erstgenannte Funktionalität wird durch den J2EE Applikationsserver von BEA WebLogic ermöglicht. Die Verarbeitung der HTTP-Requests erfolgt durch die Webserver-Komponente dieses Standardpakets. Im Servicecenter kommt zusätzlich eine CRM-Lösung von Clarify zum Einsatz, welche von den Call Center Mitarbeitern zur Dokumentation der Kundenhistorie genutzt wird. Diese Applikation stellt auch E-Mail Response Management Funktionalitäten zur Verfügung. Diese werden genutzt um eingehende E-Mails anhand von Sprache und Schlüsselwörtern zu sortieren und einem geeigneten Mitarbeiter zuzustellen.

Datenhaltung. Auf der Datenhaltungsebene kommen DB2 Datenbanken von IBM zum Einsatz. Bei dem eingesetzten Data Warehouse System handelt es sich um eine Eigenentwicklung. Bisher wurde bei der Entwicklung der Angebotsrechner für die E-Business-Applikationen nicht auf die bereits vorhandenen Module der Host-Applikationen zurückgegriffen, sondern diese wurden nochmals neu programmiert. Der Grund hierfür war, dass die Integration von E-Business- und Host-Applikationen technisch nur sehr schwer umsetzbar gewesen wäre und daher der Aufwand für eine

Neuentwicklung geringer war. Allerdings wird bei Neuentwicklungen von E-Business-Applikationen zukünftig nur noch auf *einen* Anwendungskern aufgesetzt. Dies wird durch den Aufbau einer komplett Java-basierten Architektur ermöglicht, welche die bestehenden Host-Applikationen schrittweise ablöst.

3.2.5 Zusammenfassung

Erfolgsfaktoren

Die Basler erachtet eine zielgerichtete Kundenansprache, welche sich in Stil und Inhalt an die Bedürfnisse der Nutzer anpasst, als wesentlichen Erfolgsfaktor. Ein Beispiel hierfür ist die Gestaltung des Informationsangebots für die Zielgruppen „Bummler", „Sucher" und „Experten". Hierzu gehört auch, dass dem Nutzer der Eindruck aktueller und gepflegter Webseiten vermittelt wird. Daher wird z.B. bei der Startseite Wert darauf gelegt, regelmässig aktuelle Entwicklungen und Neuigkeiten zu platzieren.

Weiterhin ist die Generierung hoher, aber gleichzeitig qualifizierter Zugriffszahlen für die Webseite entscheidend, um dadurch mehr Geschäftstransaktionen ableiten zu können. Hierbei ist eine entsprechende Positionierung auf externen Suchseiten unverzichtbar. In diesem Bereich kommt dem Suchmaschinenmarketing grosse Bedeutung zu. Weitere Aktivitäten im Bereich E-Marketing umfassen die Bereiche Content-Switch, Bannerkampagnen, Tell-a-Friend, White Labeling und PR-Artikel.

Herausforderungen

Zukünftig soll im Bereich Internet Self-Service die Analyse des Kundenverhaltens forciert werden. Aktuell hat man sehr viele Informationen darüber, von welchen Webseiten die Nutzer kommen und was sie auf der Webseite machen. Auswertungen der Basler zeigen, dass ca. 33% der Nutzer über Suchmaschinen und ca. 25% über Links von anderen Webseiten (z.B. Comparis) auf das Portal der Basler gelangen. Die restlichen Nutzer geben die URL direkt in den Browser ein. Allerdings gibt es wenige Erklärungen für das Nutzerverhalten. Dieses soll in Zukunft näher untersucht werden (z.B. mittels Kundenbefragungen oder durch den Aufbau einer Web Balanced Scorecard). Dadurch sollen die Abbruchquoten bei den Prämienberechnungen reduziert werden, so dass mehr Kunden von der Prämienberechnung zum Online-Abschluss übergehen. Aktuell kann nicht bestimmt werden, was die Gründe für Abbrüche nach der Prämienberechnung sind (z.B. zu hoher Preis und/oder Usability).

Weitere Herausforderungen ergeben sich im Bereich der Prozessoptimierung. Die aktuellen Prozesse schöpfen die Effizienzpotenziale, welche durch Self-Service prinzipiell möglich sind, noch nicht voll aus. Ein Beleg hierfür ist die Existenz von Medienbrüchen in den aktuellen Prozessabläufen. Ein prozess- und systemübergreifendes „*Straight Through Processing*" ist noch nicht in allen Bereichen vorhanden.

Erkenntnisse

- *Internet Self-Service primär in der Vorkaufphase.* Bei der Basler ist der Internetkanal als Vorbereiter von Vertragsabschlüssen einzustufen (s. Abbildung 3-2). Über den Kanal selbst werden vergleichsweise wenige Vertragsabschlüsse durchgeführt. Die Strategie der Basler ist daher darauf ausgerichtet, die Vorteile des Self-Service Kanals (z.B. schnelle Transaktionsabwicklung, zu jeder Zeit, von überall) verstärkt durch Angebote in der Nachkaufphase zu nutzen. Dies beinhaltet Online-Angebote zur Schadensmeldung, Schadensbearbeitungsverfolgung, Vertragsmutationen oder Adressänderungen.

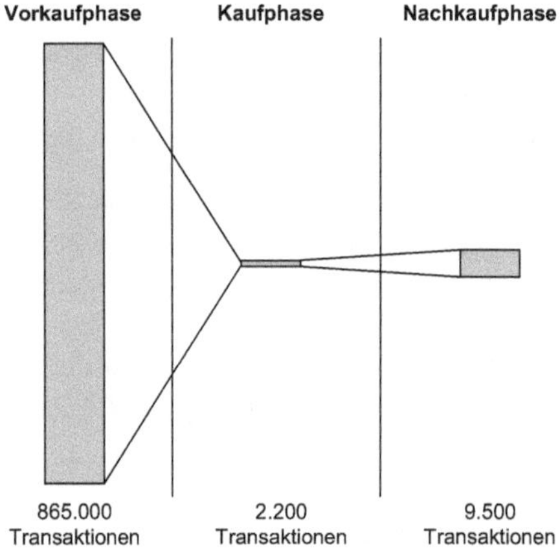

Abbildung 3-2: Anzahl der Internet Self-Service Transaktionen im Jahr 2005

- *Hohe Nachfrage und geringe Komplexität ausschlaggebend.* Ein Produkt muss idealerweise sowohl eine kritische Masse als auch eine niedrige Komplexität aufweisen, um für Internet Self-Service geeignet zu sein. Beispiele für Produkte, die aufgrund ihrer Einfachheit für Self-Service prinzipiell geeignet wären, sind die Jagdhaftpflicht oder die Wohnwagenversicherung. Diese Produkte weisen nur wenige Parameter auf, sind aber gleichzeitig aufgrund der geringen Nachfrage nicht Bestandteil des Online-Produktportfolios der Basler. Andererseits können Produkte eine hohe Nachfrage aufweisen, aber aufgrund ihrer Komplexität nicht über Internet Self-Services abgewickelt werden. Basierend auf den Erfahrungen der Basler sind insbesondere die Immaterialität sowie die Anzahl an Parametern zu nennen. Die Immaterialität ist bei allen Finanzprodukten gegeben und erschwert generell deren Vertrieb. Eine hohe Anzahl an Parametern führt bei Kunden zu Unsicherheit und dem Bedürfnis nach persönlicher Beratung.

3.3 PostFinance

3.3.1 Unternehmen

PostFinance	
Gründung	1906
Hauptsitz	Bern
Branche	Finanzdienstleistung
Geschäftsfelder	Die Geschäftsfelder umfassen standardisierte Finanzdienstleistungen für Retail- und Firmenkunden. Weiterhin positioniert sich die PostFinance als Produktionsbank („Bank der Banken").
Unternehmensstruktur	Die PostFinance ist ein Geschäftsbereich der Schweizerischen Post und versteht sich als Multi-Kanal-Finanzdienstleister. Sie verfügt in der Schweiz über das dichteste Filialnetz (Poststellen) und bietet ihren Kunden zusätzlich noch weitere Kanäle für die Abwicklung ihrer Bankgeschäfte an (z.B. Call Center oder Internet).
Online Banking	Von den rund 2,2 Mio. Kunden der PostFinance sind 625.000 auch yellownet-Kunden. Von insgesamt ca. 2,9 Mio. Konten sind ca. 970.000 für das Online Banking aktiviert.
Homepage	www.postfinance.ch
Bilanzsumme	CHF 47.256 Mio. (in 2005)
Geschäftsertrag	CHF 312 Mio. (in 2005)
Mitarbeiter	2.246 (in 2005)
Kunden	2,2 Mio. (625.000 im Online Banking)
Erhebungszeitraum der Fallstudie	Juni – Oktober 2005

Tabelle 3-5: Kurzportrait PostFinance

Der Fokus der Aktivitäten der PostFinance liegt im Bereich Retailbanking. Dort ist sie im Zahlungsverkehr Marktführer (s. Tabelle 3-5). Die PostFinance positioniert sich hierbei als Produktionsbank („Bank der Banken") und übernimmt die Abwicklung von Transaktionen für andere Finanzinstitute (z.B. die Erfassung des beleggebundenen Zahlungsverkehrs für die UBS). Insgesamt ist der Schweizer Retailmarkt weitgehend gesättigt. Wachstum ist daher kaum mehr möglich. Die Folge ist ein harter Verdrängungswettbewerb um Marktanteile mit anderen Banken. Die Hauptkonkurrenten sind die Schweizer Kantonal- und Raiffeisenbanken, aber auch international tätige Grossbanken wie UBS und Credit Suisse. Weitere Konkurrenten sind sog. Near- und Non-Banks, d.h. Unternehmen aus artfremden Branchen (z.B. Telekommunikation oder Automobil), welche ihren Kunden in Kombination mit Produktverkäufen gleichzeitig Finanzierungsoptionen anbieten. Auch durch den potenziellen Markteintritt von Direktbanken könnte zusätzliche Konkurrenz entstehen.

Der Positionierung der Marke „PostFinance" kommt eine wichtige Rolle für aktuelle sowie zukünftige Aktivitäten zu. Der mangelnde Bekanntheitsgrad der Marke erschwert die Erschliessung neuer Märkte. Die PostFinance wird am Markt nicht als eigenständig agierender Finanzdienstleister wahrgenommen, sondern von den Kunden mit der „Post" gleichgesetzt. Hinzu kommt, dass die PostFinance keine Banklizenz besitzt und somit (im juristischen Sinne) keine Bank ist. Die Verbindung mit der Schweizer Post ist noch mit einer weiteren Herausforderung verknüpft: der in der PostFinance stattfindende Wandel vom Staatsbetrieb zum privatwirtschaftlichen Unternehmen mit entsprechender Kundenorientierung. Dieser Prozess ist nach Einschätzung der PostFinance zwar schon fortgeschritten, aber noch nicht abgeschlossen.

3.3.2 Ausgangssituation

Im elektronischen Zahlungsverkehr ist die PostFinance mit ihrem im Jahr 1998 eingeführten Online Banking-Angebot *yellownet* Marktführer. Das Online Banking hat das damals eingesetzte Videotex-Banking abgelöst. Mitte 2005 verzeichnete *yellownet* 2 Mio. Logins pro Monat, die Zahl abgeschlossener yellownet-Verträge betrug ca. 625.000. Diese teilten sich auf ca. 515.000 Retailkunden und ungefähr 110.000 Geschäftskunden auf.

Die im Bereich des „klassischen" Retailbanking vorhandene Marktsättigung ist im Online Banking (noch) nicht anzutreffen. In den letzten Jahren war das Online Banking-Angebot ein Selbstläufer und hat daher hohe Wachstumsraten auch ohne Marketinganstrengungen verzeichnet. Mitte 2005 hat sich jedoch erstmals eine Abschwächung des Wachstums gezeigt. Bei den Neukunden handelt es sich in aller Regel um bereits existierende Kunden der PostFinance, welche zusätzlich einen Vertrag für das Online Banking abschliessen. Die PostFinance schätzt ihr Potenzial an Online Banking Kunden bei mindestens 1,1 Mio. ein. Jedoch wird es zunehmend schwieriger dieses noch vorhandene Potenzial zu erschliessen. Ein Haupthindernis stellen die Sicherheitsbedenken der (potenziellen) Online Banking Kunden dar. Diese Bedenken zu adressieren sieht die PostFinance als einen wichtigen Eckpfeiler für die Sicherstellung zukünftigen Wachstums an.

Eine weitere Herausforderung im Online Banking ist es, die bereits vorhandene hohe Frequentierung der Self-Service Plattform zur Abwicklung von Transaktionen auch für andere Bereiche zu nutzen. Dies umfasst Aspekte der Beratung in der Pre Sales Phase sowie den gesamten Bereich Customer Care im After Sales. Das Ziel ist es, im Self-Service Kanal das gesamte Leistungsspektrum entlang des Kundenprozesses anzubieten, welches bereits in den „traditionellen" Kanälen vorhanden ist. Damit einher geht die Strategie, den Online Kanal als vollwertigen Vertriebskanal zu etablieren.

Weiterhin treibt die PostFinance die Optimierung ihrer Multi-Kanal-Architektur voran. Der Self-Service Kanal muss in diese Architektur eingebettet werden, was eine ständige und intensive Koordination und Integration mit den restlichen Kundenkontaktpunkten unabdingbar macht. Das Ziel ist die Erreichung eines Integrationsgrads, bei dem der Kunde die Möglichkeit hat, ohne Einschränkungen innerhalb jeder Phase des Kundenprozesses den präferierten Kanal zu wählen (sog. „*channel hopping*").

3.3.3 postfinance.ch und yellownet

Das Self-Service Angebot der PostFinance besteht aus zwei Plattformen. Bei *postfinance.ch* handelt es sich um eine Plattform, über die Nutzer Informationen, Beratung und Support zu Dienstleistungen und Produkten beziehen sowie Abschlüsse tätigen können. Zur vollständigen Abbildung des Kundenprozesses wird der Kunde produktabhängig auch in andere Kanäle für Beratung und Abschluss gelenkt. Die Webseite *postfinance.ch* ist sowohl für Kunden als auch für Interessenten zugänglich.

Bei der zweiten Plattform handelt es sich um die eigentliche Online Banking Plattform *yellownet*. Mit Hilfe dieser Plattform werden die Transaktionen rund um die angebotenen Produkte und Dienstleistungen abgewickelt. Der Zugang zu diesem Bereich steht ausschliesslich den Online Banking Kunden der PostFinance zur Verfügung.

Navigation

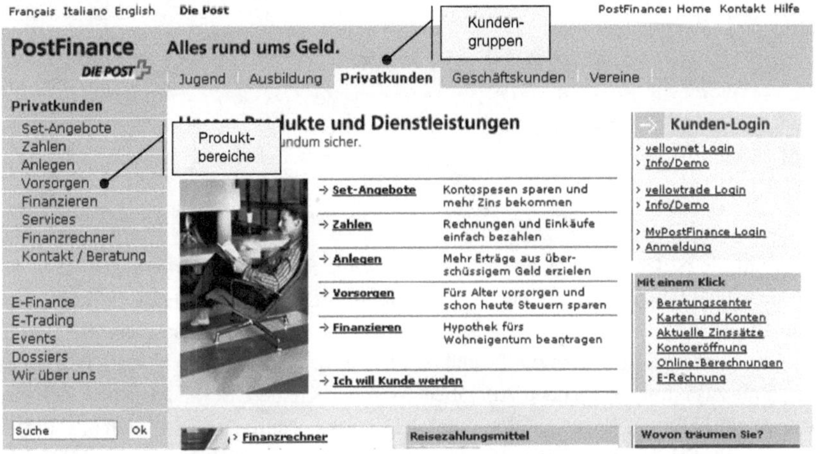

Abbildung 3-3: postfinance.ch Startseite „Privatkunden"

Bei der Informationsplattform *postfinance.ch* erfolgt die Ansprache der Nutzer kundengruppen- und produktspezifisch (s. Abbildung 3-3). Auf der Startseite werden die Gruppen „Jugendliche", „Auszubildende", „Privatkunden", „Geschäftskunden" und „Vereine" unterschieden. Zu jeder Kundengruppe sind die für sie relevanten Informationen zu Produkten aus den Bereichen „Zahlen", „Anlegen", „Vorsorgen" und „Finanzieren" zusammengefasst. Die Produktgruppen sind im linken Navigationsframe angeordnet. Die einzelnen Rollen sind Bestandteil der Top Level Navigation.

Abbildung 3-4: Startseite yellownet (nach Login)

Während die Nutzergruppeneinteilung von *postfinance.ch* den Marketingaspekten sowie der allgemeinen Unternehmenskommunikation Rechnung trägt, ist die Transaktionsplattform *yellownet* funktional ausgerichtet und nicht nach Nutzergruppen unterteilt. Im Vordergrund stehen die Produkte, für die der Kunde einen Vertrag hat, sowie die damit zusammenhängenden Aufgaben. Will der Kunde z.B. die Aufgabe „Zahlung tätigen" durchführen, so stehen ihm unter dem Punkt „Zahlungen" sämtliche für diesen Bereich möglichen und benötigten Aktivitäten zur Verfügung (s. Abbildung 3-4). Hat sich der Kunde für eine Aktivität entschieden, muss er in einem nächsten Schritt die für die Aktivität benötigten Parameter angeben (z.B. Lastkonto, Betrag oder Kontoangaben des Empfängers). Es handelt sich hierbei um eine aufgabenorientierte Navigation, welche historisch gewachsen ist.

Informationsgehalt und Interaktivität

Die Beratung der (potenziellen) Kunden erfolgt über postfinance.ch. Dort stehen Informationen über Produkte und Dienstleistungen in Textform zur Verfügung. Ein Einsatz von Videos oder Graphiken zur Veranschaulichung der Produktinformationen erfolgt nicht. Das Informationsangebot beinhaltet weiterhin Möglichkeiten zur Abfrage von Börsenkursen sowie ein Börsenglossar, das die wichtigsten Begriffe erläutert. Für einzelne Themengebiete (z.B. „Zahlen" oder „Steuern") werden Finanzrechner eingesetzt, um den Kunden bei der Entscheidungsfindung zu unterstützen (z.B. bei der Berechnung eines Sparplans oder der Ermittlung von Steuerersparnissen). Den Nutzern stehen zusätzlich FAQs zur Verfügung, welche bestimmte Themenbereiche (z.B. Fragen zur Transaktionsabwicklung oder zur Sicherheit) erläutern. Interessenten können über postfinance.ch auch einen Newsletter abonnieren, der Informationen zu Produkten und Neuigkeiten enthält.

Personalisierung

Erste Ansätze zur Personalisierung des Self-Service Angebots sind bereits vorhanden, sollen aber in Zukunft noch weiter vorangetrieben werden. Aktuell ist das Informationsangebot von postfinance.ch auf Kundenkategorien zugeschnitten, nicht auf den individuellen Kunden. Dies gilt auch für den Newsletter. Die PostFinance unterscheidet die Segmente „Jugendliche", „Auszubildende" und „Elite". Die verschiedenen Textbausteine des Newsletters sind auf die jeweiligen Segmente ausgerichtet und werden mit weiteren Attributen aus dem analytischen CRM individualisiert. In einigen Bereichen des Internet Self-Service hat die PostFinance ihr Angebot bereits auf den individuellen Kunden hin personalisiert, um so das vorhandene Cross- und Up-Selling Potenzial besser nutzen zu können. Beispielsweise wird der Kunde während des *yellownet* Logout-Vorgangs auf weitere Produkte hingewiesen. Diese Empfehlung beruht auf einer Analyse der Produkte, welche der Kunde bereits in seinem Portfolio hat.

Übersichtlichkeit

Die Bedienfreundlichkeit der Webseite wird bei der PostFinance durch Usability-Tests sichergestellt und ständig weiter entwickelt. So war z.B. ein Ergebnis einer solchen Untersuchung, dass Nutzer den Link zum Vertragsabschluss für Neukunden nicht bzw. nur sehr schwer auf den Webseiten finden konnten. Als unmittelbare Konsequenz hieraus wurde ein Link „Ich will Kunde werden" prominent auf der Startseite platziert. Weiterhin wurden Ergebnisse aus Usability-Tests dazu genutzt, um die Suchfunktionalitäten der Webseite zu verbessern.

Suche

Die Suchfunktionalität der Informationsplattform *postfinance.ch* wird von der PostFinance als sehr wichtig erachtet. Grund hierfür sind Auswertungen des Nutzerverhaltens, die zeigen, dass Kunden bzw. Interessenten, die eine Information nicht innerhalb einer gewissen Zeit finden können, auf das Suchfeld zurückgreifen. Prinzipiell handelt es sich bei der Suchfunktionalität um eine Volltextsuche. Damit der Kunde möglichst schnell zum Ziel kommt, wurde die Suchfunktionalität um Filtermöglichkeiten für häufig verwendete Suchbegriffe erweitert. Basierend auf der Analyse von Kundeneingaben im Suchfeld wurde eine Liste der am häufigsten verwendeten Suchbegriffe erstellt. Für jeden dieser Suchbegriffe wurden „Top-Ergebnisse" hinterlegt. So erhält der Nutzer z.B. bei Eingabe des Suchbegriffs „Sparkonto" drei „Top-Ergebnisse", die mit diesem Begriff fest verknüpft sind. Unter „Weitere Ergebnisse“ steht die vollständige Trefferliste zur Auswahl.

Auf der Transaktionsplattform *yellownet* stehen dem Kunden eingeschränkte Suchmöglichkeiten zur Verfügung, welche sich i.d.R. an bereits getätigten Transaktionen orientieren. So kann der Kunde z.B. nach Zahlungsaufträgen suchen. Die Suchanfragen können zudem durch die Angabe von Parametern wie Betrag oder Fälligkeit weiter eingegrenzt werden.

Privatsphäre und Sicherheit

Einen grossen Teil des (noch) nicht realisierten Kundenpotenzials im Bereich des Online Banking führt die PostFinance auf mangelndes Vertrauen in den Kanal sowie Sicherheitsbedenken der Kunden zurück. Daher haben sowohl Kunden als auch Interessenten die Möglichkeit, sich über die Informationsplattform *postfinance.ch* zum Thema Sicherheit zu informieren. Das Angebot umfasst u.a. Sicherheitsempfehlungen von Seiten der PostFinance sowie Frequently Asked Questions (FAQs), welche die häufigsten Anliegen der Kunden adressieren. Informationen zum Thema Sicherheit werden zudem auf der Login-Seite der Transaktionsplattform *yellownet* kommuniziert (z.B. Warnung vor Phishing-Mails).

Technologisch setzt die PostFinance zur Gewährleistung der Sicherheit ihrer Kunden im Online Banking auf branchentypische Standards. Serverseitig werden Zertifikate der Firma VeriSign eingesetzt. Die Daten zwischen den Servern der PostFinance und dem PC der Kunden werden gemäss dem SSL-Standard gesichert. Zur Authentifizierung der Kunden setzt die PostFinance auf eine auf Benutzername, Passwort und „Access Card“ (d.h. Karte im Kreditkartenformat mit einer Liste von Einmalpasswörtern) basierende Lösung. Ein Kunde benötigt zur Authentifizierung in der ersten Stufe eine 9-stellige Kundennummer und ein Passwort. In einer zweiten Bildschirmmaske wird dann die Eingabe eines 6-stelligen numerischen Einmalpassworts benötigt.

3.3.4 Einordnung

Strategische Ausrichtung

Die Aktivitäten der PostFinance im Bereich des Online Banking sind aus einer kanalübergreifenden Sicht primär auf eine *Kostensenkung* des Gesamtsystems ausgelegt. Aus der Kanalsicht steht die Ausnutzung des spezifischen Vertriebspotenzials im Vordergrund. Der Self-Service Kanal wird damit in erster Linie als ein Effizienzinstrument gesehen. Jedoch werden auch die Kundenbedürfnisse sowie die Schaffung von Komfort („*Convenience*“) für den Kunden nicht ausser Acht gelassen. Aktuell wollen ca. 27% aller yellownet-Retailkunden über den Online Kanal den häufigsten Kontakt mit ihrer Bank haben. Dies entspricht ca. 10% aller PostFinance Kunden – Tendenz steigend. Durch die Schaffung von „Convenience“ sollen mehr Kunden dazu angeregt werden, die Self-Service Option zu nutzen, was wiederum zu positiven Gesamteffekten im Sinne von Kostensenkungen und Effizienzsteigerungen führen soll.

Abdeckung des Kundenprozesses

Information und Evaluation. Für die Phasen kann der Kunde *postfinance.ch* nutzen. Dort steht ein Beratungsangebot für das gesamte Produktportfolio der PostFinance zur Verfügung. Vergleichsinformationen zu Lösungen anderer Produktgeber werden nicht angeboten. Die Bereitschaft des Kunden, das Internet als Informationsquelle zu nutzen, ist nach den Erfahrungen der PostFinance vom bereits bestehenden Wissen des Kunden abhängig. Entscheidend hierbei ist, ob der Kunde bereits einmal einen Abschluss für das Produkt getätigt hat, da das Informationsbedürfnis bei einem initialen Abschluss in aller Regel höher ist.

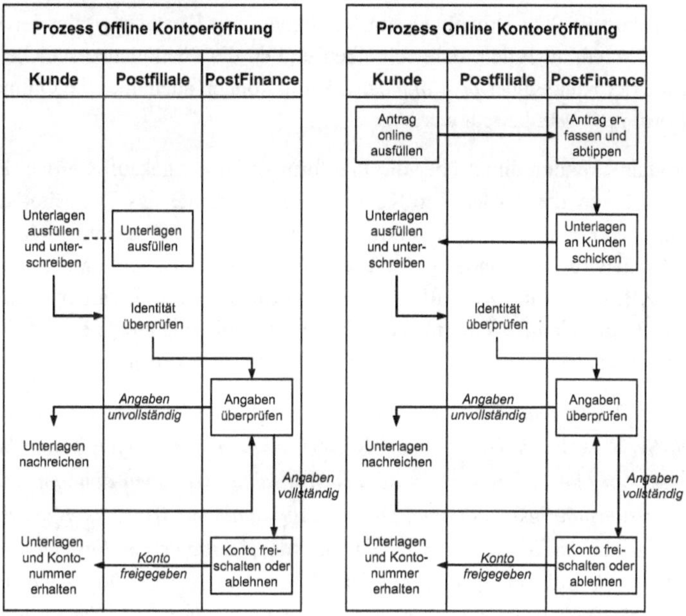

Abbildung 3-5: Aufgabenkettendiagramm Kontoeröffnung offline und online[9]

Vertragsabschluss. Die anschliessende Phase des Kaufs bzw. des Abschlusses findet sowohl über die Vertriebsplattform *postfinance.ch* als auch über die Transaktionsplattform *yellownet* statt. *yellownet* steht jedoch nur Kunden mit einem Online Banking Vertrag zur Verfügung. Die initiale Kontoeröffnung kann sowohl offline als auch online über *postfinance.ch* erfolgen. Allerdings ist hier ein Wechsel in den Offline-Kanal

[9] Die Notation für dieses Aufgabenkettendiagramme sowie für sämtliche in den Fallstudien enthaltenen Aufgabenkettendiagramme ist in Anhang B.2 zu finden

unumgänglich, da der Kunde sich in jedem Falle bei der Poststelle persönlich identifizieren und dort eine Unterschrift leisten muss. Die Möglichkeit der elektronischen Signatur gibt es nicht. Aktuell werden ca. 10% der Kontoeröffnungen online angestossen, d.h. der Kunde füllt online den Antrag aus, bekommt dann die ausgefüllten Unterlagen zugestellt und muss den persönlichen Identifikationsnachweis bei der Poststelle erbringen. Das Beispiel „Kontoeröffnung" zeigt, dass die existierenden Prozesse für Internet Self-Services nicht umgestellt, sondern lediglich ergänzt wurden (s. Abbildung 3-5).

Sowohl die Plattform *postfinance.ch* als auch *yellownet* weisen weitere Abschlussfunktionalitäten auf. Über *postfinance.ch* kann der Abschluss von Produkten über das Ausfüllen eines Webformulars beantragt werden (z.B. Deposito Konto, yellownet oder yellowtrade). Für weitere Produkte (z.B. Vorsorgekonto 3a oder Festgeld) stehen die Antragsformulare als PDF-Downloads zur Verfügung. Der Kunde muss den jeweiligen Antrag downloaden, ausfüllen, unterschreiben und an die PostFinance schicken. Alle Produkte, die der Kunde über *postfinance.ch* kauft, können auch über die Online Banking Plattform *yellownet* betreut werden.

Andere Produkte können direkt über die Plattform *yellownet* gekauft werden. Hierbei handelt es sich um das E-Deposito-Konto (Online-Variante des Deposito-Kontos), Fondszeichungen/Fondsdepot und yellowbill (Electronic Bill Presentment and Payment, EBPP). Erwirbt der Kunde ein Produkt über *yellownet*, ist keine weitere Authentifizierung (z.B. mittels handschriftlicher Unterschrift) notwendig, da der Kunde sich bereits beim Login identifizieren musste. Eine Konsolidierung sowie ein Ausbau der Abschlussmöglichkeiten auf *einer* einheitlichen Plattform ist geplant.

In Abschnitt 2.3.3.1 wurde am Beispiel von Geldautomaten gezeigt, wie die Nutzung von Self-Services Veränderungen im Nutzerverhalten hervorrufen kann. Bei den Geldautomaten führte dies dazu, dass das Transaktionsvolumen abnahm, während die Transaktionshäufigkeit zunahm. Dies kann in ähnlicher Weise auch am Beispiel der PostFinance im Bereich der Zeichnung von Wertpapieren illustriert werden. Dort beträgt die Zeichnungshöhe bei Einzelzeichnungen im Online-Kanal nur ca. 1/3 der durchschnittlichen Zeichnungshöhe beim Kundenberater in der Filiale.

Transaktion. In dieser Phase verfügt der Kunde beim Zahlungsverkehr über den Self-Service Kanal im Vergleich zu den traditionellen Dienstleistungen die gleichen, teilweise aber auch über erweiterte Möglichkeiten. Sämtliche Transaktionen, die nach Vertragsabschluss durchgeführt werden, werden über die Plattform *yellownet* abgewickelt. Weiterhin stehen in Zukunft auch administrative Funktionalitäten bezogen auf die eigene Benutzerdatenverwaltung zur Verfügung. Beispielhaft hierfür sind Möglichkeiten, die bevorzugte Nutzersprache zu ändern oder ein neues Passwort zu setzen.

Service. Umfassende Serviceleistungen in der Nachkaufphase stehen aktuell nicht zur Verfügung, sollen aber in Zukunft verstärkt angeboten werden.

Systemtechnische Umsetzung

Präsentation. Die Erstellung der Webseiten in HTML sowie die Verwaltung und Pflege des Inhalts erfolgt mit Hilfe des Content Management Systems Communiqué von Day.

Anwendung. Die systemtechnische Umsetzung des Informationsportals postfinance.ch basiert grösstenteils auf der Verwendung von Standardprodukten. Als Webserver kommt WebLogic von BEA Systems zum Einsatz. Als Betriebssystem wird die Open Source Lösung Linux verwendet. Hingegen handelt es sich bei der Transaktionsplattform yellownet primär um eine Eigenentwicklung. Als Basis dienen die Verwendung von Oracle Datenbanken sowie der damit verbundene Einsatz von PL/SQL (Procedural Language/Structured Query Language), einer Oracle-spezifischen Extension des SQL-Standards. yellownet stellt die Frontend-Applikation für die Kernsysteme der Bank dar. Die Kernbankensysteme, wie z.B. Zahlungsverkehr, Konten-, Fonds- und Berechtigungsverwaltung, wurden von der PostFinance selbst entwickelt. In einigen Bereichen kommen Standardmodule von Avaloq zum Einsatz. Die Kunden können auf die Transaktionsplattform yellownet sowohl über einen Java-Client als auch über das Internetportal zugreifen. Beide Lösungen werden von der PostFinance als gleichwertig angesehen. Allerdings verursacht der Java-Client mehr Support-Aufwand.

Datenhaltung. Im analytischen CRM erfolgt die Datenhaltung im Rahmen des Data Warehousing ebenfalls auf der Basis von Oracle. Der Zugriff, die Auswertung sowie das Reporting der gespeicherten Daten erfolgt mit Hilfe einer Reihe von verschiedenen Frontend-Tools. Beispiele hierfür sind Lösungen von Business Objects und Statistica. Im Bereich des kommunikativen CRM ist eine systemtechnische Integration der Kanäle noch nicht weit fortgeschritten. Erste Ansätze sind jedoch durch den Einsatz des EAI (Enterprise Application Integration)-Tools eGate Integrator von See Beyond vorhanden. Die Integration der Customer Touchpoints auf der systemtechnischen Ebene soll in Zukunft im Rahmen der Multi-Kanal-Architektur weiter forciert werden.

3.3.5 Zusammenfassung

Erfolgsfaktoren

Als wesentlichen kritischen Erfolgsfaktor zur Marktführerschaft sieht die PostFinance ein *schrittweises und kostenbewusstes Vorgehen* beim Aufbau ihres Self-Service Angebots an. Dies eröffnet einerseits die Möglichkeit, neue Angebote und Erweiterungen kontrolliert testen und verbessern zu können. Zum anderen werden die Kunden durch diese schrittweise Herangehensweise mitgenommen. Darüber hinaus ist eine ausgewogene Balance zwischen Vertriebssicht und Kundenbedürfnissen erfolgskritisch. Die Aufgabe besteht darin, Produkte und Dienstleistungen zu verkaufen ohne die Kundenwünsche aus den Augen zu verlieren. Diese Balance ist ein permanenter Prozess, der gleichzeitig auch eine der wichtigsten Herausforderungen für die Zukunft darstellt.

Herausforderungen

Mittel- bis langfristig verfolgt die PostFinance das Ziel, den Kundenprozess mit Hilfe von Self-Services auch in der After Sales Phase abzudecken. In diesem Zusammenhang ist die Integration des Self-Service Kanals mit den anderen Kundeninteraktionspunkten der Multi-Kanal-Architektur von Bedeutung. Im Moment herrscht zwischen den einzelnen Kanälen weitgehend eine Silostruktur vor, d.h. ein Informationsaustausch zwischen den Kanälen bzw. eine kanalübergreifende Bearbeitung des Kundenprozesses findet noch nicht statt. Der Kunde soll aber zukünftig die Möglichkeit haben in jeder Phase des Kundenprozesses den Kanal frei zu wählen. Darüber hinaus stehen bei der Weiterentwicklung des Internetportals Personalisierungsaspekte im Vordergrund. Hierfür setzt PostFinance sowohl auf Pull- als auch auf Push-Personalisierung. Im Rahmen der Pull-Personalisierung (d.h. Personalisierung wird vom Kunden initiiert) kann der Benutzer den Aufbau und Inhalt von *yellownet* individuell anpassen. Im Vordergrund der zukünftigen Bemühungen soll aber die Push-Personalisierung stehen (d.h. Personalisierung, welche vom Unternehmen angestossen wird). Hierbei soll auf der Basis persönlicher (Verhaltens-) Daten des Kunden (z.B. Klickpfade) auf Präferenzen und bevorzugte Inhalte geschlossen werden.

Erkenntnisse

- *Eingeschränkte Self-Service Fähigkeit komplexer Produkte.* Das Produktportfolio der PostFinance zeigt, dass die Self-Service Fähigkeit am höchsten ist, wenn ein Produkt weder erklärungsbedürftig ist noch ein hohes Investment erfordert. Dies heisst jedoch nicht zwingend, dass ein Internetvertrieb komplexer Produkte unmöglich wäre (d.h. hohe Erklärungsbedürftigkeit und hohe Investmenthöhe). Allerdings wird hierbei eine kritische Nachfragemasse nicht erreicht. Aus Sicht der PostFinance macht ein Self-Service Angebot in diesem Bereich aufgrund von Kosten-/Nutzenüberlegungen keinen Sinn. Hierbei spielt neben dem Produkt auch der Kunde selbst bzw. das vorhandene Kundenwissen eine entscheidende Rolle, da komplexe Produkte ein hohes Mass an Kundenwissen bzw. die Lernbereitschaft der Kunden voraussetzen. Aus diesen Gründen findet eine durchgängige Abdeckung des Kundenprozesses durch Self-Services nicht statt (s. Abbildung 3-6).

- *Existierende Prozesse nicht an Self-Services angepasst.* Das Beispiel des Prozesses „Kontoeröffnung" (s. Abbildung 3-5) zeigt, dass ein *„Straight Through Processing"* nicht durchgängig erfüllt ist. Die existierenden Prozesse werden lediglich um Self-Service Komponenten ergänzt, aber nicht an eine Self-Service Umgebung angepasst. Dies resultiert in Medienbrüchen. Die entsprechenden Technologien (z.B. digitale Signatur) stehen zwar zur Verfügung, aber die Infrastruktur fehlt oder die dafür notwendigen Investitionen sind zu hoch.

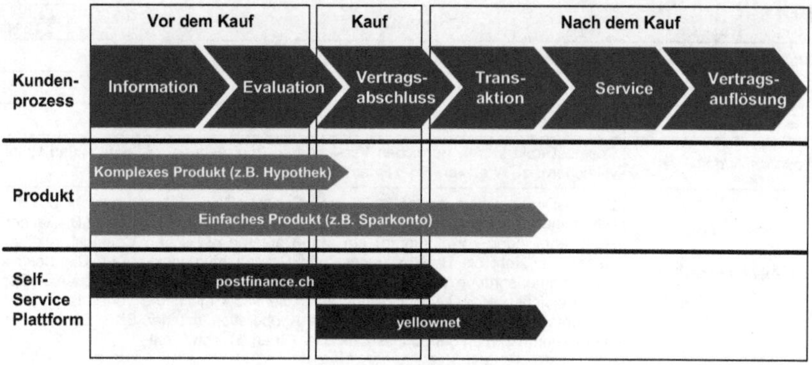

Abbildung 3-6: Abdeckung des Kundenprozesses bei der PostFinance

3.4 CosmosDirekt

3.4.1 Unternehmen

Nach Gründung von CosmosDirekt im Jahre 1950 positionierte sich das Unternehmen in den Anfangsjahren als klassischer Regionalanbieter (s. Tabelle 3-6). Der Einstieg in den Direktvertrieb erfolgte im Jahre 1982, da CosmosDirekt im Vergleich zu den Mitbewerbern zu klein war und infolgedessen keine Möglichkeit sah, mit einem traditionellen Geschäftsmodell ausreichendes Wachstum zu erzielen. CosmosDirekt ist heute der grösste deutsche Direktversicherer und zählt zu den sechs grössten Lebensversicherern in Deutschland (gemessen an der Versicherungssumme). Ausgehend von 60 Mitarbeitern und Beitragseinnahmen von ca. 23 Mio. EUR im Jahre 1982, beschäftigt CosmosDirekt heute über 1.100 Mitarbeiter und verwaltet Beitragseinnahmen von über 1,1 Mrd. EUR.

Im Jahre 1982 wurde gleichzeitig der Ausbau der Cosmos Unternehmensgruppe eingeleitet. Die Gruppe bestand bis dahin aus der Cosmos Lebensversicherungs-AG. Diese wurde um die Cosmos Versicherung AG und Cosmos Finanzservice GmbH erweitert. Der Grundsatz der Spartentrennung, der in § 8 Abs. 1a des deutschen Versicherungsaufsichtsgesetzes (VAG) kodifiziert ist, sieht zum Schutz der Versicherten vor, dass Unternehmen, die im Lebensversicherungsgeschäft tätig sind, keine anderen Versicherungszweige betreiben dürfen. Daher erfolgte die Gründung der Cosmos Versicherung AG, um das bestehende Lebensversicherungsgeschäft um weitere Versicherungszweige ergänzen zu können. Die Cosmos Finanzservice-GmbH wurde gegründet, um zusätzlich Finanzlösungen in das Produktportfolio integrieren zu können. CosmosDirekt selbst besitzt keine Banklizenz, daher erfolgt in diesem Bereich eine Kooperation mit der SKG Bank, einem Tochterunternehmen der Saarländischen Landesbank. Diese fungiert als Produktgeber, den Vertrieb der Produkte übernimmt CosmosDirekt.

CosmosDirekt	
Gründung	1950
Hauptsitz	Saarbrücken
Branche	Finanzdienstleistung
Geschäftsfelder	CosmosDirekt in den Bereichen Versicherung (d.h. Lebens-, Schaden- und Unfallversicherung), Altersvorsorge, Finanzierung, Anlage und Banking tätig.
Unternehmensstruktur	CosmosDirekt gehört zur AMB Generali Gruppe. Diese Gruppe besteht aus verschiedenen Tochtergesellschaften, die mit eigenständigen Marken (z.B. Aachen-Münchener oder Volksfürsorge) am Markt agieren. Zwischen CosmosDirekt und Generali besteht ein Beherrschungs- und Gewinnabführungsvertrag. Die Cosmos Unternehmensgruppe selbst besteht aus Cosmos Lebensversicherungs-AG, Cosmos Versicherung AG und Cosmos Finanzservice GmbH. Die von CosmosDirekt angebotenen Finanzprodukte werden in Kooperation mit der SKG Bank, einem Tochterunternehmen der Landesbank Saar (SaarLB), entwickelt.
Gebuchte Bruttobeiträge	1.018 Mio. EUR (in 2005)
Anzahl Verträge	1.207.045 (in 2005)
Versicherungssumme	93.599 EUR (in 2005)
Jahresergebnis (vor Gewinnabführung)	13 Mio. EUR (in 2005)
Mitarbeiter	1.158 (in 2005)
Kunden	ca. 1,4 Mio. (in 2005)
Homepage	www.cosmosdirekt.de
Erhebungszeitraum der Fallstudie	Mai – November 2006

Tabelle 3-6: Kurzportrait CosmosDirekt

Die demographische Zusammensetzung der Kundenbasis von CosmosDirekt ist versicherungstypisch, d.h. die Mehrheit der Kunden ist zwischen Anfang zwanzig und Ende vierzig. Das Konzept des Direktvertriebs sowie der Einsatz von Internettechnologie führen dazu, dass die Kunden verstärkt Charakteristika aufweisen, welche auch online-affinen Personen zugeschrieben werden. Die Marketingstrategie von CosmosDirekt ist allerdings nicht auf diese Kundengruppen beschränkt. Als Mitbewerber sieht CosmosDirekt generell alle Unternehmen der Versicherungsbranche, jedoch mit einem Fokus auf Internet- und Direktversicherer.

3.4.2 Ausgangssituation

Seit 1996 wird das Internet in die Multikanalstrategie von CosmosDirekt integriert. Diese Neuausrichtung beinhaltete den Aufbau des ersten eigenen Internetauftritts und bedeutete gleichzeitig eine Ablösung des bis dahin verfolgten T-Online Konzepts. Bei diesem Konzept handelte es sich um Serviceangebote von CosmosDirekt (z.B. Prämienrechner) über den interaktiven T-Online-Dienst (vorher BTX Bildschirmtext bzw. Datex J), der 1983 von der Deutschen Bundespost eingeführt wurde. Die Multikanalstrategie zeichnet sich dadurch aus, dass den Kunden alle Produkte auf allen Kanälen zum gleichen Preis zur Verfügung stehen.

Bereich	Kategorie	Produkt	Beitrags-rechner	Angebot anfordern	Antrags-formular	Online-Antrag
Versicherung	Leben	Risiko-Lebensversicherung	x	x	x	
		Flexible Risiko-Lebensversicherung	x	x	x	
		Kapital-Lebensversicherung	x	x	x	
	Berufsunfähigkeit	Berufsunfähigkeits-Schutz	x	x	x	
		Berufsunfähigkeits-Schutz mit Hinterbliebenenversicherung	x	x	x	
		Kinderschutz-Plan	x	x	x	
	Haftpflicht/Gebäude	Privat-Haftpflichtversicherung	x	x	x	x
		Dienst-Haftpflichtversicherung	x	x	x	x
		Tierhalter-Haftpflichtversicherung	x	x	x	x
		Haus- und Grundbesitzer-Haftpflichtversicherung	x	x	x	x
		Bauherren-Haftpflichtversicherung	x	x	x	x
		Feuer-Rohbauversicherung	x	x		x
		Wohngebäudeversicherung	x	x		x
	Altersvorsorge	Riester-Rente: Klassische Rente	x	x	x	x
		Riester-Rente: Fondsgebundene Rente	x	x	x	x
		Basisrente: klassische Rente	x	x	x	x
		Basisrente: fondsgebundene Rente		x	x	
		Direktversicherung durch Gehaltsumwandlung	x	x	x	x
		Klassische Rentenversicherung	x	x	x	x
		Fondsgebundene Rentenversicherung		x	x	
		Rentenversicherung gegen Einmalbetrag		x	x	
		Sofort-Rente gegen Einmalbetrag		x	x	
	Weitere	Unfallversicherung	x	x	x	x
		Autoversicherung (mit Verkehrsrechtschutz)	x	x	x	x
		Motorradversicherung				
		Hausratversicherung	x	x	x	x
Finanzierung		Annuitätendarlehen (laufende Tilgung)	x	x	x	
		Festhypothek (endfällige Tilgung)	x	x	x	
		Anschlussfinanzierung	x	x	x	
		Forwarddarlehen		x	x	
		Privatkredit	x	x		x
		Autofinanzierung	x	x		x
Vermögensanlage, -aufbau und Banking		Tele-Konto (Tagesgeld, „Plus", „DoppelPlus")		x	x	
		Tele-DynamikPlan		x	x	
		Fondsshop		x		
		Cosmos Kapital-Plan		x	x	
		Tele-AnsparPlan		x	x	
		Vermögenswirksame Leistungen		x	x	
		VISA Karte			x	
		Bausparvertrag		x	x	

Legende: x = Transaktion online möglich

Tabelle 3-7: Produktportfolio cosmosdirekt.de

Thematisch lassen sich die Produkt von CosmosDirekt in die Bereiche Versicherung, Finanzierung, Anlage und Banking untergliedern (s. Tabelle 3-7). CosmosDirekt entwickelt die angebotenen Produkte selbst (bzw. Finanzprodukte in Kooperation mit der SKG Bank) und vertreibt diese ausschliesslich auf direktem Weg ohne Aussendienststrukturen. Der Direktvertrieb erfolgt im Rahmen einer Multikanalstrategie sowohl online (Internet, E-Mail) als auch offline (Telefon, Brief, Fax). Der Kunde hat freie Wahl bezüglich der Kommunikationswege, d.h. kanalspezifische Unterschiede bei Produkten und Preisen gibt es nicht. Kooperationen werden nur mit Geschäftspartnern eingegangen, welche mit der Philosophie des Direktvertriebs vereinbar sind und eine sinnvolle Ergänzung zum Geschäftsmodell darstellen. In der Vergangenheit waren dies Kooperationen mit der Otto-Versand-Gruppe, Volkswagen Bank direct und comdirect Bank. Zudem arbeitet CosmosDirekt mit Internetportalen zusammen, die Tarif- oder Prämienvergleiche anbieten (z.B. Kooperation mit FinanceScout24 und aspect online). Diese Finanzportale werden aber lediglich zur Generierung von Leads bzw. Angeboten genutzt. Der Vertrieb erfolgt ausschliesslich über die Kanäle von CosmosDirekt.

Durch die Integration von Internet Self-Service sowie durch den konsequenten Verzicht auf Geschäftsstellen, Aussendienst sowie Maklerverbindungen werden Kostenvorteile erzielt (z.B. keine Provisionen oder Courtagen für Vertreter bzw. Makler). Diese werden in Form niedrigerer Tarifbeiträge, höherer Überschussbeteiligungen oder umfangreicherer Service-Leistungen an die Kunden weitergegeben, was sich positiv auf das Preis-Leistungs-Verhältnis auswirkt. Der Fokus auf Internet Self-Service ermöglicht es weiterhin, dass Kunden die Dienstleistungen von CosmosDirekt rund um die Uhr in Anspruch nehmen können. Diese ständige Erreichbarkeit wird auch bei der Interaktion mit den Kunden über das Telefon gewährleistet. Der Beratungsservice ist 24 Stunden am Tag an 365 Tagen im Jahr telefonisch erreichbar.

3.4.3 cosmosdirekt.de

Navigation

Die Startseite von CosmosDirekt bietet drei primäre Einstiegspunkte, welche auf die Bedürfnisse der unterschiedlichen Nutzergruppen hin optimiert sind (s. Abbildung 3-7). Erstens steht den Nutzern im linken Navigationsframe ein produktorientierter Einstiegspunkt zur Verfügung. Diese Navigation richtet sich an Kunden, welche bereits eine konkrete Vorstellung davon haben, was sie wollen. Die Navigation ist daraufhin ausgelegt, dass sich Kunden bzw. Interessenten über die spezifischen Charakteristika der Produkte von CosmosDirekt informieren können.

Weiterhin ist eine bedarfs- bzw. zielorientierte Navigation vorhanden, welche ebenfalls im linken Frame angeordnet ist. Diese Navigation umfasst z.B. die Themen „Existenz sichern“ oder „Altersvorsorge planen“. Der Nutzer kann sich zu Produkten und Dienstleistungen, die CosmosDirekt rund um diese Themen anbietet, informieren.

Dieser Beratungsansatz ist weiter gefasst, um Nutzer, welche eher unspezifische Bedürfnisse artikulieren, entsprechend bedienen zu können.

Drittens befindet sich im rechten Navigationsframe ein Schnellzugriffmenü, das es den Nutzern ermöglicht, Services mit nur einem Mausklick in Anspruch zu nehmen. Dieser Einstiegspunkt richtet sich an erfahrene Nutzer, welche keine zusätzlichen Informationen benötigen und daher direkt mit der Produkt- und Angebotsrechnung beginnen wollen. Es bietet aber auch bestehenden Kunden einen Schnellzugriff auf Dienstleistungen (z.B. Schadenmeldung oder Änderungsmitteilung).

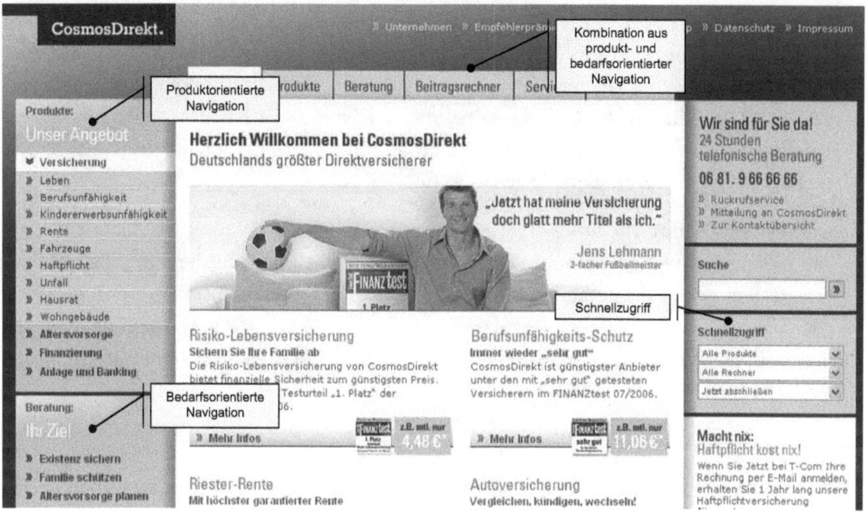

Abbildung 3-7: Startseite cosmosdirekt.de

Diese primären Navigationselemente werden durch eine Kopfnavigation erweitert. Diese enthält eine Zusammenfassung der bereits erläuterten Komponenten (z.B. „Produkte", „Beratung" oder „Services"). In den nachgeordneten Ebenen werden die genannten Beratungsansätze teilweise um eine lebenszyklusorientierte Betrachtung ergänzt. Beispielsweise erfolgt beim Thema „Versicherungen" eine Bedarfsanalyse nach Lebensphasen (z.B. Student, Single, Familie).

Informationsgehalt und Interaktivität

Das Informationsangebot ist entlang der kundengruppenspezifischen Beratungsansätze strukturiert. Untergliedert nach Themen, Produkten und teilweise auch Lebensphasen werden mit Hilfe von Text und Graphiken die Dienstleistungen von CosmosDirekt erläutert. Diese Informationen werden durch weitere Instrumente ergänzt. Beispielsweise steht ein Bedarfsplaner zur Verfügung, der es dem Kunden ermöglicht, auf Basis persönlicher Daten (z.B. Geschlecht, Alter, Familienstand) einen Vorschlag für den individuellen Versicherungsbedarf zu ermitteln, um so Über- bzw. Unterversicherungssituationen zu vermeiden. Weiterhin kann der Kunde diverse Online-Rechner (z.B. Angebotsrechner für Haftpflichtversicherung oder Rentenlückenrechner) nutzen, um individuelle Tarife zu berechnen (s. Tabelle 3-7). Dieses Informationsangebot wird ergänzt durch Verbraucherinformationen sowie Versicherungs- und Tarifbedingungen welche als PDF-Dokumente auf der Webseite zum Download bereit liegen. Diese fassen die wichtigsten Informationen und Fragen zu einem Produkt kurz zusammen. Als weitere Informationsquelle steht ein Newsletter zur Verfügung, den Kunden sowie Interessenten abonnieren können. Dieser wird einmal pro Monat verschickt und enthält Informationen zu Aktionen und Produkten von CosmosDirekt sowie aktuelle Tipps. Zudem haben die Nutzer die Möglichkeit über das Internet einen Rückruf im Rahmen eines Web Callback zu initiieren. Hierfür steht der Beratungsservice des Call Centers täglich rund um die Uhr zur Verfügung. Das Call Center wird inhouse betrieben und umfasst 210 Mitarbeiter. Um die persönliche Kommunikation mit dem Kunden am Telefon zu gewährleisten, kommen keine automatisierten Sprachdialogsysteme zur Beantwortung von Kundenanfragen zum Einsatz.

Die Verantwortung für die Aktualität und Korrektheit der Webseiteninhalte liegt bei den thematisch verantwortlichen Fachbereichen. Diese erstellen die Vorgaben für die Inhalte und geben diese am Ende auch frei. Die eigentliche Umsetzung erfolgt durch das Internet-Team in einem Redaktionssystem. Die Aktivitäten werden systemtechnisch durch eine Content Management Applikation sowie ein Versionierungstool unterstützt.

Personalisierung

Wissen über Kunden wird bei CosmosDirekt zwar gesammelt (z.B. persönliche Angaben des Kunden im Rahmen von Angebotsberechnungen), aber bewusst nicht für die Gestaltung der Self-Service Aktivitäten genutzt. Der Zusatznutzen, der sich durch eine Personalisierung des Portals ergeben würde, wird zurzeit nicht als ausreichend angesehen. CosmosDirekt erachtet die Umsetzung von Personalisierungsansätzen in der Finanzdienstleistungsbranche generell als schwierig. Zum einen will man den Kunden bewusst eine gewisse Anonymität einräumen (z.B. bei der Angebotsberechnung). Zum anderen sind bekannte Ansätze aus anderen Branchen, wie z.B. Collaborative Filtering bei Amazon, basierend auf den Erfahrungen von CosmosDirekt aufgrund der Charakteristika von Finanz- und Versicherungsprodukten schwer umsetzbar. Eine Empfehlung im Sinne von „Kunden, welche Produkt A gekauft haben, haben auch Produkt B gekauft“ ist in der Finanzdienstleistungsbranche aufgrund des individuellen Beratungsbedarfs nur bedingt sinnvoll. Auch im Newsletter beschränkt sich die Personalisierung lediglich auf die Kundenanrede. Eine Personalisierung des Inhalts auf Basis weitergehender Kundendaten findet nicht statt.

Kunden und Interessenten haben die Möglichkeit, Feedback, Anmerkungen und Beschwerden online über ein Formular an CosmosDirekt zu schicken. Dies trifft auch auf die restlichen Kanäle zu (d.h. E-Mail, Telefon, Fax und Brief). Der Einsatz weiterer Instrumente zur Abfrage und Nutzung des Kundenwissens, wie z.B. Communities oder Foren, werden als nicht zielführend erachtet. Gründe hierfür sind zum einen Kosten-/Nutzenüberlegungen, zum anderen wird der Aufbau solcher Funktionalitäten nicht als Kernleistung von CosmosDirekt erachtet. Dieser Bereich wird als Domäne unabhängiger Finanzportale und Internetvergleichsdienste angesehen.

Übersichtlichkeit

Die Sicherstellung der Benutzerfreundlichkeit der Webseite wird durch ein permanentes Monitoring und Reporting gewährleistet. Beispiele hierfür sind eine Auswertung der Nutzungsraten der einzelnen Webseitenelemente oder eine Analyse der Abbruchquoten an bestimmten Stellen. Eine Erkenntnis aus diesen Untersuchungen ist, dass die Nutzer interaktive Elemente (z.B. Angebotsrechner) den statischen Elementen vorziehen. Dies führte dazu, dass jedes neue Release der Webseite um zusätzliche interaktive Elemente erweitert wurde. Die Weiterentwicklung dieser interaktiven Elemente wird durch Kundenbefragungen unterstützt. Diese Befragungen werden beispielsweise beim Abbruch einer interaktiven Anwendung (z.B. Beitragsberechnung) vorgenommen. Unmittelbar nach dem Abbruch wird eine Feedbackseite aufgerufen, um die Gründe für den Abbruch zu ermitteln und daraus Optimierungsmassnahmen abzuleiten. Der Nutzer kann dabei aus vorgegebenen Optionen wählen (z.B. „Unklare Bezeichnung der Eingabefelder" oder „Ich hatte nicht alle geforderten Daten zur Hand") und weitere Gründe in einem Freitextfeld formulieren. Zusätzlich werden Erkenntnisse zur benutzerfreundlichen Gestaltung der Webseite aus der Analyse der Suchfunktion gewonnen.

Suche

Eine Suchfunktionalität ist direkt auf der Startseite des Portals integriert und als Unterstützung der themen- und produktorientierten Einstiegspunkte gedacht. Es handelt sich hierbei um eine Volltextsuche, welche die Webseite von CosmosDirekt nach den vom Nutzer eingegebenen Suchbegriffen durchsucht. Diese Funktionalität wird bei CosmosDirekt lediglich als Ergänzung gesehen. Eine Steuerung des Nutzerverhaltens über die vorhandenen Navigationsmenüs wird in diesem Zusammenhang bevorzugt.

Suchmaschinenmarketing

CosmosDirekt kauft Werbeanzeigen bei Google und Yahoo! Search ein, um die Zugriffsrate auf die eigene Webseite zu erhöhen. Zur weiteren Steigerung der Zugriffsraten auf die eigene Webseite sowie zur Generierung von Leads ist CosmosDirekt zudem in unabhängigen Internetvergleichsdiensten (z.B. FinanceScout24) vertreten.

Privatsphäre und Sicherheit

CosmosDirekt legt grossen Wert auf die Umsetzung und Einhaltung von Sicherheitsstandards, da dies als eine Grundvoraussetzung für den Aufbau von Vertrauen in der

Kundenbeziehung angesehen wird. Auf der technologischen Ebene setzt CosmosDirekt im Sicherheitsbereich State-of-the-Art Technologien, wie z.B. SSL-Verschlüsselung und serverseitige Zertifizierung, ein. Die SSL-Verschlüsselung kommt immer dann zum Einsatz, wenn der Nutzer persönliche Daten eingeben muss (z.B. bei der Angebotsberechnung oder beim Online-Abschluss). Im Bereich KFZ-Versicherung ist auf der Webseite ein Angebotsordner verfügbar, welcher ebenfalls SSL-Verschlüsselung nutzt und als Login-Daten Angebotsnummer sowie Geburtsdatum des Nutzers benötigt. Dieser Service ermöglicht dem Nutzer die Erstellung und Verwaltung persönlicher Angebote.

Um das Vertrauen der Kunden in CosmosDirekt aufzubauen und zu intensivieren, wird in der Kommunikation mit den Kunden das gute Abschneiden in Produkt-, Service- und Unternehmensratings (z.B. Finanztest, Standard & Poor's) hervorgehoben. Aktuelle Testergebnisse werden daher prominent auf der Startseite platziert und zusätzlich auf einer separaten Webseite zusammengefasst. Andere Auszeichnungen, wie z.B. der Gewinn des Awards „Superbrand 2005", werden dort ebenfalls vorgestellt. Die Rankingergebnisse werden um prominent platzierte Hinweise bezüglich der Sicherheit der Webseite ergänzt (z.B. Datenübertragung, Datenschutz), um das Vertrauen der Kunden in CosmosDirekt weiter zu stärken.

Zur Sicherung der Privatsphäre des Kunden hält CosmosDirekt allgemein anerkannte Datenschutzrichtlinien ein und kommuniziert dies auch auf der Webseite im Rahmen einer Datenschutzerklärung. Ein Bestandteil des Datenschutzes bei CosmosDirekt ist, dass für die Tarifrechner keine Eingabe von Name und Adresse erforderlich ist. Eine Weitergabe bzw. Verkauf der Daten an Dritte erfolgt nicht. Der Einsatz von Cookies, der bspw. ein Erkennen des Nutzers bei wiederholten Webseitenbesuchen ermöglichen würde, findet ebenfalls nicht statt.

3.4.4 Einordnung

Strategische Positionierung

CosmosDirekt verfolgt die Strategie des „lupenreinen Direktvertriebs". Dabei werden im Rahmen einer Multikanal-Strategie sämtliche Kanäle genutzt, welche direkt zum Kunden führen. Die über das Internet angebotenen Self-Services sind somit – neben Fax, Brief und Telefon – ein zentrales Element dieser Strategie, die auf Disintermediation, d.h. Vertrieb ohne Zuhilfenahme von Zwischenhändlern oder Intermediären, ausgerichtet ist. In diesem Zusammenhang wird versucht, die Möglichkeiten, welche sich über diese Direktvertriebswege ergeben, frühzeitig zu erkennen und zu nutzen. Ein Beispiel hierfür ist, dass CosmosDirekt bereits zu Zeiten von BTX der erste Versicherer war, der Tarifberechnungen über diesen Kanal angeboten hat.

Abdeckung des Kundenprozesses

Information. Als primäre Einstiegspunkte stehen dem Nutzer in dieser Phase bedarfs- und produktorientierte Navigationsmenüs zur Verfügung. Diese Informationsmöglichkeiten werden durch weitere Elemente, wie z.B. Online-Rechner, Beratungstools oder Verbraucherinformationen als PDF-Downloads, ergänzt.

Evaluation. Das Portal bietet über die angebotenen Informationsinstrumente auch die Möglichkeit, unterschiedliche Alternativen von Produkten zu evaluieren. Allerdings beschränken sich diese Evaluationsmöglichkeiten auf die eigenen Produkte von CosmosDirekt. Will der Kunde eine anbieterübergreifende Evaluation durchführen, so muss er die Informationen selbst suchen oder dafür Services von Internet-Vergleichsportalen in Anspruch nehmen.

Vertragsabschluss. In der Ausgestaltung dieser Phase ergeben sich produktabhängige Unterschiede. Bei relativ einfachen Standardprodukten (z.B. KFZ-Versicherung) ist der Vertragsabschluss im Idealfall durchgängig online möglich. Bei komplexeren Produkten hingegen ist dies nicht der Fall. Bei CosmosDirekt findet bei dieser Art von Produkten in der Regel ein Medienbruch bzw. ein Wechsel in den Offline-Kanal statt. Ausschlaggebend hierfür sind rechtliche Rahmenbedingungen, aber auch Gründe der operativen Umsetzung. Dies kann am Beispiel der Lebensversicherung illustriert werden. Diese kann zwar online beantragt, aber nicht online abgeschlossen werden, da hier aus rechtlichen Gründen eine Unterschrift benötigt wird. Der Kunde muss daher den Antrag ausfüllen, ausdrucken, unterschreiben und an CosmosDirekt per Post oder per Fax schicken. In diesem Zusammenhang wurde das Konzept der digitalen Signatur evaluiert und als interessant erachtet. Dieses Szenario wurde allerdings aufgrund der bisher fehlenden Infrastruktur in Deutschland und den dafür benötigten Investitionen verworfen. Eine durchgehende Online-Abwicklung scheitert in der Praxis auch an der operativen Umsetzung. Hierbei sind es oftmals Gründe der Handhabung, welche einen Wechsel in den Offline-Kanal verursachen. Bei der Lebensversicherung sind dies die dem Antrag beizulegenden Dokumente (z.B. Gesundheitsattest). Diese sind sehr umfangreich, so dass sie der Nutzer häufig nicht zur Hand hat (bzw. diese Dokumente nicht in digitaler Form zur Verfügung stehen).

Transaktion. Die im Bereich After Sales stattfindenden Transaktionen werden bei CosmosDirekt über sog. Kunden-Services abgedeckt. Der Kunde hat hier die Möglichkeit, über verschlüsselte Webformulare z.B. eine Schadenmeldung online an CosmosDirekt zu schicken. Ein zugangsgeschützter Kundenbereich steht aktuell nicht zur Verfügung.

Service. Serviceleistungen im Bereich After Sales werden ebenfalls durch die Kunden-Services unterstützt (z.B. Änderungen der Bankverbindung oder Adresse). Die Vornahme von Vertragsänderungen ist nicht möglich. Generell können Serviceanfragen auch über die restlichen Kanäle an CosmosDirekt gerichtet werden (z.B. Rückrufservice über die Webseite).

Systemtechnische Umsetzung

Präsentation. Die Präsentation der Webseiten ist für die Darstellung in verschiedenen Browsern optimiert. Dies beinhaltet den Microsoft Internet Explorer sowie Browser mit den HTML Rendering Engines Gecko (z.B. Netscape, Firefox, Thunderbird) und KHTML (z.B. Konqueror, Apple Safari). Die HTML-Seiten werden gemäss dem W3C Standard XHTML 1.0 Transitional erstellt, wobei von diesem Standard abweichende Ergänzungen für einzelne Browser vorgenommen werden. Eine spezielle Optimierung für die Webseitendarstellung auf mobilen Endgeräten findet nicht statt.

Anwendung. Auf der Anwendungsebene erfolgt der Einsatz von IBM HTTP Server, welcher auf dem Apache Webserver basiert. Das verwendete Betriebssystem ist AIX, welches ebenfalls ein Produkt von IBM ist. Es handelt sich hierbei um eine proprietäre Version des UNIX-Betriebssystems. Zur Verteilung der HTTP-Requests kommt ein Load Balancer zum Einsatz. Dieser verteilt die eingehenden Requests auf zwei Webserver. Die Auswertung der Server-Log-Dateien erfolgt über ein Analysetool von Cognos. Die Programmierung und Pflege der HTML-Seiten wird aktuell mit Hilfe von Macromedia Dreamweaver vorgenommen. Mittelfristig ist der Einsatz des Content Management Systems openworx geplant.

Datenhaltung. Auf der Datenhaltungsebene kommen Datenbankmanagementsysteme von IBM und Oracle zum Einsatz. In diesen Datenbanken werden Produkt- und Stammdaten vorgehalten, welche z.B. für die Angebotsrechner benötigt werden. Für die Analyse der Daten im Bereich Data Warehousing kommen Tools von Cognos zum Einsatz.

3.4.5 Zusammenfassung

Erfolgsfaktoren und Herausforderungen

CosmosDirekt erachtet die Anpassung des Geschäftsmodells des „lupenreinen Direktvertriebs" an die sich ändernden Rahmenbedingungen als den wesentlichen Erfolgsfaktor und zugleich auch die grösste Herausforderung. In diesem Kontext muss insbesondere den sich ändernden Nutzungscharakteristika der Vertriebskanäle Rechnung getragen werden. Dies kann beispielhaft an der Entwicklung des Internetkanals aufgezeigt werden. Bei diesem Kanal handelte es sich beim Einstieg von CosmosDirekt in die E-Commerce-Aktivitäten im Jahr 1996 (und davor zu Zeiten von BTX) eher um eine Randaktivität. Durch die zunehmende Verbreitung des Internets hat sich dies jedoch komplett geändert. Das Internet ist innerhalb kurzer Zeit zum Massenmedium geworden und stellt daher heutzutage einen wesentlichen Bestandteil der Multikanal-Strategie von CosmosDirekt dar. Das frühzeitige Aufgreifen und Umsetzen solcher

Entwicklungen ist für das Geschäftsmodell von CosmosDirekt Erfolgsfaktor und Herausforderung zugleich.

Erkenntnisse

- *Kanalwahlfreiheit zur Vermeidung von Kannibalisierungseffekten.* CosmosDirekt vertreibt Eigenprodukte ausschliesslich über Kanäle, welche direkt zum Kunden führen. Der Kunde hat hierbei eine völlige Wahlfreiheit bezüglich der Kanäle. Der Kunde wird nicht über Anreize (z.B. Preisvorteile) dazu bewegt, Transaktionen online zu tätigen. Auf allen Kanälen werden alle Produkte zu den gleichen Konditionen angeboten. Unterschiede können sich allerdings beim Vertragsabschluss ergeben (z.B. wird beim Abschluss einer Lebensversicherung eine Unterschrift benötigt, was einen Wechsel in den Offline-Kanal erforderlich macht). Die freie Kanalwahl wird durch das Konzept des Direktvertriebs erleichtert. Traditionelle Versicherungsunternehmen sind hier oftmals mit der Herausforderung konfrontiert, Aussendienststrukturen und E-Commerce-Aktivitäten miteinander zu vereinbaren. Diese Konkurrenzsituation zwischen den Kanälen gibt es bei CosmosDirekt aufgrund des Verzichts auf Vertreter und Makler (und deren Interessen bezüglich Provisionen und Courtagen) nicht.

- *Produkteigenschaften bestimmen die Self-Service Fähigkeit.* Basierend auf den Erfahrungen von CosmosDirekt sind zwei Faktoren für die Self-Service Fähigkeit eines Produktes entscheidend. Zum einen beeinflusst die Komplexität eines Produktes dessen Self-Service Fähigkeit. Basierend auf den Erfahrungen von CosmosDirekt drückt sich diese Komplexität insbesondere darin aus, dass der Kunde umfangreiche Informationen zur Verfügung stellen muss. Dies bedeutet in der Regel auch, dass der Kunde beim Ausfüllen des Online-Antrags meist nicht alle benötigten Informationen zur Hand hat. Der Wechsel in den Offline-Kanal ist schon allein aus diesem Grund unvermeidbar. Daher ist für komplexe Produkte eine komplette Online-Abdeckung des Kundenprozesses aktuell nicht möglich. Weiterhin ist entscheidend, ob es sich um ein Produkt handelt, welches der Kunde (mehr oder weniger) zwingend benötigt (wie z.B. KFZ-Versicherung oder private Haftpflichtversicherung). Nach den Erfahrungen von CosmosDirekt ist die Eigeninitiative sowie die Motivation sich mit diesen Produkten auseinanderzusetzen und das dafür benötigte Wissen anzueignen höher. Dieses Involvement des Kunden wirkt sich positiv auf die Nutzung von Self-Services aus.

3.5 mamax

3.5.1 Unternehmen

Die Mannheimer ist ein mittelständischer Versicherer, der sich auf exklusive Versicherungslösungen und Markenprodukte fokussiert (z.B. Markenprogramm ARTIMA für Künstler, Galeristen und Restauratoren). Diese Strategie als Spezialitäten- und

Markenversicherer spiegelt das Selbstverständnis der gesamten Mannheimer Gruppe wider. Bis zum Jahre 2003 war die Mannheimer Holding AG als eigenständige Gesellschaft in den Bereichen Schaden-, Unfall-, Kranken- und Lebensversicherung tätig (s. Tabelle 3-8). Diese Selbständigkeit ging durch eine finanzielle Schieflage der Mannheimer Lebensversicherung AG verloren.

Mannheimer Versicherungsgruppe	
Gründung	1879
Hauptsitz	Mannheim
Branche	Versicherung
Geschäftsfelder	Die Mannheimer Versicherungsgruppe ist in der Schadenversicherung, der Personenversicherung und der Rückversicherung aktiv.
Unternehmensstruktur	Die Mannheimer AG Holding ist die börsennotierte Muttergesellschaft der Mannheimer Versicherungsgruppe. Die UNIQA, die führende Versicherungsgruppe Österreichs, hält ca. 85% der Mannheimer AG Holding. Die Mannheimer AG Holding trägt die Ergebnisverantwortung für den Konzern, formuliert dessen Strategie und koordiniert die Zielsetzungen der Konzerngesellschaften. Die Mannheimer Versicherung AG sowie die mamax Lebensversicherung AG sind Tochtergesellschaften des Mannheimer Konzerns.
Gebuchte Bruttobeiträge (Konzern)	305 Mio. EUR (in 2005)
Betreute Verträge (Konzern)	756 Tsd. (in 2005)
Jahresergebnis (Konzern)	6,7 Mio. EUR (in 2005)
Mitarbeiter (Konzern)	804 (in 2005)
Homepage	www.mannheimer.de
mamax	Die mamax Lebensversicherung AG ist ein reiner Internet-Lebensversicherer. mamax wurde im Herbst 1999 gegründet und ist seit September 2000 online.
Gebuchte Bruttobeiträge	10,7 Mio. EUR (in 2005)
Betreute Verträge	8.892 (in 2005)
Jahresergebnis	-0,4 Mio. EUR (in 2005)
Mitarbeiter	9 (in 2005)
Homepage	www.mamax.com
Erhebungszeitraum der Fallstudie	März – Juli 2006

Tabelle 3-8: Kurzportrait Mannheimer Versicherungsgruppe

Die Mannheimer Lebensversicherung AG war der grösste Kapitalanleger im Konzern und daher von der Entwicklung an den Kapitalmärkten (z.B. Zusammenbruch der New Economy) am stärksten betroffen. Dies führte dazu, dass die Mannheimer Leben die von der Bundesanstalt für Finanzdienstleistungsaufsicht (BaFin) geforderten Solvabilitätskriterien nicht mehr erfüllte. Die finanzielle Schieflage der Mannheimer Leben konnte auch durch die Holding nicht mehr aufgefangen werden, weswegen die Mannheimer seit 2004 mehrheitlich zum UNIQA Konzern gehört. Hierbei handelt es sich um die führende Versicherungsgruppe Österreichs, die in zwölf Ländern Europas mit ca. 12.500 Mitarbeitern aktiv ist.

3.5.2 Ausgangssituation

Die mamax Lebensversicherung AG wurde 1999 im Zuge der New Economy entwickelt und im Jahr 2000 eingeführt. Die Marke wurde in den ersten beiden Jahren durch Werbekampagnen etabliert. Innerhalb des Konzerns ist mamax eine eigene Aktiengesellschaft und wird als eigenständige Abteilung geführt. Die mamax besteht aktuell aus neun Mitarbeitern, die u.a. die Bereiche Antragsbearbeitung, Risikoprüfung, Bestandsbearbeitung, Produktgestaltung und Leistungsprüfung abdecken. Andere Dienstleistungen werden innerhalb des Konzerns zugekauft (z.B. IT, Marketing oder Recht).

Auch mamax versteht sich als Zielgruppenversicherer und adressiert ein Kundensegment, welches einer klassischen Beratung durch den Makler oder Versicherungsvertreter skeptisch gegenüber steht. Die Rahmendaten dieser Zielgruppe sind: männlich, zwischen 29 und 39 Jahren, Abitur bzw. Hochschulabschluss sowie hohe Online-Affinität. Die Entscheidung, Lebensversicherungen über das Internet zu vertreiben, basierte auf folgenden Überlegungen:

- *Vorzeigecharakter*. In der Vergangenheit hatte sich die Mannheimer durch die Entwicklung innovativer Versicherungslösungen ausgezeichnet. Mit diesem Projekt sollte gezeigt werden, dass es möglich ist, ein so komplexes Produkt wie eine Lebensversicherung online zu verkaufen. Bei der Einführung war mamax der erste Internet-Lebensversicherer Deutschlands.

- *Wachstumsperspektiven*. Die geplante Einführung der sog. Riester-Rente wurde als Initialzündung für das Lebensversicherungsgeschäft gesehen, da diese die private Altersversorgung steuerlich begünstigt.

Allerdings kam die Riester-Rente später und komplizierter als dies die mamax ursprünglich erwartet hatte. Die Komplexität der Riester-Rente und der damit verbundene Verwaltungsaufwand (z.B. im Rahmen der Zulagenverwaltung) waren mit den schlanken Verwaltungs- und Kostenstrukturen der mamax nicht vereinbar. Deshalb hat sich mamax aus diesem Geschäftsfeld zurückgezogen und die bestehenden Verträge an die Itzehoer Versicherungen abgegeben. Die Riester-Rente selbst hat sich jedoch zwischenzeitlich als Erfolg im Bereich der staatlich geförderten privaten Altersvorsorge erwiesen [Krüger 2006]. Weiterhin hat der Zusammenbruch der New Economy zum damaligen Zeitpunkt dem Image der gesamten Branche geschadet. Diese Reputationsprobleme wurden durch die finanzielle Schieflage der Mannheimer noch verstärkt. In dieser Zeit ist das Neugeschäft der mamax fast komplett weggebrochen.

Entsprechend der Zielgruppenorientierung und der Positionierung als Spezialitäten- und Markenversicherer bestimmen zwei Faktoren die Ausrichtung von mamax:

- Der *provisionsfreie Direktvertrieb* ermöglicht die Entwicklung kostengünstiger Produkte, da traditionelle Zwischenstufen des Vertriebs (z.B. Makler oder Vertreter) ausscheiden. Vertriebskooperationen werden nur mit Partnern eingegangen, welche dem Konzept des provisionsfreien Vertriebs entsprechen (z.B. Verbund deutscher Honorarberater). Ein Kooperation mit unabhängigen Finanzportalen scheidet aus, da hier aufgrund der Erfahrungen der mamax auch provisionsähnliche Beiträge entrichtet werden müssen, um eine entsprechende Positionierung in den Rankings bzw. die Weiterleitung von Kundenanfragen sicherzustellen.
- Des Weiteren hat mamax von Anfang an auf die *Transparenz* ihrer Produkte gesetzt. Alle Kunden können zu jeder Zeit ihr Versicherungskonto online einsehen und alle relevanten Details der abgeschlossenen Verträge abrufen. Bei der Rentenversicherung beinhaltet dies beispielsweise eine Übersicht der Beitragszusammensetzung (d.h. Aufteilung des Beitrags in Spar-, Risiko- und Kostenbeitrag) sowie der Renten- und Rückkaufswertentwicklung.

Versicherungstyp	Produkt	Beschreibung
Lebensversicherung	*Risikolebensversicherung*	Die Risikolebensversicherung zahlt im Todesfall der versicherten Person die Versicherungssumme an die Bezugsberechtigten.
	Kapitallebensversicherung	Die Kapitallebensversicherung kombiniert Todesfallabsicherung und Sparanlage. Beim Todesfall wird die Versicherungssumme an die Bezugsberechtigten ausgezahlt, im Erlebensfall an die Berechtigten.
	Fondsgebundene Lebensversicherung	Der wesentliche Unterschied zwischen Kapital- und fondsgebundener Lebensversicherung besteht darin, dass die in den Beiträgen enthaltenen Sparanteile nicht in den Deckungsstock des Lebensversicherers, sondern in Investmentfonds investiert werden.
Rentenversicherung	*Rentenversicherung*	Die Rentenversicherung versichert das Langlebigkeitsrisiko. Die versicherte Person erwirbt das Versprechen des Versicherungsunternehmens bis zum Tod der versicherten Person regelmässige Zahlungen zu leisten.
	Fondsgebundene Rentenversicherung	Die fondsgebundene Rentenversicherung ist ein Kombi-Produkt aus einer Rentenversicherung und einem Fonds-Sparplan. Die Verwaltung der Sparanteile erfolgt durch eine Investmentgesellschaft.
Zusatzversicherung	*Berufsunfähigkeitsversicherung*	Bei einer Berufsunfähigkeitsversicherung handelt es sich um eine Invaliditätsversicherung. Sie kann eigenständig oder als Zusatzversicherung zu einer Lebensversicherung abgeschlossen werden.

Tabelle 3-9: Produktportfolio mamax.com

Das Produktportfolio der mamax enthält ausschliesslich Lebensversicherungsprodukte. Rentenversicherungen sind grundsätzlich auch zu diesem Bereich zu zählen, da sie ebenfalls auf Basis der Lebenserwartung der versicherten Person kalkuliert werden (s. Tabelle 3-9).

3.5.3 mamax.com

Navigation

Auf der Startseite von mamax.com orientieren sich die Einstiegspunkte an den spezifischen Bedürfnissen der unterschiedlichen Nutzergruppen (s. Abbildung 3-8).

Abbildung 3-8: Startseite mamax.com

Der Einstiegspunkt „*Versicherungen*" stellt produktorientierte Informationen zur Verfügung. Hier können sich die Nutzer direkt über Versicherungslösungen wie z.B. Berufsunfähigkeitsversicherung und fondsgebundene Lebensversicherung informieren. Diese Einstiegsoption spricht informierte Kundenkreise an, die wissen was sie wollen und sich bereits vorab umfassend informiert haben.

Hingegen wird den beratungsintensiveren Kunden der Menüpunkt „*Beratung*" angeboten. Das Informationsbedürfnis dieser Kundengruppe ist unbestimmter und der Informationsbedarf höher. Daher erfolgt die Beratung für diese Kunden nach Lebenssituationen (z.B. Berufseinstieg oder Ruhestand), um den Versicherungsbedarf zu ermitteln. Nach Einschätzung der mamax ist diese Kundengruppe in der Minderheit.

Eine weitere Kundengruppe sind die Profis, welche keinerlei Beratung mehr benötigen. Diese werden über den Menüpunkt „*Ihr Angebot*" direkt zum Angebotsrechner weitergeleitet.

Informationsgehalt und Interaktivität

Neben Produktkatalogen werden den Kunden Informationen in Form von FAQs zur Verfügung gestellt. Hier werden Anfragen der Kunden zum Unternehmen selbst erläutert, aber ebenso Fragen nach Versicherungsprodukten sowie zum Abschlussprozess beantwortet. Die Fragen der Kunden werden zusätzlich durch ein Lexikon kanalisiert, welches online abrufbar ist und die wichtigsten Fachbegriffe im Versicherungsbereich erläutert. Des Weiteren bietet ein Demokonto den Kunden die Möglichkeit, sich über die Online-Administration der Versicherungskonten vorab zu informieren. Nach den Erfahrungen der mamax ist dies für Kunden kein Abschlusskriterium und wird entsprechend wenig genutzt. Allerdings ist diese Funktionalität häufig ein Bewertungskriterium bei Vergleichstests von Verbraucherschutzorganisationen. Ein weiteres Instrument, um den Kunden über die Produkte und Services von mamax zu informieren, ist der Newsletter. Dieser wird den Abonnenten anlassbezogen (z.B. bei der Einführung eines neuen Produkts) zu Informationszwecken zugestellt. Seine Wirksamkeit wird jedoch aus Kosten-/Nutzenüberlegungen heraus nicht kontrolliert, da sowohl die Kundenbasis als auch das angebotene Produktportfolio zu klein sind.

Als Ergänzung zum Internet steht den Kunden auch der Telefonkanal zur Beratung zur Verfügung. Der Kunde wird bei der Berechnung eines Angebots auf jeder Webseite darauf hingewiesen, dass er sich bei Fragen auch an das Call Center wenden kann. mamax hat die Erfahrung gemacht, dass ein persönlicher Interaktionskanal zur Beantwortung von Kundenanfragen notwendig ist. Bei der Einführung wurde auf ein Call Center zunächst bewusst verzichtet. Jedoch waren die Abbruchquoten im Internet so hoch, dass mamax durch den Aufbau eines Call Centers gegensteuern musste. Die Hotline besteht derzeit aus drei Mitarbeitern, welche vertiefte Versicherungskenntnisse haben und speziell für die Bedürfnisse der mamax geschult wurden.

Die Aktualität und Korrektheit der auf der Webseite publizierten Informationen wird durch ein mehrstufiges Verfahren gewährleistet. Sämtliche Texte und Inhalte der Webseite werden zunächst vom mamax-Team erstellt. In einem nächsten Schritt müssen diese Texte eine Freigabe der juristischen Abteilung erhalten. Die finale Freigabe erfolgt durch die Abteilungsleitung der mamax. Dieser Prozessablauf wird durch ein Content Management System unterstützt. Hierbei werden sämtliche Zugriffe sowie die am Inhalt vorgenommenen Änderungen protokolliert. Die Abteilungsleitung der mamax erhält bei jedem Login in das Content Management System eine E-Mail, die Informationen darüber enthält, welcher Nutzer sich wann am System angemeldet hat.

Personalisierung

Es werden nur Daten über Kunden erfasst, welche unbedingt für den Vertragsabschluss notwendig sind. Daher gibt es keinerlei Personalisierungsoptionen auf der Webseite. Der angebotene Newsletter wird ebenfalls nicht auf den individuellen Kunden hin personalisiert. Auch Cross Selling findet nicht statt, da zu wenige Daten über den individuellen Kunden vorhanden sind. Technische Mittel, die für Personalisierungsansätze notwendig wären (z.B. Cookies), kommen bewusst nicht zum Einsatz. mamax hat in diesem Zusammenhang die Erfahrung gemacht, dass die Zielgruppe auf den Einsatz solcher Instrumente sehr ablehnend reagiert.

Übersichtlichkeit

Um die Benutzerfreundlichkeit der Webseite sicherzustellen werden regelmässig Untersuchungen durchgeführt. Dafür werden beispielsweise Studenten eingeladen, welche vorab definierte Aufgabenstellungen auf der Webseite lösen müssen. Das Feedback und die daraus gewonnenen Erkenntnisse fliessen in das Design der Webseite ein. Hierbei erfolgt auch eine Kooperation mit der Abteilung, welche den Webseitenauftritt mannheimer.de betreut.

Zudem werden die Webseitenzugriffe und Klickpfade der Nutzer analysiert. Dies liefert Hinweise auf kritische Stellen der Webseite, welche zu hohen Abbruchquoten führen. Die Auswertung der Log-Files wird von der IT-Abteilung vorgenommen und dem mamax-Team in unregelmässigen Abständen zur Verfügung gestellt. Seit April 2006 werden diese Aktivitäten durch die neugegründete Abteilung „Online Services" unterstützt. Diese Einheit übernimmt zum einen Aufgaben im Bereich Usability (z.B. Benutzerführung, Navigation, Oberflächengestaltung) sowie Corporate Identity und zum anderen auch Vermarktungsaufgaben (z.B. Versand von Newslettern). Die Abteilung stellt ihre Dienstleistungen allen Internetauftritten innerhalb der Mannheimer Versicherungsgruppe zur Verfügung.

Suche

Auf der Webseite der mamax ist ein Suchfeld vorhanden, welches dem Nutzer eine Volltextsuche über den gesamten Webseitenauftritt ermöglicht. Allerdings erachtet es die mamax als wichtiger, dass der Kunde sich über die angebotenen Einstiegspunkte der Navigation zurechtfindet und nur in Ausnahmefällen auf die Suchfunktionalität zurückgreifen muss.

Suchmaschinenmarketing

Der gesamte Webseitenauftritt wird für Suchmaschinen optimiert (z.B. Google). Dies geschieht allerdings bewusst mit einem vertretbaren Aufwand. Massnahmen, die ergriffen werden, sind u.a. die Verwendung von Schlagwörtern, die Programmierung von standard-konformem HTML-Code sowie die Verlinkung mit anderen Webseiten. Zusätzlich kauft mamax für einzelne Kampagnen Google AdWords-Anzeigen zu. Die höchsten Zugriffsraten auf die Webseite werden jedoch nicht durch die Aktivitäten des Suchmaschinenmarketings, sondern durch ein sehr gutes Abschneiden in Vergleichstests erzielt.

Privatsphäre und Sicherheit

Im Bereich Sicherheit setzt die mamax auf State-of-the-Art Technologien, wie z.B. SSL-Verschlüsselung und serverseitige Zertifizierung. Dies beinhaltet auch die Durchführung von Sicherheitsaudits oder das professionelle Hacken der Webseite durch IT-Spezialisten, um Sicherheitslücken identifizieren und schliessen zu können. Die Authentifizierung für die Verwaltung des Versicherungskontos erfolgt über Benutzername und Passwort. Zusätzliche Transaktionsnummern, welche typischerweise beim Online Banking zum Einsatz kommen, werden nicht benötigt, da nur lesend auf diesen Bereich zugegriffen wird.

Für den Aufbau von Vertrauen in der Kundenbeziehung wird im Rahmen der Kundenkommunikation sehr stark auf das gute Abschneiden in Vergleichstests verwiesen. In diesem Zusammenhang sind die Testergebnisse renommierter Organisationen (z.B. Stiftung Warentest, Morgen & Morgen) prominent auf der Startseite sowie auf den Seiten des Angebotsrechners platziert. Ein gutes Abschneiden in Vergleichstests hat regelmässig einen Anstieg der Neuabschlüsse zur Folge. Dies ist zudem ein Ersatz für fehlende Marketingkampagnen, die aufgrund der knappen finanziellen Ressourcen aktuell nicht durchgeführt werden.

Zur Wahrung der Privatsphäre setzt mamax eine Datenschutzerklärung ein, welche auf der Webseite kommuniziert wird. Diese beinhaltet Informationen dazu, welche Daten für welche Zwecke verwendet werden. Generell verfolgt mamax den Ansatz, nicht mehr Daten abzufragen als für den Vertragsabschluss tatsächlich notwendig sind. Ein Erwerb von Trust Seals (wie z.B. TRUSTe) wurde ebenfalls evaluiert, aber als nicht sinnvoll erachtet, da nach Einschätzung der mamax die meisten Kunden die Trust Seals nicht kennen.

3.5.4 Einordnung

Strategische Ausrichtung

Auf der strategischen Ebene wird bei mamax der Ansatz der Prozesseffizienzführerschaft verfolgt. Dem Kunden sollen dadurch Zeit- und Kostenersparnisse beim Abschluss von Lebensversicherungen ermöglicht werden. Innerhalb der mamax sollen effiziente Prozesse sowie schlanke Strukturen die Kalkulation kostengünstiger Tarife ermöglichen. Zudem wird bewusst eine Zielgruppe angesprochen, die eine Beratung durch den Aussendienst ablehnt. Somit wird der Aussendienst nicht kannibalisiert, sondern mamax als ein komplementärer Kanal zur Erschliessung neuer Kundensegmente etabliert. Diese Argumentation wurde auch vertreten, um beim Aussendienst Widerständen bei der Einführung von mamax vorzubeugen.

Abdeckung des Kundenprozesses

Information. Für diese initiale Phase des Kundenprozesses stehen dem Nutzer unterschiedliche Einstiegspunkte zur Beratung zur Verfügung (gegliedert nach Produkten und Lebenssituationen). Weitere Möglichkeiten der Information werden dem Nutzer durch Angebote, wie z.B. FAQs oder Lexikon, gegeben.

Evaluation. Der Kunde hat die Möglichkeit verschiedene Produktvarianten mit Hilfe des Rechners zu kalkulieren. Hierfür muss der Nutzer zunächst die zur Berechnung der

Versicherung benötigten Rahmendaten (z.B. Geschlecht, Geburtsdatum, Versicherungsbeginn und –laufzeit) sowie versicherungsspezifische Daten (z.B. den zu zahlenden Monatsbeitrag) eingeben. Basierend auf diesen Angaben wird ein Angebot berechnet. Dieses kann der Nutzer akzeptieren und in den Warenkorb legen oder eine neue Angebotsberechnung durchführen. Der Nutzer hat ausserdem die Möglichkeit, das Angebot abzuspeichern und zu einem späteren Zeitpunkt wieder aufzurufen.

Vertragsabschluss. Während die Angebotserstellung noch anonym erfolgte, werden für die Antragsstellung persönliche Daten des Kunden benötigt (z.B. Name, Adresse, Bankverbindung). Diese Phase ist jedoch nicht durchgängig online abgebildet. Aus rechtlichen Gründen ist eine Originalunterschrift des Kunden notwendig. Darüber hinaus werden umfangreiche Angaben des Kunden benötigt (z.B. bei Fragen zum Gesundheitsbild des Antragsstellers, welche durch ärztliche Attests belegt werden müssen). Diese Angaben bzw. Belege können online nicht erbracht werden. Im Bereich der Rentenversicherungsprodukte werden diese Angaben in aller Regel nicht benötigt. Ein Einsatz von digitaler Signatur wurde angedacht, um den Vertragsabschluss komplett online durchführen zu können. Jedoch ist die dafür benötigte Infrastruktur nicht bzw. nicht in ausreichendem Umfang vorhanden. Die notwendigen Investitionen wurden aus Kosten-/Nutzenüberlegungen heraus nicht getätigt. Teilweise besteht auch die Hoffnung, dass der Staat die Infrastruktur bereitstellen wird. Derzeit muss der Kunde das Antragsformular ausdrucken, unterschreiben und an mamax senden. Alternativ übernimmt mamax den Ausdruck der Unterlagen. Dem Kunden wird dann der Antrag per Post zur Unterschrift zugeschickt. Weitere Restriktionen mit Hinblick auf rechtliche Aspekte entstehen dadurch, dass die Beiträge zu den Versicherungsprodukten über Lastschrifteinzugsverfahren vorgenommen werden. Dafür setzen die Banken eine Unterschrift des Kunden voraus.

Transaktion. Der Bereich After Sales wird auf der mamax-Webseite durch einen zugangsgeschützten Bereich unterstützt, auf den der Kunde über Benutzername und Passwort zugreifen kann. Der Kunde kann persönliche Daten, eine Versicherungsübersicht und Informationen zu Vertragsänderungen einsehen sowie Leistungen beantragen (z.B. bei Eintritt des Rentenalters). Die auf der Transaktionsplattform angebotenen Funktionalitäten erstrecken sich auf eher administrative Tätigkeiten (z.B. Eingabe von Änderungen der persönlichen Daten). Für den Versicherungsfall sind dort Checklisten abrufbar, die dem Kunden Informationen darüber liefern, welche Unterlagen im Versicherungsfall eingereicht werden müssen.

Service. Die für diese Phase benötigten Informationen stehen online z.B. über FAQs oder Checklisten zur Verfügung. Serviceanfragen können auch über andere Kanäle wie z.B. E-Mail oder Fax gestellt werden. Die Erfahrungen von mamax zeigen, dass die Kunden für Serviceanfragen sehr häufig auf das Call Center zurückgreifen.

Systemtechnische Umsetzung

Präsentation. Die Inhalte der Webseite werden mithilfe des Open Source Content Management Systems TYPO3 erstellt und gepflegt.

Anwendung. Die Laufzeitumgebung für den Serverteil der Client-Server-Anwendungen wird von der Standardsoftware Websphere bereitgestellt. Hierbei handelt es sich um einen Java-basierten Applikationsserver von IBM. Die HTTP-Requests des Browsers werden vom Webserver Sun ONE (Open Net Environment) verarbeitet. Die grösste Herausforderung bestand darin, die in Java neu entwickelten eBusiness-Applikationen mit den vorhandenen Cobol-Applikationen der Host-Umgebung zu verbinden. Dies gilt insbesondere für die Entwicklung des Angebotsrechners, welcher es ermöglicht, über das Internet auf das bestehende Bestandsführungssystem zur Tarifkalkulation zuzugreifen. Die dazu benötigte Applikationslogik war innerhalb einer Woche entwickelt. Die systemtechnische Umsetzung der Schnittstelle nahm hingegen ein Jahr in Anspruch. Der Hauptgrund hierfür war, dass zum Zeitpunkt der Einführung die Verbindung von eBusiness-Umgebungen mit der Grossrechner-Welt noch sehr neu war und diesbezüglich keine Erfahrungen bestanden. Die Umsetzung der Schnittstelle erfolgte mit Hilfe der Software ITOC (IMS TCP/IP OTMA Connection) von IBM [s. Long et al. 1999]. Bei IMS (Information Management Server) handelt es sich um einen in Hostumgebungen weit verbreiteten Transaktions- und Informationsmanagementserver von IBM, auf dessen Basis Host-Applikationen entwickelt werden. Die Software ITOC stellt eine Lösung dar, welche die Verbindung zwischen IMS-Applikationen und Webclients ermöglicht (s. Abbildung 3-9). Die Kommunikation zwischen Webserver und ITOC findet über TCP/IP statt. OTMA ist in diesem Zusammenhang ein transaktionsbasiertes Client-Server Protokoll, welches das Senden und Empfangen von Transaktionen und Daten von IMS ermöglicht.

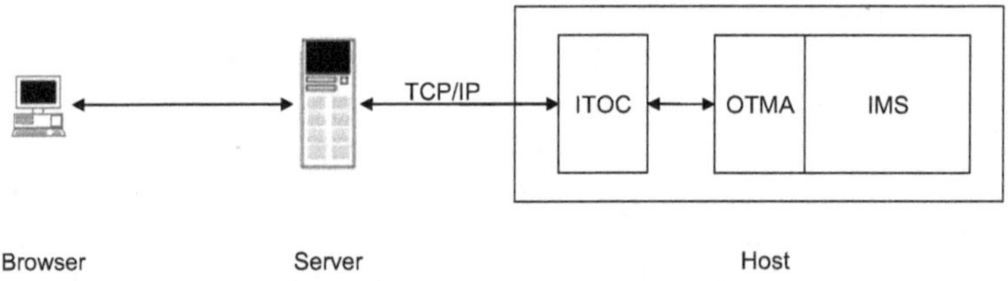

Abbildung 3-9: Integration von eBusiness-Applikationen und Host über ITOC

Datenhaltung. Das Management der Daten erfolgt auf Basis von DB2 Datenbanklösungen von IBM. Weiterhin steht eine Data Warehouse Lösung zur Verfügung, die auf Basis eines Business Intelligence Produkts des Herstellers SAS entwickelt wurde. Mit Hilfe der Data Warehouse Lösung werden u.a. Bestandsauswertungen zur Generierung von Quartals- und Jahresabschlüssen durchgeführt. Die Auswertung der Server-Log-Files erfolgt mit Hilfe des Standardprodukts WebTrends.

3.5.5 Zusammenfassung

Erfolgsfaktoren

mamax erachtet den provisionsfreien Vertrieb als erfolgskritisch für das verfolgte Geschäftsmodell, da dadurch Lebensversicherungsprodukte mit einem attraktiven Preis-/Leistungsverhältnis angeboten werden können. Gleichzeitig erfolgt eine transparente Aufschlüsselung der Beitragszusammensetzung (z.B. bei der Rentenversicherung), so dass für den Kunden die Produktkalkulationen sehr gut nachvollziehbar sind. Ein weiterer Erfolgsfaktor wird in der Positionierung des mamax-Portals als vollwertige Lösungsplattform gesehen. Neben den Phasen vor dem Kauf (z.B. Information) werden dem Kunden auch Serviceleistungen in der Nachkaufphase geboten. Weiterhin wird die Positionierung als Zielgruppenversicherer als wichtig erachtet, da mamax bewusst nicht die breite Masse ansprechen will.

Herausforderungen

Auf Grund der limitierten Ressourcen sind die geplanten Weiterentwicklungen eher begrenzt. Die wesentliche Herausforderung besteht darin, das vorhandene Angebot auf dem bestehenden Niveau zu halten und punktuell zu erweitern. Die Überarbeitung des Angebotsrechners wird in diesem Zusammenhang als dringendste Aufgabe erachtet. Hierbei liegt der Schwerpunkt insbesondere auf einer Verbesserung der Benutzerfreundlichkeit des Warenkorbs. Dieser ermöglicht im Moment eine nahezu unbegrenzte Kombination verschiedener Produkte. Diese Möglichkeit wird von den Kunden jedoch nicht wahrgenommen. Daher werden die am häufigsten nachgefragten Produktkombinationen zukünftig zu Standardpaketen zusammengefasst. Diese sollen zusätzlich zu den Einzelprodukten angeboten werden. Darüber hinausgehende Kombinationsmöglichkeiten existieren dann nicht mehr.

Erkenntnisse

- *Internetkanal alleine reicht nicht aus.* Die Erfahrungen der mamax zeigen, dass ein Vertrieb von (Lebens-) Versicherungsprodukten ausschliesslich über das Internet problematisch ist. Bei Fragen und Problemen in diesem Bereich wechseln Kunden bevorzugt auf Kanäle, welche eine persönliche Interaktion ermöglichen. Falls es diese Möglichkeit nicht gibt, brechen sie die Transaktion in vielen Fällen ab. Bei mamax hat diese Erkenntnis zur Einführung eines Call Centers geführt.

- *Anpassungen bereits bei der Produktentwicklung notwendig.* Bei der Entwicklung der Lebensversicherungsprodukte hat mamax zwar auf das Know-how der Mannheimer Lebensversicherung AG zurückgegriffen. Ein Vertrieb der Produkte der Mannheimer über das Internet erfolgte allerdings nicht. Ausschlaggebend hierfür war, dass diese Produkte Komplexitätsmerkmale aufwiesen, die den ohnehin schon schwierigen Internetvertrieb von Lebensversicherungsprodukten zusätzlich erschwert hätten (z.B. individuelle Anpassung der Beitragsverläufe über die Laufzeit hinweg oder Ausgestaltung der Überschussverwendungssysteme). Daher wurde bereits in der Phase der Produktentwicklung eine Komplexitätsreduzierung vorgenommen.

3.6 Comparis

3.6.1 Unternehmen

Im Jahr 1996 startete Comparis mit dem Vergleich von Schweizer Krankenkassenprämien als der erste Internetvergleichsdienst der Schweiz (s. Tabelle 3-10). Ziel war es, unabhängige und neutrale Tarifvergleiche zur Verfügung zu stellen. Im Jahre 2000 wurde die GmbH in eine Aktiengesellschaft umgewandelt, die sich aktuell im Besitz der ca. 30 Mitarbeiter befindet. Comparis hat sich seit der Gründung zum grössten Internetvergleichsportal der Schweiz entwickelt und gehört mit mehr als 9 Mio. Webseiten-Besuchen pro Jahr zu einer der am meist besuchten Schweizer Webseiten (ausgehend von ca. 100.000 Webseiten-Besuchen im Jahr 1997).

Comparis	
Gründung	1996
Hauptsitz	Zürich
Branche	Internetvergleichsdienst
Geschäftsfelder	Comparis bietet Vergleiche in den Bereichen Versicherungen, Banken und Telekommunikation an. Zusätzlich sucht der Service Homefinder auf Schweizer Internet-Plattformen Immobilien-Angebote, stellt diese zusammen und bewertet sie. Der Carfinder sucht und bewertet Angebote für neue und gebrauchte Autos.
Unternehmensstruktur	Bei der Unternehmensstruktur unterscheidet Comparis zwischen einer Bereichsstruktur und Supportfunktionen. Die Bereichsstruktur ist in Anlehnung an die Geschäftsfelder in „Banken", „Versicherungen", „Krankenkasse"', „Telecom" und neuerdings „Finder (Meta-Suchmaschinen)" untergliedert. Die Supportfunktionen sind unterteilt in „IT-Architektur", „IT-Betrieb" und „Public Relations".
Homepage	www.comparis.ch
Page views	ca. 170 Mio. (in 2005)
Page visits (sessions)	ca. 9 Mio. (in 2005)
Mitarbeiter	ca. 30 (in 2005)
Erhebungszeitraum der Fallstudie	Februar – April 2006

Tabelle 3-10: Kurzportrait Comparis

Als Wettbewerber sieht Comparis neben der Prämienübersicht praemien.admin.ch des Bundesamts für Gesundheit (BAG) auch eine Reihe kommerzieller Internetvergleichsdienste, wie z.B. bonus.ch, moneycab.com oder vzonline.ch. Um sich von der Konkurrenz abzugrenzen hat Comparis Alleinstellungsmerkmale (z.B. Autoversicherungsvergleich oder Hypothekenbörse) aufgebaut. Weiterhin ist Comparis Partnerschaften und Allianzen eingegangen, um die Marktführerschaft zu behaupten und auszubauen. Zu diesen Aktivitäten gehört insb. das sog. „White Labeling", d.h. Services von Comparis sind in andere Webseiten eingebunden (z.B. bluewin.ch oder search.ch).

3.6.2 Ausgangssituation

Die Geschäftsfelder von Comparis lassen sich in zwei Hauptbereiche untergliedern (s. Tabelle 3-11). Zum einen handelt es sich um den Bereich „Vergleichen", welcher es dem Konsumenten ermöglicht im Rahmen der Entscheidungsfindung verschiedene Handlungsalternativen zu evaluieren. Zum anderen um den Bereich „Suchen & Bewerten". Diese Angebote gehen über das reine Vergleichen hinaus und ermöglichen den Kunden u.a. die Berechnung des aktuellen Werts ihres Autos oder ihrer Wohnung.

Vergleichen		
Versicherungen	Krankenkasse	• Kostenloser Vergleich von Krankenkassen-Prämien. Vergleichsmöglichkeiten umfassen z.B. Grundversicherung, Franchisenfinder oder Zusatzversicherung • Kostenpflichtiger Krankenversicherungs-Assistent
	Auto	• Kostenloser Autoversicherungsvergleich • Kostenpflichtiger Autoversicherungs-Assistent
	Hausrat/Privat-haftpflicht	• Kostenloser Vergleich der Prämien der Privathaftpflicht- und Hausratsversicherungen der wichtigsten Versicherungsgesellschaften in der Schweiz
	Rechtsschutz	• Kostenloser Prämienvergleich von Rechtsschutzversicherungen
Banken	Hypotheken	• Kostenloser Hypotheken-Zinsüberblick • Gegen eine Schutzgebühr können in der Hypotheken-Börse zukünftige und bestehende Wohneigentümer online ein Finanzierungsgesuch erstellen und erhalten von Banken und Versicherungen individuelle Angebote
	Autoleasing	• Lediglich allgemeine Informationen für den Kunden • Leasing-Vergleich eingestellt, da immer weniger Leasinganbieter über einen Prämienrechner im Internet verfügen
	Konsumkredit	• Kostenloser Vergleich von Konsumkrediten
Telecom	Festnetz/VoIP	• Kostenlose Vergleichsmöglichkeit, der Angebote verschiedener Anbieter • Berechnung von Einsparungen aufgrund des Nutzungsprofils
	Mobilnetz	• Übersicht über Kosten einzelner Anrufe und SMS, inklusive Abo- und Roaming-Vergleiche
	ADSL	• Kostenloser Assistent zur Evaluierung des besten ADSL-Angebots
Suchen & Bewerten		
Auto		• Der kostenlose Carfinder sucht und bewertet Neu- und Gebrauchtwagen
Immobilien		• Der Homefinder sucht auf Schweizer Internet-Plattformen Immobilien-Angebote, stellt sie zusammen und bewertet sie nach ihrem Preis-/Leistungsverhältnis

Tabelle 3-11: Produktportfolio comparis.ch

Zur Schaffung der angestrebten Markttransparenz hat sich Comparis zum Ziel gesetzt, bei den angebotenen Vergleichen mindestens 80% der Anbieter im jeweiligen Markt abzudecken. Abhängig vom Anbieter handelt es sich entweder um eine *kooperative* oder eine *passive* Geschäftsbeziehung. Im kooperativen Modell stellt der Anbieter Comparis aktiv die Daten bereit. Im passiven Modell beschafft sich Comparis die benötigten Informationen selbst (z.B. über Webcrawling oder manuelle Recherche). Das Geschäftsmodell von Comparis umfasst drei Einnahmequellen:

- *Anfragenweiterleitung an Anbieter.* Der Nutzer gibt auf der Webseite von Comparis die benötigten Daten ein (z.B. Name, Geburtsjahr, Kanton oder PKW-Typ) und erhält dann Vergleichsergebnisse (s. Abbildung 3-10). Interessiert sich der Nutzer für das Angebot eines Anbieters, leitet Comparis diese Anfrage weiter und erhält dafür im Gegenzug vom Anbieter eine Provision pro weitergeleitete Anfrage. Die Weiterleitung erfolgt nur an kooperative Anbieter. Je nach Produkt sowie Schnelligkeit und Kundenorientierung des Anbieters (z.B. personalisierte Ansprache des Kunden, vorausgefüllte Formulare) führen zwischen 15% und 60% der weitergeleiteten Anfragen zu einem Vertragsabschluss. Die Anfragenweiterleitung stellt für Comparis die Haupteinnahmequelle dar.

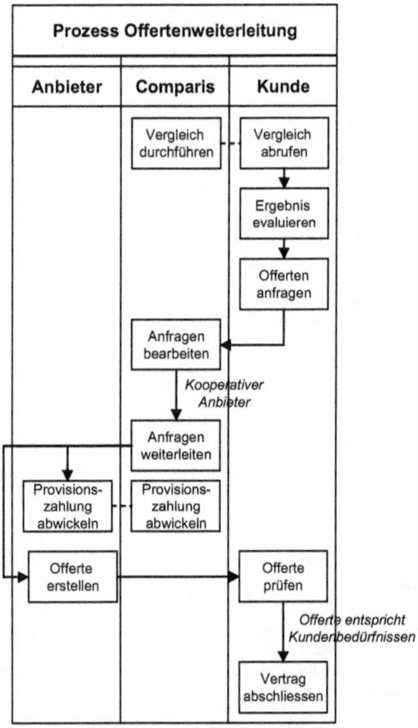

Abbildung 3-10: Aufgabenkettendiagramm Anfragenweiterleitung

- *Zahlungen der Nutzer.* Kunden zahlen einerseits für sog. Assistenten, welche die Abwicklung von Aufgaben unterstützen (z.B. Ausdruck versandfertiger Briefe an Anbieter, welche nicht im Internet vertreten sind oder vorformulierte Kündigungsschreiben für einen Krankenkassenwechsel). Weiterhin gibt es kostenpflichtige

Services wie z.B. die Hypothekenbörse, bei welcher Kunden die Möglichkeit haben gegen die Entrichtung einer Schutzgebühr anonym Gesuche einzustellen.

- *Werbung*. Eine dritte Einnahmequelle ergibt sich aus Werbung und Anzeigen (z.B. Banner), welche Comparis für Geschäftspartner auf der Webseite schaltet.

3.6.3 comparis.ch

Informationsgehalt und Interaktivität

Über Foren, welche Comparis auf der Webseite anbietet, haben Nutzer die Möglichkeit mit anderen Nutzern zu kommunizieren. So können Kunden Erfahrungen bezüglich ihrer Versicherung oder Bank austauschen, sich gegenseitig bei der Problemlösung unterstützen oder ihre (Un-) Zufriedenheit mit Comparis artikulieren. Die Foren dienen als eine Art „Trendbarometer“ für zukünftige Weiterentwicklungen.

Das Feedback der Kunden wird regelmässig analysiert und geprüft. Sinnvolle sowie machbare Anregungen werden umgesetzt. Comparis erachtet die Diskussionsforen und deren Nutzung durch Kunden als Möglichkeit, das eigene Profil als führender Schweizer Internetvergleichsdienst zu schärfen und Vertrauen in Comparis zu schaffen. Bei der Einführung der Foren hatte Comparis erwartet, dass sich im Laufe der Zeit Experten herausbilden würden, welche die Foren moderieren. Dies ist jedoch bisher nicht der Fall gewesen. Nach Einschätzung von Comparis ist die kritische Masse in der Schweiz dafür zu klein. Daher werden die Foren von Mitarbeitern inhaltlich betreut und moderiert.

Die Weiterempfehlungs-Funktion ist eine weitere Möglichkeit, mit der Comparis das Wissen der Nutzer für andere Konsumenten nutzbar macht. Dieses Feedback wird von den Comparis-Kunden im Rahmen einer jährlich stattfindenden Mailing-Aktion abgefragt. Die Gesamtbeurteilung setzt sich aus drei Komponenten zusammen:

- *Kundenzufriedenheit* (s. Abbildung 3-11),
- *Leistungsangebot* (diese Komponente entfällt bei standardisierten Leistungen, wie z.B. Krankenkassengrundversicherung) und
- *Preis*.

Weiterhin stellt Comparis Wissen für Kunden in Form von FAQs bereit. Als Basisinformationen für die Erstellung dieser Inhalte dienen zum einen die Diskussionsbeiträge in den Foren, zum anderen E-Mails, welche von Kunden direkt an Comparis geschickt werden. Die FAQs verfolgen das Ziel, Standardanfragen von Kunden bereits vorwegzunehmen und somit die Arbeitslast zu reduzieren, welche ansonsten für die individuelle Beantwortung der Einzelfragen nötig wäre.

ATUPRI	
Hauptsitz	Bern 65
Anzahl Mitglieder	140000 (2005)

Kundenzufriedenheit bei ATUPRI	
Kompetenz und Einsatzbereitschaft der Mitarbeiterinnen und Mitarbeiter	
Abrechnungen (Übersichtlichkeit der Abrechnung, Schnelligkeit der Auszahlung, Kulanz etc.)	
Verständlichkeit und Übersichtlichkeit der Kundeninformationen	
Resultierende Gesamtbeurteilung	
94% von 272 Besuchern empfehlen ATUPRI weiter.	

Abbildung 3-11: Faktoren der Kundenzufriedenheit am Beispiel Krankenkasse

Ein wichtiger Faktor für den Erfolg der Webseite ist die Aktualität und Korrektheit der unabhängigen Vergleiche. Aktualität und Korrektheit der Webseiteninhalte werden bei Comparis durch das Vier-Augen-Prinzip sichergestellt. Hinzukommt die gegenseitige Analyse der Anbieter untereinander. Die Korrektheit der Vergleiche wird von diesen aus eigenem Interesse laufend kontrolliert und getestet. Dies garantiert zusätzlich die Neutralität und Unabhängigkeit der angebotenen Vergleiche.

Bei der Aktualisierung der Webseite wird zwischen Textbausteinen und den eigentlichen Daten (z.B. Versicherungstarife) unterschieden. Eine Aktualisierung von Textbausteinen findet zweimal wöchentlich statt. Dabei erfolgt nach der Erstellung des Textes zunächst eine Übersetzung, da die Inhalte in Deutsch, Französisch, Italienisch und Englisch angeboten werden. Zudem können Textbausteine, welche sich auf zeitlich begrenzte Aktionen beziehen, mit einem Ablaufdatum versehen werden. So soll die Publikation veralteter Informationen vermieden werden. Auf einen Workflow, der die Redaktionsprozesse steuert, wird bewusst verzichtet. Eine systemseitige Unterstützung erfolgt durch eine selbst entwickelte Content Management Lösung.

Personalisierung

Der Personalisierungsdienst *myComparis* verfolgt das Ziel, von der bestehenden Produktorientierung hin zu einer umfassenden Kundenbedürfnisorientierung zu gelangen. Aktuell ist die Webseite von Comparis primär nach Produkten strukturiert (z.B. Hypothek, Konsumkredit). Infolgedessen nehmen Kunden das Angebot von Comparis selektiv wahr. Mögliche Cross Selling Potenziale bleiben ungenutzt. Der angestrebte Idealzustand ist es, in einem initialen Schritt die Daten des Kunden abzufragen und aus diesem Profil die Kundenbedürfnisse im Sinne eines individualisierten Marketings abzuleiten. Hierbei wird versucht dem Kunden möglichst viel Arbeit dadurch abzunehmen, dass persönliche Angaben nur einmal eingetippt werden müssen und diese dann in die Formularfelder standardmässig übernommen werden. Dieser Personalisierungsansatz ermöglicht auch eine genauere Ansprache des Kunden im Rahmen des Kampagnenmanagements. Damit ist es möglich, bereits bekannte Daten des Nutzers für den Kundenkontakt zu nutzen (z.B. Krankenkassen-Newsletter, welcher das Kanton des Nutzers berücksichtigt). Nach Erfahrungen von Comparis erhöht ein derart zielgerichtetes Vorgehen die Erfolgschancen signifikant.

Allerdings bleibt die Nutzung von myComparis hinter den Erwartungen zurück. Dies ist nach Ansicht von Comparis darauf zurückzuführen, dass die Kunden die Vorteile einer umfassenden Kundenorientierung nicht wollen bzw. den unmittelbaren persönlichen Nutzen nicht sehen. Dies zeigt auch die mangelhafte Akzeptanz der Bedarfsanalyse-Funktion auf der Comparis-Webseite. Hier haben Nutzer die Möglichkeit ihren eigenen Versicherungsbedarf umfassend zu analysieren und damit eine Überversicherung zu vermeiden. Auch dieser kostenlose Service wird von den Kunden nicht häufig in Anspruch genommen.

Übersichtlichkeit

Die Benutzerfreundlichkeit der Webseite wird durch Usability-Tests sichergestellt. Dabei bekommen Testpersonen eine Aufgabe gestellt, welche sie mit Hilfe der Comparis-Webseite lösen sollen. Die Testpersonen sind mit Comparis noch nicht vertraut, kennen aber das zu testende Produkt (z.B. Autoversicherung), so dass objektive Ergebnisse gewährleistet werden können. Bei der Lösung der Aufgabe werden die Nutzer gefilmt. Die so gewonnenen Erkenntnisse fliessen wiederum in die Verbesserung der Webseite ein. Weiterhin werden in diesem Zusammenhang die Klickpfade der Nutzer analysiert. Bei Auffälligkeiten (z.B. hohe Abbruchquoten an bestimmten Stellen) werden Gegenmassnahmen ergriffen, um die Benutzerfreundlichkeit der Webseite zu gewährleisten. Erkenntnisse aus allgemein verfügbaren Usability-Studien (z.B. zur Anordnung der Navigationsleiste) fliessen ebenfalls in den Aufbau der Webseite ein.

Suche

Comparis stellt den Nutzern eine Suchfunktionalität zur Verfügung. Hier können die Inhalte der Webseite inklusive der Diskussionsforen nach Begriffen durchsucht werden. Die Kunden nehmen die Suchfunktionalität nicht häufig in Anspruch. Allerdings ist dies von Comparis auch so gewollt, da die Webseite intuitiv gestaltet sein soll, so dass der Nutzer auch ohne Suche an das gewünschte Ziel kommt.

Suchmaschinenmarketing

Nach den Erfahrungen von Comparis erfolgt in vielen Fällen der Einstieg in Vergleichsanfragen nicht über die eigene Webseite, sondern über eine Suchmaschine (z.B. Google). Daher optimiert Comparis die eigene Webseite für die organische Suche in Suchmaschinen, um ein möglichst hohes Ranking zu erzielen. Dabei werden u.a. folgende Massnahmen ergriffen:

- Design sog. Landing Pages, welche durch die gezielte Verwendung von Schlagwörtern für den Einstieg über Suchmaschinen geeignet sind.
- Direkte Verknüpfung von Resultatsseiten mit dem Webseitenauftritt (z.B. zum Grundversicherungsvergleich). Diese Seiten, welche das Ergebnis einer Kundenan-

frage mit entsprechender Angabe von Daten simulieren, würden ansonsten von den Suchmaschinen nicht erfasst werden.

- Als hilfreich erweisen sich zudem die Diskussionsbeiträge in den Comparis-Foren, da dadurch viele der relevanten Suchbegriffe abgedeckt werden. Dies beeinflusst wiederum das Ranking in Suchmaschinen positiv.

Privatsphäre und Sicherheit

Bei Comparis kommt es nicht zur Abwicklung sicherheitskritischer Transaktionen, welche der Eingabe von Kreditkartennummern oder ähnlicher Angaben bedürfen. Deshalb werden für die Nutzung der Dienste von Comparis keine Sicherheitsmechanismen (z.B. SSL-Verschlüsselung oder PIN/TAN) benötigt wie dies bspw. beim Online Banking der Fall ist.

Die Abwicklung von Bezahlungen (z.B. Schutzgebühr bei der Hypothekenbörse) erfolgt primär über externe Provider. Hierfür nimmt Comparis eine SSL-verschlüsselte Verbindung des Diensts yellowpay der PostFinance in Anspruch. Der Kunde kann den Geldbetrag mit Kreditkarte, über ein PostFinance Konto (z.B. yellownet oder yellowbill) oder per Telefon („*pay per call*“) bezahlen. Bei letzterem wird das billBOX Payment-System des Providers billBOX AG eingesetzt. Bei höheren Beträgen (z.B. Schutzgebühr bei Hypothekenbörse) hat der Kunde zusätzlich die Möglichkeit, per Rechnung zu bezahlen. Diese Option entfällt bei niedrigeren Beträgen aufgrund der damit verbundenen Kosten.

Die für die Vergleiche benötigten Kundendaten werden bei Comparis gespeichert und ausschliesslich für den angegebenen Zweck verwendet. Dieses Vorgehen ist in einer Datenschutzerklärung dokumentiert und wird über die Webseite an die Kunden kommuniziert. Damit der Schutz der persönlichen Daten der Kunden gewährleistet ist, lässt sich Comparis im Rahmen von Sicherheitsaudits professionell hacken, um etwaige Sicherheitslücken aufzudecken. Generell ausgeschlossen ist der Verkauf von Kundendaten, obwohl dafür bereits mehrere Anfragen vorlagen.

3.6.4 Einordnung

Strategische Ausrichtung

Die strategische Ausrichtung von Comparis ist auf Innovationsführerschaft ausgelegt. Diese Innovationen beziehen sich allerdings nicht auf die technologische Ebene, sondern auf das Angebot innovativer Dienste (wie z.B. die Meta-Suchmaschinen homefinder, carfinder oder die Hypotheken-Börse). Ziel dieser Innovationsführerschaft ist es, Kundenbedürfnisse frühzeitig zu erkennen und diese schnell und flexibel in innovative Services umzusetzen. Die dafür benötigte Technologie wird als Mittel zum Zweck gesehen. Als integralen Bestandteil der strategischen Ausrichtung sieht Comparis zudem die Schaffung von Prozesseffizienzen sowohl für Anbieter als auch für Nachfrager an. Anbieter sparen Zeit und Kosten bei der Neukundenakquise. Die Kosten für die Generierung eines Leads liegen zwischen 50 und 150 CHF (basierend auf den Informationen kooperativer Anbieter). Diese Kosten können durch Comparis gesenkt werden. Gleichzeitig sparen die Nachfrager Zeit und Kosten bei der Angebotsevaluierung.

Abdeckung des Kundenprozesses

Information und Evaluation. Durch die Dienstleistungen „Vergleichen" sowie „Suchen & Bewerten" soll der Kunde bei der Entscheidungsfindung, welche die Grundlage für einen Kauf darstellt, unterstützt werden. Dies beinhaltet aber keine Beratung im engeren Sinne. Comparis richtet das Informationsangebot an Kunden, welche bereits Grundkenntnisse darüber haben, was sie benötigen und wonach sie suchen. Es erfolgt lediglich eine Erläuterung fachspezifischer Begriffe. Eine Ausnahme bildet hier ein Service, der sich speziell an Personen richtet, die neu in die Schweiz gekommen sind. Für diese Zielgruppe gibt es zusätzlich ein Beratungsangebot auf der Webseite.

Vertragsabschluss. Comparis agiert als Zubringer für Vertragsabschlüsse der Anbieter. Der Vertragsabschluss selbst findet zwischen Kunde und Anbieter direkt statt. Allerdings will Comparis mittel- bis langfristig auch diese Phase des Kundenprozesses abdecken. In ausgewählten Bereichen ist dies schon heute der Fall (z.B. ADSL). Hier kann der Kunde die Vertragsdaten direkt auf der Comparis-Webseite eingeben. Die Eingabe der Daten wird als verbindliche Einwilligung in den Vertragsabschluss gewertet und an den Anbieter weitergeleitet. Geplant ist es, dies in Zukunft auf den Bereich Autoversicherung auszuweiten.

Service. Hat ein Kunde z.B. ein Anliegen oder Problem in Zusammenhang mit dem erworbenen Produkt oder der Dienstleistung, kann der Kunde sich entweder direkt an den Anbieter wenden oder aber die Diskussionsforen von Comparis nutzen (s. Abbildung 3-12). Die Nutzungsrate der Diskussionsforen zeigt, dass diese Möglichkeit von den Kunden häufig in Anspruch genommen wird.

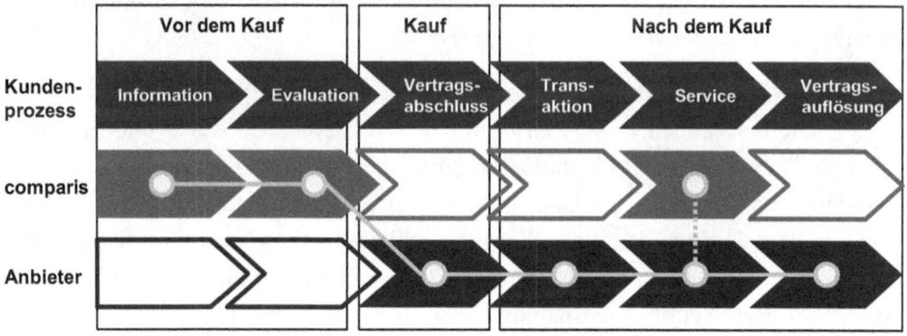

Abbildung 3-12: Aufteilung des Kundenprozesses zwischen Comparis und Anbietern

Systemtechnische Umsetzung

Präsentation. Die Gestaltung, Darstellung und Verwaltung der Webseiteninhalte erfolgt bei Comparis mithilfe einer selbst entwickelten Content Management Lösung.

Anwendung. Der Datenverkehr zwischen der Produktivumgebung und Internet wird von einer Firewall überwacht und gefiltert (s. Abbildung 3-13). Die Firewall ist so eingestellt, dass nach aussen nur Port 80 für das Laden von Daten in einen Webbrowser über HTTP sowie Port 25 für den Mailverkehr über SMTP offen sind. Bei der Firewall handelt es sich um ein Produkt der Firma SonicWALL. Die eingehenden HTTP-Requests werden von einem Load Balancer auf die fünf MS IIS (Microsoft Internet Information Services) Webserver verteilt. Der Load Balancer ist für die optimale Verteilung der Requests auf die zur Verfügung stehenden Ressourcen zuständig. Er beurteilt die Antwortzeiten sowie die Auslastung der fünf vorhandenen Webserver. Zudem bedient der Load Balancer Anfragen basierend auf diesen Informationen mit der bestmöglichen Performance.

Datenhaltung. Zur Bearbeitung von Anfragen kommunizieren die Webserver über TCP/IP mit einem MS SQL-Server. Ein zweiter Datenbank-Server wird als Failover-Server verwendet, d.h. dieser Server kommt beim Ausfall des ersten Servers zum Einsatz. Bei MS SQL handelt es sich um ein weit verbreitetes relationales Datenbanksystem (RDBMS) auf der Microsoft Windows Plattform. Die Version, welche bei Comparis zum Einsatz kommt, ist MS SQL 2005. In den Datenbanken sind Informationen zur Berechnung von Krankenkassentarifen oder Kundendaten, die für myComparis benötigt werden, gespeichert. Zusätzlich gibt es weitere Server, welche für die Abarbeitung von Offline-Tasks bzw. für die asynchrone Kommunikation zuständig sind:

- Der *Job-Server* ist für die Ausführung und Kontrolle sog. Bereinigungstasks zuständig. Ein Beispiel ist die periodische Überprüfung des Homefinder nach neuen Angeboten für Immobilien und deren Abgleich mit vorhandenen Kundenprofilen. Gibt es hier Übereinstimmungen werden die Angaben in einem Newsletter zusammengefasst und an den Abonnenten verschickt.

- Der *Crawler* ist ein Server, welcher automatisiert nach Informationen im Internet sucht. Hierbei handelt es sich z.B. um neue Angebote von Autos und Immobilien, welche dann in die Meta-Suchmaschinen Homefinder und Carfinder aufgenommen werden. Zum anderen bearbeitet der Crawler Anfragen nach Vergleichen. Nimmt ein Kunde z.B. einen Autoversicherungsvergleich vor, so kommt diese Anfrage mit den Kundendaten (z.B. Name, Adresse, Auto, Zulassungsjahr) beim Webserver an. Der Webserver schreibt die Kundendaten in die Datenbank. Der Job-Server überprüft periodisch, ob offene Anfragen vorliegen. Ist dies der Fall werden diese Anfragen über den Crawler abgearbeitet, d.h. der Crawler nimmt dann eine automatisierte Anfrage über die Tarifrechner auf den Webseiten der Autoversicherer vor.

- Ein *WebTrends-Server* führt die Analyse und das Controlling von HTTP-Server Logs durch. Hier können verschiedene Kennzahlen generiert werden, welche Auskunft über die Nutzung der Comparis-Webseite geben. Beispiele hierfür sind die Anzahl der Seitenaufrufe, Klickpfade oder Abbruchquoten.
- Der *Session-Server* ist Bestandteil des .NET-Frameworks von Microsoft. Es kann vorkommen, dass der Load Balancer Anfragen eines Nutzers während einer Session auf verschiedene Webserver verteilt. Dies hätte zur Folge, dass der Nutzer Angaben (z.B. Namen, Adresse), die er bereits einmal eingegeben hat, bei einer erneuten Abfrage wieder neu eingeben muss. Durch den Einsatz eines Session-Servers lässt sich dieses Problem vermeiden.

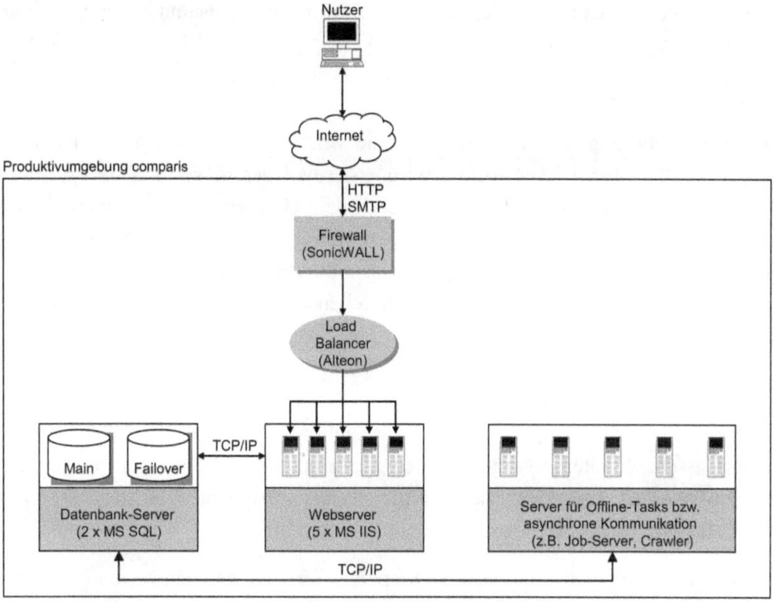

Abbildung 3-13: Architekturskizze der Produktivumgebung comparis.ch

3.6.5 Zusammenfassung

Erfolgsfaktoren

Nach Einschätzung von Comparis sind Korrektheit, Unabhängigkeit und Neutralität die entscheidenden Erfolgsfaktoren eines Internetvergleichsdiensts. Sie ermöglichen den Aufbau einer Vertrauensbasis, welche für die Rolle eines Ratgebers in der Entscheidungsvorbereitung unerlässlich ist. Um diese Rolle zu erfüllen, ergreift Comparis eine Reihe von Massnahmen:

- Es werden in jedem Bereich mindestens 80% der Anbieter betrachtet, um zu aussagekräftigen Vergleichen zu gelangen.
- Die Vergleichbarkeit wird durch intensive Recherche und Abstimmung mit den Anbietern gewährleistet. Dafür kommen objektiv messbare Kriterien zum Einsatz.
- Es besteht Unabhängigkeit zwischen den Einnahmeströmen von Comparis und den angebotenen Leistungen. Die Geschäftsbeziehungen mit kooperativen Anbietern haben keinen Einfluss auf Vergleichsergebnisse.
- Eine Weitergabe persönlicher Kundendaten an Dritte findet nicht statt.
- Das Vertrauen der Nutzer in Comparis wird durch das landesspezifische Know-how begünstigt. Comparis positioniert sich in diesem Zusammenhang explizit als Internetvergleichsportal für die Schweiz.

Herausforderungen

Eine Herausforderung für Comparis stellt die verstärkte Einbindung von Kunden als Einnahmequellen dar. Dieser Ansatz wird erst seit Kurzem verfolgt und die Bereitschaft der Kunden für zusätzliche Dienstleistungen Geld zu zahlen ist noch nicht sehr ausgeprägt. Erste positive Tendenzen zeigen sich jedoch bei der Hypotheken-Börse, welche hauptsächlich von loyalen Kunden genutzt wird. Diese haben durch Comparis bereits Kosteneinsparungen in anderen Bereichen realisiert und sind daher auch eher bereit, einen Geldbeitrag zu zahlen.

Erkenntnisse

Die Erfahrungen von Comparis zeigen, dass nicht alle Produkte und Dienstleistungen gleichermassen für Internetvergleiche geeignet sind. Die gescheiterten Versuche Hypotheken- oder Lebensversicherungsvergleiche anzubieten belegen dies. Die vorliegende Fallstudie weist hierbei auf folgende Faktoren hin:

- *Bedarfsfrequenz.* Bei Comparis werden die Services am häufigsten genutzt, mit denen sich der Kunde in regelmässigen Abständen beschäftigen „muss". Hierbei handelt es sich um die Grundversicherung der Krankenversicherung und um die Autoversicherung. Hingegen fällt das Interesse der Kunden an Angeboten, welche nicht zwingend erforderlich sind, stark ab (z.B. Zusatzleistungen bei Krankenversicherungen).
- *Erfahrung des Kunden.* Die Erfahrung des Kunden hilft die Hemmschwelle bei der initialen Transaktionsabwicklung abzubauen. Bei Comparis werden z.B. Vergleiche von ADSL-Angeboten von jenen Kunden besonders häufig genutzt, welche bereits ADSL haben. Neukunden fehlt in diesem Zusammenhang oftmals das benötigte Wissen. Bei der Einführung erklärungsbedürftiger Angebote, bei denen die Mehrheit der Kunden nicht die nötige Erfahrung besitzt, wählt Comparis neue

Kommunikationsformen. Ein Beispiel sind Informationsfilme, die Nutzer auf der Webseite aufrufen können, um sich z.B. die Funktionsweise der Hypothekenbörse erläutern zu lassen. Hier wäre ansonsten eine textuelle Beschreibung sehr umfangreich, sodass die Gefahr bestünde, dass der Nutzer sie nicht liest.

- *Anzahl benötigter Parameter.* Ein weiterer Faktor bei der Umsetzbarkeit von Internetvergleichen ist die Anzahl der vom Kunden anzugebenden Parameter. Beim Vergleich der Krankenkassengrundversicherung sind dies nur zwei relevante Parameter: Geburtsjahr und Postleitzahl. Hingegen müssen bei komplexen Produkten wie z.B. Hypotheken oder Lebensversicherungen eine Vielzahl an Parametern berücksichtigt werden.
- *Anzahl involvierter Parteien.* Komplexe Produkte zeichnen sich dadurch aus, dass Informationen von vielen unterschiedlichen Quellen zusammengetragen und konsolidiert werden müssen. Comparis hatte einmal angedacht für die Reisebranche Vergleichsdienste anzubieten. Diese Bemühungen wurden allerdings eingestellt, da zu viele Informationen von zu vielen Parteien benötigt wurden.
- *Höhe des Transaktionsvolumens.* Die Einstellung des Hypotheken-Vergleichsdiensts macht deutlich, dass die Kunden bei Entscheidungen, die eine hohe finanzielle Tragweite haben, zusätzlich eine persönliche Beratung wünschen bzw. benötigen. Der neu eingeführte Hypotheken-Börsendienst zeigt, dass die Kunden die Selektion ihrer Geschäftspartner über Self-Services vornehmen, aber danach die persönliche Beratung suchen.

3.7 FinanceScout24

3.7.1 Unternehmen

FinanceScout24 ist ein seit dem Jahr 2000 tätiges Unternehmen der Scout24-Gruppe (s. Tabelle 3-12). Die Gruppe umfasst ein Netzwerk von sieben eigenständigen, branchenspezifischen Online-Marktplätzen (sog. „Verticals“) in den Bereichen Auto, Elektronik, Finanzen, Immobilien, Job, Partnerschaft und Reise. Die Scout24-Gruppe ist europaweit tätig. Die Aktivitäten von FinanceScout24 hingegen sind auf Deutschland beschränkt. Die Scout24-Gruppe wird durch die Scout24 Holding GmbH geführt, welche für die strategische Steuerung, Finanzierung und Entwicklung der operativen Gesellschaften zuständig ist. Die einzelnen Online-Marktplätze innerhalb des Netzwerks profitieren von der branchenübergreifend etablierten Marke „Scout24“.

An der Gründung der Scout24-Gruppe im Jahre 1998 war die BHS AG (Beisheim Holding Schweiz) als Investor beteiligt. Im Februar 2004 erwarb die T-Online International AG 100% der Anteile der Scout24 Holding GmbH von der BHS AG. In diesem Zuge wurde auch die Morgen & Morgen GmbH, bei der es sich um einen führenden

Anbieter von Vergleichssoftware auf dem deutschen Versicherungsmarkt handelt, aus der Gruppe ausgegliedert.

FinanceScout24	
Gründung	2000
Hauptsitz	Hamburg
Branche	Finanzdienstleistung
Geschäftsfelder	Die FinanceScout24 AG betreibt eines der grössten deutschen Finanzportale inkl. persönlicher Beratung durch eigene Finanzberater und angebundene Makler. Die Geschäftsfelder umfassen den kostenlosen Vergleich von Bank- und Versicherungsprodukten sowie den Abschluss von Versicherungen, Altersvorsorgen, Baufinanzierungen, Krediten und weiteren Geldanlageprodukten. FinanceScout24 ist ausschliesslich in Deutschland tätig.
Unternehmensstruktur	FinanceScout24 gehört zur Scout24-Gruppe. Hierbei handelt es sich um eine Gruppe von Online-Marktplätzen, welche ihren Kunden branchenspezifische Dienstleistungen aus sieben Themenfeldern anbietet (Finance, Auto, Electronic, Friend, Immobilien, Job und Travel). Bei Gründung der Scout24-Gruppe im Jahr 1998 beteiligte sich die BHS AG (Beisheim Holding Schweiz) als Investor. 2004 erwarb die T-Online International AG die Scout24-Gruppe von der BHS AG.
Homepage	www.financescout24.de
Page Impressions	ca. 4,9 Mio. pro Monat
Unique Visitors	ca. 1,16 Mio. pro Monat
Angeforderte Beratungsgespräche	ca. 1,4 Mio. (im Jahr 2004)
Mitarbeiter	ca. 90 Mitarbeiter in Zentrale in Hamburg, ca. 150-200 Finanzberater deutschlandweit
Erhebungszeitraum der Fallstudie	März – Dezember 2006

Tabelle 3-12: Kurzportrait FinanceScout24

Die gesamte Scout24-Gruppe generiert über alle Verticals hinweg pro Jahr ca. 70 Mio. Privatkunden-Kontakte, vermittelt jährlich ein Transaktionsvolumen von ca. 16 Mrd. EUR und verzeichnet über 4 Mio. Besucher pro Monat. FinanceScout24 selbst generiert ca. 1,1 Mio. Besucher pro Monat. Die Online-Services von FinanceScout24 werden durch einen eigenen Aussendienst sowie angeschlossene Makler ergänzt, welche die Beratung des Kunden und den Vertragsabschluss unterstützen. Diese Kombination von Finanzportal und Aussendienst wird von FinanceScout24 als Alleinstellungsmerkmal gesehen. Gleichzeitig finden eine ständige Marktbeobachtung und ein Vergleich mit Konkurrenten aus den einzelnen Marktsegmenten statt (z.B. Internetvergleichsdienste, Online Banking oder Direktversicherer). In diesem Zusammenhang werden insbesondere die Aktivitäten grosser und kapitalstarker Wettbewerber, wie MLP oder AWD, analysiert.

Die Kunden, welche die Dienste von FinanceScout24 in Anspruch nehmen, sind aufgrund der Breite des Portfolios relativ heterogen. Sie weisen aber dennoch Merkmale auf, welche typischerweise online-affinen Kundengruppen zugesprochen werden. Soziodemographische Untersuchungen der Klientel von FinanceScout24 haben ergeben, dass ungefähr 70% der Nutzer männlich und ca. 65% zwischen 20 und 49 Jahren alt sind. Darüber hinaus haben ungefähr 25% der Nutzer Abitur bzw. einen Hochschulabschluss und 30% verfügen über ein Nettoeinkommen von 3.000 EUR und mehr. Ungefähr jeder fünfte Besucher im Jahr 2003 hat einen Onlineabschluss getätigt bzw. eine Anfrage für eine kostenlose Beratung gestellt.

3.7.2 Ausgangssituation

Die grundlegende Geschäftsidee von FinanceScout24 besteht darin, den Markt der Versicherungs- und Finanzprodukte transparenter zu gestalten, um so die Entscheidungsfindung der Kunden zu unterstützen. Die Vergleiche umfassen Produkt- und Dienstleistungsangebote von ca. 20 Banken, 120 Kapitalgesellschaften und 300 Versicherungen. Die Abdeckung der Vergleichsmärkte variiert dabei (ca. 95% Marktabdeckung im Bereich KFZ-Versicherung, ca. 60% bei privaten Krankenversicherungen). Die Vergleiche werden von FinanceScout24 oder von externen Dienstleistern durchgeführt (z.B. Morgen & Morgen oder Nafi) und ggf. an die Standards von FinanceScout24 angepasst. Die in den Vergleichen gelisteten Firmen kooperieren mit FinanceScout24 auf freiwilliger Basis, d.h. Tarife von Unternehmen, welche nicht am Vergleich teilnehmen wollen, werden auch nicht gelistet. Neben diesen Vergleichen sind auch eine weitergehende Beratung sowie der Abschluss von Versicherungs- und Finanzprodukten Bestandteil der Geschäftsaktivitäten von FinanceScout24.

Die Geschäftsfelder von FinanceScout24 können in die Bereiche „Vergleich", „Beratung" und „Abschluss" unterteilt werden. Der Vergleich ist online über Prämienrechner möglich. Die Kundenberatung sowie der Vertragsabschluss können sowohl online als auch über den eigenen Aussendienst erfolgen. Die konkrete Ausgestaltung ist dabei produktabhängig (s. Tabelle 3-13). Bei Einführung im Jahr 2000 war FinanceScout24 primär ein Vergleichs- und Informationsportal. Lediglich einige standardisierte und wenig komplexe Produkte (z.B. KFZ-Versicherung) wurden zu dieser Zeit über das Portal vertrieben. Der Aufbau des Aussendienstes erfolgte im Jahr 2003. Der Aussendienst wurde eingeführt, um durch eine umfassendere Abdeckung des Kundenprozesses zusätzliche Einnahmeströme aus Provisionserträgen zu erzielen. Durch den Aufbau des Aussendienstes und der damit entstandenen Möglichkeit der persönlichen Beratung konnte der Vertrieb auch auf komplexe Produkte (z.B. Baufinanzierung) ausgeweitet werden. Beim Aussendienst von FinanceScout24 handelt es sich um Ausschliesslichkeitsvertreter nach §84 HGB, d.h. diese Berater sind ausschliesslich für FinanceScout24 tätig und schliessen in diesem Namen Verträge mit den Kunden ab. Dieser Ausschliesslichkeitsvertrieb wird durch angeschlossene Makler ergänzt.

Produkt		Online-Vergleich	Beratung		Antrag/Abschluss	
			Online	Offline	Online	Offline
Versicherung	Gesetzliche Krankenversicherung	x	x			
	Private Krankenversicherung	x	x	x		x
	Private Krankenzusatzversicherung	x	x	x		x
	Private Haftpflicht	x	x		x	
	Hausrat	x	x		x	
	Tierhalterhaftpflicht	AXA Tarifrechner	x			
	KFZ-Versicherung	x	x		x	
	Rechtsschutz	x	x		x	
	Unfall	AXA Tarifrechner	x			
	Fahrrad	FinanceScout24	x		PDF	
	Wohngebäude	AXA Tarifrechner				
Altersvorsorge	Riesterrente		x	x		x
	Basis-Rente (Rürup)		x	x		x
	Berufsunfähigkeit	x	x	x		x
	Betriebliche Altersvorsorge		x	x		x
	Fonds-Lebensversicherung		x	x		x
	Fonds-Rentenversicherung		x	x		x
	Kapital-Lebensversicherung	x	x	x		x
	Private Rentenversicherung	x	x	x		x
	Risiko-Lebensversicherung	x	x	x		x
Geld-anlage	Tages- und Termingeld	x	x		(x)	
	Investmentfonds		x	x		x
	Geschlossene Fonds		x	x		x
Girokonto		x	x		(x)	
Ratenkredit		x	x		(x)	
Kreditkarten		x	x		(x)	
Leasing			x		x	
Baufinanzierung		FinanceScout24	x	x		x
Bausparen		BHW	x	x	(x)	x

Legende:
x = Transaktion wird online bzw. offline unterstützt
(x) = Transaktion wird online unterstützt, aber Weiterleitung auf die Webseite des Anbieters bzw. Produktgebers
PDF = Antrag liegt als PDF-Download auf der Webseite von FinanceScout24 bereit

Tabelle 3-13: Produktportfolio financescout24.de

Beim jetzigen Geschäftsmodell werden durch die Kombination von Finanzportal und Aussendienst die grössten Umsatzströme durch Provisionen erzielt, die FinanceScout24 von den Produktgebern beim Abschluss eines Vertrags erhält. Die Leads dazu werden über das Portal und dessen Services (z.B. Vergleichsrechner) generiert. Der anschliessende Vertrieb erfolgt entweder online, über die telefonische Hotline, den eigenen Aussendienst (ca. 150 Finanzberater in ganz Deutschland) oder angeschlossene Makler. Welches Betreuungskonzept jeweils zum Einsatz kommt, hängt von der Komplexität des Versicherungs- bzw. Finanzprodukts ab:

- Beratung und Abschluss wird für einfache Produkte (z.B. Ratenkredite oder KFZ-Versicherungen) ausschliesslich über das Internet angeboten (s. Abbildung 3-14).

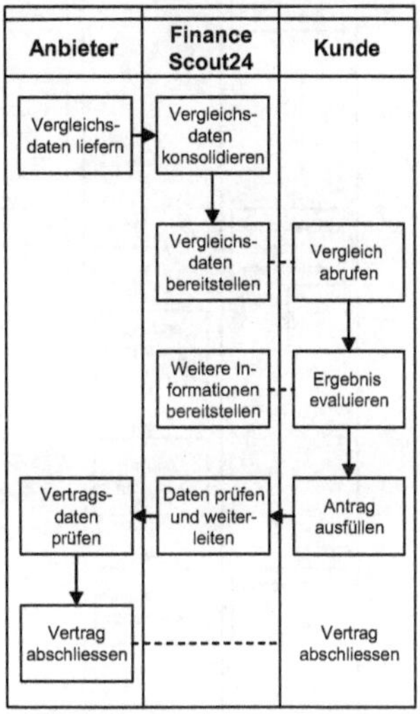

Abbildung 3-14: Vertrieb einfacher Produkte

- Ein Online-Vergleich sowie Beratung und Abschluss über das Telefon finden bspw. für Hypothekenkredite statt. Die Telefonnummer der Hotline findet der Interessent auf sämtlichen Webseiten von FinanceScout24. Die telefonische Beratung der Kunden wird vom Bereich „TeleSales" durchgeführt. Dort arbeiten ca. 15-20 Mitarbeiter von FinanceScout24 mit bank- und/oder versicherungsspezifischem Hintergrund. Je nach Art der Anfrage können Interessenten auch direkt an den Aussendienst weitergeleitet werden. Telefonische Supportanfragen (d.h. Anfragen zu bestehenden Verträgen) hingegen werden von den Produktverantwortlichen selbst betreut.

- Für komplexe Produkte (z.B. Lebensversicherungen oder geschlossene Investmentfonds) ist eine Informations- und Vergleichsmöglichkeit online gegeben. Eine weitergehende Beratung und der Vertragsabschluss finden jedoch über eine persönliche Betreuung durch den Aussendienst statt (s. Abbildung 3-15).

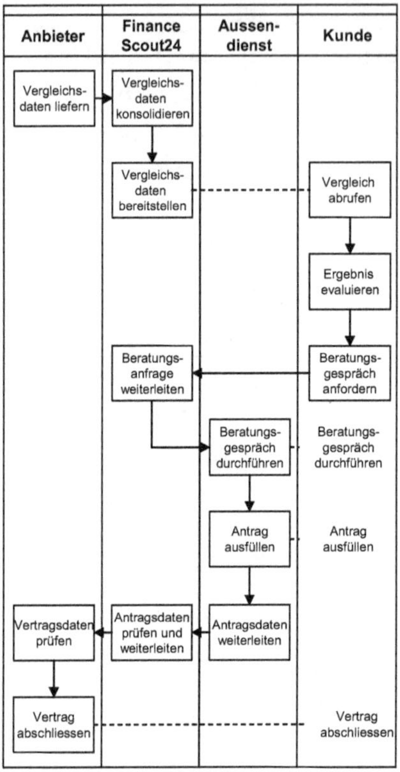

Abbildung 3-15: Vertrieb komplexer Produkte

Der Vertrieb über den Aussendienst ist nicht ausschliesslich auf komplexe Produkte beschränkt, sondern umfasst die gesamte Produktpalette. Um die Dienstleistung eines Finanzberaters in Anspruch zu nehmen, muss der Interessent zunächst ein Kontaktformular online ausfüllen. Diese Angaben werden an den zuständigen Finanzberater anhand der Postleitzahl weitergeleitet. Der Finanzberater muss sich dann innerhalb von 48 Stunden beim Kunden melden und einen Beratungstermin vereinbaren. Ist dies aufgrund einer angespannten Ressourcenlage beim Finanzberater nicht möglich, wird die Kundenanfrage in eine sog. Lead-Börse von FinanceScout24 eingestellt. Bei FinanceScout24 registrierte Makler können sich in diese Börse einloggen und dort Leads zukaufen. Falls ein Abschluss zustande kommt, muss der Makler diesen dann im Namen von FinanceScout24 tätigen. Nach Abschluss einer Versicherungspolice schicken der Finanzberater bzw. der Makler die Vertragsunterlagen zunächst zum Clearing an FinanceScout24. Dort werden die Unterlagen auf Korrektheit und Vollständigkeit geprüft, was dazu führen kann, dass fehlende oder unleserliche Daten beim Aussendienst bzw. Kunden nachgefragt werden. Die Vertragsunterlagen werden von FinanceScout24 dann an den jeweiligen Produktgeber geschickt. Die daran anschliessende Provisionszahlung wird zwischen FinanceScout24 und dem Finanzberater aufgeteilt.

Ein genereller Schwachpunkt des Geschäftsmodells besteht darin, dass Kunden die Vergleiche kostenlos in Anspruch nehmen, aber dann für den Vertragsabschluss direkt zur Bank oder Versicherung gehen. In diesem Fall verliert FinanceScout24 die Provision. Neben der Provisionszahlung für vermittelte Vertragsabschlüsse gibt es daher zur Risikodiversifikation weitere Einnahmequellen. Allerdings haben diese eine vergleichsweise untergeordnete Bedeutung:

- Bei einigen Produkten wird nicht erst für den Vertragsabschluss, sondern bereits schon bei Weiterleitung qualifizierter Beratungsanfragen ein Teil der Provision gezahlt. Dies ist bei teuren Produkten der Fall (z.B. Baufinanzierung oder geschlossene Investmentfonds). Diese besitzen zusätzlich die Eigenschaft, dass die Weiterleitung einer Beratungsanfrage und ein möglicher Vertragsabschluss zeitlich weit auseinander liegen. Daher wird ein Teil der Provisionszahlung bereits bei Weiterleitung des Leads geleistet, der Rest folgt bei Vertragsabschluss.
- Weitere Einnahmeströme werden durch die Einbettung von Services von FinanceScout24 (z.B. Tarifrechner) in andere Online-Portale erzielt. Dies kann in Form von „White Labeling" (d.h. neutrale Gestaltung) oder „Grey Labeling" (d.h. Anpassung an die Designvorgaben des Anbieters) erfolgen.
- Im Rahmen des „Content Providing" verkauft FinanceScout24 eigene Webseiteninhalte an interessierte Unternehmen. Ein Beispiel hierfür sind Themen-Specials, welche auf der Webseite von FinanceScout24 zur Kundeninformation bereitgestellt werden, aber auch Verwendung auf den Webseiten anderer Anbieter finden.
- Weitere Einnahmen werden durch die Bereitstellung von Werbeflächen (z.B. in Form von Bannern) auf der Webseite von FinanceScout24 erzielt (insb. auf der Startseite des Portals sowie auf den jeweiligen Produktstartseiten). Die Vermarktung der Werbefläche wird von der Agentur Interactive Media, einem Tochterunternehmen von T-Online, nach den Vorgaben von FinanceScout24 vorgenommen.

3.7.3 financescout24.de

Navigation

Der Webseitenauftritt von FinanceScout24 beinhaltet eine Navigationsleiste, welche den Nutzern im linken Frame der Webseite zur Verfügung gestellt wird. Diese Navigationsleiste ist nach Produktkategorien untergliedert (s. Abbildung 3-16). Weiterhin sind in Ausnahmefällen zusätzlich zu diesen Produktkategorien einzelne Produkte direkt in der Top Level Navigation enthalten. Dies ist beispielsweise bei dem Produkt Autoversicherung der Fall, welches direkt in der Top Level Navigation und gleichzeitig unter der Produktkategorie „Versicherungen" gelistet ist. Der Grund hierfür ist, dass häufig nachgefragte Produkte sofort auf den ersten Blick für den Nutzer sichtbar sein sollen.

Abbildung 3-16: Startseite financescout24.de

Die produktorientierte Navigation wird durch eine themenorientierte Zusammenfassung der Produkte auf einer Navigationsleiste oberhalb des Content-Frames ergänzt. Sie enthält die Themenbereiche „Versicherungen", „Kredite", „Vorsorge" und „Geldanlage". Unter diesen Themenbereichen sind wiederum Informationen zu einzelnen Produkten zusammengefasst (z.B. unter dem Punkt „Kredite" sind Informationen zu den Produktbereichen Ratenkredit, Baudarlehen und Leasing enthalten). Die themenorientierte Navigation soll jene Nutzer ansprechen, deren Bedürfnisse unspezifischer sind und (noch) nicht auf Produktebene formuliert werden können. Insgesamt soll die Kombination aus themen- und produktorientierten Einstiegspunkten den unterschiedlichen Kundenbedürfnissen gerecht werden.

Informationsgehalt und Interaktivität

Auf den jeweiligen Produktstartseiten werden dem Nutzer - je nach Produkt - Informationsmöglichkeiten mit Hilfe der Vergleichsrechner geboten (s. Tabelle 3-13). Hier muss der Kunde über Webformulare die benötigten Angaben vornehmen und erhält dann eine Ergebnisliste mit den Tarifen der Produkte, die seinen Bedürfnissen am besten entsprechen. Dabei ist das Preis-/Leistungsverhältnis ein entscheidendes Kriterium für das Abschneiden eines Produkts in der Vergleichsrangliste. Weitere Kriterien sind z.B. die Solidität des Produktgebers oder die Stornoquote. Je nach Produkt kann der Nutzer den Abschluss online vornehmen oder eine persönliche Beratung durch die telefonische Hotline bzw. durch den Aussendienst von FinanceScout24 wahrnehmen (s. Abschnitt 3.7.2). Die Telefonnummer der Hotline bzw. der Link zu einem Formular zur Kontaktaufnahme mit einem FinanceScout24-Finanzberater wird dazu auf der Webseite angezeigt.

Weiterhin kann sich ein Interessent auf der jeweiligen Startseite mit Hilfe von Themen-Specials über die verschiedenen Produkte informieren. Beispiele im Bereich KFZ-Versicherung sind Artikel wie „Tipps zur Autoanmeldung“ oder „Welche Unterlagen braucht man bei der Zulassungsstelle?“. Dieses Angebot wird durch eine Reihe produktspezifischer FAQs ergänzt, welche Antworten auf die häufigsten Fragen geben. Die FAQs werden ebenfalls auf der Produktstartseite angezeigt. Dort, wo es thematisch Sinn macht, werden über die Box „Verwandte Themen“ Links zu anderen Produktinformationsseiten angezeigt. Beispiele hierfür wären auf der Startseite der KFZ-Versicherung die Verknüpfung zu Themen wie „Kredit für Ihr Auto“ und „Privathaftpflichtversicherung“.

Als weitere Informationsquelle steht ein Newsletter zur Verfügung, den interessierte Nutzer abonnieren können. Der Newsletter wird monatlich an die Abonnenten verschickt. Er enthält eine personalisierte Ansprache und bietet Informationen zu neuen Themen, Produkten und Vergleichen. Aktuell haben 60.000 Nutzer diesen Newsletter abonniert.

Auf der Webseite steht weiterhin ein Feedback-Formular zur Verfügung. Zudem hat der Nutzer die Möglichkeit FinanceScout24 per E-Mail zu kontaktieren. Zusätzlich werden Kundenbefragungen zu bestimmten Themen auf der Webseite durchgeführt. Hier werden ca. 1- bis 2-mal jährlich sozio-demographische Merkmale abgefragt, aber auch Aspekte des Nutzerverhaltens (z.B. „Welche Webseite haben Sie vorher besucht?“) sowie der Usability („Welche Funktionalität schätzen Sie besonders?“, „Welche Funktionalitäten fehlen?“) untersucht. Das Feedback wird den jeweiligen Produktmanagern vorgelegt, welche gleichzeitig für die Ableitung geeigneter Massnahmen verantwortlich sind.

Nutzer haben bei FinanceScout24 keine Möglichkeit, Anbieter bzw. deren Produkte selbst zu bewerten. Auch eine Diskussionsmöglichkeit z.B. über ein Forum ist nicht gegeben und von FinanceScout24 auch explizit nicht gewünscht. In diesem Bereich sieht FinanceScout24 Probleme bei der Moderation solcher Foren als auch bei rechtlichen Fragestellungen, da hier FinanceScout24 für die von Dritten eingestellten Inhalte in Haftung genommen werden könnte.

Die Inhalte der Webseite werden in aller Regel einmal pro Woche aktualisiert. Die Freigabe der Inhalte erfolgt nach dem Vier-Augen-Prinzip, d.h. der jeweilige Produktmanager ist für seinen Verantwortungsbereich „Supervisor“ und damit für die finale Freigabe der vorgenommenen Änderungen verantwortlich. Weiterhin gibt es einen Webseiten-Manager und einen CRM-Manager. Der Webseiten-Manager ist für die Qualitätssicherung der Webseite über alle Produktbereiche hinweg zuständig. Der Verantwortungsbereich des CRM-Managers beinhaltet die Kundenansprache auf der

Webseite. Die Sicherstellung der Korrektheit der Webseiteninhalte sind hierbei Teilaspekte dieser Funktionen. Weiterhin wird auf die Aktualität der Webseite Wert gelegt. Ein Beispiel hierfür ist der Bereich KFZ-Versicherungen. Änderungen in den Tarifstrukturen der Produktgeber werden von FinanceScout24 spätestens innerhalb von 24 Stunden online geschalten.

Personalisierung

Bei FinanceScout24 ist Wissen über Kunden bzw. Nutzer vorhanden (z.B. in Form des Kundenverhaltens durch Analyse der Klickpfade oder auch über persönliche Daten, welche der Nutzer bei der Verwendung der Angebotsrechner eingibt). Allerdings verzichtet FinanceScout24 bewusst darauf, aus diesen Daten Massnahmen für die Webseite abzuleiten (z.B. Personalisierungsansätze). Hintergrund hierfür ist, dass dem Nutzer eine gewisse Anonymität eingeräumt werden soll, die es ihm ermöglicht, Services in Anspruch zu nehmen, ohne dabei das Gefühl zu bekommen, ständig beobachtet zu werden. Gerade im Finanzbereich erachtet FinanceScout24 diese Sensibilität bezüglich der Wissenssammlung und –verwertung als wichtigen Faktor.

Übersichtlichkeit

Die Sicherstellung der Benutzerfreundlichkeit ist bei FinanceScout24 eine kontinuierliche Aktivität und Kernbestandteil bei der Gestaltung der Webseite. Hierzu werden beispielsweise die Klickpfade der Nutzer auf der Webseite ständig analysiert (z.B. mit Hinblick auf Abbruchquoten). Diese Auswertungen erhalten die Produktmanager, welche auch gleichzeitig für die Ableitung von Massnahmen verantwortlich sind. Neben diesen eher vergangenheitsorientierten Betrachtungen gibt es auch „ex ante"-Analysen. Hierbei kommen unterschiedliche Methoden zum Einsatz, welche in Kooperation mit einem externen Dienstleister durchgeführt werden. Ein Beispiel sind Labortests, welche mit Probanden durchgeführt werden. Die Probanden haben die Möglichkeit, unterschiedliche Webseiten-Designs zu nutzen und werden anschliessend befragt, welches Design sie aus welchen Gründen präferieren. Dies beinhaltet auch die Aufzeichnung und Analyse des Nutzerverhaltens mit Hilfe von Videoaufnahmen oder der Auswertung von Blickbewegungsdaten.

Suche

Auf der Webseite von FinanceScout24 gibt es keine Suchfunktionalität. Die Nutzer sollen zur Navigation die vorhandenen produkt- und themenorientierten Navigationsmenüs verwenden. Allerdings ist mit dem Relaunch der Webseite die Einführung einer Suchfunktionalität geplant.

Suchmaschinenmarketing

Die Optimierung des Webseitenauftritts für Suchmaschinenanbieter (insb. Google) hat bei FinanceScout24 massgebliche Bedeutung. Der PageRank ist Googles Massstab für die Relevanz einer Seite. Im Rahmen des Suchmaschinenmarketings ergreift FinanceScout24 verschiedene Massnahmen, wie z.B. die Sicherstellung einer hohen Schlagwort-Dichte, regelmässige Daten- und Inhaltsaktualisierungen oder Verlinkungen von und zu anderen Webseiten (sog. „Link-Popularität"). Für das Suchmaschinenmarketing werden externe Dienstleister eingebunden. Weiterhin kauft FinanceScout24 auch Google AdWords-Anzeigen zu.

Privatsphäre und Sicherheit

Ein wichtiges Element, welches das Vertrauen der Nutzer in die Webseite von FinanceScout24 gewährleistet, ist „Scout24" als etablierte Online-Marke. Das umfangreiche Marktangebot unterstützt den Aufbau einer starken Markenidentität. Interne Untersuchungen der Scout24-Gruppe belegen, dass Kunden die Marke „Scout24" mit Eigenschaften wie Seriosität, Kompetenz und Sympathie verbinden. Deswegen verzichtet FinanceScout24 auf den Einsatz weiterer Instrumente zum Vertrauensaufbau (z.B. Trust Seals), da darin kein Mehrwert gesehen wird.

Sicherheitsfeatures stehen bei der Webseite aktuell nicht im Mittelpunkt, da es wegen der Vermittlerfunktion von FinanceScout24 auf der Webseite nicht zur Abwicklung sicherheitsrelevanter Transaktionen kommt. Deswegen sieht FinanceScout24 auch keine Notwendigkeit zur Nutzung von Sicherheitstechnologien wie z.B. SSL-Verschlüsselung oder ähnlicher Konzepte.

Zur Wahrung der Privatsphäre des Kunden kommen bei FinanceScout24 die Richtlinien des deutschen Bundesdatenschutzgesetzes zum Einsatz. Die Daten des Nutzers werden nur zweckgebunden verwendet. In aller Regel hat nur FinanceScout24 auf die Daten Zugriff. Eine Ausnahme hierbei wäre beispielsweise ein Online-Antrag. In diesem Falle erfolgt die Weiterleitung der Daten an den entsprechenden Anbieter mit Zustimmung des Kunden. Die Daten werden keinesfalls an Dritte (z.B. Adresshändler) weitergegeben.

3.7.4 Einordnung

Strategische Ausrichtung

Das Geschäftsmodell von FinanceScout24 basiert auf den Komponenten Objektivität und Neutralität. Dies wird durch die Unabhängigkeit von anderen Finanzdienstleistern gewährleistet. Ein weiteres wichtiges strategisches Element stellt die Ausrichtung als kompletter Finanzdienstleistungsvertrieb dar, der die Kunden sowohl über das Internet als auch über den eigenen Aussendienst bedienen kann. Die strategische Positionierung von FinanceScout24 ist bewusst nicht technologiegetrieben. In diesem Bereich wird explizit keine Innovationsführerschaft angestrebt, sondern vielmehr Wert auf den Einsatz bewährter Technologien gelegt.

Abdeckung des Kundenprozesses

Information und Evaluation. FinanceScout24 deckt die initiale Phase „Information" des Kundenprozesses zunächst durch das Beratungsangebot auf der Webseite ab. Dort kann sich der Nutzer über unterschiedliche Produkte und Themenstellungen informieren. Dies gilt auch für die Phase der Evaluation. Hier bietet FinanceScout24 die Möglichkeit, mit Hilfe von Angebotsrechnern die Produkte verschiedener Anbieter auf den jeweiligen Märkten zu vergleichen. Dem Nutzer wird basierend auf den eingegebenen Eckdaten eine Liste mit jeweils ca. fünf Produkten, welche die beste Bewertung aufweisen, angezeigt. Aus Gründen der Übersichtlichkeit listet FinanceScout24 nicht sämtliche Produktbewertungen auf. Weiterhin zeigen die Erfahrungen von FinanceScout24, dass die Kunden bei Vergleichen nur die bestplatzierten Produkte in die engere Auswahl einbeziehen. Die Informations- und Evaluationsphasen werden zusätzlich durch die telefonische Hotline sowie den Aussendienst unterstützt. Welcher Kanal dabei jeweils zum Einsatz kommt, hängt wesentlich von der Komplexität des Produkts ab (s. Abschnitt 3.7.2).

Vertragsabschluss. Die Aktivitäten in dieser Phase sind abhängig vom jeweiligen Produkt. Bei Online-Produkten kann ein Antrag über das Internet gestellt werden. Der Kunde muss hierzu die benötigten Angaben in ein Formular eingeben. Der Antrag wird von FinanceScout24 geprüft und an den entsprechenden Anbieter weitergeleitet. Gleichzeitig erhält der Kunde eine Bestätigungsmail von FinanceScout24 (s. Abbildung 3-14). Bei komplexeren Produkten nimmt der Finanzberater die benötigten Daten beim Kunden auf und schickt diese dann in der Regel zunächst per Fax an FinanceScout24 zur Prüfung. Die Originalunterlagen erhält FinanceScout24 auf dem Postweg. Nach erfolgtem Clearing werden von dort die Daten an den Anbieter weitergeleitet (s. Abbildung 3-15).

Transaktion. Diese Phase wird aufgrund der Vermittlerfunktion von FinanceScout24 nicht abgedeckt. Transaktionen werden zwischen Anbieter und Kunde getätigt (z.B. An- und Verkauf von Aktien im Rahmen eines Online Banking-Depots). Mit der geplanten Einführung der Transaktionsplattform würde FinanceScout24 den Kunden eine Möglichkeit zur Transaktionsabwicklung anbieten. Für die Abwicklung selbst ist geplant, je nach Bereitschaft und technischer Einbindung des Anbieters, entweder auf die Plattform des Anbieters zu verlinken oder die Transaktion direkt auf der Plattform von FinanceScout24 vorzunehmen.

Service. Hat ein Kunde ein Anliegen oder Problem im Zusammenhang mit dem erworbenen Produkt, kann er sich entweder direkt an den Anbieter wenden oder aber die Serviceleistungen von FinanceScout24 nutzen. Auf dem Finanzportal stehen hierfür z.B. FAQs zur Verfügung. Weiterhin kann der Kunde aber auch die telefonische Hotline nutzen oder aber den Finanzberater kontaktieren. Welcher Kanal hierfür jeweils zum Einsatz kommt, hängt wiederum vom Produkt ab.

Systemtechnische Umsetzung

Präsentation. Auf der Präsentationsebene erfolgt eine Optimierung des Portals für die Browser Internet Explorer von Microsoft sowie Mozilla Firefox. Weitere Anpassungen für andere Browser bzw. Anwendungsszenarien (z.B. WAP-Browser auf mobilen Endgeräten) werden nicht vorgenommen.

Anwendung. Das Betriebssystem, welches auf den Servern der Produktivumgebung zum Einsatz kommt, ist Windows 2000 von Microsoft. Die über das Internet eingehenden HTTP-Requests werden vom Apache HTTPd Server bearbeitet. Hierbei handelt es sich um eine weit verbreitete Webserver-Lösung aus dem Open Source Umfeld. Die Laufzeitumgebung für den Server-Anteil der Client-Server-Anwendungen wird durch Apache Tomcat und JBoss zur Verfügung gestellt. Bei beiden Standardpaketen handelt es sich um Java-basierte Applikationsserver aus dem Bereich Open Source. Apache Tomcat kommt bei relativ einfachen Applikationen, z.B. bei der Telefon- und Adressvalidierung, zum Einsatz. Für komplexere Anwendungen, für welche die Servlet Engine von Tomcat nicht mehr ausreichend ist, wird der JBoss Applikationsserver genutzt. Zur Überwachung und Filterung des eingehenden Datenverkehrs kommt eine Netscreen Firewall von Juniper zum Einsatz. Weiterhin wird eine Traffic Management Lösung von F5 Networks genutzt, welche die eingehenden HTTP-Requests auf die vorhandenen fünf Webserver verteilt. Diese Load Balancing Komponente ist für die Verfügbarkeit und Performance der Web-Applikationen zuständig. Mit Hilfe einer Standardlösung von WebTrends erfolgt die Analyse und das Controlling der HTTP-Server Logs. Hier können verschiedene Kennzahlen und Statistiken erstellt werden, welche Auskunft über die Nutzung der Webseite geben (z.B. Anzahl der Webseitenaufrufe, Klickpfade oder Abbruchquoten).

Datenhaltung. Auf der Datenhaltungsebene werden für das Produktivsystem Datenbankmanagementsysteme von Oracle eingesetzt. Aktuell werden die Versionen 8.06 und 9i verwendet, der Einsatz der Version 10g ist geplant. Die Datenbanksysteme werden u.a. dazu genutzt, um die für die Vergleichsrechner benötigten Daten vorzuhalten oder die von den Nutzern eingegebenen Daten zu speichern. Die in den Oracle-Datenbanken vorgehaltenen Daten werden teilweise auch an die Anbieter verschickt (z.B. wenn der Kunde eine Anfrage hat und diese an die Versicherungsgesellschaft weitergeleitet wird). Zudem werden die im Produktivsystem vorhandenen Daten in eine Btrieve Datenbank im Back-Office übernommen. Diese Übernahme erfolgt über ein VPN, der Datentransfer selbst wird über CSV-Dateien per FTP vorgenommen. Die CSV-Dateien werden in die Btrieve Datenbank importiert. Dort werden sie dann weiter bearbeitet. Beispielsweise werden von den FinanceScout24 Mitarbeitern Datenanreicherungen vorgenommen bzw. fehlende Angaben zum Vertrag ergänzt. Dies gilt auch für abgeschlossene Verträge, welche vom Aussendienst per Fax oder Post an FinanceScout24 geschickt werden. Diese werden in der Btrieve Datenbank erfasst bzw. werden dort Ergänzungen vorgenommen, falls der Kunde, der den Vertrag abgeschlossen hat, bereits existiert. Der Aussendienst kann auf die Kundendaten ebenfalls zugreifen. Hierzu wird die Software VIASW von LUTRONIK, dem Marktführer im Bereich Versicherungsaussendienstsysteme, eingesetzt. Zu Reportingzwecken kommt die Standardlösung QlikView der Firma QlikTech zum Einsatz. Hierbei handelt es sich um eine OLAP-Lösung zur Analyse und Auswertung der vorhandenen Daten. In aller Regel werden hier bereichsspezifische Auswertungen direkt von den Mitarbeitern des Fachbereichs vorgenommen (z.B. generierte Anträge oder Kundenanfragen für den Bereich Ratenkredite). Die Sicherung der vorhandenen Daten wird täglich vorgenommen. Das Management der Backup-Prozesse wird durch die Standardsoftware Symantec Backup Exec unterstützt.

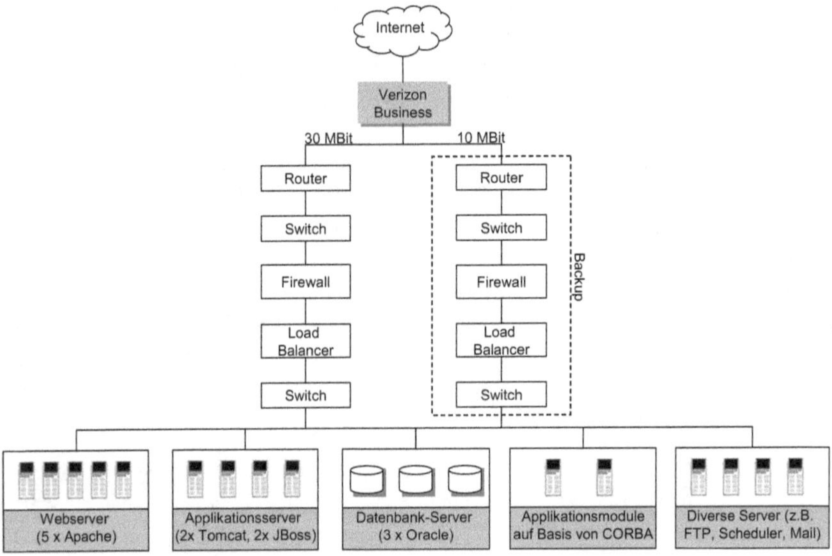

Abbildung 3-17: Architekturskizze des Produktivsystems

Das Produktivsystem selbst ist nicht in den Geschäftsräumlichkeiten von FinanceScout24, sondern in einem Rechenzentrum von Verizon Business in Hamburg angesiedelt. FinanceScout24 nimmt Server Housing Dienstleistungen in Anspruch, d.h. Verizon Business stellt den Platz sowie die Anbindung an das Internet zur Verfügung, die Administration und alle restlichen Services werden von FinanceScout24 selbst durchgeführt. Zur Sicherstellung der Verfügbarkeit sind Router und Switches redundant vorhanden (s. Abbildung 3-17). Fällt z.B. die 30 MBit Anbindung an das Internet aus, steht eine 10 MBit Backup-Leitung zur Verfügung. Neben den erläuterten Komponenten, wie Web-, Applikations-, Datenbank und Mail-Server, stehen noch diverse andere Server zur Verfügung. Hierbei handelt es sich z.B. um Scheduler, welche vordefinierte Jobs zu vorgegebenen Zeiten ausführen, oder um FTP-Server für den Datentransfer.

Weiterhin sind noch zwei Server Bestandteil des historisch gewachsenen Produktivsystems, welche Rechenkerne enthalten, die auf Basis von CORBA (Common Object Request Broker Architecture) realisiert sind. Auf diese wird u.a. dann zurückgegriffen, wenn KFZ-Versicherungstarife berechnet werden.

3.7.5 Zusammenfassung

Erfolgsfaktoren

FinanceScout24 erachtet die Unabhängigkeit sowie Neutralität der angebotenen Internetvergleiche als entscheidende Erfolgsfaktoren. Nur so kann ein hohes Mass an Glaubwürdigkeit gewährleistet und Kundenvertrauen aufgebaut werden. Dabei profitiert FinanceScout24 auch vom Bekanntheitsgrad von „Scout24" als etablierter Internetmarke im deutschsprachigen Raum. Des Weiteren erachtet FinanceScout24 die Kombination aus Online- und Offline-Aktivitäten sowie die Positionierung als Finanzdienstleister mit mehreren Produktbereichen als eine wesentliche Stärke. Dies ermöglicht die Betreuung des Kunden auf unterschiedlichen Kanälen und in allen Bereichen. Abhängig von den Charakteristika des jeweiligen Produkts sowie den Kundenbedürfnissen werden differenzierte Betreuungsstrategien angewandt.

Herausforderungen

Aktuell ist ein Relaunch der Webseite mit einer Reihe von Neuerungen geplant. Die produktorientierte Navigation der Webseite wird mit diesem Relaunch um eine lebenszyklusorientierte Navigation ergänzt. Dabei sollen weniger die Spezifika der einzelnen Produkte als vielmehr die Bedürfnisse des Kunden im Mittelpunkt der Betrachtung stehen. Ziel ist es, eine individuelle und ganzheitliche Beratung entlang des Lebenszyklus des Kunden zu gewährleisten. Mit dem Relaunch soll zudem eine Suchfunktionalität in den Webseitenauftritt integriert werden. FinanceScout24 legt in diesem Zusammenhang allerdings Wert darauf, dass die Kunden weiterhin vorzugsweise die Navigation nutzen. Der neue Webseitenauftritt wird zudem verstärkt Videos zur Kommunikation der Inhalte aufweisen. Damit sollen die bisher genutzten Texte und Graphiken um eine weitere Darstellungsoption erweitert werden. Ein weiteres Feature ist das sog. Web Callback. Dies ist ein Service, der es dem Kunden ermöglicht, über das Internet einen Rückruf zu veranlassen. Weiterhin soll ein zugangsgeschützter Bereich eingeführt werden, mit dessen Hilfe die Kunden alle über FinanceScout24 erworbenen Produkte einsehen und verwalten können.

Erkenntnisse

- *Abgleich von Produkt und Kanal entlang des Kundenprozesses.* Je nach Produkt kommen bei FinanceScout24 unterschiedliche Kundenbetreuungskonzepte zum Einsatz. Diese lassen sich in drei Kategorien unterteilen (s. Tabelle 3-14). Für einfache und standardisierte Produkte, die keinen grossen Beratungsbedarf aufweisen, ist Beratung, Vergleich und Abschluss online vorgesehen. Produkte dieser Kategorie sind beispielsweise Ratenkredite oder KFZ-Versicherungen. Bei der zweiten Kategorie handelt es sich um Produkte, wie z.B. Hypotheken, welche einen erhöhten Beratungsbedarf aufweisen. Bei diesen Produkten kann ein Vergleich online vorgenommen werden, Beratung und Abschluss erfolgen jedoch über die telefonische Betreuung. Komplexe Produkte werden in einem persönlichen Beratungsgespräch mit dem Finanzberater von FinanceScout24 oder angebundenen Maklern abgeschlossen, ein Produktvergleich ist online jedoch in aller Regel möglich. Ein typisches Produkt dieser Kategorie ist die Lebensversicherung.

<table>
<tr><th colspan="2" rowspan="2"></th><th colspan="3">Phase im Kundenprozess</th></tr>
<tr><th>Vergleich</th><th>Beratung</th><th>Abschluss</th></tr>
<tr><th rowspan="3">Komple-xität</th><th>gering</th><td rowspan="3">Internet Self-Service</td><td>Internet Self-Service</td><td>Internet Self-Service</td></tr>
<tr><th>mittel</th><td>Telefon</td><td>Telefon</td></tr>
<tr><th>hoch</th><td>Aussendienst</td><td>Aussendienst</td></tr>
</table>

Tabelle 3-14: Kundenbetreuungskonzepte bei FinanceScout24

- *Vom Internetvergleichsportal zum Allfinanzvertrieb.* Bei der Einführung im Jahr 2000 war FinanceScout24 primär ein Internetvergleichsdienst. Damit wurden die vor dem eigentlichen Kauf liegenden Phasen der Information und Evaluation abgedeckt. Lediglich der Vertrieb einfacher Produkte (z.B. KFZ-Versicherung) fand online statt. Im Jahr 2003 wurde das Produkt- und Dienstleistungsportfolio durch den Aufbau eines eigenen Aussendiensts signifikant ausgeweitet. Dies hatte auch Auswirkungen auf das Geschäftsmodell, da FinanceScout24 durch die Abdeckung des Vertragsabschlusses die dafür fälligen Provisionen als zusätzliche Einnahmeströme verbuchen kann. Damit hat sich FinanceScout24 von einem Internetvergleichsportal zu einem Versicherungsmakler mit kombinierter Online- und Offline-Marktbearbeitungsstrategie entwickelt.

3.8 Erkenntnisse

Die folgenden Abschnitte analysieren die Abdeckung der Phasen des Kundenprozesses durch die untersuchten Internet Self-Service Lösungen (s. Abschnitt 3.8.1), identifizieren den Funktionalitätsumfang der Portale (s. Abschnitt 3.8.2) und stellen die grössten Herausforderungen dar (s. Abschnitt 3.8.3).

3.8.1 Abdeckung des Kundenprozesses

Vergleicht man die Kundenprozessabdeckung, so ergeben sich bei den untersuchten Portalen folgende Schwerpunkte (s. Tabelle 3-15):

- *Information und Evaluation.* Die Internetvergleichsdienste Comparis und FinanceScout24 decken primär den Kundenprozess in der Vorkaufphase ab. Dies gilt insb. für die Evaluation von Produkten unterschiedlicher Anbieter. Dies ist bei keiner anderen der untersuchten Portallösungen der Fall, da diese lediglich die Evaluation der eigenen Produkte bzw. allenfalls Vergleiche zwischen den eigenen Produkten zulassen.

- *Vertragsabschluss.* Keine der untersuchten Portallösungen bietet eine umfassende Unterstützung der Kaufphase an, da hier in (fast) allen Fällen die Unterschrift des Kunden erforderlich ist, die offline erfolgt. Der Einsatz digitaler Signatur, welcher eine komplette Online-Abdeckung dieser Prozessphase ermöglichen würde, erfolgt bei keiner Portallösung. Am weitesten fortgeschritten ist in diesem Zusammenhang der Ansatz der Basler Versicherungen, welcher vom konkludenten Handeln des Kunden ausgeht. Dies gilt allerdings nicht für den Abschluss von Lebensversicherungen.

- *Transaktion.* PostFinance setzt mit der Plattform yellownet den Schwerpunkt auf die Unterstützung von (Zahlungsverkehrs-) Transaktionen. Die Internetvergleichsdienste verstehen sich in diesem Zusammenhang lediglich als Vermittler zwischen Anbieter und Nachfrager. Die Portale aus der Versicherungsbranche decken diese Prozessphase nicht umfassend ab. Bei Basler und CosmosDirekt kann der Kunde Versicherungsverträge nicht online einsehen. Die mamax bietet diese Funktionalität an, jedoch erhält der Kunde nur lesenden Zugriff. Bei FinanceScout24 ist die Einführung einer Plattform geplant, welche dem Kunden eine Verwaltung des gesamten Produktportfolios ermöglichen soll.

- *Service.* Die Self-Service Lösung der Basler Versicherungen deckt die Nachkaufphase des Kundenprozesses ab (z.B. Schadensmeldung, Schadensbearbeitungsverfolgung, Vertragsmutationen oder Adressänderungen). Hingegen bietet das die PostFinance den Kunden keine Serviceleistungen in der Nachkaufphase an.

- *Auflösung/Erneuerung.* Die Phase der Auflösung des Vertrags wird nur von wenigen Portallösungen unterstützt. Comparis stellt den Kunden vorformulierte Kündigungsschreiben bereit. Einen ähnlichen Service gibt es auf der Webseite der Basler Versicherungen. Dort stehen den Kunden vorformulierte Kündigungsschreiben als PDF-Downloads zur Verfügung, um ihnen den Wechsel zur Basler zu erleichtern.

		Kundenprozess					
		Information	Evaluation	Kauf	Transaktion	Service	Erneuerung
Unternehmen	Basler Versicherungen	◑	◑	◑	◑	◑	◑
	PostFinance	◑	◑	◑	●	○	○
	CosmosDirekt	◑	◑	◑	◑	◑	○
	mamax	◑	◑	◑	◑	◑	○
	Comparis	●	●	○	○	◑	●
	FinanceScout24	●	●	◑	○	◑	○

Legende: ○ Prozess nicht oder rudimentär unterstützt ◑ Prozess rudimentär bis gut unterstützt ● Prozess umfassend unterstützt

Tabelle 3-15: Abdeckung des Kundenprozesses

3.8.2 Funktionalitätsumfang der Portale

			Unternehmen					
			Basler Versicherungen	PostFinance	CosmosDirekt	mamax	Comparis	FinanceScout24
Funktionalität	Collaboration		○	○	○	○	○	○
	Community	Foren	○	○	○	○	●	○
		Bewertung & Weiterempfehlung	○	○	○	○	●	○
	Informationsgehalt	Produktkatalog	●	●	●	●	●	●
		Newsletter	○	●	●	●	●	●
		News/Aktuelles	●	●	●	●	●	●
		FAQs	○	●	○	●	●	●
		Lexikon/Glossar	○	●	○	●	●	○
		Guided Tour	○	○	○	○	○	○
		Demokonto	○	●	○	●	○	○
		Unternehmensinformationen	●	●	●	●	●	●
		Feedback-/Kontaktformular	●	●	●	●	○	●
	Interaktivität	(Angebots-) Rechner	●	●	●	●	○	○
		Vergleichsrechner	○	○	○	○	●	●
		Web Callback	●	○	●	○	○	●
		„Tell-a-friend“	●	○	○	○	○	○
		„Kunden-werben-Kunden“	○	○	●	●	○	○
	Navigation und Übersichtlichkeit	Produktorientiert	●	●	●	●	●	●
		Situationsorientiert	●	○	●	●	○	○
		Kundensegmentorientiert	●	●	○	○	○	○
		Index/Sitemap	●	○	●	●	●	○
	Personalisierung	Anbietergesteuert („Push“)	○	○	○	○	●	○
		Nutzergesteuert („Pull“)	○	○	○	○	○	○
	Privatsphäre und Vertrauen	Datenschutzerklärung	●	●	●	●	●	●
		Trust Seal	○	○	○	○	○	○
		Testurteile, Rankings, Ratings	○	○	●	●	○	○
	Sicherheit	Zugangsgeschützter Login	●	●	○	●	●	○
		SSL-Verschlüsselung	●	●	●	●	○	○
		Serverseitige Zertifikate	●	●	●	●	○	○
		Digitale Signatur	○	○	○	○	○	○
	Suche		●	●	●	●	●	○

Legende: ○ Funktionalität nicht oder nur rudimentär vorhanden
● Funktionalität vorhanden

Tabelle 3-16: Übersicht Funktionalitätsumfang

Der Kundenprozess ist in den untersuchten Self-Service Lösungen durch eine Reihe von Funktionalitäten abgedeckt (s. Tabelle 3-16). Diese Funktionalitäten basieren auf den eingangs in Tabelle 2-4 erläuterten Gestaltungsmerkmalen von Portalen, welche gleichzeitig auch den Analyserahmen zur Untersuchung der Fallstudien bildeten. Im Einzelnen sind dies:

- *Collaboration.* Es gab in den untersuchten Fallbeispielen Überlegungen, entsprechende Technologien in B2C-Portallösungen zu integrieren (z.B. Instant Messaging, Co-Browsing). Diese Ansätze wurden jedoch nicht weiterverfolgt, weil zum Zeitpunkt der Evaluation die technologischen Möglichkeiten noch nicht ausgereift waren und/oder Kosten-/Nutzenbetrachtungen dagegen sprachen. Allerdings können auch andere Gründe den Einsatz dieser Technologien verhindern. Beispielsweise hat die Basler Instant Messaging evaluiert, um den Kunden eine direkte Kontaktaufnahme mit dem Servicepersonal über die Webseite zu ermöglichen. Dies scheiterte nicht an technischen Barrieren, sondern an der benötigten Qualifikation der Mitarbeiter. Diese können zwar mehrere Sprachen fliessend und fehlerfrei sprechen, allerdings gilt dies nicht für die schriftliche Kommunikation.

- *Community.* Funktionalitäten im Bereich Community werden lediglich von Comparis angeboten. Dort haben die Nutzer die Möglichkeit, an Diskussionsforen teilzunehmen bzw. selbst Bewertungen durchzuführen und diese anderen Nutzern zur Verfügung zu stellen. Die anderen Anbieter verzichten aus unterschiedlichen Gründen auf den Einsatz dieser Funktionalitäten. FinanceScout24 hat hier rechtliche Bedenken, da die Einträge in solchen Diskussionsforen nur schwer kontrolliert werden können und der Forenanbieter für den Inhalt der Diskussionsbeiträge verantwortlich gemacht werden kann. Hingegen sieht mamax den erforderlichen Aufwand für die Moderation solcher Foren als Hinderungsgrund an. Bei CosmosDirekt wird der Aufbau von Communities als Aufgabe unabhängiger Finanzportale oder Internetvergleichsdienste betrachtet.

- *Informationsgehalt.* Die zur Verfügung gestellten Informationen umfassen bei allen Fallbeispielen Angaben zu Finanz- und Versicherungsprodukten, zu aktuellen Entwicklungen (z.B. Kommentare zur Börsenentwicklung) sowie zum Unternehmen selbst (z.B. Geschäftsberichte). Darüber hinausgehende Funktionalitäten werden nicht von allen Anbietern eingesetzt. Die Basler Versicherungen verzichtet aufgrund von Kosten-/Nutzenüberlegungen auf den Einsatz von FAQs. Aus denselben Gründen wird auf den Aufbau eines Glossars verzichtet. In keinem der betrachteten Fallbeispiele ist eine „Guided Tour“ vorhanden. Bei der Basler wurde dieses Feature wegen der niedrigen Zugriffszahlen abgeschaltet.

- *Interaktivität.* Die wichtigsten interaktiven Elemente der untersuchten Portallösungen sind Online-Rechner. Bei den Internetvergleichsdiensten liegt der Schwerpunkt auf Vergleichsrechnern. Die Produktgeber haben in diesem Bereich primär Angebotsrechner für ihre eigenen Produkte oder andere Rechner (z.B. Währungsrechner). Bei Basler Versicherungen, CosmosDirekt und FinanceScout24 können die Nutzer über das Internet einen Rückruf initiieren („*Web Callback*"). Die Möglichkeit eine Seite weiterzuempfehlen ist nur bei Basler Versicherungen gegeben („*Tell-a-Friend*"). Weitere Elemente des viralen Marketings kommen bei mamax und CosmosDirekt zum Einsatz („*Kunden-werben-Kunden*").

- *Navigation und Übersichtlichkeit.* Die Navigation erfolgt bei allen untersuchten Fallbeispielen primär nach Produkten und wird zum Teil durch Situations- (z.B. Bauen & Wohnen) oder Kundensegmentorientierung (z.B. Privatkunden, Geschäftskunden) ergänzt. Weiterhin wird die Übersichtlichkeit für den Nutzer oftmals durch eine Sitemap bzw. einen Index der Webseite unterstützt.

- *Personalisierung.* Nur Comparis bietet mit dem Dienst myComparis eine anbietergesteuerte Personalisierungsfunktion an. Eine nutzergesteuerte Personalisierung, die es dem Kunden ermöglicht, Aufbau und Inhalt der Webseite zu gestalten, gibt es bei keiner Portallösung. Als Grund für den weitgehenden Verzicht auf Personalisierungsfunktionalitäten wurde angeführt, dass dies bei Finanzprodukten schwer umzusetzen ist bzw. dadurch entstehende Möglichkeiten (z.B. Produktempfehlungen durch Collaborative Filtering) aufgrund der individuellen Bedürfnissituation von Kunden nicht benötigt werden. Zudem wollen die Unternehmen den Kunden durch den Verzicht auf Personalisierung ein Gefühl der Anonymität vermitteln.

- *Privatsphäre und Vertrauen.* Bei allen untersuchten Portalen gibt es eine Datenschutzerklärung, die angibt, welche Daten zu welchem Zweck erhoben und an wen diese Daten weitergegeben werden. Diese orientiert sich in der Regel an landes- oder EU-spezifischen Datenschutzrichtlinien. Keiner der untersuchten Anbieter setzt Trust Seals ein. Bei einigen der untersuchten Fallbeispiele fanden Überlegungen in diese Richtung statt. Diese wurden aber aufgrund des mangelnden Bekanntheitsgrads der Trust Seals verworfen. Beim Einsatz von Testurteilen (z.B. von Stiftung Warentest bzw. Finanztest) herrscht geteilte Meinung. CosmosDirekt und mamax kommunizieren diese Auszeichnungen als vertrauensbildende Massnahmen auf ihrer Webseite. Andere Unternehmen (z.B. Basler Versicherungen) verzichten hingegen explizit auf den Einsatz solcher Rankingergebnisse aufgrund rechtlicher Bedenken, da die Testergebnisse nur unter gewissen Prämissen Gültigkeit haben. Die Verbindlichkeit ist damit nach deren Ansicht nicht für alle Kunden gegeben.

- *Sicherheit.* Die Sicherheit der Transaktionen wird bei allen betrachteten Portallösungen durch den Einsatz von Datenverschlüsselungstechnologien (i.d.R. HTTPS und SSL) sowie serverseitigen Zertifikaten gewährleistet. Die Ausnahmen bilden Comparis und FinanceScout24, die primär als Vermittler zwischen Anbieter und Nachfrager auftreten, und über deren Webseite deshalb keine sicherheitsrelevanten Transaktionen abgewickelt werden. Falls doch, werden dafür Services externer

Dienstleister genutzt (z.B. Zahlungsabwicklung bei Comparis über den Dienst yellowpay der PostFinance). Zugangsgeschützte Funktionalitäten, die ein Login brauchen, gibt es primär bei Online Banking Plattformen zur Abwicklung des Zahlungsverkehrs (z.B. yellownet der PostFinance). Bei mamax können die Kunden die abgeschlossenen Versicherungsprodukte online einsehen, bei der Basler ist dies hingegen nicht möglich. Der Personalisierungsdienst myComparis ist ebenfalls zugangsgeschützt. Digitale Signatur kommt bei keinem Fallbeispiel zum Einsatz, obwohl bereits alle Anbieter Überlegungen in diese Richtung angestellt haben. Allerdings wurde dies in der Regel aufgrund der nicht vorhandenen Infrastruktur verworfen. Die Investitionen in den Aufbau der Infrastruktur erachten die Unternehmen als zu hoch bzw. fürchten sie Mitnahmeeffekte der Konkurrenz, die diese Infrastruktur ebenfalls für ihre Zwecke nutzen könnten.

- *Suche.* Mit Ausnahme von FinanceScout24 steht bei allen untersuchten Portallösungen eine Suchfunktionalität zur Verfügung. Hierbei handelt es sich meist um eine Volltextsuche über alle Webseiten hinweg. Jedoch sehen die Anbieter die Suchfunktionalität meist als nachgeordnete Lösung an, falls der Kunde die benötigten Informationen über die Navigationsmenüs nicht finden kann. Umfangreiche Usability-Tests sollen sicherstellen, dass Aufbau und Navigation der Webseite intuitiv zu bedienen sind. Weiterhin optimieren alle Fallstudienpartner ihre Webseiten im Rahmen des Suchmaschinenmarketings für das Ranking in den Ergebnislisten externer Suchmaschinen. Diese Optimierung für die organische Suche wird durch den Zukauf von Anzeigen (z.B. Google AdWords) ergänzt.

3.8.3 Herausforderungen

In den untersuchten Fallstudien konnten Herausforderungen bei den Unternehmen in den folgenden Bereichen identifiziert werden: Produkteigenschaften, Prozessintegration, Kanalintegration sowie (technische) Umsetzung (s. Tabelle 3-17). Diese werden im Folgenden näher beschrieben:

- *Produkt.* Bei allen untersuchten Internetportalen stellt die Komplexität eines Produktes die kritische Herausforderung bei der Umsetzung von Internet Self-Services dar. Bei mamax wurden Riester-Renten-Produkte aus diesem Grund online nicht mehr weitergeführt. Die PostFinance fokussiert ihr Online-Produktportfolio primär auf einfache, standardisierte Produkte aus den Bereichen Sparen und Zahlungsverkehr. Komplexe Vorsorge- und Finanzierungsprodukte sind nicht über Internet Self-Services abgebildet. Bei FinanceScout24 werden diese Produkte nicht über das Internet, sondern den eigenen Aussendienst vertrieben. Die Fallbeispiele der Basler und mamax zeigen, dass die Komplexität von Produkten bereits bei deren Entwicklung Berücksichtigung findet und eine Komplexitätsreduktion für den Internetvertrieb vorgenommen wird (z.B. durch die Eliminierung komplexitätssteigernder Parameter).

Als weitere Produkteigenschaft muss aus Kosten-/Nutzenüberlegungen heraus eine hohe Transaktionshäufigkeit gegeben sein. In den untersuchten Fallstudien gilt dies sowohl für einfache als auch komplexe Produkte. Einfache Produkte, die zwar leicht online abgebildet werden könnten, aber gleichzeitig keine grosse Nachfrage haben, werden nicht als Self-Services angeboten. Bei der Basler Versicherungen ist dies z.B. bei der Jagdhaftpflicht oder der Wohnwagenversicherung der Fall. Comparis bietet Vergleiche für komplexe Produkte (z.B. Hypotheken und Lebensversicherung) aufgrund der geringen Nachfrage nicht mehr an.

- *Prozess.* Als weiterer Problembereich kann eine mangelnde Integration von Online- und Offline-Prozessen identifiziert werden. Oftmals wird an bestehende Prozesse lediglich ein *„Self-Service Frontend"* aufgesetzt, die dahinter liegenden Abläufe bleiben jedoch unverändert. Dadurch können die Potenziale von Self-Services zu einer effizienten Prozessgestaltung im Sinne eines *„Straight Through Processing"* nicht vollständig genutzt werden. Charakteristisch für diese mangelnde Prozessintegration sind Medienbrüche und lange Durchlaufzeiten. In den betrachteten Fallstudien gilt dies für Basler Versicherungen und PostFinance, d.h. Unternehmen, welche existierende Prozesse, um eine Self-Service Option erweitert haben. Gibt ein Kunde der Basler Versicherungen eine Adressänderung online ein wird diese im Servicecenter nochmals abgetippt und erst dann in das System übernommen. Ein ähnliches Beispiel in diesem Zusammenhang ist der Kontoeröffnungsprozess bei der PostFinance (s. Abbildung 3-5).

  Weiterhin sind in den Fallstudien Lücken bei der durchgängigen Abdeckung des Kundenprozesses zu erkennen. Dies gilt bei allen Fallstudien für die Phase des Kaufs, die in aller Regel eine Unterschrift des Kunden erfordert, was wiederum einen Wechsel in den Offline-Kanal notwendig macht. Auch andere Phasen des Kundenprozesses werden nicht abgedeckt. Bei der PostFinance stehen z.B. keine Serviceleistungen für Kunden in der Nachkaufphase zur Verfügung. Allerdings gibt es auch Unternehmen, die aufgrund ihres Geschäftsmodells bewusst nicht den gesamten Kundenprozess abdecken. Beispielsweise fokussiert Comparis primär auf die Information der Kunden in der Vorkaufphase, nicht auf die Abbildung der Kaufphase oder die Abwicklung von Transaktionen in der Nachkaufphase.

- *Kanal.* Der Internetvertrieb von Finanz- und Versicherungsprodukten erforderte in einigen der untersuchten Fallbeispiele den Aufbau weiterer Kanäle. mamax setzte anfangs ausschliesslich auf das Internet. Allerdings war die Abbruchquote so hoch, dass mamax ein Call Center aufbaute, um Kundenanfragen zu beantworten und Hilfestellung zu leisten. Bei FinanceScout24 erfolgte der Vertrieb von Produkten zunächst ebenfalls ausschliesslich online. Allerdings handelte es sich hierbei um einfache Produkte (z.B. KFZ-Versicherung). Als das Produktportfolio um komplexe Produkte (z.B. Lebensversicherung) erweitert wurde, erfolgte der Aufbau eines eigenen Aussendienstes für den Vertrieb dieser Produkte. Bei Basler Versicherungen, PostFinance und CosmosDirekt war die Einbettung des Internets in eine Multi-Kanalstruktur bereits von Anfang an gegeben. Comparis setzt ausschliesslich auf das Internet, vertreibt allerdings auch keine Produkte.

Die Integration des Internets in eine Multi-Kanalstruktur kann auch zu Konflikten führen. Bei der Basler wurde Kunden anfangs ein 10%-iger Preisnachlass auf den Abschluss einer Versicherung über das Internet gewährt. Dies sollte dazu dienen, die Kunden auf den kostengünstigeren Self-Service Kanal zu lenken. Dieser Preisnachlass wurde allerdings aufgrund des Widerstands des Aussendiensts abgeschafft, so dass aktuell auf allen Kanälen die gleichen Preise gezahlt werden. Bei der PostFinance ist die Verantwortung für den Self-Service Kanal organisatorisch in der Einheit „E-Channel" gebündelt, welche die Kanalsicht betreut. Auch hier gibt es potenzielle Konfliktstellen zu den Bereichen Produktmanagement und Marketing. Anreize für Kunden, Internet Self-Services zu nutzen, sind aber dennoch vorhanden. Beispielsweise erhalten Kunden der PostFinance auf das Sparkonto „Deposito" 1,5% Zinsen, der Zinssatz der Online-Variante „E-Deposito" beträgt hingegen 3%. Die Fallstudien zeigen, dass die Kanalkonflikte bei den Anbietern, bei denen es keinen Aussendienst gibt bzw. bei denen der Aussendienst erst aufgebaut wurde, nachdem es den Internetkanal bereits gab, weniger stark ausgeprägt bzw. nicht vorhanden sind.

- *Umsetzung*. Die Sicherstellung der Benutzerfreundlichkeit ist bei allen untersuchten Fallbeispielen von grosser Bedeutung. Hierzu werden Usability-Tests meist unter Zuhilfenahme externer Dienstleister durchgeführt, welche das Verhalten ausgewählter Nutzer unter Laborbedingungen analysieren (z.B. mit Hilfe von Videoaufnahmen oder Blickbewegungsdaten). Weiterhin werden in diesem Zusammenhang Klickpfade ausgewertet, um zu sehen, ob es Stellen gibt, an denen die Abbruchquote hoch ist. Bricht ein Nutzer bei CosmosDirekt einen Kaufvorgang ab, erfolgt direkt die Weiterleitung zu einem Feedbackformular, bei dem der Nutzer die Gründe für den Abbruch angeben kann. Bei mamax ist die benutzerfreundliche Gestaltung des Warenkorbs aktuell eine grosse Herausforderung. Dieser bietet eine Vielzahl unterschiedlicher Kombinationsmöglichkeiten an, die die Nutzer nicht wahrnehmen. Daher sollen in Zukunft nur noch ausgewählte Standardkombinationen angeboten werden.

  Auch die systemtechnische Umsetzung der Self-Service Plattformen ist bei einigen Fallstudien mit Herausforderungen verbunden. Die grössten Probleme sind bei den Unternehmen vorhanden, die ihre bestehende Systemlandschaft um einen Internetkanal erweitert haben. Entweder musste dort die Grossrechnerumgebung mit den Internettechnologien integriert oder aber es mussten die bereits vorhandenen Anwendungsmodule neu programmiert werden. Bei mamax hat die Integration der Angebotsrechner auf der Webseite mit dem Bestandsführungssystem auf dem Host ein Jahr in Anspruch genommen. Bei der Basler wurden die Rechenkerne der Hosts für den Einsatz in den E-Business-Applikationen neu entwickelt. Vergleichsweise unproblematisch ist dieser Bereich hingegen bei Comparis und FinanceScout24, da die Systeme dort programmiert werden konnten, ohne sich an Legacy-Applikationen orientieren zu müssen.

Problembereich	Problembeschreibung	Basler Versicherungen	Post Finance	Cosmos Direkt	mamax	Comparis	Finance Scout24
Produkt	Produktkomplexität schränkt Self-Service Fähigkeit ein	●	●	●	●	●	●
	Geringe Transaktionshäufigkeit wirkt nachteilig auf Investitionen	●	●	●	●	◑	◑
Prozess	Mangelnde Integration von Online- und Offline-Prozessen	●	●	○	○	○	○
	Lücken in der durchgängigen Abdeckung des Kundenprozesses	◑	◑	◑	◑	◑	◑
Kanal	Unterstützung von Internet Self-Services durch zusätzliche Kanäle	◑	◑	◑	●	○	●
	Konflikte zwischen Internet Self-Services und anderen Kanälen	●	◑	○	○	○	○
Umsetzung	Sicherstellung der Usability der Webseite	◑	◑	◑	●	◑	◑
	Herausforderungen in der Integration der Systeme	◑	◑	◑	●	○	○

Legende: ○ Kein Problem ◑ Mittleres Problem ● Grosses Problem

Tabelle 3-17: Herausforderungen in den untersuchten Fallbeispielen

3.9 Zusammenfassung

Die Fallstudien in Kapitel 3 zusammen mit den theoretischen Grundlagen in Kapitel 2 bilden den Ausgangspunkt für die Ableitung der Ergebnistypen auf den Ebenen Strategie, Prozesse und Systeme in den folgenden Kapiteln. Alle Fallstudien sind der Finanzdienstleistungsbranche entnommen, weisen jedoch unterschiedliche Schwerpunkte auf. Basler Versicherungen und PostFinance haben ihre bestehenden Kanäle um das Internet erweitert. CosmosDirekt und mamax setzen ausschliesslich auf eine Direktvertriebsstrategie. Comparis und FinanceScout24 hingegen sind Unternehmen der New Economy, deren Geschäftsmodelle durch das Internet überhaupt erst möglich wurden.

Bei keiner der betrachteten Fallstudien konnte eine umfassende Abdeckung des Kundenprozesses identifiziert werden. Bei einigen Anbietern ist diese Fokussierung auf einzelne Prozessphasen Bestandteil der Strategie (z.B. Comparis), andere Unternehmen wollen diese Lücken in der Kundenprozessabdeckung zukünftig schliessen (z.B. PostFinance). Die grössten Lücken bestehen hierbei in der Phase des Vertragsabschlusses. Dies ist auch vor dem Hintergrund rechtlicher Restriktionen zu sehen, da insbesondere für erklärungsbedürftige Produkte die Unterschrift eines Kunden unumgänglich ist. Der Einsatz von Technologien zur digitalen Signatur könnte auch diese Kundenprozessphase vollständig in den virtuellen Markt überführen. Allerdings fehlt die dazu notwendige Infrastruktur.

Der Funktionalitätsumfang der Portallösungen ist in den Fallbeispielen unterschiedlich ausgeprägt. Zum Standard gehören Produkt- und Unternehmensinformationen, interaktive Elemente (z.B. Angebots- und Vergleichsrechner), Datenschutzerklärungen oder eine produktorientierte Navigation. Hingegen werden die Bereiche Collaboration, Community und Personalisierung in den untersuchten Fallbeispielen gar nicht oder nur vereinzelt abgedeckt. Dies wird von den Unternehmen mit den speziellen Gegebenheiten in der Finanzdienstleistungsbranche begründet. Bspw. wollen die Fallstudienpartner durch den Verzicht auf Personalisierungsoptionen den Kunden Anonymität gewähren, welche bei den Kunden in der Informations- und Evaluationsphase geschätzt wird.

Die grössten Herausforderungen bei den untersuchten Portallösungen können vier Kategorien zugeordnet werden: Produktmerkmale, Prozessintegration, Kanalintegration und technische Umsetzung. Auf der Produktebene sind die Komplexität sowie die Transaktionshäufigkeit ausschlaggebend für die Self-Service Fähigkeit. Bei der Gestaltung der Prozesse müssen insb. die Integration von Online- und Offline-Aktivitäten sowie die vorhandenen Lücken in der Abdeckung des Kundenprozesses berücksichtigt werden. Im Bereich des Kanalmanagements sind die Einbindung zusätzlicher Kanäle sowie die Vermeidung von Konflikten zwischen den Kanälen wesentliche Herausforderungen. Bei der (systemtechnischen) Umsetzung von Internet Self-Services stellen die Usability der Webseite sowie die Integration mit bereits vorhandenen Applikationen die grössten Problembereiche dar.

4 Strategische Gestaltungselemente

Dieses Kapitel untersucht die Gestaltungselemente, welche bei der Entwicklung einer Self-Service Strategie zu berücksichtigen sind. Zunächst erfolgt eine Identifikation und Analyse möglicher Geschäftsmodelle (s. Abschnitt 4.1). Aufbauend darauf werden die Faktoren der Self-Service Fähigkeit evaluiert, welche zur Umsetzung dieser Geschäftsmodelle erforderlich sind (s. Abschnitt 4.2). Im Anschluss daran findet eine Analyse des Vertrauensaufbaus in elektronischen Kundenbeziehungen als weiteres Element der strategischen Betrachtung statt (s. Abschnitt 4.3). Eine Zusammenfassung der identifizierten Handlungsoptionen erfolgt in Abschnitt 4.4.

4.1 Analyse möglicher Geschäftsmodelle

4.1.1 Strategische Grundmuster

Ausgangspunkt der folgenden Betrachtung ist die Analyse der strategischen Ausrichtungen, die durch Internet Self-Services verfolgt werden können [Albers et al. 2000; Skiera/Lambrecht 2000; Scheer/Loos 2002]. Untersucht man zunächst die klassische Wertschöpfungskette, so lassen sich drei relevante Akteure identifizieren (s. Abbildung 4-1):

- Ein *Leistungsanbieter* steht am Beginn jeder Wertschöpfungskette. Dieser entwickelt Produkte und/oder Dienstleistungen und bietet diese zum Verkauf an. Leistungsanbieter sind z.B. Banken oder Versicherungen.
- Ein *Intermediär* deckt ein oder mehrere Stufen der Wertschöpfungskette zwischen Anbieter und Abnehmer ab. Er übernimmt hierbei eine Absatzmittlerfunktion (z.B. Vertreter oder Makler in der Versicherungsbranche).
- Der *Leistungsabnehmer* steht am Ende der Wertschöpfungskette und erwirbt die Produkte und/oder Dienstleistungen des Leistungsanbieters.

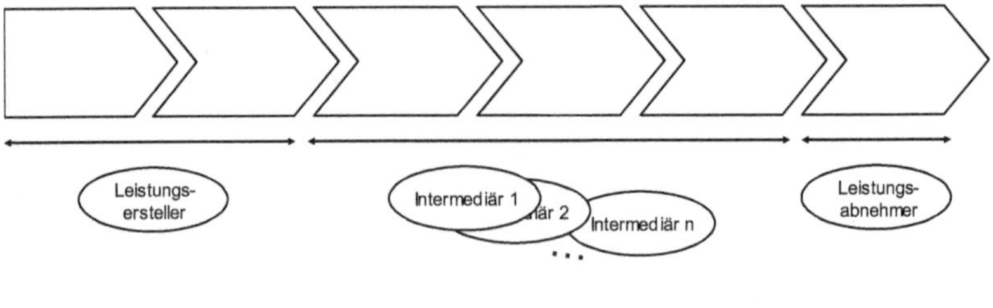

Abbildung 4-1: Akteure der Wertschöpfungskette

Eine Betrachtung der Wertschöpfungskette zeigt, dass im Bereich Internet Self-Service drei grundlegende strategische Stossrichtungen verfolgt werden können (s. Tabelle 4-1):

- *Ergänzung.* Internet Self-Service kann lediglich als Ergänzung der bestehenden Interaktionsstrukturen genutzt werden. Die grundlegende Konfiguration der Wertschöpfungskette bleibt dabei erhalten. Beispiele hierfür sind Basler Versicherungen oder PostFinance, welche ihre bestehenden Kundeninteraktionspunkte um Internet Self-Services erweitern.

- *Disintermediation.* Internet Self-Service kann dazu eingesetzt werden, die bestehenden Strukturen der Wertschöpfungskette zu ändern und Intermediäre zu substituieren. Dies wird als Disintermediation bezeichnet und ist definiert als *„process of removing the middleman from a transaction"* [Garven 2002, 109]. Beispiele für Disintermediation sind CosmosDirekt und mamax, welche durch den Einsatz von Internet Self-Service klassische Aussendienststrukturen umgehen.

- *Reintermediation.* Im Gegensatz zur Disintermediation entstehen im Rahmen der Reintermediation durch den Einsatz von Internet Self-Services neue Akteure entlang der Wertschöpfungskette [s. Negroponte 1997]. Beispiele hierfür sind Comparis oder FinanceScout24, welche erst durch Internet Self-Services entstanden sind und eine Erweiterung der klassischen Wertschöpfungskette darstellen.

Die Wechselwirkungen zwischen Disintermediation und Reintermediation werden auch als *„Disinteremediation"* bezeichnet [Saffo 1998]. Dies beschreibt das Phänomen, das durch den Einsatz von Informationstechnologie zwar bestehende Akteure der Wertschöpfungskette eliminiert werden können, damit aber gleichzeitig Chancen für das Entstehen neuer Akteure verbunden sind. Dies wird dadurch ermöglicht, dass der Einsatz von Informationstechnologie Transaktionskosten senkt und somit andere bzw. neue Transaktionsarten möglich werden.

	Grundmuster		
	Ergänzung	**Disintermediation**	**Reintermediation**
Veränderung der Wertschöpfungsarchitektur?	Nein	Ja	
Auswirkung	Internet Self-Service *ergänzt* bestehende Kundeninteraktionsstrukturen	Internet Self-Service führt zur *Substituierung* von Intermediären	Internet Self-Service führt zum *Entstehen* neuer Intermediäre
Beispiele	Basler Versicherungen, PostFinance	CosmosDirekt, mamax	Comparis, FinanceScout24

Tabelle 4-1: Strategische Grundmuster von Internet Self-Services

4.1.2 Elemente von Geschäftsmodellen

Basierend auf den identifizierten generischen Optionen des Internet Self-Service können unterschiedliche Ansätze für Geschäftsmodelle entwickelt werden. Ein Geschäftsmodell ist hierbei durch drei konstituierende Merkmale gekennzeichnet [vgl. Österle 1996; Timmers 1998; Alt/Zimmermann 2001; Müller-Stewens/Lechner 2001; Stähler 2001; Weill/Vitale 2001; Scheer et al. 2003; Breuer 2004, 32ff; Cao/Chai 2004, 4089f]:

(1) Erstellung einer Leistung, die für Abnehmer bzw. Geschäftspartner einen Mehrwert darstellt („*value proposition*“), d.h. welchen *Nutzen* stiftet das Unternehmen?

(2) Konfiguration der Wertschöpfungsstufen, Einbindung von Intermediären und deren Rolle im Rahmen der Wertschöpfung, d.h. wie ist die *Architektur* der Wertschöpfungskette gestaltet?

(3) Generierung von Erlösen, d.h. wie bzw. womit verdient ein Unternehmen Geld (= *Ertragsmodell*)?

Aus einer Analyse der Fallstudien in Kapitel 3 und einer Literaturanalyse [vgl. z.B. Holzheu et al. 2000, 14f; Skiera/Lambrecht 2000; Köhne 2003, 31f; Breuer 2004, 69ff] können aus diesen konstituierenden Merkmalen folgende Fragestellungen zur Untersuchung internetbasierter Geschäftsmodelle in der Finanzdienstleistungsbranche abgeleitet werden:

- *Produktgeber.* Handelt es sich um einen *Produktgeber*, d.h. entwickelt und vertreibt das Unternehmen eigene Finanz- und Versicherungsprodukte?
- *Ausschliesslichkeit.* Werden ausschliesslich die *eigenen* Produkte des Produktgebers verkauft oder wird auch eine Vermittlerfunktion für *andere* Produktgeber übernommen?
- *Preis.* Gibt es *Preisanreize* für den Internetkanal, die die Kunden gezielt zur Nutzung von Self-Services motivieren sollen?
- *Kanaleinbindung.* Ist Internet Self-Service eine *Erweiterung* oder ein *Substitut* für andere Kanäle?
- *Einnahmequellen.* Verdient ein Unternehmen durch *Produkte* (z.B. Verkauf von Finanzprodukten), *Kontakte* (z.B. Weiterleitung von Leads) oder *Informationen* (z.B. Verkauf von Nutzerprofilen) Geld?

Die Beantwortung dieser Fragestellungen führt zur Ableitung folgender Geschäftsmodelle, die in Tabelle 4-2 anhand der Fallbeispiele illustriert werden:

- *Vertriebsunterstützung.* Hierbei handelt es sich um einen Produktgeber, der ausschliesslich eigene Produkte verkauft. Der Vertrieb erfolgt über eine Reihe von Kanälen (z.B. Vertreter, Filiale oder Telefon). Die Einnahmequelle stellt der Verkauf von Finanzprodukten dar. Der Nutzen von Internet Self-Services besteht bei diesem Geschäftsmodell darin, dass den Kunden ein zusätzlicher Interaktionskanal zur Verfügung steht, auf den sie zu jeder Zeit von (fast) überall aus zugreifen können. Die Nutzung von Self-Services ist jedoch nicht mit Preisanreizen verbunden. Dieses Geschäftsmodell trifft auf die Basler Versicherungen zu.
- *Internetvertrieb.* Dieser Ansatz ist dem Geschäftsmodell der Vertriebsunterstützung sehr ähnlich. Der Unterschied besteht darin, dass den Kunden Preisanreize für

die Nutzung der Internet Self-Services angeboten werden. Somit wirkt der Internetkanal nicht nur vertriebsunterstützend, sondern die Nutzer werden aktiv auf diesen Kanal gelenkt. Dieser Ansatz wird von der PostFinance verfolgt.

- *Direktvertrieb*. Dieses Geschäftsmodell zeichnet sich dadurch aus, dass ein Produktgeber seine Produkte ausschliesslich über Kanäle vertreibt, die direkt zum Kunden führen. In der Regel sind dies Telefon und Internet, aber auch Fax, E-Mail oder Brief. Ein persönlicher Kontakt mit dem Nutzer über physisch-reale Interaktionspunkte findet nicht statt (z.B. Aussendienst oder Filialen). Die Einsparungen durch diesen Verzicht auf persönliche Interaktionsstrukturen geben die Direktversicherer als Nutzen an die Kunden in Form von Preisreduktionen und/oder einen grösseren Leistungsumfang weiter [Blase/Juls 2003, 66]. Eine weitergehende Preisdifferenzierung unter den Direktvertriebskanälen findet nicht statt. Die Charakteristika dieses Geschäftsmodells finden sich bei CosmosDirekt wieder.

- *Internet-Direktvertrieb*. Die Bestandteile dieses Geschäftsmodells stimmen grösstenteils mit dem Direktvertriebsansatz überein. Der Unterschied besteht darin, dass das Internet als einziger Direktvertriebskanal zum Einsatz kommt. Diesen Ansatz verfolgt die mamax. Dort steht der Telefonkanal nur zur Beantwortung von Kundenanfragen zur Verfügung. Der Vertrieb von Produkten erfolgt ausschliesslich über das Internet.

- *Aggregator*. Ein Aggregator (auch: Infomediary) verfügt über keine eigenen Produkte, sondern sammelt Informationen über die Produkte von Leistungsanbietern, analysiert diese, macht sie vergleichbar und stellt sie den Leistungsabnehmern zur Verfügung [Madnick/Siegel 2002]. Die Schaffung eines Mehrwerts durch die Analyse der Produktinformationen und die Herstellung der Vergleichbarkeit unterscheiden den Aggregator von einer Suchmaschine. Die Informationen kann sich der Aggregator sowohl von kooperierenden als auch nicht-kooperierenden Leistungsanbietern beschaffen. Diese Charakterisierung entspricht dem Geschäftsmodell von Comparis. Die Haupteinnahmequelle stellen die kooperierenden Leistungsanbieter dar, welche den Aggregator für die Generierung und Weiterleitung von Leads bezahlen.

- *Online-Makler*. Dieses Geschäftsmodell baut auf dem Ansatz des Aggregators auf und stellt den Kunden Vergleichsinformationen über die Produkte der Leistungsanbieter im Rahmen von Internet Self-Services zur Verfügung. Im Gegensatz zum Aggregator ist das Geschäftsmodell allerdings nicht auf eine Vermittlerfunktion beschränkt, sondern der Online-Makler deckt auch die Abschlussphase ab. Diesen Ansatz verfolgt FinanceScout24 indem Finanz- und Versicherungsprodukte mehrerer Produktgeber über Internet, Telefon und den eigenen Aussendienst vertrieben werden.

			Charakteristika	Wertschöpfungsarchitektur
Produktgeber	Ergänzung	Vertriebsunterstützung	• Anbieter des Internet Self-Service ist gleichzeitig Produktgeber • Vertrieb ausschliesslich eigener Produkte • Gleiche Preise auf allen Kanälen • Internet Self-Service als zusätzlicher Vertriebsweg • Produktverkauf als Erlösquelle	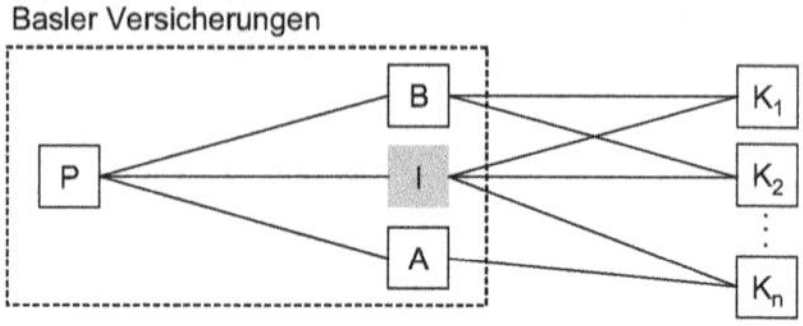
		Internetvertrieb	• Anbieter des Internet Self-Service ist gleichzeitig Produktgeber • Vertrieb ausschliesslich eigener Produkte • Preisreduktion auf Internetkanal • Internet Self-Service als zusätzlicher Vertriebsweg • Produktverkauf als Erlösquelle	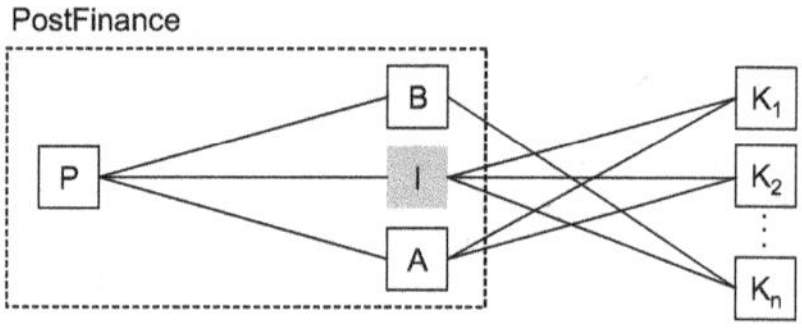
	Disintermediation	Direktvertrieb	• Anbieter des Internet Self-Service ist gleichzeitig Produktgeber • Vertrieb ausschliesslich eigener Produkte • Gleiche Preise auf allen Kanälen • Internet Self-Service als zusätzlicher Vertriebsweg • Produktverkauf als Erlösquelle	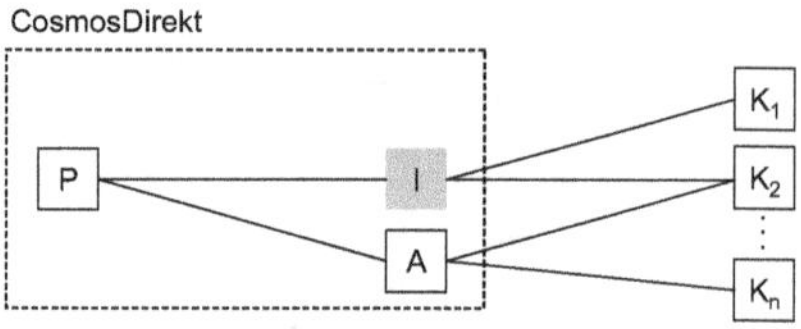
		Internet-Direktvertrieb	• Anbieter des Internet Self-Service ist gleichzeitig Produktgeber • Vertrieb ausschliesslich eigener Produkte • Internet Self-Service als ausschliesslicher Vertriebsweg • Produktverkauf als Erlösquelle	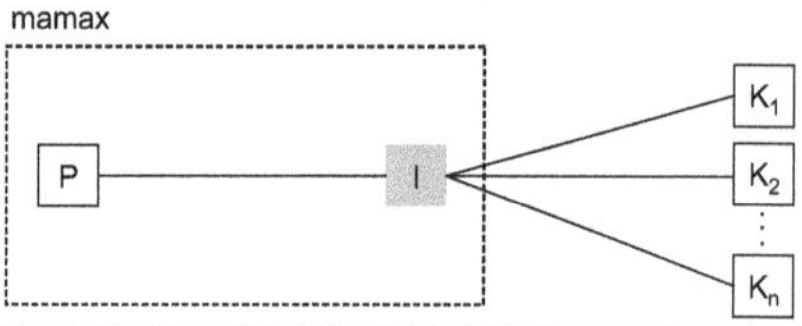
Intermediär	Reintermediation	Aggregator	• Anbieter des Internet Self-Service ist kein Produktgeber • Vergleich von Angeboten mehrerer Produktgeber • Kundeninteraktion ausschliesslich über Internet Self-Service • Kontaktvermittlung als Erlösquelle	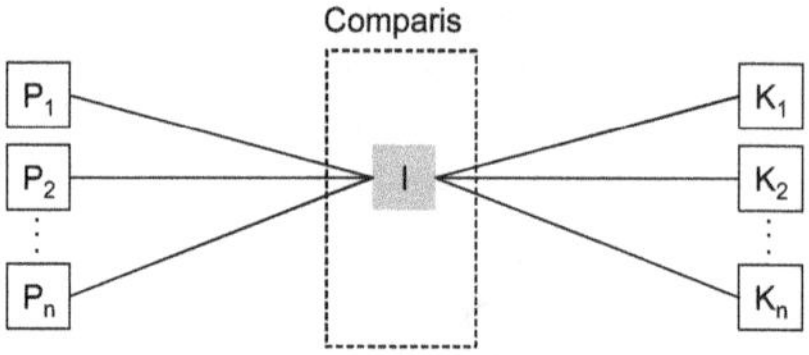
		Online-Makler	• Anbieter des Internet Self-Service ist kein Produktgeber • Vergleich von Angeboten mehrerer Produktgeber • Internet Self-Service als zusätzlicher Vertriebskanal • Kontaktvermittlung und Produktverkauf als Erlösquellen	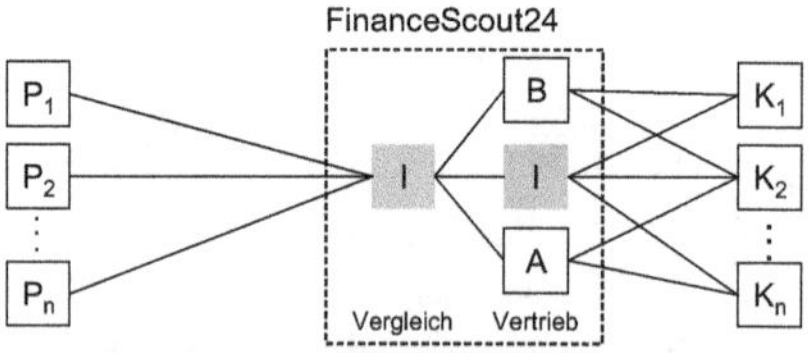

Legende

P Produktgeber	I Internet Self-Service	A Andere Kanäle (d.h. Fax, E-Mail, Telefon, Brief)
K Kunde	B Berater (d.h. persönlicher Kontakt)	Betrachtetes Unternehmen

Tabelle 4-2: Charakterisierung von Internet Self-Service Geschäftsmodellen

Basierend auf den generischen Optionen „Ergänzung“, „Disintermediation“ und „Reintermediation“ können im Rahmen der Fallstudienanalyse sechs konkrete Geschäftsstrategien zur Gestaltung von Internet Self-Services identifiziert werden. Hierbei handelt es sich jedoch nicht um eine abschliessende Liste möglicher Geschäftsmodelle. Die Charakteristika der Wertschöpfungsarchitektur lassen weitere Kombinationsmöglichkeiten zu, auf welche in der Fallstudienanalyse ebenfalls Hinweise gefunden wurden. Allerdings werden diese Möglichkeiten von keinem der Fallstudienpartner umgesetzt. Beispiele für diese weiteren Ansätze sind:

- *Kombination von Produktgeber und Aggregator*. In den Fallstudien vertreiben Produktgeber ausschliesslich ihre eigenen Produkte. Umgekehrt streben die Intermediäre nicht die Entwicklung eigener Produkte an. Eine Kombination bzw. Vermischung beider Rollen wird von keinem Fallstudienpartner als strategische Option angesehen. Allerdings gibt es Unternehmen, die diesen Ansatz verfolgen. Ein Beispiel hierfür ist der Internet Self-Service Insurance Lab der Credit Suisse. Dieser Service bietet Nutzern die Möglichkeit, neben den eigenen Lebensversicherungsangeboten der Credit Suisse auch die Produkte *„führender Gesellschaften“* [Credit Suisse 2006] zu vergleichen. Ein ähnliches Konzept verfolgt die Credit Suisse im Bereich Anlagefonds mit dem Online Service Fund Lab, der ebenfalls Angebote von Drittanbietern im Produktportfolio hat.
- *Verkauf von Informationen als Erlösquelle*. Bei diesem Ansatz werden Erlöse primär über den Verkauf persönlicher Daten (z.B. Adressdaten oder Nutzerprofile) generiert. Beispielsweise vermarktet der Preisvergleichsdienst *BizRate.com* aggregierte Marktforschungsdaten der Nutzer [Kuhlins/Müller 2003]. Der Online-Supermarkt *Peapod* erhebt u.a. Daten darüber, welche Produkte von den Kunden angesehen, aber nicht gekauft werden und verkauft diese Informationen an Produkthersteller, wie z.B. Procter & Gamble oder Unilever [Schwartz 1999; Skiera/Lambrecht 2000].

Diese Geschäftsstrategien werden von den Fallstudienpartnern nicht verfolgt, da sie insb. unter Berücksichtigung der Rahmenfaktoren in der Finanzdienstleistungsbranche als problematisch eingeschätzt werden. Diese Auffassung ist durch wissenschaftliche Untersuchungen und Fallbeispiele belegt:

- *Mangelnde Neutralität und Transparenz*. Produktgeber, die gleichzeitig als Vermittler auftreten, wollen primär die Kunden ansprechen, die ansonsten zum Makler gehen würden, um dort eine unabhängige Beratung zu erhalten. Dies war auch ein Motiv der Credit Suisse für die Einführung von Insurance Lab bzw. Fund Lab [Strasser 2003, 45]. Allerdings zeigen die Fallstudien von Comparis und FinanceScout24, dass für eine glaubhafte Vermittlerfunktion die Neutralität des Vergleichsanbieters erfolgskritisch ist. Um diese Glaubwürdigkeit nicht zu gefährden, schliesst FinanceScout24 die Entwicklung und Aufnahme eigener Produkte in das

Portfolio aus. Diese Neutralität ist bei Produktgebern nicht gegeben bzw. ist es für diese schwer, Zweifel der Kunden an der Neutralität auszuräumen (insb. vor dem Hintergrund, dass der Produktgeber ein wirtschaftliches Interesse hat, seine eigenen Produkte zu verkaufen). Manipulationsmöglichkeiten ergeben sich bei der Bestimmung der Kriterien, nach denen der Produktgeber Anbieter für die Vergleichsübersicht selektiert. [Blase/Juls 2003, 92]. Hier könnten z.B. kostengünstige Direktanbieter bewusst nicht in den Vergleich aufgenommen werden [s. Strasser 2003, 46].

Das Finanzportal Moneyshelf der Deutschen Bank ist ein Beispiel für eine fehlgeschlagene Initiative die Rollen Produktgeber und Aggregator zu kombinieren. Kunden konnten über Moneyshelf nicht nur Produkte der Deutschen Bank, sondern auch Finanzlösungen von Drittanbietern erwerben. Das Angebot umfasste darüber hinaus „account aggregation", d.h. Kunden sollten über Moneyshelf die Konten verschiedener Finanzdienstleister verwalten können. Die Kundenakzeptanz blieb aus und der Self-Service wurde infolgedessen eingestellt. Ursprünglich sollten ca. 1,2 Mio. Kunden für das Finanzportal gewonnen werden. Jedoch haben sich nicht mehr als 50.000 Nutzer registriert [s. heise 2001].

- *Bedeutung der Privatsphäre in der Finanzdienstleistungsbranche.* Die Fallstudienergebnisse zeigen, dass die Generierung von Erlösen durch den Verkauf von Nutzerprofilen – insb. in der Finanzdienstleistungsbranche – sehr problematisch ist. Praktisch alle untersuchten Unternehmen verzichten sogar auf Personalisierungsoptionen, um den Kunden Anonymität einzuräumen. Eine Weitergabe von Nutzerprofilen erfolgt in keiner der untersuchten Fallstudien (obwohl hierfür z.B. bei Comparis schon mehrere Anfragen vorlagen). Eine wissenschaftliche Untersuchung der Erlösquellen von zwanzig Webseiten von [Skiera/Lambrecht 2000] kommt ebenfalls zu dem Ergebnis, dass nur bei lediglich drei Webseiten ein Verkauf von Informationen erfolgt.

Die Einführung des Dienstes Passport von Microsoft zielte darauf ab, die Vielzahl digitaler Identitäten eines Nutzers durch eine Single Sign On Lösung zu ersetzen. Microsoft wählte für den Aufbau eines solchen Meta-Directorys einen zentralistischen Ansatz: der Nutzer hinterlegt bei Microsoft einmal seine Daten und hat anschliessend Zugang zu allen beteiligten Diensten [s. Gergen 2003]. Aufgrund des (geplanten) Umgangs mit persönlichen Informationen der Nutzer (z.B. Weitergabe an Dritte) wurde in Europa von Datenschützern die Übereinstimmung des Microsoft Passport mit den Vorgaben der „European Data Privacy Directive" angezweifelt [Smith 2002]. Zudem musste Microsoft 2003 einräumen, dass aufgrund einer Sicherheitslücke die persönlichen Daten von 200 Millionen Kunden hätten kompromittiert werden können [Vance 2003]. Im Jahr 2004 stellte Microsoft den Passport-Dienst u.a. wegen mangelnder Kundenakzeptanz ein.

Die erläuterten Geschäftsmodelle sind dem Bereich B2C zuzuordnen. Im Bereich B2B sind noch weitere Ansätze möglich (z.B. Online-Risikomärkte oder Rückwärtsauktionen), welche allerdings nicht Bestandteil der Betrachtung der vorliegenden Arbeit sind [Holzheu et al. 2000, 16f].

4.2 Gestaltungsfaktoren der Self-Service Fähigkeit

Die Faktoren, welche über die Self-Service Fähigkeit eines Produkts entscheiden, werden auf der strategischen Ebene vorgegeben und müssen dann in den Prozessen und Systemen umgesetzt werden. In den Fallstudien haben sich diesbezüglich drei Bereiche als relevant herausgestellt:

- *Produkt.* Die Eigenschaften eines Produkts entscheiden über dessen Self-Service Fähigkeit. Diese ist ein strategischer Indikator dafür, ob bzw. unter welchen Rahmenbedingungen ein Produkt für den Internetvertrieb geeignet ist. Beispielsweise hat FinanceScout24 zunächst nur einfache Standardprodukte (z.B. KFZ-Versicherung) über das Internet vertrieben. Für den Vertrieb komplexer Produkte (z.B. Hypothek) erfolgte der Aufbau eines eigenen Aussendiensts. Die Basler Versicherungen nimmt Anpassungen an den Parametern bereits in der Produktentwicklungsphase vor, um den Vertrieb über Internet Self-Service zu ermöglichen bzw. zu erleichtern (z.B. kürzere Laufzeit).

- *Transaktion.* Die konkrete Ausgestaltung der Transaktionsabwicklung und deren Eigenschaften beeinflussen ebenfalls die Self-Service Fähigkeit. Beispielsweise verzichtet die Basler auf die Aufnahme der Jagdhaftpflicht- oder Wohnwagenversicherung in das Online-Produktportfolio, weil dort die nötige Transaktionshäufigkeit nicht gegeben ist, welche eine Investition rechtfertigen würde.

- *Nachfrager.* Die Eigenschaften der (potenziellen) Nachfrager nach Internet Self-Services (z.B. Erfahrung, Wissensstand oder Motivation) sind weitere Faktoren, die sich auf die Self-Service Fähigkeit auswirken. Bei mamax haben solche Überlegungen zu einer Fokussierung auf eine online-affine Zielgruppe geführt, da dort entsprechende Vorkenntnisse mit Internet Self-Services vorhanden sind.

Diese Gestaltungsfaktoren der Self-Service Fähigkeit werden in den folgenden Abschnitten näher erläutert.

4.2.1 Produkt

Folgende Eigenschaften beeinflussen den Internetvertrieb von Produkten:

- *Immaterialität.* Die Immaterialität von Finanzprodukten erhöht generell deren Komplexität, da die Kunden diese vor dem Kauf nicht sehen, berühren oder riechen können. Kunden nehmen Finanzdienstleistungen daher als komplex wahr, was deren Erklärungsbedarf erhöht [Mutter 2003, 31].

- *Laufzeit.* Die Laufzeit von Finanzprodukten variiert. Im Bereich Vorsorge und Anlegen ist diese in der Regel länger. Mit zunehmender Laufzeit steigt auch das Risiko des Leistungsabnehmers, da die Kapitalverluste bei vorzeitigem Austritt sehr gross sind [Schlaaff 2004, 10]. Mit steigendem Risiko sinkt gleichzeitig die Bereitschaft, Internet Self-Services zu nutzen. Die Basler adressiert das Risikoempfinden der Kunden dadurch, dass alle online angebotenen Versicherungsprodukte (ausser Lebensversicherungen) nur mit einer Laufzeit von einem Jahr angeboten werden.

- *Variantenanzahl.* Die Komplexität eines Produkts wird durch den Umfang an Datenparametern beeinflusst, welche vom Kunden zur Konfiguration des Produkts benötigt werden [Hobday 1998, 10]. Eine grosse Anzahl an Parametern resultiert in einer umfangreichen Variantenvielfalt. Bei den Produktgebern in den betrachteten Fallbeispielen führt dies dazu, dass komplexitätsreduzierende Modifikationen an den Produkten vorgenommen werden (z.B. Reduktion der Datenparameter).

- *Abschlussnotwendigkeit.* Bei einigen Finanz- und Versicherungsprodukten ist die Notwendigkeit diese zu besitzen höher ausgeprägt als bei anderen. Dadurch sind Leistungsabnehmer eher bereit bzw. „gezwungen“ sich damit auseinanderzusetzen. Dies kann am Beispiel von Comparis verdeutlicht werden. Dort ist die Nutzung der Vergleiche der Krankenkassengrundversicherung, die praktisch jeder abschliessen muss, sehr hoch. Hingegen interessieren sich für den Vergleich der Zusatzleistungen nur wenige Kunden.

- *Intensität rechtlicher Restriktionen.* In allen Experteninterviews mit den Fallstudienpartnern wurden rechtliche Rahmenbedingungen als ein limitierender Faktor angeführt. Diese können die Umsetzung von Produktinnovationen erschweren [vgl. Hobday 1998, 12]. Die Intensität rechtlicher Restriktionen variiert allerdings zwischen den einzelnen Finanzprodukten. So sind bspw. die regulatorischen Rahmenbedingungen bei Personenversicherungen umfangreicher als bei anderen Versicherungsarten.

4.2.2 Transaktion

Bei der Abwicklung von Transaktionen über das Internet können folgende Charakteristika unterschieden werden:

- *Volumen.* Je höher die mit der Transaktion verbundene Investmenthöhe ist, desto schwieriger ist die Umsetzung in Internet Self-Services. Das Beispiel PostFinance zeigt, dass Kunden für Transaktionen mit hoher finanzieller Reichweite die persönliche Beratung bevorzugen.

- *Frequenz.* Je häufiger und regelmässiger Kunden eine Transaktion durchführen, desto wahrscheinlicher nutzen sie dafür Internet Self-Services. Bei Finanzprodukten gibt es hierbei jedoch grosse Unterschiede. Typischerweise erfolgt die Zahlungsverkehrsabwicklung im Online Banking häufig und regelmässig, während der

Abschluss einer Hypothek oder Lebensversicherung ein einmaliges Ereignis im Kundenlebenszyklus darstellen kann. Somit ist die Erklärungsbedürftigkeit im Bereich Online Insurance tendenziell höher als beim Online Banking.

4.2.3 Nachfrager

Die Eigenschaften der Nachfrager beeinflussen die Gestaltungsfaktoren der Self-Service Fähigkeit ebenfalls:

- *Involvement.* Bei Finanzprodukten, insbesondere bei Versicherungen, handelt es sich um sog. „*Push-Produkte*" [Blase/Juls 2003, 66], d.h. das Bedürfnis der Kunden sich mit diesen Produkten auseinanderzusetzen ist gering ausgeprägt, da sie sich – zumindest teilweise – mit wenig erfreulichen Lebensumständen beschäftigen. Das geringe Involvement des Nutzers erschwert den Vertrieb von Finanzprodukten. Dies gilt insb. auch bei der Umsetzung in Internet Self-Services [Hobday 1998, 10].

- *Erfahrung.* Besitzt der potenzielle Abnehmer bereits Erfahrung mit Finanzprodukten und/oder dem Abschluss von Transaktionen über das Internet, so wirkt sich dies positiv auf die Self-Service Fähigkeit aus. Hierbei ist der initiale Abschluss die grösste Hürde. Die Möglichkeit des Abnehmers Erfahrung zu sammeln hängt auch mit der bereits weiter oben erläuterten Bedarfsfrequenz zusammen.

- *Sensibilität.* Einige Finanzprodukte benötigen äusserst sensible Daten. Als Beispiel kann hier die Lebensversicherung genannt werden, bei der u.a. Fragen nach der geistigen Verfassung beantwortet werden müssen. Die Produktgeber in den untersuchten Fallstudien sehen dies als grosse Hürde für die Umsetzung von Internet Self-Services an. Hinzu kommen generelle Sicherheitsbedenken von Kunden, solche sensiblen Daten über das Internet zu übermitteln.

4.2.4 Evaluationsraster

In Tabelle 4-3 sind die Gestaltungsfaktoren der Self-Service Fähigkeit in Form eines Evaluationsrasters zusammengefasst. Dieses Raster kann zur Bestimmung der Self-Service Fähigkeit von Produkten genutzt werden. Die Einordnung der Produkte KFZ- und Lebensversicherung wurde basierend auf den Diskussionen und Erfahrungswerten der Fallstudienpartner vorgenommen. Diese Einordnung vergleicht bewusst zwei sehr unterschiedliche Produkte. Die Lebensversicherung ist in allen Gestaltungsfaktoren auf der Negativseite des Evaluationsrasters angesiedelt, während die Gestaltungsfaktoren der KFZ-Versicherung mehrheitlich auf der Positivseite einzuordnen sind. Die Gemeinsamkeiten beschränken sich auf allgemeintypische Charakteristika von Versicherungen. Hierbei handelt es sich um Immaterialität, unregelmässige Bedarfsfrequenz sowie ein geringes Involvement der Kunden. Die Einordnung zeigt, dass KFZ-Versicherungen eine geringe Erklärungsbedürftigkeit aufweisen und die Self-Service

Fähigkeit somit gegeben ist. Bei der Lebensversicherung ist dies nicht der Fall. Als Konsequenz können Internet Self-Services bei KFZ-Versicherungen als Substitut für andere Kanäle angesehen werden, während diese bei Lebensversicherungen lediglich komplementär zu anderen Kanälen (insb. persönliche Beratung) einzusetzen sind. Diese Einordnung in das Evaluationsraster kann für beliebige andere Produkte vorgenommen werden und hat somit Referenzcharakter.

Faktoren		**Auswirkung auf Self-Service**					
		Positiv			**Negativ**		
Produkt	*Immaterialität*	Nein			Ja	KV	LV
	Laufzeit	Kurz	KV		Lang		LV
	Datenumfang	Gering	KV		Hoch		LV
	Abschlussnotwendigkeit	Vorhanden	KV		Nicht vorhanden		LV
	Intensität rechtlicher Restriktionen	Gering	KV		Hoch		LV
Trans-aktion	*Transaktionsvolumen*	Niedrig	KV		Hoch		LV
	Bedarfsfrequenz	Regelmässig			Unregelmässig	KV	LV
Nach-frager	*Involvement*	Hoch			Gering	KV	LV
	Erfahrung	Hoch	KV		Gering		LV
	Sensibilität	Gering	KV		Hoch		LV
		Ergebnis					
		Self-Service Fähigkeit gegeben, geringe Erklärungsbedürftigkeit			Self-Service Fähigkeit eingeschränkt, hohe Erklärungsbedürftigkeit		
		Konsequenz					
		Self-Service als *Substitut*			Self-Service als *Komplement*		

Legende
KV: KFZ-Versicherung
LV: Lebensversicherung

Tabelle 4-3: Evaluationsraster zur Bestimmung der Self-Service Fähigkeit

4.3 Vertrauen in elektronischen Kundenbeziehungen

Der Aufbau von Vertrauen ist insbesondere in der Finanzdienstleistungsbranche ein entscheidender Faktor, da u.a. aufgrund der langen Laufzeit einiger Finanzprodukte das Risiko sehr hoch ist. Fehlendes Vertrauen in den Kanal und/oder Anbieter sind häufig Gründe, warum Kunden Self-Services nicht in Anspruch nehmen [Hoffman et al. 1999]. Die Fallstudien sowie wissenschaftliche Untersuchungen zeigen unterschiedliche Möglichkeiten zum Aufbau von Vertrauen in elektronischen Kundenbeziehungen auf.

4.3.1 Unternehmen

Vertrauen kann zunächst durch das Unternehmen selbst erzeugt werden. In diesem Kontext kommt dem Kommunikationskonzept, welches integraler Bestandteil eines jeden Geschäftsmodells ist, eine entscheidende Bedeutung zu [Bieger et al. 2002, 51f].

Vertrauen wird hierbei durch die Marke aufgebaut, da diese die Schnittstelle zwischen Kunde und Unternehmen darstellt [vgl. Lau/Lee 1999; Jevons/Gabbott 2000; McKnight et al. 2000; Shankar et al. 2002]. Gerade im Bereich Self-Service wird der Markenstrategie aufgrund der fehlenden persönlichen Interaktion mit den Kunden eine Schlüsselrolle zugesprochen [Miszori 2001, 39]. Alle untersuchten Fallbeispiele haben sich bei ihren Markeneinführungsstrategien auch mit deren Vertrauenswirkung beschäftigt. Beim Aufbau der Marken lassen sich aus den Fallstudien folgende Strategien ableiten, welche auch in der Literatur als Prototypen für die Markteinführung von Internet Self-Services gelten [Köhne/Ringel 2002; Schlaaff 2004]:

- *Dachmarkenstrategie.* Dieser Ansatz wurde von Basler Versicherungen, PostFinance und CosmosDirekt gewählt. Hier werden alle Aktivitäten eines Finanzdienstleisters unter einer Marke zusammengefasst. Das bereits bestehende Vertrauen und der Bekanntheitsgrad der Offline-Marke werden so auf die Online-Aktivitäten übertragen. Dies ist in aller Regel kostengünstiger als der Neuaufbau einer Online-Marke. Ein Nachteil sind allerdings verstärkte Kanalkonflikte, die sich aus der Bündelung von Online- und Offline-Aktivitäten unter einer Marke ergeben können.

- *Einzelmarkenstrategie.* Bei dieser Strategie wird eine Marke entweder komplett neu aufgebaut (s. Comparis) oder als Tochtergesellschaft eines bereits bestehenden Finanzdienstleisters eingeführt (s. mamax). Die Investitionen hierfür sind höher, allerdings können durch die separate Positionierung der Aktivitäten im Bereich Internet Self-Services Konflikte mit anderen Kanälen weitgehend vermieden werden.

- *Markenfamilienstrategie.* Kennzeichnend für diesen Ansatz ist, dass die einzelnen Mitglieder vom Aufbau einer starken Marke und gleichzeitig einer klaren Positionierung innerhalb der Markenfamilie profitieren. Nachteile können dadurch entstehen, dass Synergien in der Kundenbearbeitung (z.B. Cross- und Up-Selling) nicht genutzt werden. FinanceScout24 ist Bestandteil der Scout24-Gruppe, welche thematisch in unterschiedliche „*Verticals*" gegliedert ist. Bei diesem Ansatz profitiert die Etablierung und Bekanntheit der Marke „FinanceScout24" von den Marketingaufwendungen der Scout24 Holding für die Dachmarke sowie für die einzelnen Töchter. Nach Branchenschätzungen hatten ImmobilienScout24 und AutoScout24 in den Jahren 1999 und 2000 bereits insgesamt ca. 14 Mio. EUR für Fernsehwerbung ausgegeben. Diese Aufwendungen haben den Markteintritt von FinanceScout24 im Jahre 2000 positiv beeinflusst. Noch im selben Jahr war FinanceScout24 der populärste Internetvergleichsdienst im Bereich Finanzen mit einem Bekanntheitsgrad von ca. 30% aller Online-User [s. Blase/Juls 2003, 79].

	Strategie		
	Dachmarke	**Einzelmarke**	**Markenfamilie**
Beschreibung	Bündelung von Offline- und Online-Aktivitäten unter einer Marke	Aufbau einer separaten Marke für Aktivitäten im Bereich Internet Self-Service	Self-Service Aktivitäten als Bestandteil einer Markenfamilie
Vorteile	• Vertrauensaufbau im Internet durch Nutzung einer bereits bestehenden Marke • Kostengünstiger als Aufbau einer neuen Marke	• Klare Positionierung der Self-Service Aktivitäten • Vermeidung potenzieller Kanalkonflikte	• Nutzung von Synergien der Dachmarke bei gleichzeitig klarer Positionierung der Bestandteile der Markenfamilie
Nachteile	• Mögliche Kanalkonflikte durch die Integration aller Aktivitäten in einer Marke	• Vertrauen und Bekanntheitsgrad der Marke muss erst erworben werden • Aufbau einer zusätzlichen Marke teuer	• Mögliche Synergien bei der Kundenbearbeitung innerhalb der Markenfamilie werden nicht genutzt
Beispiele	Basler Versicherungen, PostFinance, CosmosDirekt	mamax, Comparis	FinanceScout24

Tabelle 4-4: Mögliche Markenstrategien (in Anlehnung an [Köhne/Ringel 2002])

4.3.2 Kunden

Einige Unternehmen setzen die eigenen Kunden als Vertrauensquelle ein. Dies kann am Beispiel von eBay illustriert werden. Dort können Kunden ihre Erfahrungen bei der Durchführung von Transaktionen hinterlegen und eine Bewertung bzw. Feedback dazu abgeben. Diese Informationen dienen wiederum als Indikator für andere Kunden bei der Beantwortung der Frage, ob es sich bei dem jeweiligen Verkäufer um einen seriösen Geschäftspartner handelt. Auf diese Weise können bei interessierten Kunden vorhandene Vertrauensbarrieren überwunden werden. eBay wird von Nutzern als die vertrauensvollste E-Commerce Webseite des Internets wahrgenommen, was u.a. auch auf den Einsatz solcher Verfahren zurückzuführen ist [TRUSTe 2004]. Diese Ansätze werden in der Literatur u.a. als „*Online Feedback Mechanism*“ [Dellarocas 2003] oder „*Collaborative Reputation Mechanism*“ [Zacharia et al. 2000] bezeichnet. Diesen Feedbackmechanismen wird grosse Wirksamkeit eingeräumt [Dellarocas 2003, 1408]. Sie sind bei einigen Self-Service Ansätzen sogar integraler Bestandteil des Geschäftsmodells (z.B. bei *citysearch.com*, eine Webseite, bei der Nutzer anderen Nutzern Informationen und Reviews u.a. zu Städten, Hotels oder Restaurants zur Verfügung stellen). Die Übertragbarkeit dieser Ansätze auf die Finanzdienstleistungsbranche ist aufgrund der bereits identifizierten Besonderheiten von Bank- und Versicherungsprodukten allerdings nur eingeschränkt möglich. Funktionalitäten in diesem Umfeld, welche Feedback-Systemen am nächsten kommen, sind Diskussionsforen und Kundenzufriedenheitsumfragen wie sie z.B. von Comparis angeboten bzw. durchgeführt werden.

4.3.3 Intermediär

Ein weiterer Weg für den Aufbau von Vertrauen ist die Einschaltung eines Intermediärs, welcher typischerweise gegen die Entrichtung einer Gebühr prüft, ob das Unternehmen allgemein anerkannte Richtlinien z.B. im Bereich Datenschutz, Privatsphäre und/oder Sicherheit einhält [Cook/Luo 2003]. Diese Zertifizierung wird in Form eines „*Trust Seals*“ auf der Webseite kommuniziert (s. Abbildung 4-2). Beispiele solcher Zertifizierungsinstanzen sind TRUSTe oder BBBOnLine. Die Verwendung von Trust Seals ist in keiner Fallstudie vorzufinden, da von den Unternehmen deren Wirksamkeit aufgrund der eingeschränkten Bekanntheit der Zertifizierungsinstanzen angezweifelt wird (s. Tabelle 3-16). Diese mangelnde Kundenwahrnehmung von Trust Seals ist auch durch wissenschaftliche Untersuchungen belegt [s. Moores 2005].

Abbildung 4-2: Beispiel für Trust Seal auf Dell.com

Zur Ergänzung der eigenen Marke setzen einige Anbieter (z.B. CosmosDirekt) auch auf die Vermarktung von Unternehmens- und Produktrankings renommierter Institutionen (z.B. Stiftung Warentest, Standard & Poor's). Dieser Ansatz ist dem Gedanken der Trust Seals ähnlich, jedoch gibt es hier keinen formalisierten Zertifizierungsprozess. Die Wirkung der Tests basiert vielmehr auf der Bekanntheit der testenden Organisation und dem Vertrauen in diese.

Rankings und Ratings bieten den Kunden erste Anhaltspunkte zur Orientierung im Entscheidungsprozess [vgl. Meyer 2005]. Allerdings handelt es sich in aller Regel um rein vergangenheitsbezogene Betrachtungen, die Rückschlüsse auf die zukünftige Entwicklung kaum zulassen. Weiterhin bleibt oftmals ungeklärt, nach welchen Kriterien die Bewertungen zustande kommen und ob diese dem Kunden überhaupt offen gelegt werden. Hierbei spielt auch die Interessenlage des Herausgebers der Ratings eine Rolle. Nicht jedes Ranking ist ausschliesslich für Kunden gedacht, sondern auch für andere Interessengruppen (z.B. professionelle Kapitalanleger). Zudem wird nicht jedes Ranking, das durchgeführt wird, veröffentlicht. Bei Assekurata, Standard & Poor's und Fitch werden bei bezahlten Ratings die Ergebnisse nicht veröffentlicht, wenn der Auftraggeber die Freigabe dafür nicht erteilt hat. Ein weiterer Kritikpunkt ist, dass Rankings einen „typischen" Kunden zugrunde legen, der dem Einzelfall nicht entspricht. Aus diesem Grund verzichtet die Basler auf die Kommunikation von Rankings auf ihren Webseiten. Hingegen rücken andere Unternehmen, wie z.B. CosmosDirekt oder mamax, die positiven Aspekte in den Vordergrund und nutzen diese in der Kundenkommunikation.

4.4 Zusammenfassung

Kapitel 4 identifiziert ausgehend von den analysierten Fallstudien drei strategische Grundmuster im Bereich Internet Self-Service: Ergänzung, Disintermediation und Reintermediation. Diese generischen Optionen sind Grundlage für die Ableitung konkreter Geschäftsmodelle, welche sich in der Nutzenschaffung („*value proposition*"), der Architektur der Wertschöpfungskette sowie dem Ertragsmodell unterscheiden. Die Analyse der Wertschöpfungsarchitektur führt zu folgenden Erkenntnissen auf der strategischen Ebene:

- Produktgeber fokussieren primär auf Ergänzung und Disintermediation, während Intermediäre den Ansatz der Reintermediation wählen. Diese Rollen führen zu unterschiedlichen Strategien und sind daher auch bei der Gestaltung der Prozessabläufe im folgenden Kapitel zu berücksichtigen.

- Produkt, Transaktion und Nachfrager sind strategische Indikatoren der Self-Service Fähigkeit. Abhängig von der konkreten Ausgestaltung dieser Indikatoren können Internet Self-Services entweder in Ergänzung zu anderen Kundeninteraktionspunkten eingesetzt werden oder sie dienen als Substitut. Zur Beantwortung dieser Fragestellung wurde in diesem Kapitel ein Evaluationsraster entwickelt. Die Beantwortung dieser Frage determiniert gleichzeitig die Gestaltung der Self-Services auf der Prozessebene.

- Weitere Elemente sind die Markenstrategie sowie der Aufbau von Vertrauen in elektronischen Kundenbeziehungen. Mögliche Markenstrategien sind hierbei Einzelmarke, Dachmarke sowie Markenfamilie. Für den Aufbau von Vertrauen bestehen verschiedene Möglichkeiten, wie z.B. Markeneinführung, Feedback-Systeme, Zertifizierung über Trust Seals und Verwendung von Rankings. Die Wirksamkeit der Ansätze variiert jedoch. Während Marken sowie Feedback-Systeme prinzipiell positiv zu beurteilen sind, wird insb. die Wirksamkeit von Trust Seals sowohl in Theorie als auch Praxis bezweifelt.

5 Prozessarchitektur für Internet Self-Service

Dieses Kapitel führt die theoretischen Grundlagen (s. Kapitel 2), Praxiserfahrungen (s. Kapitel 3) sowie Ergebnisse der strategischen Analyse (s. Kapitel 4) in einer Self-Service Prozessarchitektur zusammen. Es bildet damit den Ausgangspunkt für eine detaillierte Betrachtung der einzelnen Kundenprozessphasen. Dazu werden in Abschnitt 5.1 zunächst die Erkenntnisse der Strategieebene sowie deren Implikationen für die Prozessgestaltung identifiziert. Dies führt zu einer Betrachtung der Self-Service Prozessarchitektur auf der Makro-Ebene in Abschnitt 5.2 sowie zu einer Darstellung der Self-Service Prozesse auf der Mikro-Ebene in Kapitel 5.3. Die Erkenntnisse dieses Kapitels sowie die Implikationen für die Systemebene werden in Abschnitt 5.4 zusammengefasst.

5.1 Erkenntnisse der Strategieebene für die Prozessgestaltung

Der Kundenprozess ist Ausgangspunkt der Self-Service Prozessarchitektur, die beschreibt, *welche Phasen* des Kundenprozesses von *welchen Akteuren* über *welche Internet Self-Service Leistungen* abgedeckt werden können. Dazu wird auf die Ergebnisse der Fallstudienanalyse und die Erkenntnisse der strategischen Ebene zurückgegriffen. Dies führt zu zwei grundlegenden Erkenntnissen: die Ausgestaltung der Kundenprozessabdeckung ist einerseits abhängig von der Rolle des Anbieters innerhalb der Wertschöpfungskette (s. Abschnitt 4.1) und andererseits von der Self-Service Fähigkeit der angebotenen Leistung selbst (s. Abschnitt 4.2).

- *Wertschöpfungskette.* Als Akteure der Wertschöpfungskette wurden in Abschnitt 4.1.1 Leistungsersteller, Intermediäre und Leistungsabnehmer identifiziert. Die strategischen Grundmuster, welche von den Akteuren verfolgt werden, sind Ergänzung, Disintermediation und Reintermediation. Die Fallstudien zeigen, dass die Abdeckung des Kundenprozesses je nach Akteur und strategischem Grundmuster variiert. Der Leistungsersteller (z.B. Basler Versicherungen) adressiert die Phase der Bedürfnisbefriedigung des Kunden in der Regel ausschliesslich durch die eigenen Produkte. Intermediäre, die einem Makler-Ansatz folgen (z.B. FinanceScout24), bedienen die Kundenbedürfnisse durch den Vertrieb von Produkten mehrerer Leistungsersteller. Hingegen beruht das Geschäftsmodell von Aggregatoren (z.B. Comparis) auf der Vermittlerfunktion und fokussiert primär auf die Vorkauf- und Servicephasen. Die Rolle der Akteure innerhalb der Wertschöpfungskette (d.h. Produktgeber, Makler oder Aggregator) wird daher bei der Ausgestaltung der Self-Service Prozessarchitektur in Abschnitt 5.3 berücksichtigt.

- *Erklärungsbedürftigkeit.* Die Analyse der Gestaltungsfaktoren der Self-Service Fähigkeit in Abschnitt 4.2 zeigt, dass Internet Self-Services für erklärungsbedürftige Produkte bei Beratung und Verkauf lediglich als Komplement zu anderen Kundeninteraktionskanälen eingesetzt werden können. Hingegen kann für einfache, standardisierte Produkte der gesamte Kundenprozess über Internet Self-Services abgedeckt werden. Diese Unterschiede in der Kundenprozessabdeckung müssen bei der Ausgestaltung der Portalleistungen von Self-Service Lösungen in Abschnitt 5.3 ebenfalls Berücksichtigung finden.

5.2 Self-Service Prozesslandkarte

Ausgangspunkt der Prozesslandkarte sind die Phasen entlang des Kundenprozesses (s. Abbildung 5-1). Die Landkarte zeigt alle Self-Service Leistungen auf, die zur Abdeckung des Kundenprozesses benötigt werden. Die Prozesslandkarte fokussiert hierbei auf ausgewählte, wettbewerbskritische Prozesse eines Unternehmens und deren Koordination über den Leistungsaustausch [Österle 1995, 61f].

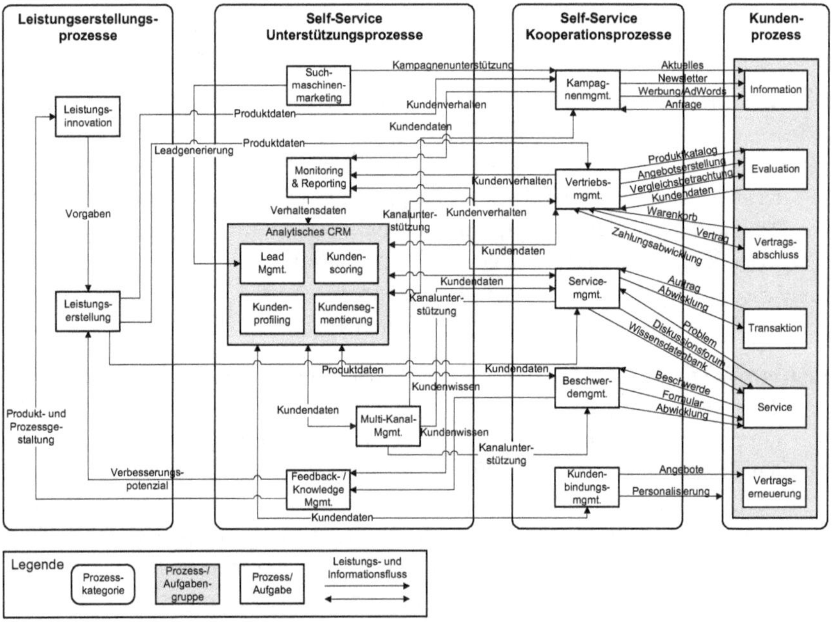

Abbildung 5-1: Self-Service Prozesslandkarte

Die in Abbildung 5-1 dargestellte Self-Service Prozesslandkarte basiert auf den in Kapitel 2 erläuterten theoretischen Grundlagen, den in Kapitel 3 analysierten Praxisbeispielen sowie den in Kapitel 4 identifizierten strategischen Gestaltungsfaktoren. Die Prozessbestandteile der Landkarte sind der CRM-Prozessarchitektur entnommen und wurden für den Bereich Internet Self-Service angepasst (s. Abbildung 2-3). In diesem Zusammenhang wurden die Prozesse „*Suchmaschinenmarketing*“ sowie „*Monitoring & Reporting*“, welche Erkenntnisse über die Nutzung und Gestaltung der Webseite liefern, aufgenommen. Die Self-Service Prozesslandkarte unterscheidet folgende Kategorien:

- *Self-Service Kooperationsprozesse*. Bei dieser Prozesskategorie handelt es sich um die in Abschnitt 2.2.2 erläuterten operativen CRM-Prozesse, welche einen direkten Kundenkontakt aufweisen und auf die Abdeckung des Kundenprozesses ausgerichtet sind. Die zwischen dem Kundenprozess und den operativen CRM-Prozessen stattfindenden Leistungs- und Informationsflüsse werden durch die in Abschnitt 3.8.2 beschriebenen Kernfunktionalitäten von Portalen abgedeckt. Die Kooperationsprozesse an der Schnittstelle zwischen Kunde und Leistungsanbieter stehen im Mittelpunkt von Self-Service Szenarien.
- *Self-Service Unterstützungsprozesse*. Bei dieser Prozesskategorie besteht kein direkter Kundenkontakt, sondern die Interaktion erfolgt primär mit den Kooperationsprozessen. Die Prozesse des analytischen CRM dienen der Unterstützung der Self-Service Interaktionen. Die in den Kooperationsprozessen gesammelten Daten werden analysiert und diesen wiederum zur Gestaltung der Self-Service Interaktionen zur Verfügung gestellt. Dieser Wissenskreislauf wird durch das Feedback- und Knowledge Management auf der Prozess- und Produktebene ermöglicht. Das Monitoring und Reporting adressiert die nutzerfreundliche Gestaltung der Portalfunktionalitäten und stellt im Bereich Self-Service einen notwendigen Unterstützungsprozess dar [vgl. Blase/Juls 2003, 83]. Dies gilt auch für das Suchmaschinenmarketing, welches eine hohe Frequentierung des Portals sicherstellen soll. Dies dient wiederum der Unterstützung des Kampagnen- und Leadmanagements.
- *Leistungserstellungsprozesse*. Die Unterstützungsprozesse bilden die Schnittstelle zur eigentlichen Produkterstellung. Die von den Kunden erhaltenen Informationen können zur Verbesserung bestehender oder zur Entwicklung neuer Produkte verwendet werden. Die Prozesse der Leistungserstellung stellen den Kooperationsprozessen wiederum Produktinformationen zur effizienten Ausgestaltung der Self-Service Interaktionen mit den Kunden zur Verfügung.

Die einzelnen Prozesse sowie Leistungs- und Informationsflüsse sind in Anhang C näher beschrieben. Anhand der einzelnen Kundenprozessphasen wird im folgenden Abschnitt eine Detailbetrachtung ausgewählter Prozessabläufe sowie der damit korrespondierenden Self-Service Leistungen vorgenommen. Dadurch sollen konkrete Umsetzungsszenarien der Self-Service Prozesslandkarte aufgezeigt werden.

5.3 Leistungen entlang des Kundenprozesses

Bei der folgenden Detailbetrachtung der Self-Service Prozesslandkarte werden die in den Abschnitten 5.1 und 5.2 identifizierten Erkenntnisse und Vorgaben zusammengeführt. Die einzelnen Phasen des Kundenprozesses dienen hierbei als Gliederungsstruktur. Für jede Kundenprozessphase werden *Inhalt* und *Ziele* erläutert. Weiterhin wird aufgezeigt, welche *Akteure* der Wertschöpfungskette die jeweilige Phase abdecken können und über welche *Funktionalitäten* dies erfolgt. Bei der Betrachtung der benötigten *Portalleistungen* wird auch die *Produktkomplexität* berücksichtigt. Die Rahmendaten jeder Kundenprozessphase werden jeweils in einer Kurzcharakterisierung zusammengefasst. Die in der Self-Service Prozesslandkarte enthaltenen Makro-Prozesse werden zusätzlich durch Aufgabenkettendiagramme auf der Mikro-Ebene ergänzt. Dies entspricht der im Business Engineering gängigen Praxis, Prozesse in Form von Aufgabenkettendiagrammen, welche die wichtigsten Aufgaben eines Unternehmens und deren Ablauffolgen enthalten, zu modellieren [Österle 1995, 49] (zur Erläuterung der Notation s. Anhang B.1).

Die Kundenprozessorientierung stellt eine sinnvolle Gliederungsstruktur dar. Allerdings ergeben sich in der Praxis Abweichungen von diesem idealtypischen Vorgehen. Der durch die Gliederungsstruktur implizierte sequentielle Ablauf ist nicht immer gegeben. Insbesondere im Bereich After Sales sind die Übergänge zwischen Transaktion und Service fliessend bzw. nicht streng sequentiell, sondern iterativ. Zudem muss ein Kunde nicht notwendigerweise sämtliche Phasen des Kundenprozesses durchlaufen. Je nach Erfahrung des Kunden können die Phasen „*Information*“ und „*Evaluation*“ übersprungen oder abgekürzt werden. Die Heterogenität der Kundenzielgruppen mit Hinblick auf den Erfahrungsstand hat sich in den Fallstudien mehrfach gezeigt (z.B. Basler Versicherungen, mamax). Diese Faktoren finden in der Ableitung der Ergebnistypen in den folgenden Abschnitten Berücksichtigung.

5.3.1 Phase Information

Phase Information	
Inhalt	Bereitstellung von (Produkt-) Informationen, welche es dem Kunden ermöglichen, sein Bedürfnis näher zu spezifizieren.
Ziel	Nach dem Durchlaufen dieser Phase weiss der Kunde, welche Produkte sein Bedürfnis befriedigen können.
Akteure	Produktgeber, Makler, Aggregator
Portalleistungen	• Produktkatalog • Unternehmensinformationen • Aktuelles • Newsletter • Lexikon/Glossar • Demokonto • Diskussionsforen • Personalisierung • Suche • Index/Sitemap • FAQs

Tabelle 5-1: Kurzcharakterisierung Kundenprozessphase „Information“

Kernbestandteil dieser Kundenprozessphase ist es, dem Kunden umfangreiche Informationsmöglichkeiten zur Verfügung zu stellen. Der Kunde soll damit in die Lage versetzt werden, die Produkte bzw. Produktkombinationen zu identifizieren, die für seine Bedürfnisbefriedigung am besten geeignet sind (s. Tabelle 5-1). Da die Bedürfnisse des Kunden zu diesem Zeitpunkt noch nicht klar umrissen sind, sind die benötigten

Portalleistungen entsprechend umfangreich. Allerdings wird in dieser initialen Kundenprozessphase noch keine Differenzierung der Portalleistungen nach der Self-Service Fähigkeit der angebotenen Produkte benötigt. Die Informationsphase wird sowohl von Produktgebern als auch von Maklern und Aggregatoren abgedeckt.

Ausgangspunkt dieser Prozessphase ist das Bedürfnis eines Kunden (s. Abbildung 5-2). Die darauf folgende Sammlung von Informationen wird sowohl durch das Kampagnenmanagement des Produktgebers als auch durch Kampagnen von Intermediären unterstützt. Bei diesem Prozess können Makler, Aggregatoren und Produktgeber kooperieren, indem der Produktgeber den Intermediären Informationen zur Verfügung stellt. Das Fallbeispiel Comparis zeigt, dass ein kooperatives Modell um eine nicht-kooperative Komponente ergänzt werden muss, da nicht alle Produktgeber zur Zusammenarbeit bereit sind (z.B. verzichtet die Basler auf eine Kooperation mit Comparis). In diesem Fall generiert der Aggregator die benötigten Informationen durch manuelle Recherche oder Webcrawling.

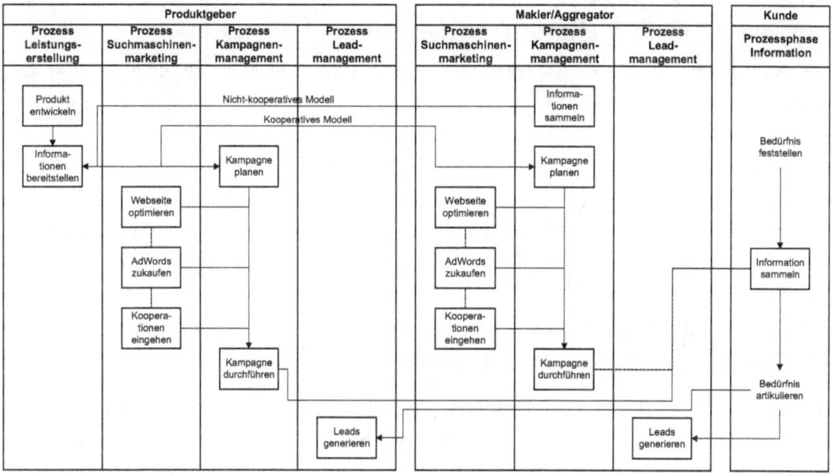

Abbildung 5-2: Aufgabenkettendiagramm Kundenprozessphase „Information"

Zusätzlich wird das Kampagnenmanagement durch das Suchmaschinenmarketing unterstützt. Dieser Self-Service Prozess hat sich bei allen Fallstudien als erfolgskritisch erwiesen. Im Bereich Internet Self-Service *„ist eine möglichst gute Platzierung auf den Ergebnislisten der Suchmaschinen von herausragender Bedeutung"* [Blase/Juls 2003, 83]. Beispielsweise kommen bei der Basler ca. 1/3 der Webseitenbesucher über Suchmaschinen auf die Webseite. Eine wichtige Aktivität innerhalb dieses Prozesses ist die Optimierung der Webseiten (z.B. durch Verwendung von Keywords, Erstellung von Landing Pages oder der Programmierung eines syntaktisch einwandfreien HTML-Codes). Weiteren Einfluss haben die Metadaten (d.h. Zusatzinformationen zum HTML-Dokument) sowie Aktualität und Abstand der Suchbegriffe [Blase/Juls 2003,

83]. Diese Aktivitäten verfolgen das Ziel, ein möglichst hohes Ranking in den Ergebnislisten der Suchmaschinen sicherzustellen. Hierbei werden auch Kooperationen mit anderen Webseiten eingegangen.

In den Fallstudien hat sich die Kooperation mit anderen Webseiten als zentrales Bindeglied zwischen den Prozessen „Suchmaschinenmarketing" und „Kampagnenmanagement" erwiesen. Die Vernetzung mit anderen Webseiten wirkt sich einerseits positiv auf das Ranking in den Algorithmen der Suchmaschinen aus und erzeugt andererseits zusätzliche Zugriffszahlen bzw. Kundenkontakte. Bspw. bettet FinanceScout24 eigene Services (z.B. Tarifrechner) in andere Portale ein. Dies kann in Form von „White Labeling" (d.h. neutrale Gestaltung) oder „Grey Labeling" (d.h. Anpassung an die Designvorgaben des Anbieters) erfolgen. Ähnliche Aktivitäten bestehen bei Comparis. Dort werden Services (z.B. Vergleichsrechner) in die Internetauftritte von bluwin.ch oder search.ch eingebunden. Bei der Basler werden Produkte unter dem Namen anderer Unternehmen bzw. Organisationen vertrieben. Kooperationen bestehen mit TCS (Touring Club Schweiz), Volvo und Mazda.

Die Aktivitäten des Suchmaschinenmarketings beinhalten auch den Zukauf von Anzeigen (z.B. Google AdWords). Zur Durchführung von Kampagnen sowie zur Optimierung der Webseiten für Suchmaschinen im Allgemeinen erfolgt i.d.R. eine Zusammenarbeit mit Dienstleistern, die leistungsabhängig bezahlt werden. Bei der Basler werden hierzu Kenngrössen wie z.B. „Cost-per-Order" oder „Cost-per-Click" zur Beurteilung der Effektivität solcher Kampagnen herangezogen. Die Fallstudienergebnisse zeigen darüber hinaus, dass die Kooperation mit einer externen Agentur problematisch sein kann, da gerade bei Finanzprodukten die Zeiträume zwischen einer ersten Kundenanfrage und dem eigentlichen Abschluss sehr lange sein können. Dies erschwert die Messung der Erfolgswirksamkeit von Kampagnen.

Die dem Kunden im Rahmen der soeben erläuterten Aktivitäten zur Verfügung gestellten (Produkt-) Informationen sollen eine konkrete Artikulation des Bedürfnisses ermöglichen, welche wiederum zu einer Anfrage des Kunden führt. Diese Kundenanfrage stellt einen Lead dar, welcher sowohl vom Produktgeber als auch vom Makler oder Aggregator im Rahmen des Leadmanagements weiterverarbeitet wird.

5.3.2 Phase Evaluation

In dieser Prozessphase evaluiert der Kunde unterschiedliche Handlungsalternativen, die zur Bedürfnisbefriedigung geeignet sind. Am Ende dieser Phase wählt der Kunde die Alternative aus, die seinen Bedürfnissen am besten entspricht (s. Tabelle 5-2). Die Evaluation der unterschiedlichen Produktalternativen wird von Produktgebern und Intermediären gleichermassen abgedeckt. Für die Nutzung von Tools, wie z.B. Angebots- oder Vergleichsrechner, muss der Kunde in dieser Phase persönliche Informationen bereitstellen. Daher sind Portalleistungen, welche die Aspekte Sicherheit und Datenschutz beinhalten, ebenfalls Bestandteil dieser Prozessphase. Weiterhin stehen für Produkte mit eingeschränkter Self-Service Fähigkeit (s. Abschnitt 4.2) zusätzliche Portalleistungen zu Verfügung, um eine Integration zusätzlicher Kanäle zur Unterstützung des Evaluationsprozesses zu ermöglichen (z.B. Web Callback, Instant Messaging).

Phase Evaluation	
Inhalt	Der Kunde evaluiert unterschiedliche Alternativen, welche prinzipiell zur Befriedigung seines Bedürfnisses geeignet sind. Dies beinhaltet die Schaffung von Transparenz darüber, welche Produkte und/oder Dienstleistungen am Markt erhältlich sind.
Ziel	Am Ende dieser Phase hat der Kunde das Produkt bzw. die Produktkombination ausgewählt, die seinen Bedürfnissen am besten entspricht.
Akteure	Produktgeber, Makler, Aggregator
Portalleistungen	• Angebotsrechner (produkt- und/oder bedürfnisorientiert) • Vergleichsrechner • Diskussionsforum • Tell-a-Friend • Sicherheit • Datenschutz
Zusätzliche Portalleistungen für komplexe Produkte	• Web Callback • Instant Messaging • Kontaktformular zur Terminvereinbarung für Beratungsgespräch

Tabelle 5-2: Kurzcharakterisierung Kundenprozessphase „Evaluation"

Ausgangspunkt dieser Prozessphase ist die Bedürfnisartikulation des Kunden, welche durch die vorgelagerte Informationsphase ermöglicht wurde (s. Abbildung 5-3). Die Konkretisierung dieser Bedürfnisartikulation und die Ableitung möglicher Handlungsalternativen erfolgt über die Nutzung der auf den Webseiten vorhandenen Angebotsrechner. Die Analyse der Fallbeispiele zeigt, dass diese in der Regel produktorientiert aufgebaut sind. Allerdings wird diese Produktorientierung zunehmend um eine Bedürfnis- bzw. Situationsorientierung ergänzt, die weitere Faktoren, wie z.B. den aktuellen Lebensabschnitt des Kunden, bereits vorhandene Finanzprodukte oder zukünftig angestrebte Ziele, berücksichtigt. Comparis hat mit Einführung von myComparis bereits einen ersten Schritt in diese Richtung unternommen. Auch FinanceScout24 plant mit dem Relaunch der Webseite den bestehenden Produktfokus um eine Bedürfnisorientierung zu erweitern. Die Ausgestaltung des Angebotsrechners erfolgt im Rahmen des Vertriebsmanagementprozesses, der sowohl vom Produktgeber als auch von den Intermediären wahrgenommen wird. Dabei besteht eine Schnittstelle zum Leistungserstellungsprozess des Produktgebers, der – ein kooperatives Modell vorausgesetzt – dem Makler bzw. Aggregator die für den Angebotsrechner benötigten Informationen zur Verfügung stellt.

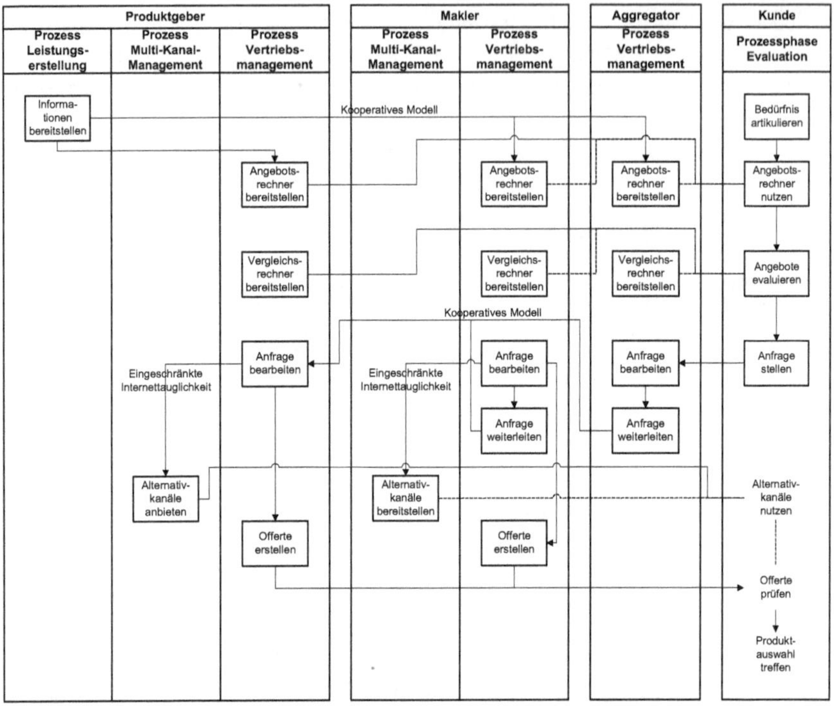

Abbildung 5-3: Aufgabenkettendiagramm Kundenprozessphase „Evaluation“

In dieser Phase der Prozesskette werden vom Kunden zum ersten Mal Daten benötigt (z.B. bei der Benutzung des Angebotsrechners). Der Datenfluss in der vorherigen Informationsphase ist ausschliesslich vom Unternehmen zum Kunden gerichtet. Der Grad des benötigten Vertrauens ist damit in der Evaluationsphase höher. Dies stellt einen Anknüpfungspunkt zur Untersuchung der strategischen Ebene dar, bei der der Aufbau von Vertrauen als ein entscheidender Faktor zur Gestaltung von elektronischen Kundenbeziehungen in der Finanzdienstleistungsbranche identifiziert wurde (s. Abschnitt 4.3). In den untersuchten Fallstudien ist der Einsatz von Datenschutzerklärungen („*privacy statement*“) die Standardlösung in dieser Kundenprozessphase. Die Datenschutzerklärungen orientieren sich an den jeweiligen landes- bzw. EU-spezifischen Anforderungen. Die Basis hierfür stellt der sog. „*Code of Fair Information Practices*“ dar, dessen Grundprinzipien im Jahr 1973 von einer Task Force des U.S. Department of Health and Welfare festgelegt wurde, die sich mit dem Einsatz von Computersystemen zur Speicherung und Bearbeitung medizinischer Daten befasst hat [U.S. Dep't. of Health/Welfare 1973]. Hierbei werden folgende Aspekte adressiert:

- *Information („notice & awareness“).* Die Kunden sollten über Praktiken eines Unternehmens informiert werden bevor Daten gesammelt werden.

- *Wahlfreiheit („choice & consent“).* Die Kunden sollten darüber bestimmen können, ob und wie persönliche Daten gesammelt werden.
- *Zugriff („access & participation“).* Der Kunde muss auf seine Daten zugreifen sowie diese prüfen und aktualisieren können.
- *Sicherheit („integrity & security“).* Die Daten müssen vor Missbrauch und Verlust geschützt sein.
- *Durchsetzbarkeit („enforcement & redress“).* Der Kunde muss die genannten Grundsätze mit Hilfe entsprechender Rechtsmittel durchsetzen können.

Die Eingabe persönlicher Kundendaten in die auf der Webseite vorhandenen Angebotsrechner ermöglicht eine Konkretisierung des vom Kunden geäusserten Bedürfnisses. Die Bereitstellung von Vergleichsrechnern ermöglicht eine Gegenüberstellung von Produktvarianten unterschiedlicher Produktgeber. Die Fallstudien zeigen, dass diese Leistung bei den Intermediären integraler Bestandteil des Geschäftsmodells ist. Jedoch hat keiner der untersuchten Produktgeber eine Vergleichsmöglichkeit mit anderen Produktgebern implementiert.

Der Kunde kann eine konkrete Anfrage mit dem Ziel eines Vertragsabschlusses an alle drei Akteure der Wertschöpfungskette richten. Der Aggregator leitet diese Anfrage im kooperativen Modell direkt an den Produktgeber weiter. Dies macht prinzipiell auch der Makler, allerdings nur bei hochwertigen und teuren Produkten, bei denen zudem die eigentliche Anfrage und ein möglicher Vertragsabschluss zeitlich weit auseinander liegen (s. Fallbeispiel FinanceScout24). In anderen Fällen wird die Anfrage durch den Makler weiter bearbeitet. Als dritte Möglichkeit kann der Kunde sich direkt an den Produktgeber wenden. Die Fallstudienanalyse zeigt, dass dieser Prozessschritt ein genereller Schwachpunkt der Geschäftsmodelle der Intermediäre ist. Kunden können sich z.B. bei Comparis und FinanceScout24 kostenlos informieren und Angebote evaluieren, haben dann aber prinzipiell die Möglichkeit – unter Umgehung des Intermediärs – den Vertragsabschluss direkt beim Produktgeber vorzunehmen. Den Intermediären gehen so Provisionszahlungen verloren, die sich aus Anfragenweiterleitungen und/oder Vertragsabschlüssen ergeben würden. Diese Vorgehensweise stellt auch für die Self-Service Vertriebskanäle der Produktgeber eine Herausforderung dar. Das Fallbeispiel der Basler Versicherungen zeigt, dass Kunden dort ebenfalls eine Produktevaluation häufig online durchführen, den Abschluss dann aber auf dem traditionellen Weg über den Aussendienstmitarbeiter vornehmen.

Weiterhin haben Makler sowie Produktgeber in aller Regel die Möglichkeit, den Vertrieb eingeschränkt internetfähiger Produkte durch weitere Kanäle (z.B. Telefon oder Aussendienst) zu unterstützen. Diese Option ist bei reinen Aggregatoren nicht gegeben. Die Fallstudien (z.B. Comparis) und weitere Praxisbeispiele (z.B. BizRate.com) zeigen, dass deren Interaktionen ausschliesslich auf elektronischen Marktplätzen stattfinden. Die Einbindung und Integration zusätzlicher Kanäle erfolgt im Rahmen des Multi-Kanal-Managements, welches als Self-Service Unterstützungsprozess identifiziert wurde (s. Abschnitt 5.2).

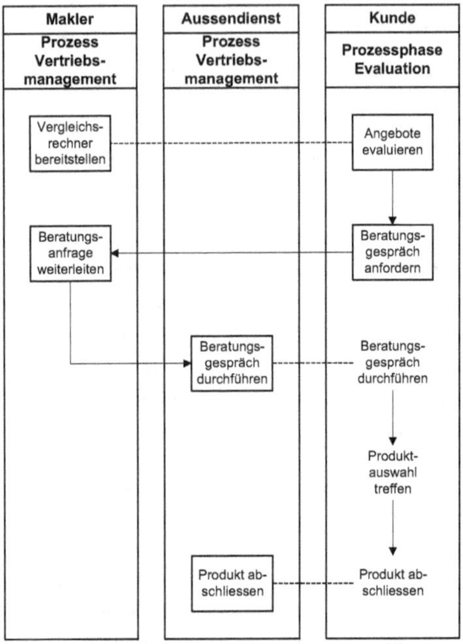

Abbildung 5-4: Detailbetrachtung Kanalwechsel am Beispiel Aussendienst

Die Aktivitäten „*Alternativkanäle bereitstellen*“ (unternehmensseitig) bzw. „*Alternativkanäle nutzen*“ (kundenseitig) sind – wie oben bereits erläutert – für den Kunden eine Eskalationsmöglichkeit, bei komplexen Produkten auf andere Kanäle auszuweichen. Ein denkbares Szenario ist die Anforderung eines Beratungsgesprächs über die Webseite, welche an den Aussendienst weitergeleitet wird (wie dies z.B. bei FinanceScout24 der Fall ist). Die Koordination und Integration dieser Kanalaktivitäten erfolgt über den Self-Service Unterstützungsprozess Multi-Kanal-Management [s. Gronover 2003]. Abbildung 5-4 zeigt einen möglichen Aktivitätenablauf für einen Wechsel vom Self-Service Kanal zum Aussendienst.

5.3.3 Phase Vertragsabschluss

In dieser Phase wird der Kunde beim Abschluss eines Vertrages über das Produkt unterstützt, dessen Auswahl Ergebnis des vorgelagerten Evaluationsprozesses ist. Ziel dieser Phase ist der Erwerb des Produktes, das zur Bedürfnisbefriedigung des Kunden am besten geeignet ist (s. Tabelle 5-3). Diese Phase wird durch den Produktgeber selbst sowie durch den Makler unterstützt. Der Aggregator ist beim Vertragsabschluss nicht beteiligt. Die relevanten Portalleistungen in dieser Phase umfassen standardmässig Datenschutz- und Sicherheitsaspekte, da der Vertragsabschluss die Eingabe sensibler Kundendaten erfordert. Für internettaugliche Produkte können die Antragsdaten online über Web-Formulare eingegeben werden. Für eingeschränkt internettaugliche Produkte stehen über das Portal in dieser Phase – wie auch bereits in der Evaluationsphase – Eskalationsmöglichkeiten zu anderen Kanälen zur Verfügung (z.B. Web-Formular zur Terminvereinbarung mit einem Aussendienstmitarbeiter).

Phase Vertragsabschluss	
Inhalt	Der Kunde schliesst einen Vertrag über die ausgewählten Produkte bzw. Produktkombinationen ab.
Ziel	Am Ende dieser Phase hat der Kunde das Produkt erworben, welches seinen Bedürfnissen am besten entspricht.
Akteure	Produktgeber, Makler
Portalleistungen	• Vertragsabschluss (Web-Formular, PDF-Download) • Sicherheit • Datenschutz
Zusätzliche Portalleistungen für komplexe Produkte	• Web Callback • Instant Messaging • Kontaktformular zur Terminvereinbarung für Beratungsgespräch

Tabelle 5-3: Kurzcharakterisierung Kundenprozessphase „Vertragsabschluss"

Ausgangspunkt dieser Prozessphase ist das Ausfüllen der Antragsdaten durch den Kunden (s. Abbildung 5-5). Auf der Unternehmensseite erfolgt die Unterstützung dieses Self-Service Kooperationsprozesses durch das Vertriebsmanagement. Als Portalleistung steht dazu bei internettauglichen Produkten in aller Regel ein Web-Formular zur Verfügung, welches die auszufüllenden Felder beinhaltet und die eingegebenen Daten direkt im System erfasst („*Straight Through Processing*“). In den untersuchten Fallstudien stellt diese Aktivität insbesondere für Produktgeber eine Herausforderung dar, da deren existierende Prozesse nicht an die Anforderungen des Internet Self-Service angepasst sind. Bei der Basler werden z.B. Änderungen nicht direkt am führenden System vorgenommen, sondern unternehmensintern nochmals abgetippt und eingegeben. Auch die Kundeninteraktionen bei der PostFinance im Bereich Kontoeröffnung weisen ähnliche Strukturen auf. Eine weitere Möglichkeit ist, dass der Kunde das ausgefüllte Formular selbst ausdruckt und an das Unternehmen schickt bzw. dass ihm dieses Formular zugeschickt wird. Dieser Ansatz wird beispielsweise von der mamax verfolgt. Dies hängt u.a. mit der vom Kunden benötigten Vertragsunterschrift zusammen. Das Ausfüllen des Antrags wird bei eingeschränkt internettauglichen Produkten durch zusätzliche Alternativkanäle (z.B. Aussendienst) im Rahmen des Self-Service Unterstützungsprozesses Multi-Kanal-Management ermöglicht. Die Fallstudien weisen zudem darauf hin, dass oftmals Daten nachgereicht werden müssen (z.B. aufgrund von Tippfehlern des Kunden oder nicht bzw. falsch ausgefüllten Formularfeldern).

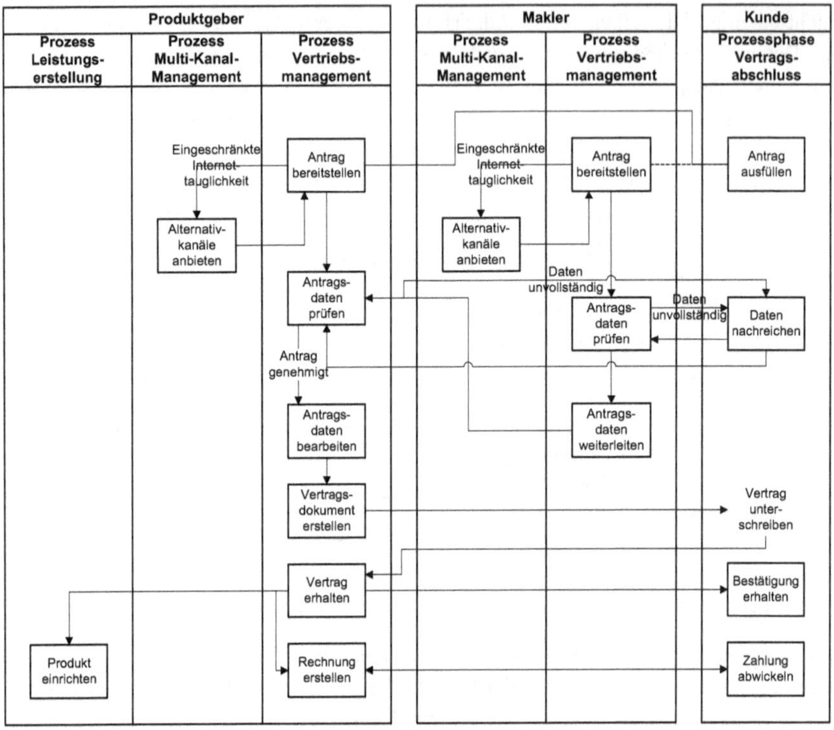

Abbildung 5-5: Aufgabenkettendiagramm Kundenprozessphase „Vertragsabschluss"

Die bisherigen Aktivitäten werden sowohl vom Makler als auch vom Produktgeber wahrgenommen. Der eigentliche Vertragsabschluss findet jedoch zwischen Produktgeber und Kunde statt. Der Makler leitet die Antragsdaten für den Vertragsabschluss lediglich weiter. Die Fallstudien sowie weitere wissenschaftliche Untersuchungen belegen, dass in der Finanzdienstleistungsbranche der eigentliche Vertragsabschluss in aller Regel ausserhalb des virtuellen Marktes stattfindet [vgl. Hoppmann 2003]. Ausschlaggebend hierfür sind die bestehenden Rechtspflichten und Formvorschriften [vgl. Kröger 2003, 167ff]. Beispielsweise ist in Deutschland die eigenhändige Unterschrift entweder vom Gesetzgeber gefordert (§126 BGB) oder beide Parteien haben sich darauf verständigt (§127 BGB). Motive des Gesetzgebers diesbezüglich sind Übereilungsschutz, Warnfunktion und Beweissicherung. Die qualifizierte elektronische Signatur erfüllt die geforderten Funktionen und ist der eigenhändigen Unterschrift gleichgestellt. In Deutschland ist dies durch das Signaturgesetz (SigG) geregelt, in der Schweiz durch das Bundesgesetz über Zertifizierungsdienste im Bereich der elektronischen Signatur (ZertES). Die rechtlichen Rahmenbedingungen, um den Vertragsabschluss in den virtuellen Markt zu holen, sind damit erfüllt (s. Tabelle 5-4). Aufgrund der Beschaffenheit digital geäusserter Willenserklärungen ergeben sich die grössten

Herausforderungen in den Bereichen Lesbarkeit und Verkörperung. Um ein digitales Dokument zu lesen, wird ein Hilfsmittel (z.B. Viewer oder Editor) benötigt. Eine physische Verkörperung eines digitalen Dokuments wird erst über einen Ausdruck erreicht. Allerdings kann dann eine Manipulation des Ausdrucks nicht ausgeschlossen werden, so dass erst eine handschriftliche Unterschrift benötigt würde, um diese Zweifel auszuräumen [vgl. Saueressig 1999, 71].

Kriterium	Urkunde	Digital signiertes Dokument
Identitätsfunktion	Erfüllt (durch eigenhändige Unterschrift)	Erfüllt (§5 (1) SigG; §3 (1), §16 (1) SigV)
Authentizitätsfunktion	Erfüllt (durch eigenhändige Unterschrift)	Erfüllt (§14 (1) SigG; §5 (2), §16 (1) SigV)
Abschlussfunktion	Erfüllt (durch eigenhändige Unterschrift)	Erfüllt (§14 (2) SigG; §16 (3) SigV)
Warnfunktion	Erfüllt (durch eigenhändige Unterschrift)	Erfüllt (§14 (2) SigG; §16 (3) SigV)
Datums- und Ortsangabe	Erfüllt (durch Angabe neben der Unterschrift)	Erfüllt (§9 SigG; §4 (1) Nr. 5, §16 (5) SigV)
Lesbarkeit	Erfüllt (direkte Lesbarkeit)	Durch Hilfsmittel möglich
Verkörperung	Erfüllt (durch physische Papierform)	Durch Ausdruck möglich

Tabelle 5-4: Eigenschaften von Urkunden und digital signierten Dokumenten [vgl. Albert 1998, 59]

Der flächendeckende Einsatz von digitalen Signaturen wird von allen Fallstudienpartnern als zukunftsweisend erachtet. Dennoch bietet keines der Unternehmen eine solche Lösung an. Der Hauptgrund hierfür liegt in den Kosten, die für den Aufbau der Infrastruktur anfallen würden. Keines der Unternehmen ist bereit in Vorleistung zu treten u.a. wegen der Befürchtung, dass diese Infrastruktur auch von Wettbewerbern genutzt werden könnte. Die Kosten würden für den Kunden zwischen 30 und 40 EUR liegen [Kröger 2003, 188]. Dies ist unter Kosten-/Nutzengesichtspunkten wenig attraktiv, da ein Mehrwert für den Nutzer fehlt. Dieser fehlende Mehrwert wurde von den Fallstudienpartnern als ein weiteres, entscheidendes Hindernis identifiziert und ist ebenfalls durch wissenschaftliche Untersuchungen belegt [vgl. Kröger 2003; Salomann et al. 2005c]. Einige der Unternehmen äusserten hier die Hoffnung, dass sich der Staat dieser Situation in ähnlicher Weise annimmt wie dies z.B. in Österreich mit dem Konzept der Bürgerkarte der Fall ist.

Der Begriff „Bürgerkarte" steht in Österreich für ein Konzept, welches die Anforderungen an eine sichere Abwicklung elektronischer Verwaltungsverfahren beschreibt. Mit der Bürgerkarte ist somit nicht die flächendeckende Einführung einer einzigen Karte gemeint. Vielmehr kann die Umsetzung der im Konzept der Bürgerkarte formulierten Anforderungen in unterschiedlichen Ausprägungen erfolgen [vgl. Aichholzer/Spitzenberger 2004, 81ff; Leitold 2006]. In aller Regel werden dazu Chipkarten verwendet, daher auch der Begriff Bürger"karte". Allerdings sind andere Umsetzungen denkbar bzw. schon vorhanden (z.B. „A1 Handy Signatur" des Mobilfunkbetreibers mobilkom austria). Aktuelle Ausprägungen der Bürgerkarte in Öster-

reich sind sämtliche von den Banken seit März 2005 ausgegebenen Chipkarten, aber auch Studentenausweise einiger Universitäten und die flächendeckende Einführung der Sozialversicherungskarte „e-card". Solche Multi-Funktionskarten, die neben Verwaltungstransaktionen auch Bank-, Studentenausweis- oder Krankenscheinfunktion erfüllen, schaffen jenen Mehrwert, der als Voraussetzung für den Aufbau einer Infrastruktur für elektronische Signaturen identifiziert wurde. Weiterhin wurde in Österreich als Anreiz zur Nutzung elektronischer Signaturen die Einführung von 200.000 Lesegeräten durch das Finanzministerium sowie Europay, einem Gemeinschaftsunternehmen der österreichischen Banken, subventioniert.

Die Fallstudienpartner bezweifeln allerdings generell, dass – selbst wenn eine entsprechende Infrastruktur vorhanden wäre – sämtliche Vertragsabschlüsse online abgewickelt werden könnten. Die grössten Bedenken bestehen hier bei komplexen, erklärungsbedürftigen Produkten. Die Gründe liegen in der operativen Umsetzung. Beispielsweise werden für den Vertragsabschluss von Lebensversicherungen zusätzliche Dokumente benötigt (z.B. Gesundheitsatteste). Um sämtliche Medienbrüche zu vermeiden, müssten auch diese Unterlagen online eingereicht werden können. Andererseits erfordern einige Produkte, wie z.B. Lebensversicherungen, für den Vertragsabschluss die Beantwortung sensibler Fragen (z.B. nach der geistigen Verfassung). Die Fallstudienpartner erachten die Bearbeitung solcher Fragen online als wenig sinnvoll und würden hier in jedem Falle die persönliche Interaktion mit den Kunden suchen.

Die Zahlungsabwicklung erfolgt in aller Regel ebenfalls direkt zwischen Produktgeber und Kunde. Bei dieser Aktivität spielen die Sicherheitsfunktionalitäten des Portals eine zentrale Rolle. Die in den Fallstudien angebotenen Standardleistungen umfassen SSL-Verschlüsselung und serverseitige Zertifikate. Dies gilt jedoch nicht für Intermediäre, wie z.B. FinanceScout24 oder Comparis, da über deren Webseiten keine Zahlungen abgewickelt werden bzw. falls doch, werden diese unter Zuhilfenahme von Dienstleistern ausgeführt (z.B. nimmt Comparis den Service yellowpay der PostFinance in Anspruch).

5.3.4 Phase Transaktion

Diese Kundenprozessphase liegt zeitlich nach dem Erwerb eines Produktes. In dieser Phase wickelt der Kunde die mit diesem Produkt verbundenen Transaktionen ab. Kennzeichnend hierfür ist, dass sich die Transaktionen durch einen definierten Anfangs- und Endzeitpunkt auszeichnen (im Gegensatz zu Serviceleistungen, s. Abschnitt 5.3.5). Ziel ist es, dem Kunden über Portalleistungen jene Self-Services zur Verfügung zu stellen, die zur Transaktionsabwicklung benötigt werden (s. Tabelle 5-5). Oftmals ist dies über eine zugangsgeschützte Transaktionsplattform realisiert. Hierbei werden die Sicherheitsfunktionalitäten der Phase „*Vertragsabschluss*" (s. Abschnitt 5.3.3) um zusätzliche Authentifizierungs- und Autorisierungsmechanismen ergänzt. In den untersuchten Fallstudien kommen hierfür Benutzername und Passwort (für Login) sowie

Transaktionsnummern (TANs) bzw. Einmalpasswort zur Transaktionsdurchführung zum Einsatz. Die Vorbereitung der Transaktionsabwicklung kann auch vom Makler durchgeführt werden. Die Durchführung der eigentlichen Transaktion erfolgt in aller Regel zwischen Produktgeber und Kunde. Die Transaktionsabwicklung erfolgt im Rahmen des Self-Service Kooperationsprozesses „*Servicemanagement*".

Phase Transaktion	
Inhalt	In dieser Phase führt der Kunde die mit dem Produkt verbundenen Transaktionen durch. Die Durchführung der Transaktionen zeichnet sich durch einen definierten Anfangs- und Endpunkt aus.
Ziel	In dieser Phase werden dem Kunden die zur Durchführung der Transaktion benötigten, spezifischen Informationen zur Verfügung gestellt bzw. stellt der Kunde die Transaktionsdaten bereit.
Akteure	Produktgeber, Makler
Portalleistungen	• Transaktionsabwicklung • Administration (z.B. Adress- und/oder Vertragsänderung) • Checklisten • Sicherheit • Datenschutz

Tabelle 5-5: Kurzcharakterisierung Kundenprozessphase „Transaktion"

Ausgangspunkt dieser Prozessphase ist die Eingabe der Transaktionsdaten durch den Kunden (s. Abbildung 5-6). Der daraus resultierende Transaktionsauftrag kann entweder direkt an den Produktgeber oder aber an den Intermediär gerichtet werden [s. Geib 2005, 115ff]. Die eigentliche Durchführung der Transaktion wird allerdings ausschliesslich vom Produktgeber erbracht, der gleichzeitig für die Leistungserstellung zuständig ist. Die Erfahrungen der Fallstudienpartner zeigen, dass die vom Kunden angegebenen Transaktionsdaten zum Teil fehlerhaft bzw. unvollständig sind. Daher wird die Integration des Zwischenschritts „*Auftragsdaten prüfen*" benötigt. Ausserdem werden für die Durchführung einiger Transaktionen (z.B. beim Eintritt eines Versicherungsfalls) oftmals zusätzliche Dokumente benötigt, welche nicht in digitaler Form vorliegen. Dieser Medienbruch entscheidet darüber, ob die Transaktionsphase durchgängig online stattfinden kann.

Bei der Transaktionsabwicklung sind Unterschiede zwischen Bank- und Versicherungsprodukten zu berücksichtigen. Das differenzierende Merkmal ist die Transaktionshäufigkeit. Bei Bankprodukten (z.B. Girokonto) treten Transaktionen regelmässig und häufig auf (z.B. Überweisungen). Hingegen sind die Transaktionen bei Versicherungsprodukten sehr viel geringer und unregelmässiger (oftmals nur zum Zeitpunkt des Vertragsabschluss und im Versicherungsfall bzw. bei Ablauf der Versicherungslaufzeit). Dies hat Auswirkungen auf die Erklärungsbedürftigkeit des Produktes (s. Abschnitt 4.2) und gleichzeitig auch auf die Ausgestaltung der Transaktionsabwicklung selbst. Bei Bankprodukten sind die Funktionalitäten der Self-Service Transaktionsplattform sehr umfangreich gestaltet (z.B. PostFinance). Im Vergleich dazu weisen Versicherungsplattformen einen geringeren Funktionalitätsumfang auf, da sich aufgrund der Unregelmässigkeit und geringen Häufigkeit der Transaktionen ein grösserer Aufwand nicht lohnen würde (s. Tabelle 4-3). Beispielsweise werden bei der Basler Versicherungen die Transaktionsabwicklung für Vertragsänderungen lediglich für Motorfahrzeugversicherungen durch Self-Services unterstützt, da in diesem Bereich das Transaktionsvolumen am höchsten ist.

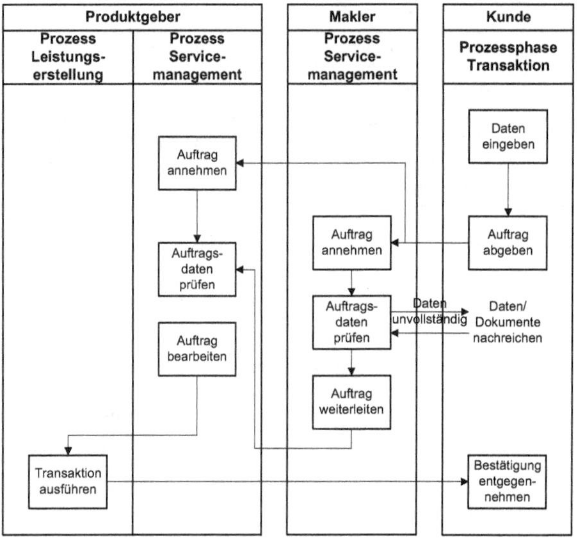

Abbildung 5-6: Aufgabenkettendiagramm Kundenprozessphase „Transaktion“

Die Fallstudienanalyse weist darauf hin, dass die Stellung des Intermediärs in der Phase der Transaktionsabwicklung problematisch ist. Dies ist dadurch begründet, dass der Prozess der Leistungserstellung beim Produktgeber angesiedelt ist, der gleichzeitig auch der Vertragspartner des Kunden ist. Zudem ist die Bereitschaft der Produktgeber die Kontrolle über diesen Abschnitt der Kundenprozessphase zu teilen sehr eingeschränkt. Dies zeigen die Überlegungen von FinanceScout24 zur Einführung einer umfangreichen Transaktionsplattform, die dem Kunden die Verwaltung aller über FinanceScout24 vermittelten Vertragsabschlüsse ermöglichen würde. Durch die Verwaltung sämtlicher Finanzbeziehungen eines Kunden über eine Plattform würde eine Transparenz entstehen, die nicht von allen Produktgebern gewollt ist. Hier zeigen sich die gleichen Akzeptanzprobleme wie beim Prozessschritt der „*Evaluation*“ vor dem Kauf, bei der auch nicht alle Unternehmen Daten für Produktvergleichsrechner zur Verfügung stellen wollen. Hierbei spielen auch Probleme bei der Schnittstellenintegration mit den Transaktionssystemen des Herstellers eine Rolle (s. Abschnitt 6.2.4). Diese Evolution der Intermediäre von einem „*comparison aggregator*“ hin zu einem „*relationship aggregator*“ ist dennoch ein notwendiger Schritt, um eine umfassende Abdeckung des Kundenprozesses zu erreichen, und stellt einen Trend für die zukünftige Entwicklung dieser Self-Service Angebote dar [Zhu et al. 2002].

Der Dienstleister Paytrust verfolgt einen „relationship aggregator"-Ansatz. Dieser Dienst bietet Kunden in den USA die Möglichkeit, über eine einzige Self-Service Plattform alle Rechnungen online zu erhalten, zu verwalten und zu zahlen. Der Widerstand der Banken bei Einführung dieses Dienstes war gross. Dies resultierte im Jahr 1999 in einer Klage der First Union National Bank gegen Paytrust [s. Zhu et al. 2002]. Allerdings setzte bei den Banken ein Umdenkprozess ein. Die von den Aggregatoren angebotenen Services wurden als Chance gesehen, die bestehenden Kundenbeziehungen zu verbessern und dadurch die Kundenloyalität zu erhöhen. Daher zog die First Union National Bank die Klage zurück und veröffentlichte stattdessen Richtlinien, an die sich Aggregatoren im Rahmen einer Kooperation halten sollen. Diese beinhalteten u.a. eine Offenlegung der vom Aggregator genutzten Zugriffstechnologie und die Durchführung von Sicherheitsaudits durch unabhängige Dritte [Mugavero/Negroni 2000, 67].

5.3.5 Phase Service

Phase Service	
Inhalt	In dieser Phase nimmt der Kunde Supportleistungen bei Problemen in Anspruch und kann Feedback bzw. Beschwerden äussern.
Ziel	Das Ziel dieser Phase ist die Lösung der Kundenanfrage. Das allgemeine Informationsbedürfnis des Kunden wird durch die Bereitstellung von Möglichkeiten des Wissensaustauschs und –transfers unterstützt.
Akteure	Produktgeber, Makler, Aggregator
Portalleistungen	• FAQs • Diskussionsforen • Weiterempfehlungsmöglichkeit • Collaborative Reputation Mechanism • Online Feedback Mechanism • Feedbackformular
Zusätzliche Portalleistungen für komplexe Produkte	• Web Callback • Instant Messaging • Kontaktformular zur Terminvereinbarung für Beratungsgespräch

Tabelle 5-6: Kurzcharakterisierung Kundenprozessphase „Service"

Diese Kundenprozessphase liegt zeitlich nach dem Erwerb eines Produkts bzw. einer Produktkombination. Oftmals laufen die Phasen „*Transaktion*" (s. Abschnitt 5.3.4) und „*Service*" parallel ab. Hierbei geht es darum, dem Kunden Supportleistungen, die sich beim Gebrauch des Produkts oder der Abwicklung einer Transaktion ergeben können, bereitzustellen sowie das vom Kunden geäusserte Feedback bzw. die Beschwerde aufzunehmen (s. Tabelle 5-6). Die Fallstudienanalyse zeigt, dass diese Prozessphase sowohl vom Produktgeber als auch von den Intermediären abgedeckt werden kann. Typische Portalleistungen, die hierbei zum Einsatz kommen, sind FAQs,

Diskussionsforen oder Feedbackformulare. Weiterhin stehen für die Problemlösung komplexer Kundenanfragen Eskalationsstufen (z.B. Web Callback, Instant Messaging) für den Wechsel in andere Kanäle zur Verfügung. Die Abwicklung dieser Kundenprozessphase umfasst die Self-Service Kooperationsprozesse „*Servicemanagement*" und „*Beschwerdemanagement*" sowie die Self-Service Unterstützungsprozesse „*Multi-Kanal-Management*" und „*Feedback-/Knowledge Management*".

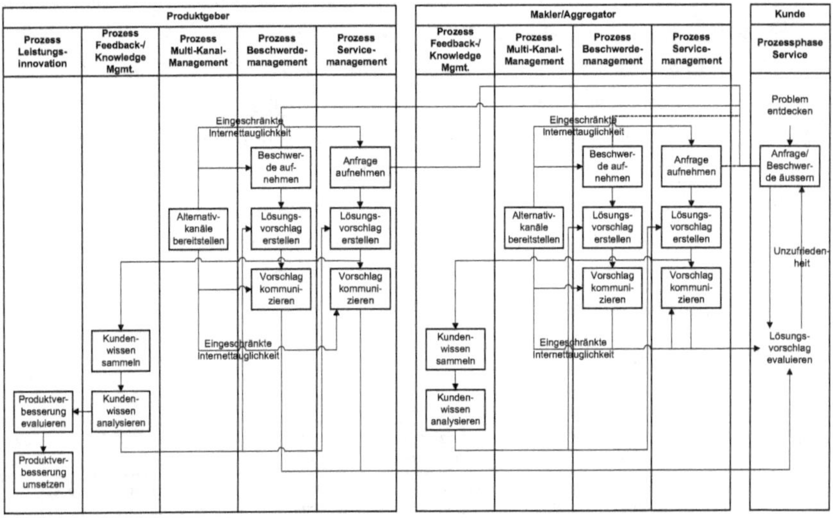

Abbildung 5-7: Aufgabenkettendiagramm Kundenprozessphase „Service"

Ausgangspunkt dieser Prozessphase ist das Problem eines Kunden bei der Durchführung einer Transaktion oder bei der Nutzung eines Produkts, was letztlich zu einer Kundenanfrage führt (s. Abbildung 5-7). Diese Kundenanfrage kann sich sowohl in einer Beschwerde als auch in Form einer einfachen Frage äussern. Abhängig vom Anfragetyp erfolgt die Bearbeitung im Rahmen der Self-Service Kooperationsprozesse „*Beschwerdemanagement*" bzw. „*Servicemanagement*", die sowohl beim Produktgeber als auch bei den Intermediären vorhanden sind. Die Kundenanfrage wird in diesen Prozessen aufgenommen und basierend darauf erfolgen die Erstellung und Kommunikation eines Lösungsvorschlags. Die Aufnahme der Anfrage bzw. Beschwerde sowie die Kommunikation des Lösungsvorschlags werden bei eingeschränkt internettauglichen Produkten im Rahmen des Multi-Kanal-Managements wiederum durch die Bereitstellung von Alternativkanälen unterstützt. Als Ergebnis dieser Phase erhält der Kunde einen Lösungsvorschlag zur Evaluation zugestellt. Fällt dieser Vorschlag nicht zur Zufriedenheit des Kunden aus, setzt eine Iteration zur vorhergehenden Aktivität „*Anfrage/Beschwerde äussern*" ein.

Weiterhin ist in dieser Phase der Self-Service Unterstützungsprozess „*Feedback-/ Knowledge Management*" erfolgskritisch. Dieser Prozess sammelt Wissen von und über Kunden, welches in den Self-Service Kooperationsprozesse anfällt. Im Anschluss daran folgt eine Analyse des Kundenwissens, welches im Sinne eines geschlossenen Wissenskreislaufes wiederum den Self-Service Kooperationsprozessen zur Verbesserung der Kundeninteraktion zur Verfügung gestellt wird. Bei Produktgebern fliesst dieses Wissen in den Prozess „*Leistungsinnovation*“ mit ein und wird für die Evaluation und Umsetzung von Produktverbesserungen verwendet. Bei der Umsetzung dieses geschlossenen Wissenskreislaufes offenbaren sich in den Fallstudien grosse Lücken. Institutionalisierte Prozesse, welche eine Integration von operativen und analytischen CRM-Prozessen ermöglichen, sind häufig nur rudimentär vorhanden. Bei allen untersuchten Fallstudien findet das Kundenfeedback zwar Berücksichtigung, jedoch gibt es kein Beispiel dafür, welches die Nutzung des Kundenwissens für Produktverbesserungen aufzeigt. Eine Personalisierung der Portalleistungen ist nur bei Comparis vorhanden (s. Tabelle 3-16). Die Gründe für diese fehlende Verbindung operativer und analytischer Self-Service Prozesse sind vielfältig. Ein in den Fallstudien häufig geäussertes Motiv ist, dass dies bewusst erfolgt, um den Kunden ein Gefühl der Anonymität zu vermitteln, welches gerade bei Finanzdienstleistungen von Kunden gewünscht wird. Aus diesem Grund verzichtet z.B. FinanceScout24 auf eine Personalisierung des Portals. Weitere Begründungen sind fehlende Ressourcen oder mangelndes Kosten-/Nutzenverhältnis. Allerdings haben einige Unternehmen das Potenzial eines geschlossenen Wissenskreislaufes erkannt. So plant beispielsweise PostFinance den verstärkten Ausbau analytischer Aktivitäten sowie deren Integration in Self-Service Kooperationsprozesse.

Wissen für Kunden befriedigt deren Informationsbedürfnisse über Märkte, Produkte oder Lieferanten. Dies ist die Kernleistung von Comparis, indem durch die Dienstleistungen „Vergleichen“ sowie „Suchen & Bewerten“ Wissen für Kunden über Leistungen und Produkte aus den Bereichen Banken, Versicherungen und Telekommunikation zur Verfügung gestellt wird. Bei Wissen von Kunden handelt es sich um Wissen über Märkte, Produkte oder Lieferanten aus Sicht der Kunden. Ein Beispiel hierfür ist die Nutzung von Diskussionsforen bei Comparis. Wissen über Kunden hilft den Unternehmen die Kundenbedürfnisse besser zu verstehen. Mögliche Informationsquellen hierbei sind die Kundenkontakthistorie sowie Präferenzen und Eigenschaften der Kunden. Bei Comparis wird dies durch die personalisierte Interaktion im Rahmen von myComparis geleistet, welche die Abkehr von der Produkt- hin zur Kundenbedürfnisorientierung zum Ziel hat.

5.3.6 Phase Vertragserneuerung

Phase Vertragserneuerung	
Inhalt	In dieser Phase führt der Kunde Evaluationen zur Weiterführung oder Kündigung seines Vertrags durch.
Ziel	Bindung des Kunden an das Unternehmen durch Vertragsverlängerung oder das Ausschöpfen von Cross-Selling Potenzialen.
Akteure	Produktgeber, Makler, Aggregator
Portalleistungen	• Personalisierung • Kunden-werben-Kunden

Tabelle 5-7: Kurzcharakterisierung Kundenprozessphase „Vertragserneuerung"

Ergebnis dieser Prozessphase ist die Kündigung eines Vertrags bzw. dessen Erneuerung (s. Tabelle 5-7). In keiner der untersuchten Fallstudien konnten Hinweise darauf gefunden werden, dass die Unternehmen Portalleistungen anbieten, welche die Kündigung des Vertrags unterstützen. Eine Ausnahme stellt Comparis dar, welche als Aggregator keine eigenen Vertriebsinteressen hat und deshalb auch die Vertragskündigung eines Kunden durch Self-Service Assistenten, welche auf der Webseite angeboten werden, unterstützt (z.B. durch vorformulierte Kündigungsschreiben). Dieses Vorgehen zielt primär darauf ab, den Vertrag eines Kunden – wenn auch bei einem anderen Unternehmen – zu erneuern. Die Ausführungen in diesem Abschnitt fokussieren daher auf eine Vertragserneuerung bzw. die damit verbundenen Möglichkeiten für Cross- und Up-Selling. Diese wird durch den Self-Service Kooperationsprozess „*Kundenbindungsmanagement*" sowohl von den Intermediären als auch vom Produktgeber selbst unterstützt. Darüber hinaus sind Elemente des viralen Marketings Bestandteil dieser Kundenprozessphase (z.B. Kunden-werben-Kunden bei CosmosDirekt oder mamax). Neben der Gewinnung neuer Kunden (-kontakte) wird dadurch gleichzeitig versucht, die emotionale Bindung des Kunden an das Unternehmen und damit die Kundenloyalität zu erhöhen [Helm 2000]. Weitere Portalleistungen ergeben sich aus Personalisierungsansätzen, die die Kundenbedürfnisse umfassend analysieren und eventuelle Angebotslücken im Rahmen eines Cross- und Up-Selling identifizieren (z.B. myComparis). Diese Portalleistungen werden durch die analytischen Self-Service Unterstützungsprozesse ermöglicht.

Ausgangspunkt dieser Kundenprozessphase ist das Ende einer Vertragslaufzeit bzw. eine bevorstehende Vertragserneuerung (s. Abbildung 5-8). Ein Beispiel hierfür ist die Möglichkeit in der Schweiz im Regelfall jeweils zum Ende des Jahres die Krankenversicherung wechseln zu können. Die Unterstützung dieser Kundenaktivität ist eine der Haupteinnahmequellen für Comparis. Hierfür muss der Kunde unterschiedliche Alternativen evaluieren, die sowohl von Intermediären als auch vom Produktgeber bereitgestellt werden. Daher weist diese Phase auch viele Schnittstellen zu den Phasen „*Evaluation*" (s. Abschnitt 5.3.2) und „*Vertragsabschluss*" (s. Abschnitt 5.3.3) auf. Die Intermediäre fokussieren auch in dieser Phase auf die Vermittlung von Vertragsabschlüssen. Die eigentliche Vertragserneuerung kommt zwischen Kunde und Produktgeber zustande.

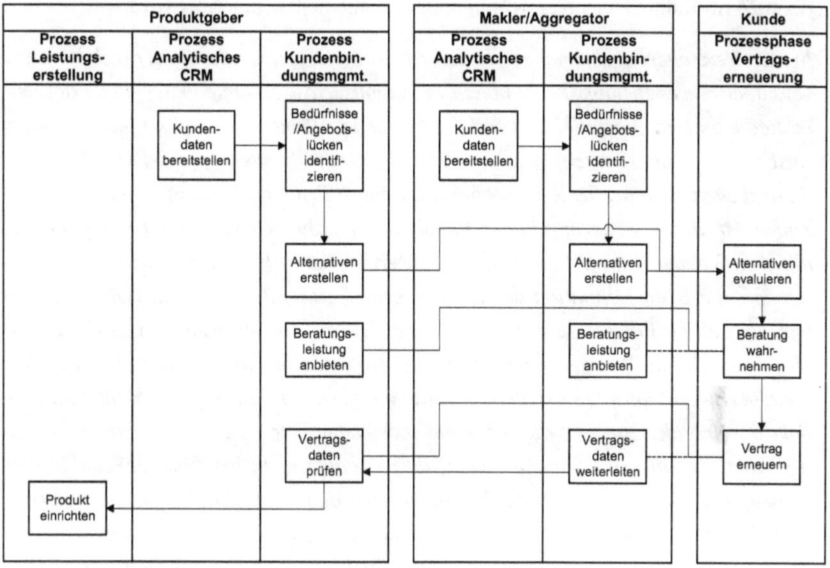

Abbildung 5-8: Aufgabenkettendiagramm Kundenprozessphase „Vertragserneuerung"

Die grösste Herausforderung in dieser Phase stellt die Identifikation von Lücken im Kundenproduktportfolio dar. Die Bereitstellung der benötigten Kundendaten erfolgt über den Self-Service Unterstützungsprozess des analytischen CRM. Die Problematik liegt hierbei in der Beschaffenheit der Finanzprodukte selbst. Die von anderen Unternehmen erfolgreich praktizierten Ansätze (z.B. Collaborative Filtering von Amazon.com) sind für die Finanzdienstleistungsbranche aufgrund der Erklärungsbedürftigkeit der Produkte kaum anzuwenden. Cross-Selling Massnahmen wie z.B. *„Kunden, die ein Girokonto erworben haben, haben auch eine Lebensversicherung abgeschlossen"* würden ihre Wirkung verfehlen. Weiterhin zeigen die Erfahrungen von Comparis, dass die Kunden sehr fokussiert vorgehen und an einer ganzheitlichen Beratung wenig Interesse haben, d.h. ein Kunde, der sich über eine Autoversicherung informieren will, ist nur sehr schwer dazu zu bewegen, sich auch über eine Krankenversicherung zu informieren, selbst wenn hier objektiv betrachtet eine Versicherungslücke bestehen würde. Die Nutzungsraten von myComparis belegen dies. Ein Grund hierfür ist, dass es sich bei Finanzprodukten generell um *„Push-Produkte"* handelt, mit denen sich Kunden ungern auseinandersetzen (s. Abschnitt 4.2). Allerdings zeigt die Fallstudie Comparis auch, dass eine gezielte Ansprache des Kunden im Rahmen von Newslettern basierend auf den Daten, die der Kunde bei myComparis hinterlegt hat, eine hohe Effektivität erzielen (z.B. in Form einer höheren Anzahl von Anfragen). Dies weist auf das

Potenzial analytischer Self-Service Unterstützungsprozesse hin. Eine weitere Möglichkeit stellt die gezielte Nutzung von sog. Ankerprodukten dar, die z.B. von FinanceScout24 im Rahmen des Kundenbindungsmanagements eingesetzt wird.

In der Versicherungsbranche gilt die KFZ-Versicherung als Ankerprodukt. Zwar sind über dieses Produkt keine hohen Provisionserlöse zu erzielen, es bietet aber eine Reihe anderer Vorteile. Es handelt sich um ein Produkt, das (fast) jeder benötigt (insb. auch junge Kunden). Dadurch ergibt sich ein hohes Cross-Selling-Potenzial, da ausgehend von der KFZ-Versicherung weitere Produkte verkauft werden können. Zudem ist die Versicherung in der Regel auf ein Jahr befristet, so dass regelmässig mit dem Kunden Kontakt aufgenommen werden kann. Dies kann damit verbunden werden, die Bedarfssituation des Kunden erneut zu analysieren und weitere Cross- und Up-Selling-Potenziale zu identifizieren. Hinzu kommen weitere Faktoren, welche einen Online-Vertrieb erleichtern: relativ einfaches und standardisiertes Produkt, geringes Transaktionsvolumen sowie ein gewisser „Zwang" sich mit dem Produkt auseinanderzusetzen, da es für die Inbetriebnahme eines KFZ zwingend benötigt wird. Aus diesen Gründen kommt dem Produkt auch bei FinanceScout24 eine grosse Bedeutung zu. Die KFZ-Vergleiche werden dort sehr häufig nachgefragt. Dies hat dazu geführt, dass „KFZ-Versicherung" als eigener Menüpunkt auf der Startseite erscheint, um den Kunden eine Suche zu ersparen. Gleichzeitig ist die Marktabdeckung mit einem Anteil von ca. 95% sehr hoch, um einen möglichst umfassenden Vergleichsservice zu bieten. Auch traditionelle Versicherer haben das Self-Service Potenzial solcher Ankerprodukte erkannt (z.B. Self-Service Portal allianz24.de der Allianz Group).

5.4 Zusammenfassung

Kapitel 5 entwickelt auf Basis der theoretischen Grundlagen, Erfahrungen aus der Praxis sowie einer Analyse der strategischen Gestaltungsfaktoren eine Prozessarchitektur für Internet Self-Service. Zentraler Ausgangspunkt ist der Kundenprozess. Die Betrachtung der Makroebene wird durch eine Detailanalyse auf der Mikroebene ergänzt. Hierbei wird für jede Kundenprozessphase ein Aufgabenkettendiagramm gemäss dem Ansatz des Business Engineering entwickelt. Die Untersuchung weist auf folgende Faktoren hin, welche bei der Gestaltung von Self-Service Prozessen berücksichtigt werden müssen:

- Die Vorgaben der Strategieebene beeinflussen die Ausgestaltung der Prozessebene. Entscheidende Gestaltungsfaktoren sind die Erklärungsbedürftigkeit des Produktes sowie die Rolle des Self-Service Akteurs in der Wertschöpfungskette und das verfolgte strategische Grundmuster. Hierbei ist generell zwischen Produktgebern und Intermediären (d.h. Makler oder Aggregator) zu unterscheiden.

- Die Prozesse der Self-Service Landkarte umfassen primär die Kategorien Self-Service Kooperationsprozesse und Self-Service Unterstützungsprozesse. Kooperationsprozesse zeichnen sich durch eine direkte Interaktion mit den Kunden aus. Unterstützungsprozesse stellen die dazu benötigten Informationen und Leistungen zur Verfügung. Bei beiden Prozesskategorien sind Schnittstellen zu Leistungserstellungs- und Leistungsinnovationsprozessen vorhanden. Diese Prozesskategorie ist ausschliesslich dem Produktgeber zuzurechnen.

- Die zeitlich vor dem Kauf liegenden Phasen der Information und Evaluation werden von allen Akteuren unterstützt. Die angebotenen Portalleistungen sind in diesen Phasen am umfangreichsten.

- Der eigentliche Vertragsabschluss zwischen Produktgeber und Kunde findet typischerweise ausserhalb des virtuellen Markts statt. Technologische Möglichkeiten diese Phase durchgängig online abzuwickeln sind zwar vorhanden, finden in der Praxis aber bisher keine weite Verbreitung. Gründe hierfür sind ein mangelnder Mehrwert für den Kunden sowie Kosten-/Nutzenüberlegungen der Anbieter.

- In der Transaktionsphase ergeben sich bei der Ausgestaltung der Self-Service Kooperationsprozesse Unterschiede zwischen Produkten mit geringer und hoher Transaktionsfrequenz. Für Produkte mit geringer Transaktionsfrequenz sind die angebotenen Self-Service Leistungen weniger umfangreich. Die Leistungen in dieser Phase können sowohl vom Produktgeber als auch vom Makler erbracht werden. Die eigentliche Transaktionsdurchführung findet beim Produktgeber statt.

- In der Servicephase ist neben den angebotenen Portalleistungen der Self-Service Unterstützungsprozess Feedback-/Knowledge Management von zentraler Bedeutung. Dieser ermöglicht eine Aufnahme des Kundenwissens, welches in den Self-Service Kooperationsprozessen anfällt und dessen anschliessende Bereitstellung zur Verbesserung der Self-Service Interaktionen. Die Leistungen in dieser Phase werden von allen Akteuren der Wertschöpfungskette erbracht.

- Die Phase der Vertragserneuerung wird von allen Self-Service Akteuren angeboten und insbesondere durch die Prozesse des analytischen CRM unterstützt. Diese stellen die benötigten Informationen zur Identifikation von Cross- und Up-Selling Potenzialen zur Verfügung.

Die Erkenntnisse der Prozessebene müssen bei der systemtechnischen Planung, Konzeptionierung und Umsetzung der Portalleistungen berücksichtigt werden. Dabei ist zwischen fachlichen und technischen Anforderungen sowie den Besonderheiten, die sich aus dem Einsatz von Self-Service Technologien ergeben, zu unterscheiden (s. Abschnitt 6.1).

6 Systemtechnische Umsetzung

Das folgende Kapitel diskutiert Systemkomponenten, die zur Umsetzung der identifizierten strategischen Gestaltungselemente sowie Prozessabläufe benötigt werden. Hierfür werden zunächst Anforderungen sowie Besonderheiten, die sich beim Einsatz von Self-Service Technologien ergeben, zusammengefasst (s. Abschnitt 6.1). Darauf aufbauend werden in Abschnitt 6.2 die Systemkomponenten von State-of-the-Art Portallösungen auf den Ebenen Visualisierung, Darstellung, Geschäftslogik und Datenhaltung erläutert. In Abschnitt 6.3 werden zukünftige technologische Entwicklungen im Bereich Internet Self-Service vorgestellt. Die Erkenntnisse dieses Kapitels werden in Abschnitt 6.4 zusammengefasst.

6.1 Anforderungen und Besonderheiten

Die Anforderungen an die systemtechnische Umsetzung von Internet Self-Services basieren auf den eingangs erläuterten Grundlagen des Business Engineering als Forschungsrahmen der vorliegenden Arbeit (s. Abschnitt 2.1), den Erfahrungen aus der Praxis sowie den bisherigen Erkenntnissen auf den Ebenen Strategie und Prozesse. Die daraus abgeleiteten Anforderungen adressieren sowohl fachliche als auch technische Aspekte:

- *Fachliche Anforderungen.* Die Flexibilität von Self-Services bezüglich Zeit und Ort sind zentrale fachliche Anforderungen mit Konsequenzen für die Systemkomponenten (s. Abschnitt 2.3.3). Gemäss der in Abschnitt 2.3.2 entwickelten Definition zeichnen sich Self-Services zudem durch eine Integration des Leistungsabnehmers in den Erstellungs- und Produktionsprozess aus, der auf Unternehmensseite ohne persönliche Interaktion, sondern ausschliesslich über die Bereitstellung von Self-Service Technologie erfolgt. Auch die Analyse der Fallstudien zeigt, dass, unabhängig von der Rolle des Akteurs innerhalb der Wertschöpfungskette, die systemtechnische Unterstützung des Kundenprozesses ein zentrales Element darstellt. Dabei ist auf der fachlichen Seite eine Unterteilung der Self-Service Prozesse in Leistungserstellung, Unterstützung und Kooperation zu unterscheiden, die systemseitig in Konzeption, Planung und Umsetzung zu berücksichtigen ist (s. Abschnitt 5.2). Dies gilt auch für die im Strategieteil untersuchten Implikationen der Self-Service Fähigkeit (s. Abschnitt 4.2), deren systemtechnische Umsetzung ebenfalls adressiert werden muss.

- *Technische Anforderungen.* Die Unterstützung der untersuchten Self-Service Prozesstypen impliziert eine Reihe technischer Anforderungen. Hierbei handelt es sich zum einen um Skalierbarkeit, Performanz und Interoperabilität (z.B. bei der Integration von Legacy-Applikationen), um eine flexible Anpassung der Portalleistungen an die Kundenanforderungen zu ermöglichen. Weiterhin erfordert die Abwicklung von Transaktionen über das Internet gerade in der Finanzdienstleistungsbranche die Gewährleistung sicherheitsrelevanter Anforderungen. Kriterien in diesem Zusammenhang sind die Verfügbarkeit (d.h. ständige Erreichbarkeit von Self-Services für autorisierte Nutzer), Vertraulichkeit (d.h. nicht-autorisierte Dritte haben keinen Zugriff auf Daten), Integrität (d.h. Daten können von nicht-autorisierten Nutzern nicht verändert werden) und Non-Repudiation (d.h. Nicht-Abstreitbarkeit einer durchgeführten Transaktion) [vgl. ISO 7498-2 1989]. Weiterhin werden für die Ausgestaltung der Kundeninteraktion Autorisierungs- und Authentisierungsfunktionalitäten benötigt. Diese Aspekte adressieren teilweise auch rechtliche Anforderungen, welche für die Transaktionsabwicklung gewährleistet sein müssen. Rechtliche Aspekte werden in der vorliegenden Arbeit berücksichtigt sofern sie Implikationen auf technische Anforderungen haben.

Zusätzlich zu den fachlichen und technischen Anforderungen sind die Besonderheiten von Internet Self-Service Applikationen zu berücksichtigen, die sich aus der Verwendung von Webtechnologien ergeben. Die folgenden Faktoren beziehen sich in erster Linie auf Webapplikationen im Kontext eines B2C-Szenarios [vgl. Badrinath et al. 2000; Eisenstein et al. 2001; Kappel et al. 2003, 17ff; Pressman 2005]:

- *Unbekannte Benutzerzahl.* Anders als bei traditionellen Applikationen richten sich Internet Self-Services im Bereich B2C aufgrund ihres Zugriffs über das Internet potenziell an eine vorab schwer einzugrenzende Anzahl an Benutzern. Dies hat wiederum Auswirkungen auf die Faktoren Performanz und Skalierbarkeit, welche als technische Anforderungen identifiziert wurden. Ein Beispiel hierfür ist die Entwicklung der Benutzerzahl der Produktivumgebung von Comparis. Die Anzahl der Webseiten-Besuche lag im Jahr 1997 bei ca. 100.000 und beläuft sich mittlerweile auf über 9 Mio. Besuche pro Jahr.

- *Anonymer, heterogener Nutzerkreis.* Informationen über Fähigkeiten, Wissen und Bedürfnisse der Nutzer sind meist schwer zu ermitteln aufgrund der Anonymität, die mit dem Einsatz von Internettechnologie verbunden ist. Des Weiteren kommt die Heterogenität des B2C-Umfelds hinzu, d.h. Kunden mit unterschiedlichen Voraussetzungen nutzen die gleichen Self-Services. Daher müssen die Unternehmen ihre Self-Services auf die Bedürfnisse verschiedener Nutzergruppen ausrichten. Bei der Basler handelt es sich z.B. um die Zielgruppen „Bummler“, „Sucher“ und „Experten“.

- *Unbekannte Netzwerkeigenschaften.* Internet Self-Services werden über Client-Server-Architekturen realisiert (s. Abschnitt 6.2.1). Bei der Kommunikation zwischen Client und Server ergeben sich Unsicherheitsfaktoren (z.B. schwankende bzw. unbekannte Bandbreite), die auf der Systemebene Berücksichtigung finden müssen.

- *Heterogene Endgeräte und Client-Software.* Internet Self-Services können über verschiedene Endgeräte (z.B. PC, Laptop oder Smartphone) genutzt werden. Diese

Zugangsfreiheit ist eine Eigenschaft, welche Nutzer an Self-Services schätzen (s. Abschnitt 2.3.3.2). Gleichzeitig ergeben sich dadurch jedoch hohe Anforderungen an die Gestaltung der Benutzerschnittstelle. In der Praxis werden Self-Services meist nur für eine Endgerätekategorie optimiert (in aller Regel PC). Eine ähnliche Fokussierung zeigt sich auch beim Einsatz von Client-Software (= Webbrowser). Hier werden die Internet Self-Services in aller Regel gemäss den Anforderungen der Marktführer Microsoft Internet Explorer und Mozilla Firefox konzipiert.

- *Unbekannte Einstellungen der Client-Software.* Bei Webapplikationen hat der Nutzer die Möglichkeit am Client Einstellungen vorzunehmen, die die Nutzung der Internet Self-Services beeinträchtigen oder sogar unmöglich machen. Beispiele hierfür sind das Verbieten von Cookies durch den Nutzer oder fehlende Plug-Ins.

6.2 State-of-the-Art Systemkomponenten

Abbildung 6-1 beschreibt Systemkomponenten, die sich in den State-of-the-Art Portalen der Fallbeispiele wieder finden. Die Darstellung umfasst die bisherigen Ergebnisse sowie deren Zusammenhänge unter Berücksichtigung der in Abschnitt 6.1 formulierten Anforderungen. Da es sich um ein BE-konformes Modell handelt, werden die Ebenen Strategie, Prozesse und Systeme unterschieden (s. Abschnitt 2.1.1).

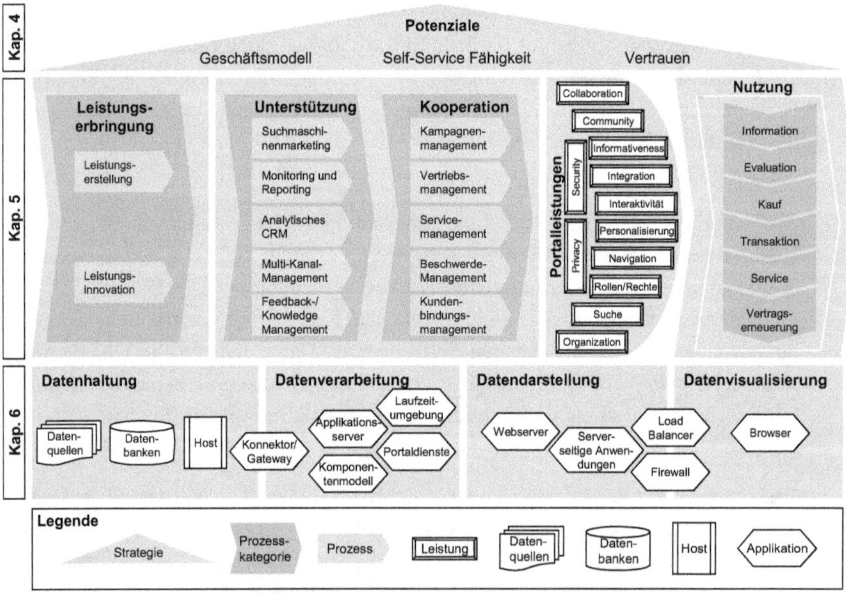

Abbildung 6-1: Systemkomponenten für Internet Self-Service

Die Beschreibung der Systemkomponenten in Abbildung 6-1 zeigt auf, wie die bisherigen Erkenntnisse auf den Ebenen Strategie (s. Kapitel 4) und Prozesse (s. Kapitel 5) in den Fallbeispielen systemtechnisch unterstützt werden. Die grundlegenden Elemente finden sich auch in der Literatur sowie in den Systemarchitekturen führender Portalhersteller wieder [vgl. Benn/Gringer 1998; Niemann 1999; Saueressig 1999; Turau 1999; Noack et al. 2000; Sinz et al. 2000; Mehlau 2001; Gurzki/Hinderer 2003; Puschmann 2003; IBM 2004; SAP 2004; Schmelzle 2005; Vlachakis et al. 2005; BEA Systems 2006]. Aktuelle State-of-the-Art Systemarchitekturen gehen aufgrund von Vorteilen in den Bereichen *Transaktionssicherheit*, *Skalierbarkeit*, *Wartbarkeit* und *Integration* von vier Schichten aus. Hierbei handelt es sich um:

- *Datenvisualisierung*. Die Visualisierung ist in allen Fallstudien über Webbrowser realisiert. Das typische Einsatzszenario ist der Einsatz eines PCs bzw. Laptops. Aber auch der Einsatz mobiler Endgeräte ist hierbei eine mögliche Option.
- *Datendarstellung*. Die Darstellung der verarbeiteten Daten erfolgt bei allen Fallbeispielen über einen Webserver, welcher die Daten im Browser der Nutzer anzeigt. Gleichzeitig werden über den Webserver die HTTP-Requests der Nutzer an die Geschäftslogikebene weitergereicht.
- *Datenverarbeitung*. Auf dieser Ebene erfolgt eine Manipulation der Daten entsprechend der in den E-Business-Applikationen hinterlegten Geschäftslogik. In allen untersuchten Fallstudien erfolgt dies über den Einsatz von Applikationsservern. Dabei ist oftmals auch ein Zugriff auf die in der Datenhaltungsebene angesiedelten Host-Systeme notwendig. Die Fallbeispiele zeigen, dass gerade diese Integration von E-Business-Applikationen und Host-Systemen mit grossen Herausforderungen verbunden ist.
- *Datenhaltung*. Auf dieser Ebene werden die für die Realisierung der Portalleistungen benötigten Daten gesammelt und vorgehalten. Beispiele hierfür sind Angebots- und Vergleichsrechner auf den Webseiten der Fallstudienpartner oder das Speichern von Daten im Rahmen von Personalisierungsdiensten (z.B. myComparis). Dies wird über die Nutzung von Datenbanksystemen realisiert. Zusätzlich sind für die Angebots- und Vertragserstellung Zugriffe auf transaktionale Kernsysteme der Produktgeber notwendig, die in aller Regel im Hostumfeld vorzufinden sind.

6.2.1 Visualisierung

Diese Ebene umfasst die Applikationen sowie die dazugehörigen Endgeräte, welche zur Visualisierung der Portalinhalte verwendet werden. Die Inhalte sind in aller Regel in einem nicht-proprietären HTML erstellt und werden von einem Browser dargestellt. Die Sprache wurde vom World Wide Web Consortium (W3C) weiterentwickelt und im Rahmen von XHTML (eXtensible HTML), welches auf XML (eXtensible Markup Language) basiert, neu formuliert. Ebenfalls basierend auf XML wurde WML (Wireless Markup Language) speziell für den Einsatz in mobilen Endgeräten entwickelt. WML hat zwischenzeitlich durch Compact HTML (cHTML) und xHTML MP (Mobile Profile) Konkurrenz erhalten, welche die Fähigkeiten moderner mobiler Endgeräte besser ausnutzen können. Beide sind den klassischen Webstandards ähnlich und reduzieren darüber hinaus den Integrationsaufwand.

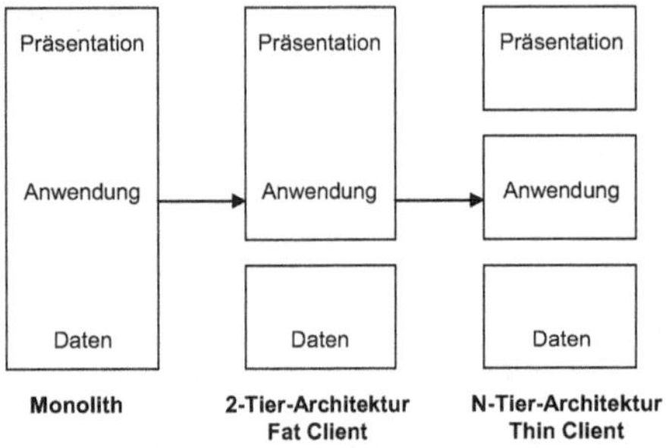

Abbildung 6-2: Client-Server-Architekturen (in Anlehnung an [Schmelzle 2005])

Alle untersuchten Self-Service Lösungen weisen eine sog. „*Thin Client*" Architektur auf. Dies ist eine Client-Server-Architektur, bei der lediglich die Präsentationsschicht auf den Client (= Browser) ausgelagert wird, während die allgemeine Logik auf dem Server verarbeitet wird (z.B. Webserver, Applikationsserver, Datenbankserver). Im Vergleich zu anderen Architekturen ermöglicht dieses Systemdesign eine bessere Skalierbarkeit und Interoperabilität von Applikationen [s. Sinz et al. 2000, 551]. Diese Faktoren wurden eingangs als technische Anforderungen an eine Self-Service Lösung identifiziert. Die Entwicklung hin zur sog. „*Multi-Tier-Architektur*" ermöglicht den Einsatz von Internet Self-Services in Szenarien, welche eine hohe Serverlast, eine komplexe Geschäftslogik sowie eine hohe Transaktionslast aufweisen [Kappel et al. 2003, 10]. Die Multi-Tier-Architektur stellt gleichzeitig eine Abkehr von sog. „*Fat Clients*" (d.h. Präsentations- und Applikationsschicht auf Client-Seite, Datenschicht auf Server-Seite) bzw. „*Monolithen*" (d.h. Zusammenfassung von Präsentations-, Applikations- und Datenschicht) dar, welche charakteristisch für Legacy-Applikationen und Hostumgebungen sind (s. Abbildung 6-2).

Der Aufbau der Anwendungsarchitektur der Commerzbank folgt dem Multi-Tier-Ansatz [s. Mehlau 2001, 42ff]. Als Anforderungen an die Architektur wurden vor ihrer Einführung eine kurze Implementierungszeit sowie eine Reduzierung der Wartungs- und Betriebskosten formuliert. Zur Umsetzung der Architektur kommt Internettechnologie zum Einsatz. Der Kern der Geschäftslogik wird auf Applikationsservern abgewickelt. Die Gründe hierfür sind die Entlastung des Clients sowie der dadurch mögliche Einsatz von Thin Clients und die Einsparungen durch den reduzierten Vor-Ort-Support. Auf den Clients selbst werden lediglich Microsoft Windows und Internet Explorer als Webbrowser benötigt. Auf der Geschäftslogikebene werden der Internet Information Server und der Transaction Server von Microsoft ein-

gesetzt. Die Daten werden von mehreren Datenquellen (u.a. Hostsystem) zur Verfügung gestellt (s. Abbildung 6-3).

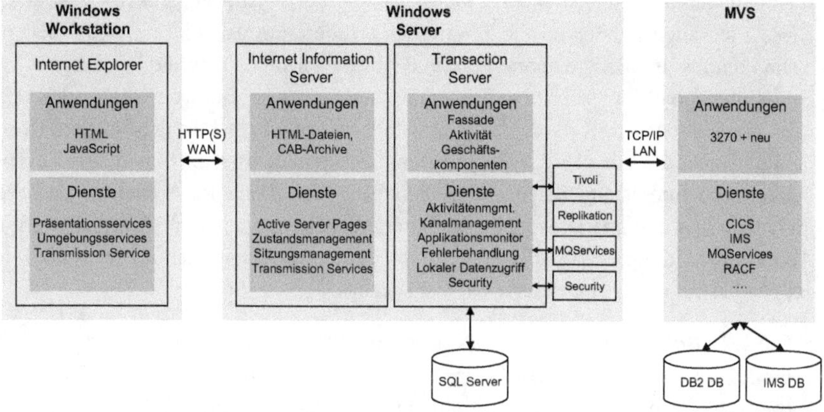

Abbildung 6-3: Anwendungsarchitektur der Commerzbank (in Anlehnung an [Mehlau 2001, 10])

In den untersuchten Fallstudien werden Webseiten primär für die Darstellung in PCs und tragbaren Computern entwickelt. Typischerweise sind diese Webseiten für die Visualisierung mit Internet Explorer und Mozilla Firefox optimiert. Eine separate Entwicklung von Webseiten für die Darstellung in WAP-Browsern auf mobilen Endgeräten wurde i.d.R. aufgrund mangelnder Kundenresonanz bzw. nicht vertretbarem Aufwand eingestellt oder erst gar nicht eingeführt. Dies heisst jedoch nicht, dass die Kunden keine mobilen Dienste nutzen. Lediglich eine Optimierung bzw. separate Entwicklung von Webseiten für mobile Endgeräte findet nicht statt. Eine Ausnahme stellt Comparis dar.

Im Sommer 2006 hat Comparis den Dienst „Mobile Pricefinder" unter der URL http://mobile.comparis.ch eingeführt [s. Schierholz 2007]. Kunden können durch die Nutzung eines WAP-fähigen Mobilgerätes Vergleichsanfragen an Comparis richten. Das vorgesehene Nutzungsszenario richtet sich vorwiegend an Kunden, welche in einem Geschäft ein Produkt evaluieren und direkt vor Ort weitere Informationen über Vergleichsangebote für die Entscheidungsfindung benötigen. Die angezeigten Resultatsseiten sind zunächst nach dem Versandpreis, dann nach Verfügbarkeit geordnet. Zusätzlich steht den Nutzern eine Shop-Bewertung zur Verfügung, in die Informationen zu den angebotenen Zahlungsarten, Versandkostenangaben, Kundenfreundlichkeit des Bestellprozesses, Konsumentenrechte, Kontaktkanäle und die Qualität der Informationen auf der Webseite des Shops miteinfliessen. Der Dienst wird den Kunden kostenlos zur Verfügung gestellt (ausgenommen sind die Gebühren, welche für die Datenübertragung anfallen).

Im Zusammenhang mit der Visualisierung von Webseiten wird darüber hinaus immer häufiger ein barrierefreier Zugang gefordert, d.h. eine Webseite, welche ohne Einschränkungen auch für behinderte Menschen zugreifbar ist [vgl. Stuker/Tressl 2003]. Diese Webseiten müssen spezielle Kriterien erfüllen, um den Einsatz von Assistenztechnologie, wie z.B. Screenreader (d.h. Software für die akustische Wiedergabe von Bildschirmseiten), Bildschirmvergrösserungssoftware oder Braille-Display (d.h. Ausgabe von Blindenschrift durch den Computer) zu ermöglichen. In der Schweiz ist seit dem 1. Januar 2004 durch das Behindertengleichstellungsgesetz (BehiG) die Zugänglichkeit von Internetangeboten der öffentlichen Verwaltung für Sprach-, Hör-, Seh- und motorisch Behinderte geregelt. Auf internationaler Ebene beschäftigt sich die Web Accessibility Initiative (WAI) des W3C mit der Entwicklung anerkannter Richtlinien zur Realisierung eines barrierefreien Webzugangs [WAI 2006].

Das Hessische Sozialministerium hat im Rahmen des „Sozialnetz Hessen" das Informations- und Serviceportal www.barrierefrei-fuer-alle.de entwickelt. Das Portal beschäftigt sich mit unterschiedlichen Aspekten der Barrierefreiheit. Diese wird sowohl durch das Webdesign als auch durch die Einbindung assistiver Technologien unterstützt (s. Abbildung 6-4).

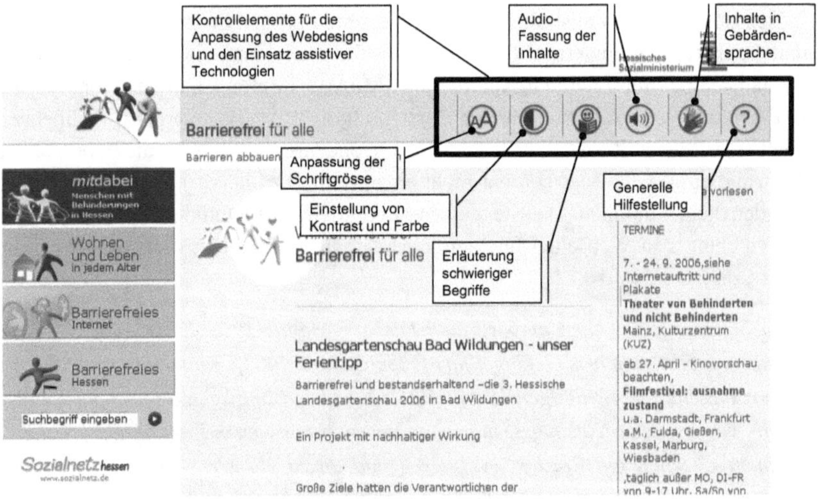

Abbildung 6-4: www.barrierefrei-fuer-alle.de als Beispiel für barrierefreies Portal

Beispielsweise wird die Lesbarkeit der Webseite dadurch gewährleistet, dass die Nutzer die Schriftgrösse auf jeder Seite anpassen können. Dies gilt auch für die Einstellung von Kontrast und Farbe. Die Inhalte der Webseiten sind für den Einsatz von Screenreadern optimiert und stehen darüber hinaus in einer Audio-Fassung zur Verfügung, so dass sich Nutzer die Inhalte der Webseite vorlesen lassen können. Um gehörlosen Menschen einen besseren Zugang zur Webseite zu erleichtern werden die Inhalte teilweise auch als Videos in Gebärdensprache und zusätzlich mit Untertiteln angeboten.

6.2.2 Darstellung

6.2.2.1 Komponenten

Zentrales Element dieser Ebene ist der Webserver, der die Anfragen des Clients (= Browser) bearbeitet. Hierbei handelt es sich um HTTP-Requests, die sich durch die Eingabe einer URL durch den Nutzer oder durch das Klicken auf einen Link in einer Webseite im Browser ergeben. Der Webserver übernimmt das Auffinden sowie die Darstellung der vom Nutzer gewünschten Webseite. Hierbei handelt es sich in aller Regel um HTML-Dokumente, welche bereits in Abschnitt 6.2.1 erläutert wurden.

Unternehmen	Webserver	Hersteller
Basler Versicherungen	WebLogic Server	BEA
PostFinance	WebLogic Server	BEA
CosmosDirekt	IBM HTTP Server (basiert auf Apache HTTP Server)	IBM/Open Source
mamax	Sun ONE Web Server	Sun
Comparis	IIS (Internet Information Services)	Microsoft
FinanceScout24	Apache HTTP Server	Open Source

Tabelle 6-1: Übersicht der in den Fallstudien eingesetzten Webserver

In der Praxis sind die Webserver Microsoft IIS (Internet Information Services) sowie die Open Source Lösung Apache am weitesten verbreitet. Der Marktanteil von Apache liegt bei knapp 62%, gefolgt von Microsoft IIS mit einem Marktanteil von ca. 32% [Netcraft 2006]. In den untersuchten Fallbeispielen sind diese Lösungen sowie eine Reihe weiterer Standardprodukte in diesem Bereich ebenfalls vertreten. In der Regel handelt es sich bei den eingesetzten Webservern um Java-basierte Lösungen (s. Tabelle 6-1).

In der Praxis werden oftmals mehrere Webserver parallel eingesetzt, um einer Überlastung eines einzelnen Servers durch eine hohe Anzahl an Client-Anfragen vorzubeugen. Weiterhin wird der Einsatz mehrerer Webserver auch deshalb benötigt, um auf Ausweichmöglichkeiten bei Ausfall oder Wartung eines Webservers zurückgreifen zu können. Damit soll eine hohe Verfügbarkeit und Performanz, welche in Abschnitt 6.1 als technische Anforderungen identifiziert wurden, gewährleistet werden. Beispielsweise werden bei Comparis und FinanceScout24 die HTTP-Requests der Browser-Clients an das Self-Service Produktivsystem auf fünf Webserver verteilt. Diese Verteilung der Clientanfragen auf die einzelnen Webserver wird in der Praxis durch den Einsatz sog. „Load Balancer" gelöst [Anastopoulos/Romberg 2001, 20]. Ein Load Balancer realisiert die optimale Verteilung der Clientanfragen durch eine Abschätzung der Antwortzeiten und Auslastung der zur Verfügung stehenden Ressourcen. In der Praxis tritt beim Einsatz von Load Balancern jedoch häufig das Problem auf, dass die Eingaben eines Nutzers während einer Session nicht auf verschiedene Webserver verteilt werden dürfen, um einem Informationsverlust vorzubeugen bzw. um den Nutzer nicht mehrmals zur Eingabe der gleichen Informationen auffordern zu müssen. Dies wird durch Session-Server gelöst, welche die Verarbeitung einer Session des Nutzers über mehrere Webserver steuert (s. Fallbeispiel Comparis in Abschnitt 3.6).

Um den Sicherheitsanforderungen Rechnung zu tragen, kommen bei der Kommunikation zwischen Browser und Webserver über HTTP Firewalls zum Einsatz. Dadurch wird der Datenverkehr zwischen dem Internet und dem lokalen Netzwerk des Self-Service Produktivsystems kontrolliert [s. BSI 2001, 5ff]. Über einen Paketfilter werden Anfragen von aussen auf das Produktivsystem überwacht. Dabei wird u.a. auf die im Header der Datenpakete enthaltenen Informationen zurückgegriffen. Hierbei handelt es sich u.a. um IP-Adresse und Port sowohl beim Rechner des Senders (z.B. Webbrowser) als auch beim Rechner des Empfängers (z.B. Webserver) [Hagen 2002, 11ff]. Bestimmten Applikationen und Services werden Ports von der IANA (Internet Assigned Numbers Authority) fest zugeordnet (sog. „well known ports", z.B. Port 80 für HTTP oder Port 25 für SMTP) [s. Forouzan 2003, 276f]. Daneben gibt es „registered ports", welche sich Applikationshersteller reservieren lassen können, sowie „dynamic ports", die frei verwendet werden können. Diese Informationen zur Portbelegung werden bei der Konfiguration von Firewalls verwendet. Beispielsweise ist die Firewall von Comparis so eingestellt, dass nach aussen nur Port 80 für das Laden von Daten über HTTP sowie Port 25 für den Mailverkehr über SMTP offen sind.

6.2.2.2 Server-seitige Anwendungen

Statische Applikationen stellen die erste Generation von Webanwendungen dar und sind dann sinnvoll, wenn es sich um eine geringe Anzahl von Webseiten handelt, die Änderungsfrequenz niedrig ist und die Webseiten mit Hinblick auf Hypertextstruktur und Präsentation heterogen sind [Kappel et al. 2003, 6f]. Allerdings können Webserver nicht nur statische Informationen in HTML zur Verfügung stellen, sondern auch zur Darstellung dynamischer Inhalte verwendet werden. Die Fallstudienanalyse zeigt, dass die dynamische Gestaltung von Webseiten sehr oft anzutreffen ist. Diese Funktionalitätserweiterung des Webservers wird durch den Einsatz server-seitiger Anwendungen ermöglicht (s. Tabelle 6-2). Beispiele für solche Technologien sind SSI (Server Side Includes), CGI (Common Gateway Interface) oder Servlets [Benn/Gringer 1998, 3ff; Turau 1999, 4ff; Sinz et al. 2000, 551]:

- Über *SSI* wird das Einfügen von Teildokumenten, welche dynamisch erzeugt werden, in andere Dokumente realisiert. Vorteile ergeben sich aus der einfachen Umsetzung dieser Technik, Nachteile in der Belastung des Servers durch SSI-Aufrufe.
- *CGI* ist eine Schnittstellenbeschreibung, welche die Kommunikation zwischen einem Webserver und Programmen, die auf diesem vorhanden sind, ermöglicht. Die-

se Programme können von Webclients angestossen werden. Vorteile ergeben sich aus der Einfachheit und Unabhängigkeit von Programmiersprachen. Ein Nachteil ist in der Performanz dieser Technologie zu sehen.

- Die Fallstudien (z.B. FinanceScout24) zeigen, dass diese Techniken zunehmend durch neuere Technologien abgelöst werden. Ein Beispiel hierfür sind *Servlets*, welche die Anwendungsfunktionalität von Webservern bei der Erstellung von dynamisch generierten Inhalten erweitern und gleichzeitig Vorteile gegenüber anderen Technologien aufweisen. Servlets sind in Java realisiert und weisen daher Plattformunabhängigkeit auf [Turau 1999, 6]. Oftmals werden sie aufgrund ihrer Vorteile, wie z.B. höhere Performanz und Sicherheit, als Java-Pendant oder sogar Ersatz von CGI-Skripten betrachtet [Noack et al. 2000, 7]. Damit nutzt die Servlet-Technologie jene Fähigkeiten auf der Server-Seite aus, welche vorher bereits durch den Einsatz von Applets auf der Client-Seite genutzt wurden.

Technologie	Programmieraufwand	Anwendungen	Abhängigkeit vom Server	Abhängigkeit von Programmiersprache
SSI	Sehr gering	Wiederverwendung von Dokumententeilen	Gering	Keine
CGI	Mittel	Dedizierter Zugriff auf Informationsquellen	Keine	Gering
Servlets	Mittel	Komplexe oder kooperative Anwendungen	Mittel	Nur Java

Tabelle 6-2: Charakteristika server-seitiger Anwendungen [Turau 1999, 7]

6.2.3 Geschäftslogik

6.2.3.1 Applikationsserver

Unternehmen	Applikationsserver	Hersteller
Basler Versicherungen	WebLogic Server	BEA
PostFinance	WebLogic Server	BEA
CosmosDirekt	Websphere	IBM
mamax	Websphere	IBM
Comparis	.NET 1.1 (eingesetzte Programmiersprachen sind VB.NET und C#.NET)	Microsoft
FinanceScout24	Apache Tomcat und JBoss	Open Source

Tabelle 6-3: Übersicht der in den Fallstudien eingesetzten Applikationsserver

Den Kern der Geschäftslogikebene stellt der Applikationsserver dar. Im Rahmen einer Client/Server-Architektur findet auf einem Applikationsserver die Ausführung von Anwendungen statt (s. Tabelle 6-3). Im Bereich Internet Self-Service stellt der Applikationsserver damit die Grundlage für die eigentliche Portallösung sowie die Realisierung der Portalleistungen dar [Gurzki/Hinderer 2003; Vlachakis et al. 2005, 14ff]. Typische Portalfunktionalitäten wurden bereits im theoretischen Grundlagenteil erläutert (s. Abschnitt 2.4.2).

6.2.3.2 Realisierungsmöglichkeiten

Die in den Fallstudien eingesetzten Frameworks, welche als Basistechnologie für die Umsetzung der Anwendungslogik fungieren, sind J2EE (Java 2 Enterprise Edition) und .NET von Microsoft (s. Tabelle 6-3). Dies entspricht auch den Ergebnissen anderer Studien im Bereich Internet Self-Service [vgl. Capgemini 2005; Phifer et al. 2005; Root 2005]. Dort werden J2EE und .NET ebenfalls als dominierende Frameworks für die Umsetzung von Multi-Tier-Architekturen identifiziert.

Einer Umfrage des Marktforschungsinstituts Forrester unter 1.383 IT-Entscheidungsträgern in Nordamerika und Europa zufolge sind Microsoft und IBM die dominierenden Anbieter auf dem Portalsoftwaremarkt (s. Abbildung 6-5). Hier hat sich in den letzten Jahren eine Entwicklung weg von „Pure Play" Portalanbietern (z.B. Plumtree) hin zu Infrastrukturanbietern (z.B. Microsoft, IBM und SAP) ergeben. Noch im Jahr 2002 war Plumtree vor IBM und Microsoft der dominierende Anbieter von Portallösungen.

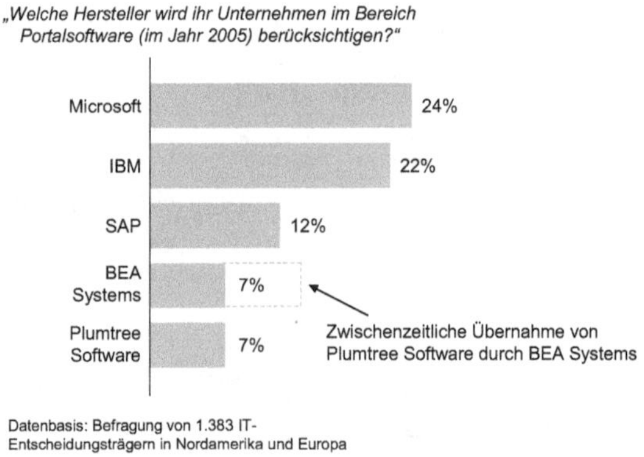

Abbildung 6-5: Marktübersicht Portalsoftware [s. Root 2005, 5]

Ein Ursache für diese Entwicklung ist die gestiegene Komplexität von Portallösungen, die sich u.a. aus der zunehmenden Integration der Portalsoftware mit den bereits im Unternehmen vorhandenen Applikationen ableitet [Root 2005, 3f]. Hier können Infrastrukturanbieter – im Gegensatz zu den sog. „Independent Software Vendors" (ISVs) – aufgrund der Präsenz ihrer Produkte in den unterschiedlichen Bereichen der Unternehmen ihre Stärken ausnutzen. Teilweise ergeben sich für Unternehmen „Lock-in" Effekte, die den Entscheidungsspielraum erheblich einschränken. So geben z.B. 93% der IT-Manager an, sich für eine Portalsoftware von SAP zu entscheiden, weil sie bereits Produkte von SAP einsetzen [Capgemini 2005, 32f]. Weiterhin haben die Erfahrungen der New Economy dazu geführt, dass IT-Manager sich wieder in Richtung der bekannten Infrastrukturanbieter orientieren, um Risiken zu vermeiden bzw. zu minimieren („Nobody ever got fired for buying from IBM"). Dies zeigt auch die stattfindende Marktkonsolidierung. So wurde der einstige Marktführer Plumtree vom Infrastrukturanbieter BEA erworben [BEA Systems 2005].

Gemeinsamkeiten von J2EE und .NET

Neben den Gründen der allgemeinen Marktentwicklung und –konsolidierung ist die Dominanz der J2EE und .NET Frameworks bei der Umsetzung von Internet Self-Service Lösungen durch eine Reihe technisch-konzeptioneller Faktoren begründet. Die folgenden Faktoren sind kennzeichnend sowohl für .NET als auch für J2EE [Vawter/Roman 2001, 11f; Göldi 2002, 18]:

- *Multi-Tier-Architektur*. Beide Frameworks unterstützen die Unterteilung einer Architektur in die Ebenen Präsentation, Geschäftslogik und Daten, welche die Basis für die Realisierung von State-of-the-Art Webanwendungen darstellt.
- *Komponentenorientiert*. Beide Frameworks weisen ein Komponentenmodell auf, welches die Umsetzung verteilter Architekturen unterstützt. Eine komponentenorientierte Architektur soll es ermöglichen, Software weitestgehend basierend auf funktionalen Anforderungen zu entwickeln, ohne dass der Entwickler sich notwendigerweise um die programmiertechnischen Details kümmern muss [Gruhn/Thiel 2000, 1-23].
- *Netzwerkorientiert*. Beide Frameworks sind durch ihre Netzwerkorientierung für den Einsatz in Szenarien geeignet, bei denen das Internet die zentrale Infrastruktur stellt.
- *Browserorientierung*. Beide Frameworks sind für den Einsatz in „Thin Client"-Architekturen optimiert, d.h. Szenarien, in denen der Webbrowser die primäre Schnittstelle zwischen Nutzer und Anwendung darstellt.

Im Jahr 2000 hat die Allianz im Rahmen ihrer E-Business-Strategie einen sog. „Virtual Online Insurer" lanciert [s. Müller et al. 2001]. Der Virtual Online Insurer ermöglicht den Landesgesellschaften der Allianz ihre Versicherungsgeschäfte browserbasiert abzuwickeln. Mögliche Nutzer dieser Self-Service Lösung sind Versicherungsvertreter, Makler, Banken und Endkunden (d.h. Versicherungsnehmer). Die Funktionalitäten sind entlang des Kundenprozesses ausgerichtet und umfassen z.B. die Angebotserstellung, Änderung von Benutzerdaten, Schadensmeldung und Zahlungsabwicklung. Auf der technischen Ebene wurde die Umsetzung einer zukunftsgerichteten Architektur angestrebt. Die Realisierung erfolgte über eine Multi-Tier-Architektur auf Basis des J2EE Frameworks und IBM Websphere als Applikationsserver u.a. aus folgenden Gründen: Skalierbarkeit, Komponentenorientierung, schnelle Implementierung und die Möglichkeit zur Trennung von Präsentations- und Geschäftslogik.

Diese Gemeinsamkeiten in der grundlegenden Ausrichtung der beiden Frameworks führen dazu, dass sich auch bei der konkreten Umsetzung eine Reihe von Ähnlichkeiten ergeben (s. Tabelle 6-4). Bei beiden Plattformen handelt es sich um laufzeitbasierte Systeme, d.h. bei diesen Systemen erfolgt keine direkte Kompilierung des Quellcodes in den Maschinencode des Zielsystems [s. Flanagan 1998, 4f]. Dies wird dadurch ermöglicht, dass eine Laufzeitumgebung (sog. „virtuelle Maschine") als Zwischenschicht zwischen die Applikations- und die Betriebssystemschicht eingefügt wird. Dadurch wird Plattformunabhängigkeit erreicht („*write once, run anywhere*"). Statt Maschinencode wird ein Zwischencode erzeugt. Dieser Zwischencode wird von der virtuellen Maschine zur Laufzeit in Maschinencode kompiliert. Diese erläuterten Konzepte sind sowohl bei J2EE als auch .NET vorhanden. Die virtuelle Maschine ist bei J2EE durch die JVM (Java Virtual Machine), bei .NET durch die CLR (Common Language Runtime) realisiert. Der erzeugte Zwischencode wird im J2EE Framework als Bytecode bezeichnet, im .NET Framework wird dazu der Begriff CIL (Common Intermediate Language) verwendet. Die Programmiersprachen, die dabei zum Einsatz kommen, sind Java im Bereich J2EE und u.a. C# im Bereich .NET. Bei beiden handelt es sich um objektorientierte, Bytecode-basierte Sprachen, welche die Erzeugung von Zwischencode sowie dessen Kompilierung in Maschinencode zur Laufzeit unterstützen. Weiterhin verfügen beide Plattformen über serverseitige Erweiterungen zur Darstellung (dynamischer) Webseiteninhalte (s. Abschnitt 6.2.2.2). Bei J2EE handelt es sich hierbei um JavaServer Pages (JSP), bei .NET um ASP.NET (Active Server Pages), eine Weiterentwicklung der ASP-Technologie von Microsoft.

Merkmal	**J2EE**	**.NET**
Laufzeitumgebung	JVM (Java Virtual Machine)	CLR (Common Language Runtime)
Zwischencode	Bytecode	CIL (Common Intermediate Language)
Programmiersprache	Java	C#
Darstellung (dynamischer) Inhalte	JSP (JavaServer Pages)	ASP.NET (Active Server Pages)

Tabelle 6-4: Gemeinsamkeiten von J2EE und .NET

Unterschiede zwischen J2EE und .NET

Ein grundlegender Unterschied zwischen J2EE und .NET besteht darin, dass es sich bei J2EE um die Beschreibung eines Standards bzw. einer Spezifikation handelt, während .NET als ein Produkt definiert werden kann [Göldi 2002, 18f]. Bei .NET ist Microsoft der Hersteller, welcher gleichzeitig auch die weitere Entwicklung des Frameworks vorantreibt. Dieser Prozess wird bei J2EE primär von Sun und den verschiedenen Herstellern, welche auf J2EE setzen, im Rahmen des „*Java Community Process*" (JCP) vorangetrieben. Ab 2007 wird Java von Sun unter der Lizenz GPL 2 an die Open Source Community übergeben [heise 2006]. Weitere Differenzierungsmerkmale sind [Vawter/Roman 2001, 12-23; Miller 2003, 64-67]:

- Eng verbunden mit J2EE ist das Konzept der Applikationsserver, welche die vorgegebene Spezifikation implementieren. In den untersuchten Fallstudien handelt es sich um IBM, BEA sowie Open Source-Lösungen (z.B. JBoss, Tomcat). Bei .NET ist diese Aufteilung von Spezifikation und Umsetzung durch Applikationsserver nicht klar gegeben. Dort *„verschwimmt die Trennlinie zwischen dem Framework, dem Betriebssystem und dem Webserver“* [Grasl 2003, 13]. Bei .NET werden Aufgaben vom Betriebssystem übernommen, welche bei J2EE über Applikationsserver realisiert sind. Eine Trennung zwischen Framework und Betriebssystem existiert bei .NET somit nicht [Benz 2001].

- Zudem wird von Microsoft bei den Betriebssystemen lediglich die eigene Windows-Produktfamilie unterstützt, obwohl das Konzept von .NET prinzipiell plattformunabhängig gestaltet ist. Allerdings gibt es Bestrebungen, diese Abhängigkeit von Windows aufzuheben. Ein Beispiel hierfür ist das Open Source Projekt *„Mono“*, welches von Novell unterstützt wird. Dieses Projekt hat zum Ziel, das .NET Framework auf den Betriebssystemen Linux, Solaris, Mac OS X und Unix umzusetzen [Mono 2006].

- Bei J2EE ist Java als einzige Programmiersprache vorgesehen, während .NET ein sprachunabhängiges Framework darstellt [s. Göldi 2002, 19; Grasl 2003, 13]. Mögliche Programmiersprachen sind hierbei z.B. C#, C++, VB.NET oder Delphi.NET. Somit ist .NET insbesondere für den Einsatz in Szenarien geeignet, in denen der Einsatz mehrerer Programmiersprachen kritisch ist, während J2EE mehrere Betriebssysteme unterstützt.

6.2.4 Datenhaltung

Datenbanksysteme und Integrationsaspekte

Unternehmen	Datenbanksystem	Datenbanktechnologie
Basler Versicherungen	IBM DB2	relational
PostFinance	Oracle Database	relational
CosmosDirekt	IBM DB2 / Oracle Database	relational
mamax	IBM DB2	relational
Comparis	Microsoft SQL Server	relational
FinanceScout24	Oracle Database	relational

Tabelle 6-5: Übersicht der in den Fallstudien eingesetzten DBMS

Integraler Bestandteil der Datenhaltungsebene sind Datenbankmanagementsysteme (DBMS) zur Verwaltung und Speicherung der Daten. In den untersuchten Fallbeispielen kommen diese Systeme u.a. für die Speicherung von Kundenangaben, Vertragsdaten oder zur Speicherung von Informationen, welche für die Tarifkalkulation benötigt werden, zum Einsatz (s. Tabelle 6-5). Die in den Fallstudien implementierten Lösungen sind in aller Regel Standardprodukte aus dem Bereich der relationalen Datenbankmanagementsysteme, d.h. die Verwaltung der Daten erfolgt in Form zweidimensionaler Tabellen basierend auf dem relationalen Datenbankmodell [Codd 1970].

Die Integration verschiedener Datenquellen und Applikationen ist sowohl kennzeichnend als auch notwendig für Internet Self-Service Lösungen [s. Noack et al. 2000, 9f; Flehmig 2001]. Die in Abschnitt 5.2 vorgeschlagene Self-Service Prozessarchitektur zielt auf eine umfassende Unterstützung des Kundenprozesses ab. Für diese Prozessunterstützung muss auf Daten zugegriffen werden, welche unternehmensweit in den Systemen der einzelnen Abteilungen (z.B. Marketing oder Vertrieb) verteilt sind. Aufgrund dieses Querschnittscharakters können Internet Self-Service Lösungen auch als „*horizontale*" Applikationen bezeichnet werden [Schelp/Winter 2002].

Die Integrationsnotwendigkeit ergibt sich u.a. durch Portalleistungen aus den Bereichen Collaboration, Community oder Rechte- und Benutzerverwaltung. Diese Funktionalitäten können in einem Portal nicht isoliert betrachtet werden, sondern sind in einem unternehmensweiten Kontext zu sehen. Daraus ergibt sich die Anforderung zur Integration der Internet Self-Service Lösung mit bestehenden Applikationen wie z.B. Calendaring-Tools, E-Mail-Systemen oder unternehmensweiten Verzeichnisdiensten zum Zwecke der Rechtevergabe und Benutzerverwaltung. Integrationsbedarf besteht nicht nur auf der Funktionalitätsebene, sondern auch auf der Datenebene. Die Fallbeispiele zeigen, dass die Datenhaltung typischerweise über Datenbanksysteme im Backend realisiert ist. Diese Daten werden für die Bereitstellung von Services wie z.B. Personalisierung oder Angebotsrechner benötigt. Dies beinhaltet auch die Integration externer Datenquellen von Geschäftspartnern. Beispielsweise werden bei FinanceScout24 die Daten zur Kalkulation der Tarife, welche für die Erstellung der Vergleichslisten benötigt werden, von den Anbietern selbst zur Verfügung gestellt. Weiterhin werden die Daten für die online getätigten Vertragsabschlüsse sofort in die Datenbanksysteme übernommen, während die Daten für die über den Aussendienst erfolgten Abschlüsse zunächst nur in Form von Fax oder Brief vorliegen. Die Aufnahme dieser Daten in die Datenbanksysteme macht Medienbrüche unvermeidbar. Ein ähnlich heterogenes Bild bei der Integration von Datenquellen zeigt sich bei Comparis.

Wie in Abschnitt 3.6.2 bereits erläutert, kann bei Comparis zwischen kooperativen und nicht-kooperativen Anbietern unterschieden werden. Diese Differenzierung wird auch auf der Ebene der Datensammlung und –haltung deutlich (s. Abbildung 6-6). Kooperative Anbieter haben die Möglichkeit ihre Daten direkt in die Vergleichsdatenbank von Comparis einzugeben. Für nicht-kooperative Anbieter besteht diese Möglichkeit nicht bzw. machen diese davon bewusst keinen Gebrauch. In diesem Fall werden die Vergleichsdaten von Mitarbeitern zunächst recherchiert und danach in die Vergleichsdatenbank übernommen. Weiterhin kann ein sog. Webcrawling erfolgen, d.h. die Webseiten der Anbieter werden automatisiert nach Ver-

gleichsdaten durchsucht. Dies kann auch eine automatisierte Abfrage der auf den Webseiten vorhandenen Angebotsrechner beinhalten.

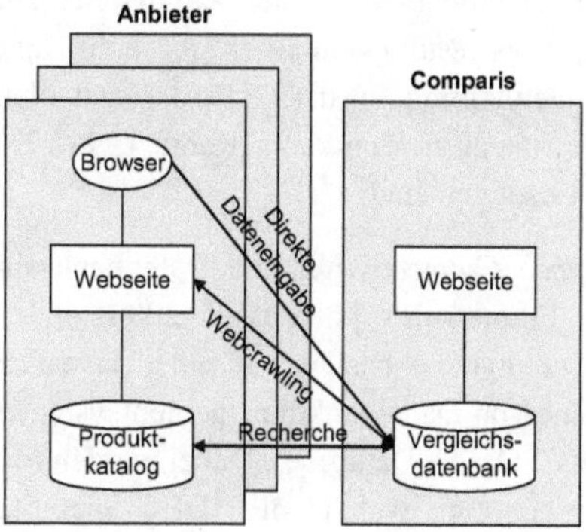

Abbildung 6-6: Integration unterschiedlicher Datenquellen bei Comparis (in Anlehnung an [Schönert 2003, 253])

Die Erfahrungen aus der Praxis zeigen in diesem Zusammenhang auch, dass die bereits bestehende Applikationslandschaft die Umsetzung und Realisierung von Internet Self-Service Lösungen entscheidend beeinflusst.

Bei der Anbindung der bestehenden Legacy-Applikationen im Host-Umfeld mit den Internet Self-Service Applikationen zeigen die Fallstudien zwei unterschiedliche Ansätze: Integration und Neuentwicklung. mamax greift zur Kalkulation der Tarife auf die bereits bestehenden Bestandsführungssysteme und Anwendungsmodule zu. Dies erforderte eine Integration der neu entwickelten Java-Applikationen mit den bestehenden Cobol-Systemen mit Hilfe der Software ITOC (IMS TCP/IP OTMA Connection) von IBM [s. Long et al. 1999]. Da die eingesetzten Softwarelösungen zu diesem Zeitpunkt noch sehr neu waren und somit vergleichsweise wenig Erfahrung und Know-how vorlagen, gestaltete sich deren Umsetzung als schwierig. Die Integration von E-Business- und Host-Applikationen nahm daher ein Jahr in Anspruch. Einen anderen Ansatz wählte hingegen die Basler Versicherungen. Eine Integrationsstrategie wurde als zu zeit- und ressourcenaufwändig eingeschätzt. Daher wurden die für die E-Business-Applikationen benötigten Rechenmodule nochmals neu entwickelt. Aktuell wird bei der Basler eine komplett Java-basierte Architektur umgesetzt, welche die bestehenden Host-Systeme schrittweise ablösen soll. Dabei setzen alle Neuentwicklungen nur noch auf einem gemeinsamen Applikationsmodul auf.

Datenbankschnittstellen

Die Zugriffe auf die Datenbanksysteme erfolgen über Datenbank-Gateways. Diese werden von den in den Abschnitten 6.2.2 und 6.2.3 erläuterten Technologien zur Umsetzung der Geschäftslogik genutzt [Kappel et al. 2003, 119]. Datenbank-Gateways unterstützen die Kommunikation zwischen dem Anwendungsteil und der Datenverwaltungsebene. Sie verfolgen das Ziel, unterschiedliche SQL-Dialekte zu überbrücken und somit für den Client eine einheitliche Schnittstelle zur Verfügung zu stellen [Ferstl/Sinz 1998, 390]. Dies resultiert in einer grösseren Unabhängigkeit der Anwendungsebene von der Datenhaltung, so dass z.B. das Datenbanksystem einer Anwendung durch ein anderes ersetzt werden kann [Rahm 1994]. Die in der Praxis am häufigsten anzutreffenden Lösungen sind:

- *JDBC (Java Database Connectivity).* Die Datenbankschnittstelle JDBC ist Bestandteil des J2EE Frameworks [s. Vossen 2000, 664f; Zimmermann/Beneken 2000, 170f]. Die Schnittstelle basiert auf einer Java-Plattform und erlaubt den Zugriff auf eine Reihe von Datenbankmanagementsystemen unterschiedlicher Hersteller (z.B. IBM DB2, Oracle Database). Dabei werden für jedes Datenbanksystem spezifische Treiber benötigt, welche die JDBC-Spezifikationen umsetzen (z.B. DB2/JDBC-Treiber, SQL-Server/JDBC-Treiber). Die Programmierung der Schnittstelle in Java soll die Plattformunabhängigkeit gewährleisten.

- *ADO.NET (ActiveX Data Objects).* Die Datenbankschnittstelle ADO.NET ist Bestandteil des .NET Frameworks von Microsoft. Die Datenbankschnittstelle ermöglicht einen objektorientierten Zugriff auf relationale Datenbanken [Mauerer 2004]. ADO.NET ist der Nachfolger von ADO, einer Schnittstelle zum Datenbankzugriff auf Basis von ActiveX.

- *ODBC (Open Database Connectivity).* Bei ODBC handelt es sich um eine Datenbankschnittstelle, welche von Microsoft entwickelt wurde [s. Ferstl/Sinz 1998, 390f; Noack et al. 2000, 7]. Dementsprechend ist diese Schnittstelle im Windows-Umfeld weit verbreitet. Zwischenzeitlich sind jedoch auch Lösungen für das UNIX-Betriebssystem verfügbar. JDBC und ODBC weisen eine ähnliche Philosophie auf. Beide ermöglichen den Zugriff auf eine Vielzahl von Datenbankmanagementlösungen unterschiedlicher Hersteller [Kappel et al. 2003, 119].

6.3 Zukünftige Systemkomponenten

6.3.1 Vor- und Nachteile aktueller Systemkomponenten

Die in Abschnitt 6.2 erläuterten Systemkomponenten bieten für die Gestaltung von Internet Self-Services eine Reihe von Vorteilen. Bei HTML-basierten Internetapplikationen sind die Entwicklungskosten vergleichsweise gering, die Architektur dieser Anwendungen ist nicht zu komplex und HTML sowie die damit verwandten Technologien sind relativ leicht erlernbar [O'Rourke 2004]. Des Weiteren zeichnen sich die auf einer Vier-Schichten-Architektur angeordneten Systemkomponenten durch Transaktionssicherheit, Skalierbarkeit, Wartbarkeit und Integrationsfähigkeit aus.

Allerdings sind HTML-basierte Applikationen auch mit Nachteilen verbunden. Hierbei handelt es sich insbesondere um eine mangelhafte Performanz und eine eingeschränkte Interaktivität (im Vergleich zu Desktopapplikationen) [Paulson 2005, 14]. Grund hierfür ist, dass es sich bei HTTP um ein zustandsloses Netzwerkprotokoll handelt, d.h. nach jeder Übermittlung einer Anfrage durch den Client und deren Bearbeitung durch den Server wird die Verbindung abgebaut [Kappel et al. 2002, 102f]. Dies führt dazu, dass nach jeder Änderung an einer Webseite (z.B. durch eine Benutzereingabe) die Seite neu geladen werden muss.

Durch den Einsatz neuer Technologien, welche oftmals unter dem Schlagwort „Web 2.0“ zusammengefasst werden, soll dieses Verhalten vermieden werden. Die auf dieser Basis entwickelten Internet Self-Services werden typischerweise als „Rich Internet Applications (RIA)“ bezeichnet. Diese Applikationen sind dadurch charakterisiert, dass sie den gleichen Grad an Interaktivität wie traditionelle Desktop-Applikationen („Fat Clients“) aufweisen, dabei aber die Vorteile von Internet-Applikationen beibehalten. RIAs profitieren von einer Reihe von Entwicklungen der letzten Jahre. Dazu gehört, dass eine zunehmende Anzahl von Nutzern über eine Breitbandanbindung an das Internet verfügt. Zudem haben sich die zur Verfügung stehenden Endgeräte weiterentwickelt, so dass umfangreiche Audio- und Videoinhalte auch auf Mobiltelefonen genutzt werden können. Einige der technologischen Plattformen, die im Umfeld von Internet Self-Service zukünftig an Bedeutung gewinnen werden, werden im nächsten Abschnitt 6.3.2 erläutert. Bekannte Vorreiter dieser neuen Generation von Internet Self-Services sind z.B. Flickr oder Google Maps.

Im Kontext von Finanzportalen sind Rich Internet Applications insbesondere für Funktionalitäten interessant, die einen hohen Grad an Interaktivität aufweisen (z.B. Online-Rechner). Dies kann am Beispiel der britischen St. James's Place Bank illustriert werden. Diese hat einen Hypotheken-Rechner auf Basis von RIA-Technologie entwickelt (s. Abbildung 6-7). Dieser Rechner ermöglicht es Kunden, unterschiedliche Hypotheken in Echtzeit zu evaluieren. Weiterhin wird auf der gleichen Webseite eine Prognose der finanziellen Entwicklung über die Jahre graphisch dargestellt und der Zinssatz basierend auf den Nutzereingaben kalkuliert. Sobald der Nutzer die Parameter ändert, werden die Auswirkungen auf der Webseite dargestellt, ohne dass dafür ein Neuladen notwendig ist.

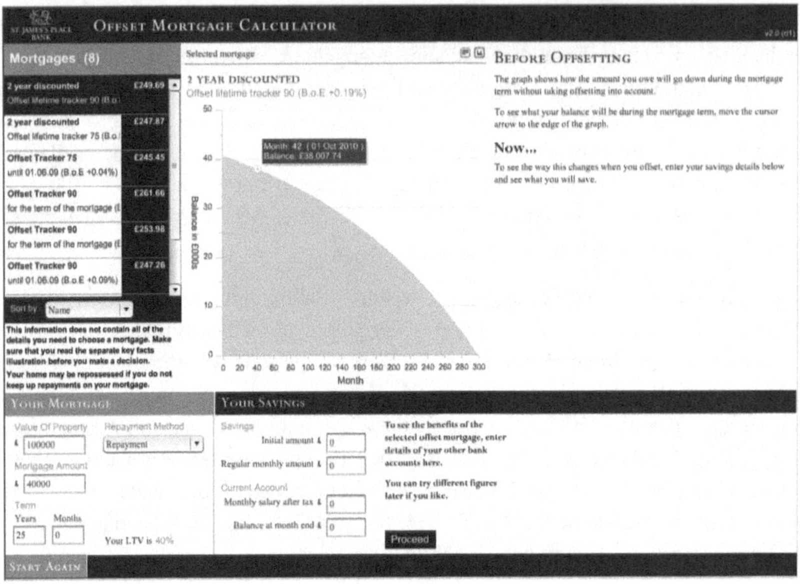

Abbildung 6-7: Hypotheken-Rechner auf Basis von RIA-Technologie

6.3.2 Realisierungsmöglichkeiten

AJAX

Bei AJAX (Asynchronous JavaScript And XML) handelt es sich um eine Ansammlung bereits bekannter Technologien, deren Kombination die Gestaltung einer neuen Generation von Internet Self-Services ermöglicht. Dabei finden u.a. die Konzepte XML, CSS (Cascading Style Sheets), JavaScript und DOM (Document Object Model) Verwendung. Die Kommunikation zwischen Client und Server erfolgt asynchron, d.h. mithilfe von AJAX kann auf einer Webseite eine HTTP-Anfrage durchgeführt werden, ohne dass dafür die Seite neu geladen werden muss [Noda/Helwig 2005, 5]. Dadurch kann auf Benutzereingaben schneller reagiert und ein höherer Grad an Interaktivität erreicht werden. Für AJAX spricht darüber hinaus, dass keine proprietären Technologien zum Einsatz kommen [Paulson 2005, 15]. Eine Installation von Plug-Ins ist daher nicht notwendig.

Adobe Flex

Adobe Flex basiert auf der Flash-Technologie, welche häufig im Umfeld des Web-Designs zur Gestaltung von animierten Bannern sowie von Audio- und Video-Elementen verwendet wird [Michelson 2005; Noda/Helwig 2005, 5f]. Adobe Flex ist ein Präsentationsserver, der die Stärken der Flash-Technologie im Bereich Multimedia für die Entwicklung von Rich Internet Applications nutzt. Die Funktionsweise ist ähnlich wie bei AJAX. Die Anwendung wird einmalig heruntergeladen und auf dem Client ausgeführt. Ein Neuladen der Webseite bei Nutzereingaben ist damit nicht notwendig. Im Gegensatz zu AJAX kommt jedoch als Skriptsprache nicht JavaScript zum Einsatz, sondern ActionScript, ein proprietärer Standard von Adobe. Zur Interpretation dieser Skriptsprache wird der Adobe Flash Player benötigt, welcher als Plug-In im Browser des Nutzers installiert sein muss.

Die Schweizer Tochter der Gerling Versicherungsgruppe hat zur Abwicklung von Versicherungsfällen ein Portal auf Basis von Adobe Flex entwickelt [s. Adobe Systems 2006]. Die Bearbeitung von Versicherungsfällen war vorher nur über Telefon, Fax und E-Mail möglich, was zu langsamen und kostenintensiven Prozessen führte. Die Einführung eines Portals sollte diese Ineffizienzen adressieren. Die Entscheidung für die Verwendung von Adobe Flex wurde getroffen, um im Bereich Internet Self-Service die Benutzerfreundlichkeit und intuitive Bedienung einer Desktop-Applikation zu erreichen. Das Portal beinhaltet Elemente wie z.B. die graphische Kalkulation und Illustration von Nutzereingaben, welche ohne das Neuladen von Webseiten dargestellt werden können. Gleichzeitig konnte durch die Einführung dieses Portals die Produktivität der Mitarbeiter um 30% gesteigert werden.

Java

Auch die Java-Plattform stellt Konzepte bereit, welche die Entwicklung von Rich Internet Applications ermöglichen. Hierzu zählt z.B. Swing, eine Software-Bibliothek zur Programmierung graphischer Benutzeroberflächen. Während die Stärken von AJAX in der Ubiquität und die Vorteile von Adobe Flex in den Multimediafunktionen zu sehen sind, gewährleistet Java die Einhaltung anerkannter Industriestandards [Domenig 2006, 2ff]. Die Realisierung von Rich Internet Applications auf dieser Plattform erfolgt dann, wenn Plattformunabhängigkeit sowie Kriterien wie z.B. Wartbarkeit, Stabilität und Skalierbarkeit von entscheidender Bedeutung sind.

6.3.3 Herausforderungen

Die Charakteristika (z.B. dynamische Darstellung von Webseiten) dieser neuen Generation von Applikationen sind auch mit Herausforderungen verbunden [Negrino/Smith 2007, 361f]. Beispiele hierfür sind:

- *Browsereinstellungen.* Zur Nutzung von Rich Internet Applications müssen die Anwender über aktuelle Browserversionen verfügen, um die Applikationen korrekt darstellen zu können. Darüber hinaus müssen auf Seiten der Nutzer gewisse Browsereinstellungen gewährleistet sein. Deaktiviert der Nutzer z.B. die Unterstützung von JavaScript, ist die Verwendung von AJAX nicht mehr möglich. Der Einsatz von Adobe Flex bedingt die Installation des Flash-Players als Plug-In auf Client-Seite [Paulson 2005, 15].

- *Applikationsverhalten.* Der Einsatz von RAI-Technologie verändert das Verhalten der Applikation (im Vergleich zu HTML-basierten Internet Self-Services) [vgl. Leckeband 2006, 53ff]. So kann z.B. aufgrund der asynchronen Kommunikation zwischen Client und Server nicht gewährleistet werden, dass ein Klick auf den „Zurück"-Button tatsächlich zur vorherigen Seite führt. Aufgrund der dynamischen Darstellung von Webseiten ist auch die Verwaltung von Bookmarks schwierig, da dazu das Setzen eines Bookmarks auf einen konkreten Zustand nötig ist. Gleichzeitig wird die Darstellung barrierefreier Webseiten durch den Einsatz von RAI-Technologien erschwert (s. Abschnitt 6.2.1).

- *Sicherheitsanforderungen.* Aufgrund des Neuigkeitsgehalts bestehen kaum Erfahrungen mit dem Einsatz dieser neuen Generation von Systemkomponenten. Entsprechend gross ist die Gefahr, dass eine Kombination verschiedener Konzepte, wie dies z.B. bei AJAX der Fall ist, bisher unbekannte Seiteneffekte oder Sicherheitslücken zur Folge hat [Paulson 2005, 17].

In den betrachteten Fallstudien kommt diese zukünftige Generation von Systemkomponenten noch nicht zum Einsatz. Dies liegt einerseits an der Neuigkeit dieser Technologien, andererseits aber auch an den teilweise noch ungelösten Herausforderungen, die bei der Entwicklung von Rich Internet Applications zu berücksichtigen sind. Alle Fallstudienpartner ziehen in diesem Zusammenhang Stabilität, Betriebssicherheit und Investitionsschutz dem Einsatz innovativer und damit risikoreicherer Technologien vor. Allerdings zeigt die zunehmende Verbreitung von RIAs (z.B. Google Mail, Google Suggest, Flickr), dass diese zukünftig auch in der Finanzdienstleistungsbranche an Bedeutung gewinnen werden.

6.4 Zusammenfassung

Kapitel 6 entwickelt auf Basis der theoretischen Grundlagen sowie den praktischen Erfahrungen eine Beschreibung von Systemkomponenten, welche die auf den Ebenen Strategie und Prozesse identifizierten Gestaltungselemente umsetzen.

Ausgangspunkt ist die Beschreibung der Anforderungen sowohl auf fachlicher als auch auf technischer Ebene. Weiterhin umfasst dies die Analyse von Besonderheiten, die sich bei der systemtechnischen Umsetzung von Internet Self-Services mithilfe von Web-Technologien ergeben. Diese Betrachtung resultiert in einer Beschreibung von State-of-the-Art Systemkomponenten auf den folgenden vier Ebenen:

- *Datenvisualisierung.* Die Umsetzung von Internet Self-Services erfordert eine Analyse der eingesetzten Software zur Darstellung (z.B. Browser) sowie eine Evaluation der verwendeten Endgeräte (z.B. PC, Laptop oder Mobiltelefon). Weiterhin ist die Schaffung eines barrierefreien Zugangs für alle Nutzergruppen anzustreben.

- *Datendarstellung.* Bei Internet Self-Services erfolgt die Kommunikation im Rahmen einer Client-Server-Architektur. In diesem Zusammenhang ermöglicht der

Einsatz von Webservern die Verarbeitung der HTTP-Requests, welche zwischen Client und Server ausgetauscht werden. Diese Funktionalität stellt das Bindeglied zwischen der Datenvisualisierung und der eigentlichen Bearbeitung der Geschäftslogik dar. Der Webserver kann um weitere server-seitige Anwendungen, wie z.B. SSI, CGI oder Servlets, ergänzt werden.

- *Datenverarbeitung*. Auf dieser Ebene erfolgt die Umsetzung der eigentlichen Geschäftslogik von Internet Self-Services über Applikationsserver. Diese Funktionalität kann über zwei dominierende State-of-the-Art Frameworks zur Verfügung gestellt werden: J2EE und Microsoft .NET. Beide zeichnen sich durch Unterstützung von Multi-Tier-Architekturen sowie Komponenten-, Netzwerk- und Browserorientierung aus. J2EE eignet sich besonders für Szenarien, welche Plattformunabhängigkeit erfordern, während .NET Programmiersprachenvielfalt bietet.
- *Datenhaltung*. Die Realisierung von Portalleistungen basiert auf Daten, welche in Datenbanksystemen vorgehalten werden. Der abteilungsübergreifende Querschnittscharakter von Self-Service Lösungen macht hierbei die Integration von Applikationen bzw. Daten notwendig.

Die Analyse der Fallstudien zeigt, dass die Kernfunktionalitäten zur Realisierung von Internet Self-Service Applikationen (z.B. Webserver, Applikationsserver) typischerweise über Standardsoftware realisiert sind und ggf. Anpassungen im unternehmensspezifischen Kontext vorgenommen werden. Eine zentrale Herausforderung stellt der Querschnittscharakter von Internet Self-Services dar, der durch die Kundenprozessorientierung bedingt ist und umfangreiche Integrationsaktivitäten notwendig macht. Zudem setzt sich vermehrt die Nutzung von Standards durch (z.B. WSRP, JSR168, Web Services), um Interoperabilität und Investitionsschutz zu gewährleisten.

Zukünftig werden Rich Internet Applications an Bedeutung gewinnen, da dadurch die Interaktivität und intuitive Benutzerführung von Desktopapplikationen weitestgehend nachgebildet und gleichzeitig die Vorteile traditioneller HTML-Anwendungen beibehalten werden können. Zentrale Plattformen in diesem Bereich sind AJAX, Adobe Flex und Java. Allerdings sind RAI-Technologien auch mit Herausforderungen verbunden, die sich insbesondere durch das veränderte Applikationsverhalten ergeben.

7 Zusammenfassung und Ausblick

Das folgende Kapitel 7 fasst die Erkenntnisse der vorliegenden Arbeit zusammen und bietet einen Ausblick auf mögliche Trends und Entwicklungen im Bereich Internet Self-Service. Zunächst erfolgt eine Diskussion der Forschungsergebnisse (s. Abschnitt 7.1). Basierend hierauf wird in Abschnitt 7.2 weiterer Forschungsbedarf aufgezeigt. Abschliessend werden zukünftige Entwicklungen vorgestellt (s. Abschnitt 7.3).

7.1 Ergebnisse der Arbeit

Die Analyse der in der Literatur vorhandenen Forschungsergebnisse sowie die Fallstudienbetrachtungen zeigen, dass Internet Self-Services in den Kundenbeziehungen der Finanzdienstleitungsbranche aktuell und auch zukünftig eine wichtige Rolle spielen. Die Gründe hierfür sind sowohl auf Seiten der Nachfrager als auch auf Anbieterseite zu suchen. Für die Anbieter sind die durch den Einsatz von Internet Self-Services möglichen Kosteneinsparungen und Effizienzsteigerungen ausschlaggebend. Hingegen haben die Konsumenten erkannt, welche Marktmacht sie durch Self-Services ausüben können (z.B. im Rahmen von Internetvergleichsportalen). Dies bedeutet für die Anbieter wiederum, dass sie ihre Vertriebsaktivitäten zunehmend an diese veränderten Rahmenbedingungen anpassen und verstärkt Internet Self-Services entwickeln müssen. Eine Herausforderung, die damit verbunden ist, ist der Mangel an persönlicher Interaktion mit den Kunden, welche neben der verstärkten Integration der Leistungsabnehmer in den Leistungserstellungsprozess das zweite charakteristische Merkmal von Self-Service ist. Die vorliegende Arbeit beschäftigt sich daher mit der Frage, wie Finanzdienstleister ihre Self-Service Aktivitäten in Kundenbeziehungen angesichts der vorhandenen Herausforderungen gestalten müssen. Die Betrachtung dieser Fragestellung erfolgt entlang der Ebenen Strategie, Prozesse und Systeme.

Den Ausgangspunkt auf der Strategieebene stellt die Ableitung und Untersuchung möglicher Geschäftsmodelle dar. Als Akteure entlang der Wertschöpfungskette sind sowohl Anbieter, Intermediäre als auch Nachfrager zu berücksichtigen. Dabei sind sechs grundlegende Geschäftsmodelle zu unterscheiden: (1) Vertriebsunterstützung, (2) Internetvertrieb, (3) Direktvertrieb, (4) Internet-Direktvertrieb, (5) Aggregator und (6) Online-Makler. Bei diesen Geschäftsmodellen sind die Gestaltungsfaktoren der Self-Service Fähigkeit zu berücksichtigen. Hierbei handelt es sich einerseits um das Produkt selbst, dessen Komplexität ein Indikator für eine mögliche Umsetzung im Rahmen von Internet Self-Services ist. Weitere Einflussfaktoren der Self-Service Fähigkeit sind die Ausgestaltung der Transaktionsabwicklung sowie die Merkmale der Zielgruppe, welche den Self-Service nutzt. Zusätzlich muss neben der Self-Service Fähigkeit insbesondere in der Finanzdienstleistungsbranche der Aufbau von Vertrauen in elektronischen Kundenbeziehungen adressiert werden. Strategische Stellgrössen hierfür sind die Markenstrategie sowie der Einsatz von Feedback-Systemen, Trust Seals und Ratings.

Die Umsetzung der strategischen Vorgaben erfolgt auf der Prozessebene durch zielgerichtete Self-Service Aktivitäten, welche in Form einer Self-Service Prozesslandkarte dokumentiert sind. Diese Landkarte umfasst drei Prozesskategorien:

- *Self-Service Kooperationsprozesse.* Hierbei handelt es sich um operative CRM-Prozesse, welche einen direkten Kundenkontakt aufweisen und auf die Abdeckung des Kundenprozesses ausgerichtet sind. Diese Kooperationsprozesse an der Schnittstelle zwischen Kunde und Leistungsanbieter stehen im Mittelpunkt von Internet Self-Service Szenarien. Die zwischen Anbieter und Abnehmer stattfindenden Leistungs- und Informationsflüsse werden über Portalleistungen abgedeckt.
- *Self-Service Unterstützungsprozesse.* Diese Prozesskategorie dient primär der Interaktion mit den Self-Service Kooperationsprozessen. Die in den Kooperationsprozessen gesammelten Daten werden im analytischen CRM ausgewertet und wiederum zur Gestaltung der Self-Service Interaktionen verwendet. Der Aufbau eines geschlossenen Wissenskreislaufs wird durch das Feedback- und Knowledge Management auf der Prozess- und Produktebene ermöglicht. Das Monitoring und Reporting gewährleistet die nutzerfreundliche Gestaltung der Portalfunktionalitäten. Das Suchmaschinenmarketing soll eine hohe Frequentierung des Portals sicherstellen. Dies dient wiederum der Unterstützung des Kampagnen- und Leadmanagements.
- *Leistungserstellungsprozesse.* Die Unterstützungsprozesse bilden die Schnittstelle zwischen der Produkterstellung und den weiteren Self-Service Prozessen. Die Prozesse der Leistungserstellung stellen Produktinformationen zur effizienten Ausgestaltung der Self-Service Interaktionen mit den Kunden zur Verfügung.

Die Umsetzung der Self-Service Prozesslandkarte wird anhand einer Beschreibung der benötigten Systemkomponenten auf vier Ebenen operationalisiert. Die Datenvisualisierungsebene berücksichtigt Vorgaben, die sich aus der eingesetzten Software (z.B. Browser) sowie den Endgeräten ergeben. Die Datendarstellungsebene stellt das Bindeglied zwischen der Umsetzung der Geschäftslogik und deren Visualisierung dar. Die Bearbeitung der HTTP-Requests zwischen Client und Server erfolgt über Webserver. Diese werden auf der Datenverarbeitungsebene um Applikationsserver zur Umsetzung der Geschäftslogik ergänzt. Die in der Praxis dominierenden Ansätze sind J2EE sowie .NET von Microsoft. Die Datenhaltungsebene stellt die für die Portalleistungen benötigten Daten bereit. Aufgrund des Querschnittscharakters von Internet Self-Services ist auf dieser Ebene auch der Einsatz von Integrationstechnologien notwendig.

Diese State-of-the-Art Systemkomponenten werden zukünftig durch die Entwicklung von Rich Internet Applications ergänzt und erweitert. Hierdurch soll der Grad an Interaktivität und intuitiver Benutzerführung von Desktopapplikationen erreicht werden. Zentrale technologische Plattformen in diesem Bereich stellen AJAX, Adobe Flex und Java dar.

7.2 Weiterer Forschungsbedarf

Im Rahmen eines induktiven Forschungsansatzes entwickelt die vorliegende Forschungsarbeit auf Basis von sechs Fallstudien Ergebnisdokumente auf den Ebenen Strategie, Prozesse und Systeme. Dies beinhaltet die Ableitung strategischer Gestaltungsfaktoren für internetbasierte Geschäftsmodelle, eine CRM-Prozesslandkarte sowie eine Analyse der Komponenten zur systemtechnischen Umsetzung. Sämtliche Ergebnisdokumente zeigen Ansatzpunkte und praktische Handlungsoptionen für die Gestaltung von Self-Service Aktivitäten in der Finanzdienstleistungsbranche auf.

Die Fundierung der Ergebnisdokumente erfolgt auf Basis von sechs Fallstudien aus der Finanzdienstleistungsbranche. Die einzelnen Fallbeispiele wurden dabei bewusst so gewählt, dass unterschiedliche Aspekte und Fragestellungen von Self-Service Geschäftsmodellen aufgezeigt werden sowie innerhalb der Unternehmen langjährige Erfahrungen in diesem Bereich vorhanden sind. Auf Grund dieser Erfahrungswerte können die Fallstudien als „*good practices*" bezeichnet werden. Die branchen- und technologiespezifische Eingrenzung des Untersuchungsobjekts soll eine Vergleichbarkeit der gewonnenen Erkenntnisse gewährleisten. Die empirische Basis der entwickelten Ergebnisdokumente ist durch die Untersuchung von sechs Fallstudien ausreichend wissenschaftlich fundiert, bietet aber gleichzeitig Anknüpfungspunkte zur Weiterentwicklung und Vertiefung der Forschungsfrage. Das Datenmaterial kann durch die Aufnahme zusätzlicher Fallstudien sowie durch eine Validierung der Ergebnisse im Rahmen von Aktionsforschung weiter ausgebaut werden. Dies gilt auch für die Anwendung quantitativ-empirischer Forschungsmethoden. Ausgehend von den vorliegenden Ergebnisdokumenten sind folgende Ansätze denkbar:

- *Entwicklung einer Methode.* Die bestehenden Ergebnisdokumente können zu einer Einordnung der Self-Service Aktivitäten im Rahmen einer Ist-Analyse sowie zur Formulierung von Soll-Zuständen genutzt werden. Damit sind bereits erste Methodenbausteine enthalten. Hierauf aufbauend kann eine umfassende Methode entwickelt werden, welche den Weg von einer identifizierten Ist- zu einer angestrebten Soll-Situation aufzeigt. Entsprechende Anweisungen zur Ableitung von Rollen, Aktivitäten und Ergebnissen stellt das Method Engineering zur Verfügung [vgl. Heym 1993, 5; Gutzwiller 1994, 11ff].

- *Betrachtung weiterer Branchen.* Die Übertragbarkeit der gewonnenen Erkenntnisse und die Ableitung der Handlungsempfehlungen sind zunächst auf die Finanzdienstleistungsbranche beschränkt. Deren Gültigkeit für andere Branchen ist durch weitere Forschungsarbeiten zu untersuchen. Dabei sollten strukturell ähnlich gelagerte Branchen, die ebenfalls serviceorientiert sind und immaterielle Produkte zum Gegenstand haben, auch zu ähnlichen Ergebnissen führen. Andere Branchen, deren Aktivitäten primär auf physische Produkte sowie Waren- und Güterflüsse fokussieren (z.B. Automobilbranche), dürften hingegen die Erweiterung bzw. Anpassung der bestehenden Ergebnisdokumente um branchenspezifische Faktoren zur Folge haben.

- *Untersuchung weiterer Technologien.* Die vorliegende Arbeit untersucht Internet Self-Service. Weitere Self-Service Technologien, wie z.B. Automaten oder Telefon, wurden nicht berücksichtigt. Die Einbeziehung zusätzlicher Self-Service Technologien ist insbesondere vor dem Hintergrund kanalübergreifend integrierter Self-Service Aktivitäten interessant.

- *Evaluation zusätzlicher Einsatzszenarien.* Die Fallstudien untersuchen den Einsatz von Self-Service Technologien im Umfeld von B2C. Aufgrund der steigenden Bedeutung und Ausbreitung von Internet Self-Services, bietet eine Evaluierung weiterer Einsatzszenarien, wie z.B. B2B, B2E oder G2C, Anknüpfungspunkte zur Weiterentwicklung der bestehenden Erkenntnisse. Die Kundenprozessorientierung (d.h. Kunde als Unternehmen, Mitarbeiter oder Bürger) bleibt dabei weiterhin eine zentrale Anforderung. Daher sind strukturelle Unterschiede zu den bestehenden Ergebnisdokumenten als eher gering einzustufen.

- *Analyse zusätzlicher Kosten-/Nutzenbetrachtungen.* In der vorliegenden Arbeit wurden Kosten-/Nutzenbetrachtungen berücksichtigt, sie stellen aber kein primäres Untersuchungsziel dar. Rückschlüsse auf die ökonomische Vorteilhaftigkeit von Self-Service Aktivitäten wurden auf Basis interner Untersuchungen der Fallstudienpartner sowie aus Erfahrungswerten, welche im Rahmen der Interviews thematisiert wurden, gezogen. Diese Erkenntnisse könnten durch separate Kosten-/Nutzenberechnungen weiter fundiert werden. Allerdings dürfte sich die praktische Umsetzbarkeit als schwierig gestalten, da die Praxispartner zur Herausgabe bzw. Offenlegung interner Kosten- und Erlösgrössen in aller Regel nicht bereit sind.

7.3 Zukünftige Entwicklungen

Von der Produktorientierung zur Kundenbeziehung

Die Fallbeispiele zeigen, dass Internet Self-Services primär nach Produkten strukturiert sind. Dies drückt sich auch in der Gestaltung der Navigationsmenüs aus, welche in der Regel produktorientierte Einstiegspunkte bieten. Dies ist einerseits notwendig, da die Erfahrungen der Praxispartner zeigen, dass die Nutzer schnell ans Ziel kommen wollen und ihre Bedürfnisse oftmals am besten auf Produktebene formulieren können. Andererseits führt dies auch dazu, dass eine umfassende Beratung des Kunden schwer möglich ist und potenzielle Cross- bzw. Up-Selling Potenziale ungenutzt bleiben. Um dem entgegenzuwirken, zeigen sich in diesem Bereich erste Entwicklungen weg von einer Produktorientierung hin zu einem umfassenden Verständnis der Kundenbeziehung. Diese Entwicklung ist gerade in einer technologiegetriebenen Netzwerkökonomie von zentraler Bedeutung [Bernet 2000, 49f]. Beispielsweise hat FinanceScout24 mit dem Relaunch der Webseite die vorhandene produktorientierte Navigationsstruktur um bedarfsorientierte Elemente ergänzt. Der umfassendste Ansatz in den untersuchten Fallstudien ist in diesem Zusammenhang der Personalisierungsdienst myComparis (s. Abschnitt 3.6.3). Dieser verfolgt das Ziel, zunächst ein Bedarfsprofil des Kunden zu erstellen, um dann die Bedarfssituation zu ermitteln. Dies ermöglicht darüber hinaus eine individuelle Ansprache des Kunden im Rahmen des Kampagnenmanagements. Die Erfahrungen von Comparis zeigen, dass die bedarfsorientierte Individualisierung zu deutlich höheren Abschlussquoten führt. Allerdings erfordert dies auch von den Kunden die Bereitschaft zur Abkehr von einer ausschliesslich produktgetriebenen Sichtweise.

Vom „Comparison Aggregator" zum „Relationship Aggregator"

Die Ausführungen haben gezeigt, dass die durch die zunehmende Verbreitung von Self-Service Technologie neu entstandenen Aggregatoren, wie z.B. Comparis oder FinanceScout24, an Bedeutung gewonnen haben und noch gewinnen werden (s. Abschnitt 4.1). Ausschlaggebend hierfür ist, dass Aggregatoren Märkte und Produkte transparenter gestalten und somit die Marktmacht der Kunden erhöhen. Hierbei können verschiedene Evolutionsstufen unterschieden werden. Sowohl Comparis als auch FinanceScout24 sind „*Comparison Aggregator*", da sie den Konsumenten die Möglichkeit geben, Vergleichsinformationen über eine Vielzahl von Produkten über eine einzige Self-Service Plattform einzuholen. Allerdings fokussiert dieser Ansatz primär auf die Vorkaufphase und deckt den Kundenprozess nicht umfassend ab. Für die Abwicklung der Sales bzw. After Sales Phase muss der Kunde wiederum mit den unterschiedlichen Produktgebern interagieren. Dies bedeutet in der Nachkaufphase die Abwicklung von Transaktionen über separate Self-Service Plattformen mit unterschiedlichen Login-Daten und Benutzeroberflächen. In der Praxis finden sich bereits erste Hinweise auf eine Erweiterung dieses „*Comparison Aggregator*"-Ansatzes. FinanceScout24 bietet den Kunden – abhängig vom Produkt – die Option an, Vertragsabschlüsse mit unterschiedlichen Produktgebern über die eigene Self-Service Plattform abzuwickeln. Dies soll auf den Bereich After Sales ausgedehnt werden. Der Kunde hätte dann die Möglichkeit, über eine Plattform alle Verträge zu verwalten. Dies würde dazu führen, dass sämtliche Beziehungen eines Kunden mit unterschiedlichen Produktgebern aggregiert werden („*Relationship Aggregator*"). Umsetzungsschwierigkeiten in der Praxis ergeben sich daraus, dass Produktgeber die Kundenbeziehung in der Regel nicht teilen wollen. Solche Widerstände sind typische Erscheinungsformen, die durch entsprechende Kundenakzeptanz und –nachfrage aufgelöst werden können (s. Fallbeispiel „Paytrust" in Abschnitt 5.3.4).

Integration kultureller Aspekte

Die Erschliessung neuer Kundensegmente wurde im Grundlagenteil als ein anbieterseitiges Motiv für die Einführung von Self-Services identifiziert (s. Abschnitt 2.3.3.1). Diese Erschliessung neuer Kundensegmente erfolgt nicht nur auf der soziodemographischen Ebene, sondern beinhaltet auch die geographische Ausdehnung der Self-Service Aktivitäten. Gleichzeitig ist für den Erfolg von Self-Service allerdings auch die lokale Kompetenz entscheidend, um die Bedürfnisse des Marktes und der Kunden verstehen zu können. Bspw. sieht Comparis im lokalen Know-How des Schweizer Marktes einen kritischen Erfolgsfaktor. Dies kommt z.B. durch die Verwendung Schweizerdeutscher Slogans zum Ausdruck (z.B. „luege – prüefe – chaufe.", s. Abbildung 7-1).

luege – prüefe – chaufe

Im Laden: „Sind die Preise wirklich günstig?"

Einfach SMS mit Stichwort **COMPARIS** an **963** senden.

Produkt eingeben und innert Sekunden gibt's die Liste mit günstigen Preisen!

Abbildung 7-1: Beschreibung des Pricefinder-Dienstes auf comparis.ch

Zukünftig wird diese Balance zwischen der globalen Reichweite von Internet Self-Services einerseits und der lokalen Kompetenz andererseits an Bedeutung gewinnen. Die Berücksichtigung sprachlicher Unterschiede ist hierbei eine Option. Ein weiterer Ansatz besteht darin, zusätzliche kulturelle Dimensionen in die Gestaltung der Self-Service Interaktionen zu integrieren. In der Literatur finden sich unterschiedliche Erkenntnisse dazu, entlang welcher Dimensionen kulturelle Unterschiede zu definieren sind [z.B. Hall 1976; Hofstede 1983a; Trompenaars/Hampden-Turner 1997]. Einen allgemein akzeptierten Beitrag liefert Hofstedes Vorschlag zur Untergliederung kultureller Merkmale [vgl. Hofstede 1980; Hofstede 1983a; Hofstede 1983b; Hofstede 1984; Hofstede/Bond 1988], welcher auf umfangreichem Datenmaterial basiert, das im Rahmen eines langjährigen Forschungsprojekts innerhalb des IBM Konzerns in über 50 Ländern erhoben wurde (s. Tabelle 7-1).

Dimension	Beschreibung
Hierarchie/Gleichheit („power distance")	Diese Dimension ist ein Indikator dafür, in welchem Umfang eine Kultur bereit ist, eine ungleiche Verteilung von Macht und Einfluss innerhalb der Gesellschaft zu akzeptieren. Dies beinhaltet auch die Frage, ob soziale Akzeptanz primär durch eigene Leistung oder vielmehr durch andere Faktoren, wie z.B. Geburtsrecht, Alter oder Geschlecht, bestimmt wird.
Sicherheit/Unsicherheit („uncertainty avoidance")	Diese Dimension untersucht, ob die Mitglieder einer Gesellschaft bereit sind, Unsicherheit in Kauf zu nehmen oder ob ihr primäres Interesse in der Risikovermeidung besteht.
Individualität/Kollektivismus („individualism/collectivism)	Kulturen können entweder individuell oder kollektivistisch organisiert sein. In Kulturen, die nach Individualität streben, steht der Einzelne bzw. nur der engste Familienkreis im Mittelpunkt der Betrachtung. In kollektivistischen Kulturen steht das Allgemeinwohl im Vordergrund.
Maskulinität/Femininität („masculinity/femininity")	Merkmale maskuliner Gesellschaften sind ein traditionelles Familienbild sowie eine Betonung auf Leistung, Vorbilder und materiellen Erfolg. Hingegen zeichnen sich feminine Kulturen durch Mässigung, Nächstenliebe sowie die Gestaltung einer hohen Lebensqualität aus.
Kurzfristige/langfristige Orientierung („long-term orientation")	Kurzfristig orientierte Kulturen zeichnen sich durch einen ständigen Wandel aus. Langfristige Kulturen bevorzugen die Beständigkeit. Dies beinhaltet auch einen grossen Respekt vor Traditionen.

Tabelle 7-1: Kulturelle Dimensionen [Hofstede 1985; Hofstede/Bond 1988]

Die kulturellen Dimensionen bieten Anknüpfungspunkte zur Gestaltung von Internet Self-Services. Beispielsweise sind weniger hierarchisch strukturierte Kulturen eher für Bilder, Beiträge oder Kommentare der eigenen „*peer group*" empfänglich. Hingegen sind in der Kommunikation mit stark hierarchisch strukturierten Kulturen Autoritätspersonen in den Vordergrund zu rücken. Weiterhin könnte die Langzeitorientierung einer Kultur in der Ausgestaltung der Beratungs- und Angebotsrechner für die Finanzplanung berücksichtigt werden. Bei kurzfristig orientierten Kulturen reicht bspw. ein Planungshorizont von 1 bis 3 Jahren aus, während ein solches Szenario bei langfristig orientierten Kulturen 10 bis 30 Jahre umfassen kann.

Einbindung des Nutzers in die Inhaltserstellung

Die Inhalte bisheriger Internet Self-Services, wie z.B. FAQs, wurden dem Nutzer in der Regel vom Unternehmen vorgegeben. Diese Vorgabe inhaltlicher Elemente wird zunehmend durch einen Trend abgelöst, der es den Nutzern erlaubt, an der Inhaltserstellung selbst mitzuwirken. Diese Entwicklung wird oftmals als Bestandteil des Schlagworts „Web 2.0" angesehen. Beispiele hierfür sind Blogs oder Wikis [vgl. McAfee 2006, 23ff]. Ein Blog ermöglicht einer einzelnen Person, Inhalte zu erstellen und diese mit einer Vielzahl von Nutzern zu teilen. Bei Wikis kann hingegen eine Gruppe von Nutzern an der Inhaltserstellung mitwirken. Dieser Trend gilt nicht nur für die eigentliche Erstellung des Inhalts, sondern auch für dessen Kategorisierung. Aktuell wird dem Nutzer von Internet Self-Services die Kategorisierung von Portalinhalten in Form einer Taxonomie vorgegeben. Dieses Vorgehen kann durch eine sog. „Folksonomy" abgelöst werden. Anstatt dem Nutzer eine Kategorisierung vorzugeben, wird diese basierend auf den Aktionen des Nutzers erstellt (d.h. die Nutzer kategorisieren die Inhalte durch die Zuordnung von Schlüsselwörtern selbst). Prominente Vertreter dieses Ansatzes sind Flickr für die Verwaltung von Photos oder del.icio.us für die Verwaltung von Bookmarks.

Anhang A Ergänzungen zu den Fallstudien

A.1 Interviews

Fallstudie	Experte	Funktion	Ort	Datum
Basler Versicherungen	Urs Erismann	Leiter E-Business	Basel	23.03.2006
	Jürgen Kübler	E-Business	Basel	23.03.2006
	Urs Erismann	Leiter E-Business	Telefoninterview	27.04.2006
	Jürgen Kübler	E-Business	Telefoninterview	27.04.2006
	Jürgen Kübler	E-Business	Telefoninterview	08.05.2006
PostFinance	Stefan Rüesch	Leiter E-Channel	Bern	23.06.2005
	Daniel Hänni	Program Manager E-Channel	Bern	23.06.2005
	Stefan Rüesch	Leiter E-Channel	Bern	28.07.2005
	Daniel Hänni	Program Manager E-Channel	Telefoninterview	30.06.2005
	Daniel Hänni	Program Manager E-Channel	Telefoninterview	10.10.2005
CosmosDirekt	Pia Bollinger	Leiterin Klassisches Marketing	Saarbrücken	15.05.2006
	Bert Martin	Prokurist	Saarbrücken	15.05.2006
	Susanne Henke	Marketing	Telefoninterview	06.07.2006
mamax	Roland Koch	Bereichsleiter Marketing, Mannheimer AG Holding	Mannheim	20.03.2006
	Hans Wolk	Abteilungsleiter mamax	Mannheim	20.03.2006
	Roland Koch	Bereichsleiter Marketing, Mannheimer AG Holding	Telefoninterview	13.04.2006
	Hans Wolk	Abteilungsleiter mamax	Telefoninterview	13.04.2006
	Hans Wolk	Abteilungsleiter mamax	Telefoninterview	22.06.2006
Comparis	Johann Burkhard	CIO	Zürich	10.02.2006
	Johann Burkhard	CIO	Telefoninterview	27.02.2006
	Johann Burkhard	CIO	Telefoninterview	05.04.2006
FinanceScout24	Daniel Görs	Manager Public Relation	Hamburg	30.03.2006
	Horst Kesselkaul	CEO	Hamburg	30.03.2006
	Gunter Gellert	Leiter Betrieb	Telefoninterview	17.05.2006
	Daniel Görs	Manager Public Relation	Telefoninterview	02.06.2006

Tabelle A-1: Übersicht der Fallstudieninterviews[10]

[10] Dargestellt sind die (Telefon-) Interviews mit den Unternehmensexperten. Zur Vertiefung und Konsolidierung der Fallstudien kam es in fast allen Fällen zu zusätzlichen (Telefon-) Interviews bzw. E-Mail-Anfragen mit weiteren Unternehmensmitarbeitern.

A.2 Analysierte Dokumente

Dokumententyp	Autor	Dokument	Stand
Basler Versicherungen			
Geschäftsbericht	Bâloise Holding	Jahresbericht 2005	-
Geschäftsbericht	Bâloise Holding	Jahresbericht 2004	-
Geschäftsbericht	Baloise Bank SoBa	Geschäftsbericht 2005	-
Geschäftsbericht	Baloise Bank SoBa	Geschäftsbericht 2005	-
PostFinance			
Geschäftsbericht	Die Post	Berichterstattung 2005	-
Geschäftsbericht	Die Post	Berichterstattung 2004	-
Präsentation	PostFinance	Teilstrategie Distribution PF3 2006 - 2010	-
Präsentation	Hänni, D.	Strategie Self-Service Online: Gesamtdokumentation	-
Präsentation	Snijder, H.	P1373: Vorstudie Self-Service Online Teilprojekt E-Sales (PK)	14.11.2005
CosmosDirekt			
Geschäftsbericht	Cosmos Versicherung AG	Geschäftsbericht 2005	-
Geschäftsbericht	Cosmos Lebensversicherungs-AG	Geschäftsbericht 2005	-
Geschäftsbericht	Die SKG Bank	Geschäftsbericht 2005	-
Präsentation	CosmosDirekt	Willkommen bei CosmosDirekt	-
mamax			
Geschäftsbericht	mamax Lebensversicherung AG	Geschäftsbericht 2005	-
Geschäftsbericht	mamax Lebensversicherung AG	Geschäftsbericht 2004	-
Geschäftsbericht	Mannheimer AG Holding	Geschäftsbericht 2005	-
Geschäftsbericht	Mannheimer AG Holding	Geschäftsbericht 2004	-
Rede	Dr. Stöckbauer, L. (Vorstandssprecher der Mannheimer AG Holding)	Rede anlässlich der ausserordentlichen Hauptversammlung	27.02.2004
Comparis			
Publikation	Schönert, S.	comparis.ch [Schönert 2003]	-
FinanceScout24			
Präsentation	InteractiveMedia	Mediadaten FinanceScout24	30.05.2006
Präsentation	FinanceScout24	Die Scout24-Gruppe	12.04.2006
Präsentation	FinanceScout24	Produktivsystem	05.05.2006
Präsentation	FinanceScout24	Mailrouting	05.05.2006

Tabelle A-2: Übersicht der für die Fallstudien analysierten Dokumente

Anhang B Modellierungstechniken des Business Engineering

B.1 Prozesslandkarte

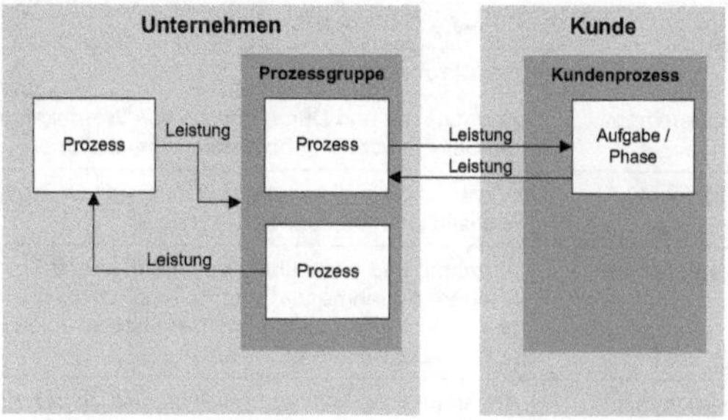

Abbildung B-2: Ausgewählte Elemente zur Darstellung von Prozesslandkarten

B.2 Aufgabenkettendiagramm

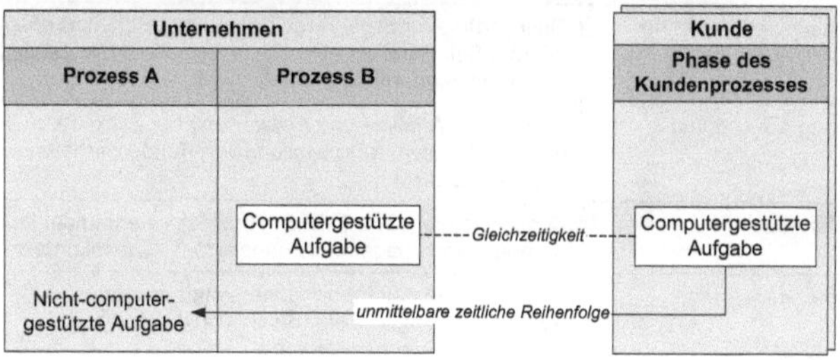

Abbildung B-3: Ausgewählte Elemente zur Darstellung von Prozessen

Anhang C Elemente der Self-Service Prozesslandkarte

C.1 Prozesse

Self-Service Kooperationsprozesse		
Nr.	**Prozess**	**Beschreibung**
1	Kampagnenmanagement	Koordination und Durchführung von Werbekampagnen, um Kunden für die Self-Servce Angebote eines Unternehmens zu interessieren
2	Vertriebsmanagement	Abwicklung von Beratung und Verkauf von Produkten und Dienstleistungen über Self-Services
3	Servicemanagement	Annahme und Abwicklung der Aufträge und Transaktionen der Kunden, Annahme und Bearbeitung von Kundenanfragen und –problemen, Entwicklung und Bereitstellung von Self-Service Angeboten (z.B. Diskussionsforen, FAQs)
4	Beschwerdemanagement	Annahme, Bearbeitung und Weiterleitung der von den Kunden geäusserten Beschwerden
5	Kundenbindungsmanagement	Kontrolle des Kundenverhaltens, Bereitstellung und Nutzung von Kundendaten, Entwicklung personalisierter Angebote
Self-Service Unterstützungsprozesse		
Nr.	**Prozess**	**Beschreibung**
11	Suchmaschinenmarketing	Optimierung der Ergebnisse von Suchmaschinenanfragen für die Internet Self-Services eines Unternehmens, Unterstützung des Lead- und Kampagnenmanagements
12	Monitoring & Reporting	Sammlung, Analyse und Auswertung der Clickstream-Informationen und Log-Dateien, Bereitstellung von Kundenverhaltensdaten für das analytische CRM
13	Lead Management	Konsolidierung, Qualifizierung und Priorisierung der im Rahmen des Kampagnenmanagements generierten Kundenkontakte
14	Kundenscoring	Unterstützung des Kampagnenmanagements durch Selektion jener Kunden, welche eine überdurchschnittlich hohe Abschlusswahrscheinlichkeit aufweisen
15	Kundenprofiling	Klassifikation und Charakterisierung des einzelnen Kunden
16	Kundensegmentierung	Bildung von Kundensegmenten, die in sich möglichst homogen und untereinander möglichst heterogen sind
17	Multi-Kanal-Management	Harmonisierung der Kundenansprache über die einzelnen Kanäle, Steuerung von Produkt- und Wissensflüssen über verschiedene Medien
18	Feedback- & Knowledge Management	Kombination und Integration des Wissens *von, für* und *über* Kunden erreicht mit dem Ziel, einen geschlossenen Wissenskreislauf zu erreichen
Self-Service Unterstützungsprozesse		
Nr.	**Prozess**	**Beschreibung**
19	Leistungserstellung	Entwicklung und Verwaltung von Produkten und Dienstleistungen, Abwicklung von Aufträgen
20	Leistungsinnovation	Umsetzung von Ansätzen zur Produkt- und Prozessinnovation

Tabelle C-1: Prozesse der Self-Service Prozesslandkarte

C.2 Leistungen

Leistungsname	Leistungsbeschreibung
Aktuelles	Bereitstellung aktueller Informationen auf den Portalseiten, um den Evaluations- und Entscheidungsprozess des Kunden zu unterstützen
Newsletter	Regelmässige (personalisierte) Ansprache des Kunden mit Informationen zur Produktpalette und zum Self-Service Angebot
Werbung	Durchführung von Werbeaktionen zur Kundenakquise
Anfrage	Konkretes Interesse eines Kunden an den Produkten bzw. Dienstleistungen
Produktkatalog	Erläuterung der Produktpalette auf den Webseiten des Unternehmens
Angebotserstellung	Erstellung individualisierter Produktangebote mit Hilfe von Angebotsrechnern
Vergleichsbetrachtung	Durchführung von Vergleichsbetrachtungen unterschiedlicher Produkte mit Hilfe von Vergleichsrechnern
Kundendaten	Erfassung und Verwaltung der Stammdaten eines Kunden (z.B. Name, Adresse)
Warenkorb	Funktionalität zur Unterstützung der Kaufphase
Vertrag	Rechtlich verbindliches Dokument über den Kauf eines Produktes bzw. einer Dienstleistung
Zahlungsabwicklung	Abwicklung der für den Kauf eines Produktes bzw. einer Dienstleistung benötigten Zahlung
Auftrag	Auftrag eines Kunden zur Abwicklung von Transaktionen, welche mit dem erworbenen Produkt verbunden sind
Abwicklung	Durchführung der Aufträge zur Transaktionsabwicklung eines Kunden
Problem	Äusserung eines Problems mit einem Produkt bzw. einer Dienstleistung durch den Kunden
Diskussionsforum	Unterstützung der Interaktion der Kunden untereinander bzw. zwischen Kunde und Unternehmen
Wissensdatenbank	Unterstützung der Problemlösung durch den Kunden selbst (z.B. FAQ)
Beschwerde	Äusserung einer Beschwerde durch den Kunden
Formular	Bereitstellung eines Formulars auf der Webseite zur Formulierung von Beschwerden bzw. Feedback durch den Kunden
Angebote	Entwicklung personalisierter Angebote zur Kundenbindung
Personalisierung	Bereitstellung personalisierter Services zur Kundenbindung
Unterstützung	Unterstützung der Self-Service Kooperationsprozesse durch Self-Service Unterstützungsprozesse
Kundenverhalten	Interaktionsdaten eines Kunden (z.B. Klickpfade, Log-Dateien)
Kanalunterstützung	Unterstützung der Kundenkommunikation durch Multi-Kanal-Management
Kundenwissen	Wissen von Kunden zur Produkt- und Prozessverbesserung, Wissen über Kunden zur Erstelleung und Entwicklung kundenorientierter Serviceleistungen
Produktdaten	Erfassung, Verwaltung und Weitergabe von Date über Produkte und Dienstleistungen (z.B. Zinssatz, Laufzeit)
Leadgenerierung	Generierung und Verwaltung von Kundenkontakten
Vorgaben	Umsetzung von Produkt- und Prozessinnovation in der Leistungserstellung
Verbesserungspotenzial	Identifikation und Umsetzung von Produkt- und Prozessverbesserungen durch Kundenwissen
Produkt- und Prozessgestaltung	Identifikation und Umsetzung von Produkt- und Prozessinnovationen durch Kundenwissen

Tabelle C-2: Leistungen der Self-Service Prozesslandkarte

Literaturverzeichnis

[Adobe Systems 2006]
Adobe Systems, Gerling Group Insurance Service AG, 2006

[AGOF 2006]
AGOF, Berichtsband - Teil 1 zur internet facts 2005-III, 2006

[Aichholzer/Spitzenberger 2004]
Aichholzer, G., Spitzenberger, M., E-Government in Österreich: Entwicklungsstand, Nutzung und Modellprojekte, Working Paper, Institut für Technikfolgen-Abschätzung der Österreichischen Akademie der Wissenschaften, 2004

[Albers et al. 2000]
Albers, S., Clement, M., Peters, K., Skiera, B., Warum ins Internet? - Erlösmodelle für einen neuen Kommunikations- und Distributionskanal, in: Albers, S., Clement, M., Peters, K., Skiera, B. (Hrsg.), eCommerce. Einstieg, Strategie und Umsetzung im Unternehmen, Frankfurt am Main 2000, S. 9-20

[Albert 1998]
Albert, C., Analyse und Reorganisation von Dienstleistungsprozessen im Einwohneramt auf der Basis internetbasierter Self-Service Konzepte, Working Paper, Universität Erlangen-Nürnberg, Nürnberg 1998

[Alt 2004]
Alt, R., Überbetriebliches Prozessmanagement, Habilitation, Universität St. Gallen, St. Gallen 2004

[Alt/Zimmermann 2001]
Alt, R., Zimmermann, H. D., Business Models, in: EM-Electronic Markets, 10, 2001, Nr. 1, S. 3-9

[Anastopoulos/Romberg 2001]
Anastopoulos, M., Romberg, T., Referenzarchitekturen für Web-Applikationen, Fraunhofer IESE/FZI Karlsruhe, 2001

[Aneja et al. 2000]
Aneja, A., Rowan, C., Brooksby, B., Corporate Portal Framework for Transforming Content Chaos on Intranets, in: Intel Technology Journal, 4, 2000, Nr. 1

[Aspect 2005]
Aspect, Contact Center-Trends 2005 - Studie, 2005

[Avison et al. 1999]
Avison, D. E., Lau, F., Myers, M. D., Nielsen, P. A., Action Research, in: Communications of the ACM, 42, 1999, Nr. 1, S. 94-97

[Badrinath et al. 2000]
Badrinath, B., Fox, A., Kleinrock, L., Popek, G., Reiher, P., Satyanarayanan, M., A conceptual framework for network and client adaptation, in: IEEE Mobile Networks and Applications (MONET), 5, 2000, Nr. 4

[Bamberger/König 2002]
Bamberger, R., König, A., Voice Business - Aufbau von Sprachportalen mit dem Voice Manager, in: Wirtschaftsinformatik, 44, 2002, Nr. 3, S. 261-266

[Barth/Kaletsch 2001]
Barth, W., Kaletsch, U., Churn-Management im Retail Banking - Vorgehensweise, Methoden und Implikationen für das Customer Relationship Management, in: Moormann, J., Roßbach, P. (Hrsg.), Customer Relationship Management in Banken, Bankakademie-Verlag, Frankfurt/Main 2001, S. 131-151

[Bateson 1985]
Bateson, J. E. G., Self-Service Consumer: An Exploratory Study, in: Journal of Retailing, 61, 1985, Nr. 3, S. 49-76

[Bauer/Hammerschmidt 2001]
Bauer, H. H., Hammerschmidt, M., Finanzportale im Internet: Geschäftsmodell, Kundenbindungspotenziale und Qualitätsanforderungen, Reihe Management Know-How Nr. M64 Institut für Marktorientierte Unternehmensführung Universität Mannheim, 2001

[Baumbach 1998]
Baumbach, M., After-Sales-Management im Maschinen- und Anlagenbau, Dissertation, Universität St. Gallen, St. Gallen 1998

[BdB 2004a]
BdB, Einkaufen via Internet: Stand und Perspektive des E-Commerce (Online Monitor IV), Bundesverband deutscher Banken, 2004a

[BdB 2004b]
BdB, Internet und Online Banking - Warum Offliner Offliner sind, Bundesverband deutscher Banken, Berlin 2004b

[BEA Systems 2005]
BEA Systems, BEA to Acquire Plumtree Software for USD$200 Million, http://www.bea.com/framework.jsp?CNT=pr01513.htm&FP=/content/news_events/press_releases/2005, 19.09.2006

[BEA Systems 2006]
BEA Systems, BEA WebLogic Portal 9.2, 2006a

[Becker et al. 2002a]
Becker, J., Algermissen, J., Delfmann, P., Knackstedt, R., Referenzmodellierung, in: Das Wirtschaftsstudium (WISU), 2002a, Nr. 11, S. 1392-1395

[Becker et al. 2002b]
Becker, J., Delfmann, P., Knackstedt, R., Kuropka, D., Konfigurative Referenzmodellierung, in: Becker, J., Knackstedt, R. (Hrsg.), Wissensmanagement mit Referenzmodellen, Physica, Heidelberg 2002b, S. 25-144

[Benbasat et al. 1987]
Benbasat, I., Goldstein, D. K., Mead, M., The Case Research Strategy in Studies of Information Systems, in: MIS Quarterly, 11, 1987, Nr. 3, S. 369-386

[Benbasat/Zmud 1999]
Benbasat, I., Zmud, R. W., Empirical Research in Information Systems: The Practice of Relevance, in: MIS Quarterly, 23, 1999, Nr. 1, S. 3-16

[Benn/Gringer 1998]
Benn, W., Gringer, I., Zugriff auf Datenbanken über das World Wide Web, in: Informatik-Spektrum, 21, 1998, Nr. 1, S. 1-8

[Benz 2001]
Benz, R., Entwurf überbetrieblicher Prozessnetzwerke, Dissertation, Universität St. Gallen, Bamberg 2001

[Bernet 1982]
Bernet, B., Struktur und Prozess der betriebswirtschaftlichen Forschung, Dissertation, Universität Zürich, Zürich 1982

[Bernet 1998]
Bernet, B., Konzeptionelle Grundlagen des modernen Relationship Banking, in: Bernet, B., Held, P.P. (Hrsg.), Relationship Banking - Kundenbeziehungen profitabler gestalten, Gabler, Wiesbaden 1998, S. 3-36

[Bernet 2000]
Bernet, B., Technologie an der Schwelle zum 21. Jahrhundert: Von der Prozess- zur Systemtransformation, in: Belz, C., Bieger, T. (Hrsg.), Dienstleistungskompetenz und innovative Geschäftsmodelle, Thexis, St. Gallen 2000, S. 36-51

[Bernet 2003]
Bernet, B., Institutionelle Grundlagen der Finanzintermediation, Oldenbourg, München 2003

[Berry/Linoff 2000]
Berry, M. J. A., Linoff, G. S., Mastering Data Mining: The Art and Science of Customer Relationship Management, Horizon Pubs & Distributers, USA 2000

[BFS 2005]
BFS, Schweizer Bundesamt für Statistik Indikatoren Internetnutzung, 2005

[Bickart/Schindler 2001]
Bickart, B., Schindler, R. M., Internet Forums as Influential Sources of Consumer Information, in: Journal of Interactive Marketing, 15, 2001, Nr. 3, S. 31-40

[Bieger 2000]
Bieger, T., Dienstleistungsmanagement: Einführung in Strategien und Prozesse bei persönlichen Dienstleistungen, Paul Haupt, Bern 2000

[Bieger et al. 2002]
Bieger, T., Rüegg-Stürm, J., von Rohr, T., Strukturen und Ansätze einer Gestaltung von Beziehungskonfigurationen - Das Konzept Geschäftsmodell, in: Bieger, T., Bickhoff, N., Rolf, C., zu Knyphausen-Aufsess, D., Reding, K. (Hrsg.), Zukünftige Geschäftsmodelle - Konzept und Anwendung in der Netzökonomie, Springer, Berlin, Heidelberg, New York 2002, S. 53-61

[Bitner et al. 2002]
Bitner, M. J., Ostrom, A. L., Meuter, M. L., Implementing successful self-service technologies, in: Academy of Management Executive, 16, 2002, Nr. 4, S. 96-109

[Blase/Juls 2003]
Blase, H., Juls, E., Versicherungsmarktplätze im Internet am Beispiel einsurance, in: Kröger, D. (Hrsg.), Internetstrategien für Versicherungen - Geschäftsmodelle in Recht und Praxis, Verlag C.H. Beck, München 2003, S. 65-97

[Bliemel/Eggert 1998]
Bliemel, F. W., Eggert, A., Kundenbindung - die neue Sollstrategie?, in: Marketing ZFP, 1998, Nr. 1, S. 37-46

[Bobbitt/Dabholkar 2001]
Bobbitt, L. M., Dabholkar, P. A., Integrating attitudinal theories to understand and predict use of technology-based self-service - The Internet as an illustration, in: International Journal of Service Industry Management, 12, 2001, Nr. 5, S. 423-450

[Bowers et al. 1990]
Bowers, M. R., Martin, C. L., Luker, A., Trading Places: Employees as Customers, Customers as Employees, in: The Journal of Services Marketing, 4, 1990, Nr. 2, S. 55-69

[Brady 2000]
Brady, D., Why Service Stinks, in: Business Week, 2000, Nr. 3704

[Bremme 1988]
Bremme, C., Selbstbedienung: Siegeszug oder Rückzug, in: Dynamik im Handel, 1988, Nr. Sonderausgabe 50 Jahre Selbstbedienung

[Brenner 1995]
Brenner, C., Techniken und Metamodell des Business Engineering, Dissertation, Universität St. Gallen, St. Gallen 1995

[Brenner 1993]
Brenner, W., Konzepte des Informationssystemmanagements, Habilitation, Universität St. Gallen, St. Gallen 1993

[Brenner 1994]
Brenner, W., Grundzüge des Informationsmanagements, Springer, Berlin 1994

[Brenner/Witte 2006]
Brenner, W., Witte, C., Erfolgsrezepte für CIOs - Was gute Informationsmanager ausmacht, Hanser Verlag, München 2006

[Breuer 2004]
Breuer, S., Beschreibung von Geschäftsmodellen internetbasierter Unternehmen, Dissertation, Universität St. Gallen, St. Gallen 2004

[Brockhaus 2005]
Brockhaus, Der Grosse Brockhaus in einem Band, 2005

[Brown/Goolsbee 2002]
Brown, J. R., Goolsbee, A., Does the Internet Make Markets More Competitive? Evidence from the Life Insurance Industry, in: Journal of Political Economy, 110, 2002, Nr. 3, S. 481-507

[Bruhn 2003]
Bruhn, M., Kundenorientierung: Bausteine für ein exzellentes Customer Relationship Management (CRM), 2. Auflage, DTV-Beck, München 2003

[Bruhn/Homburg 2000]
Bruhn, M., Homburg, C., Handbuch Kundenbindungsmanagement, Gabler Verlag, Wiesbaden 2000

[BSI 2001]
BSI, Firewall Study II, 2001

[Bullinger et al. 2002]
Bullinger, H.-J., Eberhardt, C.-T., Gurzki, T., Hinderer, H., Marktübersicht: Portal Software für Business-, Enterprise-Portale und E-Collaboration, Frauenhofer IRB Verlag, Stuttgart 2002

[Cao/Chai 2004]
Cao, R., Chai, Y., The study of the electronic commerce business models, 10.10.2004, The study of the electronic commerce business models, 2004

[Capgemini 2005]
Capgemini, Studie IT-Trends 2005 - Paradigmenwechsel in Sicht, Capgemini, 2005

[Carlzon 1987]
Carlzon, J., Moments of Truth, Ballinger Publishing Company, 1987

[Cäsar 2005]
Cäsar, M. A., Service-Portale in Industriegüterunternehmen - Referenzarchitektur, Praxisbeispiele und Nutzen, Dissertation, Dissertation Universität St. Gallen Difo-Druck, Bamberg 2005

[Chakraborty et al. 2003]
Chakraborty, G., Lala, V., Warren, D., What Do Customers Consider Important in B2B Websites?, in: Journal of Advertising Research, 43, 2003, Nr. 1, S. 61

[Chase 1978]
Chase, R. B., Where does the customer fit in a service operation?, in: Harvard Business Review, 56, 1978, Nr. 6, S. 137-142

[Checkland 1991]
Checkland, P., From Framework Through Experience to Learning: The Essential Nature of Action Research, in: Nissen, H.E., Klein, H.K., Hirschheim, R. (Hrsg.), Information Systems Research: Contemporary Approaches and Emergent Traditions, Elsevier, Amsterdam 1991, S. 397-403

[Chen et al. 2002]
Chen, Q., Clifford, S. J., Wells, W. D., Attitude Toward the Site II: New Information, in: Journal of Advertising Research, 42, 2002, Nr. 2, S. 33-45

[Chen/Wells 1999]
Chen, Q., Wells, W. D., Attitude Toward the Site, in: Journal of Advertising Research, 39, 1999, Nr. 5, S. 27-37

[Chmielewicz 1974]
Chmielewicz, K., Forschungsmethoden der Betriebswirtschaftslehre, in: Grochla, E., Wittmann, W. (Hrsg.), Handwörterbuch der Betriebswirtschaft, 4. Auflage, Poeschel, Stuttgart 1974, S. 1548-1558

[Christ 2002]
Christ, O., Eine Architektur für das Content-Management - Strategien, Prozessmodelle, Softwarelösungen und Projektszenarien, Dissertation, Universität St. Gallen, St. Gallen 2002

[Clark/Fujimoto 1991]
Clark, K. B., Fujimoto, T., Product development performance: strategy, organization and management in the world auto industry, Harvard Business School, Cambridge, MA 1991

[Codd 1970]
Codd, E. F., A Relational Model of Data for Large Shared Data Banks, in: Communications of the ACM, 13, 1970, Nr. 6

[Cook/Luo 2003]
Cook, D. P., Luo, W., The Role of Third-Party Seals in Building Trust Online, in: e-Service Journal, 2, 2003, Nr. 3, S. 71-84

[Coviello et al. 2001]
Coviello, N., Milley, R., Marcolin, B., Understanding IT-Enabled Interactivity in Contemporary Marketing, in: Journal of Interactive Marketing, 15, 2001, Nr. 4, S. 18-33

[Credit Suisse 2006]
Credit Suisse, Insurance Lab, 2006

[Croteau/Li 2003]
Croteau, A.-M., Li, P., Critical Success Factors of CRM Technological Initiatives, in: Canadian Journal of Administrative Sciences, 20, 2003, Nr. 1, S. 21-34

[Curran/Meuter 2005]
Curran, J. M., Meuter, M. L., Self-service technology adoption: comparing three technologies, in: Journal of Service Marketing, 19, 2005, Nr. 2, S. 103-113

[Dabholkar 1996a]
Dabholkar, P. A., Consumer evaluations of new technology-based self-service options: An investigation of alternative models of service quality, in: International Journal of Research in Marketing, 13, 1996a, Nr. S. 29-51

[Dabholkar 1996b]
Dabholkar, P. A., Consumer evaluations of new technology-based self-service options: An investigation of alternative models of service quality, in: International Journal of Research in Marketing, 13, 1996b, Nr. 1, S. 29-51

[Davenport et al. 2001]
Davenport, T. H., Harris, J. G., Kohli, A. K., How Do They Know Their Customers So Well?, in: Sloan Management Review, 42, 2001, Nr. 2, S. 63-73

[Davydov 2001]
Davydov, M. M., Corporate Portals and e-Business Integration, McGraw-Hill, New York (NY) 2001

[Day 1999]
Day, G. S., The Market Driven Organization - Understanding, Attracting, and Keeping Valuable Customers, The Free Press, New York 1999

[Decker 2001]
Decker, A., Grundlagen und Trends eines erfolgreichen E-Banking, in: Schögel, M., Schmidt, I. (Hrsg.), Electronic Customer Relationship Management (E-CRM), 2001

[Deighton 1996]
Deighton, J., The Future of Interactive Marketing, in: Harvard Business Review, 74, 1996, Nr. 6, S. 151-160

[Dellarocas 2003]
Dellarocas, C., The Digitization of Word of Mouth: Promise and Challenges of Online Feedback Mechanisms, in: Management Science, 49, 2003, Nr. 10, S. 1407-1424

[Domenig 2006]
Domenig, M., Rich Internet Applications und AJAX - Entscheidungshilfe, in: Entwickler Magazin, 2006, Nr. 4, S. 1-6

[Donaldson, Lufkin & Jenrette 2000]
Donaldson, Lufkin & Jenrette, Insurance: The Impact of the Internet on the European Insurance Industry, Whitepaper 2000

[Dous et al. 2005]
Dous, M., Salomann, H., Kolbe, L. M., Brenner, W., Knowledge Management Capabilities in CRM: Making Knowledge For, From and About Customers Work, in: Romano, N.C. (Hrsg.), Proceedings of the Eleventh Americas Conference on Information Systems (AMCIS 2005), Association of Information Systems (AIS), Omaha, NE 2005

[Drewes/Klee 1995]
Drewes, W., Klee, J., Messung der Dienstleistungsqualität und Qualitätsmanagement bei Kreditinstituten - am Beispiel einer deutschen Grosssparkasse, in: Bruhn, M., Stauss, B. (Hrsg.), Dienstleistungsqualität, 2, Wiesbaden 1995

[Drucker 1999]
Drucker, P. F., Knowledge Worker Productivity - The Biggest Challenge, in: California Management Review, 41, 1999, Nr. 2, S. 79-94

[Eighmey 1997]
Eighmey, J., Profiling User Responses to Commercial Web Sites, in: Journal of Advertising Research, 37, 1997, Nr. 3, S. 59-66

[Eisenhardt 1989]
Eisenhardt, K. M., Building Theories from Case Study Research, in: Academy of Management Review, 14, 1989, Nr. 4, S. 532-550

[Eisenstein et al. 2001]
Eisenstein, J., Vanderdonckt, J., Puerta, A., Applying Model-Based Techniques to the Development of UIs for Mobile Computers, in: Sidner, C., Moore, J. (Hrsg.), Proceedings of the Sixth International Conference on Intelligent User Interfaces (IUI), ACM Press, 2001

[Enders et al. 2006]
Enders, A., Jelassi, T., Harald, B., From e-Banking to e-Business, in: MIS Quarterly Executive, 5, 2006, Nr. 1, S. 31-42

[Eppler et al. 1999]
Eppler, M., Seifried, P., Röpnack, A., Improving Knowledge Intensive Processes through an Enterprise Knowledge Medium, in: Agarwal, R., Prasad, J. (Hrsg.), Proceedings of the 1999 ACM SIGCPR conference on Computer Personnel Research, 08.04.99, ACM Press, New Orleans, 1999, S. 222-230

[Fagade et al. 1998]
Fagade, A., Kapoor, D., Kazmer, D., A Discussion of Design and Manufacturing Complexity, Working Paper, 1998

[Ferstl/Sinz 1998]
Ferstl, O., Sinz, E. J., Grundlagen der Wirtschaftsinformatik, Oldenborg, München 1998

[Flanagan 1998]
Flanagan, D., Java in a Nutshell, O'Reilly, 1998

[Flehmig 2001]
Flehmig, M., Integration und Personalisierung - Zur Realisierung essentieller Aspekte von Portal-Systemen, 25.09.2001, Integration und Personalisierung - Zur Realisierung essentieller Aspekte von Portal-Systemen, 2001

[Fleisch 2001]
Fleisch, E., Das Netzwerkunternehmen. Strategien und Prozesse zur Steigerung der Wettbewerbsfähigkeit in der "Networked Economy", Springer, Berlin et al. 2001

[Fleisch/Österle 2001]
Fleisch, E., Österle, H., Das Tor zur IT-Welt: Thesen zum erfolgreichen Portaleinsatz, in: Computerwoche extra, 2001, Nr. 2, S. 28-31

[Florian et al. 2004]
Florian, E., Burke, D., Mero, J., The Money Machines, in: Fortune (Europe), 150, 2004, Nr. 2

[Forouzan 2003]
Forouzan, B. A., TCP/IP Protocol Suite, McGraw-Hill, 2003

[Fotschki/Stockmann 1994]
Fotschki, C., Stockmann, C., Situationsanalyse im Automatenbanking, Arbeitsbericht IBI CCM 001 94, Institut für Bankinformatik / Universität Regensburg, Regensburg 1994

[Furnell/Karweni 1999]
Furnell, S. M., Karweni, T., Security implications of electronic commerce: survey of consumers and businesses, in: Internet Research: Electronic Networking Applications and Policy, 9, 1999, Nr. 5, S. 372-382

[Galliers 1991]
Galliers, R. D., Choosing appropriate Information Systems research approaches: a revised taxonomy, in: Nissen, H.E., Klein, H.K., Hirschheim, R. (Hrsg.), Information Systems Research: Contemporary Approaches and Emergent Traditions, Elsevier Science Publishers B.V., North Holland 1991, S. 327-345

[Garcia-Murillo/Annabi 2002]
Garcia-Murillo, M., Annabi, H., Customer Knowledge Management, in: Journal of the Operational Research Society, 53, 2002, Nr. 8, S. 875-884

[Garven 2002]
Garven, J. R., On the Implications of the Internet for Insurance Markets and Institutions, in: Risk Management and Insurance Review, 5, 2002, Nr. 2, S. 105-116

[Gebert et al. 2003]
Gebert, H., Geib, M., Kolbe, L. M., Brenner, W., Knowledge-enabled Customer Relationship Management, in: Journal of Knowledge Management, 7, 2003, Nr. 5, S. 107-123

[Geib 2005]
Geib, M., Kooperatives Customer Relationship Management in Finanzdienstleistungsnetzwerken, Dissertation, Universität St. Gallen, St. Gallen 2005

[Geib et al. 2005a]
Geib, M., Braun, C., Kolbe, L. M., Brenner, W., Towards Improved Community-supporting Systems Design: A Study of Professional Community Activity, in: International Journal of Technology and Human Interaction, 1, 2005a, Nr. 4, S. 19-36

[Geib et al. 2005b]
Geib, M., Reichold, A., Kolbe, L. M., Brenner, W., Architecture for Customer Relationship Management Approaches in Financial Services, in: Sprague, R.H. (Hrsg.), 38th Hawaii International Conference on System Sciences 2005 (HICSS-38), IEEE Computer Society, Big Island, Hawaii 2005b

[Genesys 2004]
Genesys, Contact Center Realities - Industry Insights for Success with Self-Service. A research study of consumer attitudes and how North American contact centers are managing self-service, 2004

[Gergen 2003]
Gergen, P., Identitäten im Web - Liberty Alliance vs. Passport, Computerwoche, 2003

[Ghose/Dou 1998]
Ghose, S., Dou, W., Interactive functions and their impact of the appeal of internet presence sites, in: Journal of Advertising Research, 38, 1998, Nr. 2, S. 29-43

[Gibbert et al. 2002]
Gibbert, M., Leibold, M., Probst, G., Five Styles of Customer Knowledge Management, and How Smart Companies Use Them To Create Value, in: European Management Journal, 20, 2002, Nr. 5, S. 459-469

[Glaser 1992]
Glaser, B. G., Emergence vs. Forcing: Basics of Grounded Theory Analysis, Sociology Press, Mill Valley 1992

[Göldi 2002]
Göldi, A., .NET vs. J2EE - In welche Plattform investieren?, namics Whitepaper, 2002

[Grant/Shani 1994]
Grant, R. M., Shani, R., TQM's challenge to management theory and practice, in: Sloan Management Review, 35, 1994, Nr. 2, S. 25-36

[Grasl 2003]
Grasl, O., J2EE und .NET: kein Vergleich?, in: HMD - Praxis der Wirtschaftsinformatik, Heft 230, 2003, Nr. S. 7-14

[Gremler/Brown 1999]
Gremler, D. D., Brown, S. W., The Loyalty Ripple Effect: Appreciating the Full Value of Customers, in: International Journal of Service Industry Management, 10, 1999, Nr. 3, S. 271-291

[Gronover 2003]
Gronover, S., Multi-Channel-Management - Konzepte, Techniken und Fallbeispiele aus dem Retailbereich der Finanzdienstleistungsbranche, Dissertation, Universität St. Gallen, St. Gallen 2003

[Gronover et al. 2002]
Gronover, S., Reichold, A., Riempp, G., Kampagnenmanagement: Veränderte Herausforderungen und neue Konzepte, in: Direkt Marketing, Vol. 38, 2002, Nr. S. 26-29

[Grönroos 2000]
Grönroos, C., Service Management and Marketing: A Customer Relationship Management Approach, John Wiley & Sons, Chichester 2000

[Gruhn/Thiel 2000]
Gruhn, V., Thiel, A., Komponentenmodelle. DCOM, JavaBeans, EnterpriseJavaBeans, CORBA, Addison-Wesley, 2000

[Grün/Brunner 2002]
Grün, O., Brunner, J.-C., Der Kunde als Dienstleister - Von der Selbstbedienung zur Co-Produktion, 1, Wiesbaden 2002

[Gummesson 2000]
Gummesson, E., Qualitative methods in management research, 2, Sage Publications, London 2000

[Guntram 1985]
Guntram, U., Die Allgemeine Systemtheorie. Ein Überblick, in: Zeitschrift für Betriebswirtschaft (ZfB), 55, 1985, Nr. 3, S. 296-323

[Gurzki/Hinderer 2003]
Gurzki, T., Hinderer, H., Ein Referenzarchitektur für Software zur Realisierung von Unternehmensportalen, in: Reimer, U., Abecker, A., Staab, S., Stumme, G. (Hrsg.), WM 2003: Professionelles Wissensmanagement - Erfahrungen und Visionen. Beiträge der 2. Konferenz "Professionelles Wissensmanagement - Erfahrungen und Visionen", 02. -04. April 2003 in Luzern, P-28 Bonner Köllen Verlag, Luzern 2003

[Gutzwiller 1994]
Gutzwiller, T., Das CC RIM-Referenzmodell für den Entwurf von betrieblichen, transaktionsorientierten Informationssystemen, Physica, Heidelberg 1994

[Hagen 2002]
Hagen, S., IPv6 Essentials, O'Reilly & Associates, Inc., 2002

[Hall 1976]
Hall, E. T., Beyond Culture, Doubleday, New York 1976

[Haller 2000]
Haller, M., "Dienstleistung" im Produktkonzept für Financial Services - Konsequenzen für die Versicherung, in: Belz, C., Bieger, T. (Hrsg.), Dienstleistungskompetenz und innovative Geschäftsmodelle, St. Gallen: Thexis, 2000, S. 268-295

[Harris et al. 2003]
Harris, K., Kolsky, E., Lundy, J., The Case for Knowledge Management in CRM, Gartner Inc., Stamford 2003

[Harvey/Myers 1995]
Harvey, L., Myers, M. D., Scholarship and practice: the contribution of ethnographic research methods to bridging the gap, in: Information Technology & People, 8, 1995, Nr. 3, S. 13-27

[Heinrich 2002]
Heinrich, B., Methode zur wertorientierten Analyse und Gestaltung der Kundeninteraktion, Dissertation, Universität St. Gallen, St. Gallen 2002

[Heinrich/Leist 2002]
Heinrich, B., Leist, S., Nutzung und Entwicklung von Geschäftsmodellen - Ergebnisse des Kompetenzzentrums Bankenarchitekturen im Informationszeitalter, in: Österle, H., Winter, R. (Hrsg.), Business Engineering, 2, Springer, Berlin et al. 2002, S. 329-352

[heise 2001]
heise, 'Geldregal' ist leer geräumt - moneyshelf abgeschaltet, http://www.heise.de/newsticker/meldung/22448, 21.11.2006

[heise 2006]
heise, Sun will Java unter die GPL stellen, http://www.heise.de/newsticker/result.xhtml?url=/newsticker/meldung/80903&words=J2EE%20Open%20Source, 28.11.2006

[Helm 2000]
Helm, S., Viral Marketing - Establishing Customer Relationships by 'Word-of-mouse', in: Electronic Markets, 10, 2000, Nr. 3, S. 158-161

[Helmke et al. 2003]
Helmke, S., Uebel, M. F., Dangelmaier, W. (Ed.), Effektives Customer Relationship Management: Instrumente - Einführungskonzepte - Organisation, 3. Auflage, Wiesbaden 2003

[Hettich et al. 2000]
Hettich, S., Hippner, H., Wilde, K., Customer Relationship Management (CRM), in: Wisu, 29, 2000, Nr. 10, S. 1350

[Hevner et al. 2004]
Hevner, A. R., March, S. T., Park, J., Ram, S., Design Science in Information Systems Research, in: MIS Quarterly, 28, 2004, Nr. 1, S. 75-105

[Heym 1993]
Heym, M., Methoden-Engineering - Spezifikation und Itegration von Entwicklungsmethoden für Informationssysteme, Dissertation, Hochschule St. Gallen, Hallstadt 1993

[Hippner et al. 2004]
Hippner, H., Rentzmann, R., Wilde, K. D., Aufbau und Funktionalitäten von CRM-Systemen, in: Hippner, H., Wilde, K.D. (Hrsg.), IT-Systeme im CRM, Gabler, Wiesbaden 2004, S. 13-42

[Hippner/Wilde 2002]
Hippner, H., Wilde, K. D., Data Mining im CRM, in: Helmke, S., Uebel, M., Dangelmeier, W. (Hrsg.), Effektives Customer Relationship Management - Instrumente, Einführungskonzepte, Organisation, 2, Gabler, Wiesbaden 2002, S. 211-231

[Hobday 1998]
Hobday, M., Product Complexity, Innovation and Industrial Organisation, Working Paper, 1998

[Hoffman et al. 1999]
Hoffman, D. L., Novak, T. P., Peralta, M., Building Consumer Trust Online, in: Communications of the ACM, 42, 1999, Nr. 4, S. 80-85

[Hofstede 1980]
Hofstede, G., Culture's Consequences, Sage, Beverly Hills, CA 1980

[Hofstede 1983a]
Hofstede, G., Dimensions of national cultures in fifty countries and three regions, in: Deregowski, J.B., Dziurawiec, S., Annis, R.C. (Hrsg.), Expiscations in Cross-Cultural Psychology, Swets and Zeitlinger, Lisse, Netherlands 1983a, S. 335-355

[Hofstede 1983b]
Hofstede, G., National Cultures in Four Dimensions, in: International Studies of Management and Organization, 13, 1983b, Nr. S. 46-74

[Hofstede 1984]
Hofstede, G., Culture's consequences: International differences in work related values, Sage, Beverly Hills, CA 1984

[Hofstede 1985]
Hofstede, G., The interaction between national and organizational value systems, in: Journal of Management Studies, 22, 1985, Nr. 4, S. 347-357

[Hofstede/Bond 1988]
Hofstede, G., Bond, M. H., The Confucius Connection: From Cultural Roots to Economic Growth, in: Organizational Dynamics, 16, 1988, Spring, S. 5-21

[Holzheu et al. 2000]
Holzheu, T., Trauth, T., Birkmaier, U., E-Business in der Versicherungswirtschaft: Zwang zur Anpassung - Chance zur Erneuerung, in: sigma, 2000, Nr. 5

[Hoppmann 2003]
Hoppmann, C., Der Abschluss von Versicherungsverträgen im Internet nach deutschem Recht, in: Kröger, D. (Hrsg.), Internetstrategien für Versicherungen - Geschäftsmodelle in Recht und Praxis, Verlag C.H. Beck, München 2003, S. 99-120

[Hummel 2002]
Hummel, J., Auswahl und Gestaltung transaktionsorientierter Geschäftsmodelle im Internet - Eine Betrachtung aus Sicht der neuen Institutionenökonomie, in: ZFB Zeitschrift für Betriebswirtschaft, 72, 2002, Nr. 7, S. 713-733

[Humphrey 1994]
Humphrey, D. B., Delivering Deposit Services: ATMs versus Branches, in: Federal Reserve Bank of Richmond Economic Quarterly, 80, 1994, Spring, S. 59-81

[IBM 2004]
IBM, IBM WebSphere Application Server, Version 5.1 and IBM WebSphere Application Server Network Deployment, Version 5.1, 2004

[ISO 7498-2 1989]
ISO 7498-2, Information processing systems - Open Systems Interconnection - Basic Reference Model - Part 2: Security Architecture, 1989

[Jendrosch 2001]
Jendrosch, T., Kundenzentrierte Unternehmensführung: Modelle, Methoden, Maßnahmen, Vahlen, München 2001

[Jevons/Gabbott 2000]
Jevons, C., Gabbott, M., Trust, Brand Equity and Brand Reality in Internet Business Relationships: An Interdisciplinary Approach, in: Journal of Marketing Management, 16, 2000, Nr. 6, S. 619-634

[Johnson-George/Swap 1982]
Johnson-George, C., Swap, W., Measurement of specific interpersonal trust: Construction and validation of a scale to assess trust in a specific other, in: Journal of Personality and Social Psychology, 43, 1982, Nr. 6, S. 1306-1317

[Johnston/Marshall 2003]
Johnston, M. W., Marshall, G. W., Churchill/Ford/Walker's sales force management, 7, McGraw-Hill, New York 2003

[Jutla et al. 2001]
Jutla, D., Craig, J., Bodorik, P., Enabling and Measuring Electronic Customer Relationship Management Readiness, in: Sprague, R.H. (Hrsg.), Proceedings of Thirty-Fourth Annual Hawaii International Conference on System Sciences, IEEE Computer Society, Hawaii 2001, S. 7023-7033

[Kagermann/Österle 2006]
Kagermann, H., Österle, H., Geschäftsmodelle 2010 - Wie CEOs Unternehmen transformieren, Frankfurter Allgemeine Buch, Frankfurt 2006

[Kappel et al. 2003]
Kappel, G., Pröll, B., Reich, S., Retschitzegger, W., Web Engineering - Eine neue Disziplin zur systematischen Entwicklung von Webanwendungen, in: Kappel, G., Pröll, B., Reich, S., Retschitzegger, W. (Hrsg.), Web Engineering - Systematische Entwicklung von Webanwendungen, dpunkt.verlag, 2003

[Kappel et al. 2002]
Kappel, G., Retschitzegger, W., Pröll, B., Unland, R., Vojdani, B., Architektur von Web-Informationssystemen, in: Rahm, E., Vossen, G. (Hrsg.), Web & Datenbanken, 2002, S. 101-134

[Keaveney 1995]
Keaveney, S. M., Customer Switching Behavior in Service Industries: An Exploratory Study, in: Journal of Marketing, 59, 1995, Nr. S. 71-82

[Kofmann/Senge 1993]
Kofmann, F., Senge, P. M., Communities of Commitment: The Heart of Learning Organizations, in: Charla, S., Renesch, J. (Hrsg.), Learning Organizations: Developing Cultures for Tomorrow's Workplace, 1993, S. 14-43

[Köhne 2003]
Köhne, T., Internetvertrieb von Versicherungsdienstleistungen im Zuge der Virtualisierung einer Branche, in: Kröger, D. (Hrsg.), Internetstrategien für Versicherungen - Geschäftsmodelle in Recht und Praxis, Verlag C.H. Beck, München 2003, S. 1-33

[Köhne/Ringel 2002]
Köhne, T., Ringel, J., Online-Marketing in der Assekuranz - oder: Was kommt nach dem E-Hype?, in: Versicherungswirtschaft, 57, 2002, Nr. 11, S. 808-815

[Kolbe et al. 2003]
Kolbe, L., Brenner, W., Österle, H., Geib, M., Grundlagen des Customer Knowledge Management, in: Kolbe, L., Brenner, W., Österle, H. (Hrsg.), Customer Knowledge Management, Springer, Berlin et al. 2003, S. 3-21

[Kolbe 2006]
Kolbe, L. M., Processes and Systems for Integrated Customer Relationship Management, Habilitation, University of St. Gallen, St. Gallen 2006

[Korell/Spath 2003]
Korell, M., Spath, D., Customer Knowledge Management - Überblick über ein neues Forschungsfeld, in: Bungard, W., Fleischer, J., Nohr, H., Spath, D., Zahn, E. (Hrsg.), Erste Ergebnisse des Projektes Customer Knowledge Management - Integration und Nutzung von Kundenwissen zur Steigerung der Innovationskraft, Fraunhofer IRB Verlag, Stuttgart 2003, S. 13-37

[Kotler 2003]
Kotler, P., Marketing Management, 11, Prentice Hall, Englewood Cliffs, New Jersey 2003

[Krallmann 1996]
Krallmann, H., Systemanalyse im Unternehmen: Geschäftsprozessoptimierung, partizipative Vorgehensmodelle, objektorientierte Analyse, Zweite Auflage, Oldenbourg, München 1996

[Kremer 2004]
Kremer, S., Information Retrieval in Portalen - Gestaltungselemente, Praxisbeispiele und Methodenvorschlag, Dissertation, Institut für Wirtschaftsinformatik, Universität St.Gallen, St.Gallen 2004

[Kröger 2003]
Kröger, D., Rechtsfragen elektronischer Signaturen und Versicherungsverträge, in: Kröger, D. (Hrsg.), Internetstrategien für Versicherungen - Geschäftsmodelle in Recht und Praxis, 167-188, Verlag C.H. Beck, München 2003

[Krüger 2006]
Krüger, A., Später Erfolg der Riester-Renten, in: Financial Times Deutschland, 08.08.2006

[Kuhlins/Müller 2003]
Kuhlins, S., Müller, T., Marktübersicht amerikanischer Preisvergleichsdienste, 1. Preisvergleichsdienste-Workshop - Konzepte, Geschäftsmodelle und Architekturen, Hannover, 24.06.2003, Marktübersicht amerikanischer Preisvergleichsdienste, 2003

[Kuss/Tomczak 2002]
Kuss, A., Tomczak, T., Marketingplanung: Einführung in die marktorientierte Unternehmens- und Geschäftsfeldplanung, 3, Gabler, Wiesbaden 2002

[Langeard et al. 1981]
Langeard, E., Bateson, J., Lovelock, C. H., Eiglier, P., Services Marketing: New Insights from Consumers and Managers, Working Paper, Cambridge, MA: Marketing Science Institute 1981

[Lau/Lee 1999]
Lau, G. T., Lee, S. H., Consumer's Trust in a Brand and the Link to Brand Loyalty, in: Journal of Market Focused Management, 4, 1999, Nr. S. 341-370

[Lebcir 2002]
Lebcir, R. M., Integrative Mechanisms in New Product Development Projects: Effect of Project Complexity on Project Performance, in: Durrani, T.S. (Hrsg.), Proceedings of the IEEE International Engineering Management Conference 2002 (IEMC-2002): Man-

aging Technology for the New Economy, Cambridge University, UK, 18.-20. August 2002, S. 737-742

[Leckeband 2006]
Leckeband, T., Utersuchung des Nutzens von Webanwendungen auf der Basis von Ajax-Technologie, Universität Paderborn 2006

[Lee 1989]
Lee, A. S., A Scientific Methodology for MIS Case Studies, in: MIS Quarterly, 1989, March, S. 32-50

[Lee/Allaway 2002]
Lee, J., Allaway, A., Effects of personal control on adoption of self-service technology innovations, in: Journal of Services Marketing, 16, 2002, Nr. 6, S. 553-572

[Leist/Winter 2002]
Leist, S., Winter, R. (Ed.), Retail Banking im Informationszeitalter: Integrierte Gestaltung der Geschäfts-, Prozess- und Applikationsebene, Berlin u.a. 2002

[Leitold 2006]
Leitold, H., Österreichische Bürgerkarte, Working Paper, A-SIT, Zentrum für sichere Informationstechnologie, 2006

[Levitt 1983]
Levitt, T., After the Sale is Over, in: Harvard Business Review, 63, 1983, Nr. 5, Sep/Oct, S. 87-93

[Long et al. 1999]
Long, R., Jäntti, J., Hain, R., Kenyon, N., Owens, M., Schoeman, A., IMS e-business Connect Using the IMS Connectors, 1999

[Lovelock/Young 1979]
Lovelock, C. H., Young, R. F., Look to consumers to increase productivity, in: Harvard Business Review, 57, 1979, Nr. 3, S. 168-178

[Lusti 1999]
Lusti, M., Data Warehousing und Data Mining. Eine Einführung in entscheidungsunterstützende Systeme, 1, Springer, Berlin 1999

[Madnick/Siegel 2002]
Madnick, S. E., Siegel, M. D., Seizing the Opportunity: Exploiting Web Aggregation, in: MISQ Executive, 1, 2002, Nr. 1, S. 35-46

[Martin/Turner 1986]
Martin, P. Y., Turner, B. A., Grounded Theory and Organizational Research, in: The Journal of Applied Behavioral Science, 22, 1986, Nr. 2, S. 141-157

[Massey et al. 2001]
Massey, A. P., Montoya-Weiss, M. M., Holcom, K., Re-engineering the Customer Relationship: Leveraging Knowledge Assets at IBM, in: Decision Support Systems, 32, 2001, Nr. 2, S. 155-170

[Mauerer 2004]
Mauerer, J., ADO.NET - eine Einführung, 2004

[Mayo 1933]
Mayo, E., The Human Problems of an Industrial Civilization, Macmillan, New York 1933

[McAfee 2006]
McAfee, A. P., Enterprise 2.0: The Dawn of Emergent Collaboration, in: MIT Sloan Management Review, 47, 2006, Nr. 3, S. 21-28

[McKnight et al. 2000]
McKnight, D. H., Choudhury, V., Kacmar, C., Trust in E-Commerce Vendors: A Two Stage Model, in: Orlikowski, W., Weill, P., Ang, S., Krcmar, H., DeGross, J.I. (Hrsg.), Proceedings of the 21st International Conference on Information Systems (ICIS 2000), Brisbane, Australia, 2000, S. 532-536

[Meffert 1994]
Meffert, H., Marktorientierte Führung von Dienstleistungsunternehmen, in: Die Betriebswirtschaft, 1994, Nr. 4, S. 519-541

[Meffert/Bruhn 1997]
Meffert, H., Bruhn, M., Dienstleistungsmarketing. Grundlagen - Konzepte - Methoden, Gabler, Wiesbaden 1997

[Mehlau 2001]
Mehlau, J. I., State-of-the-Art Reports: IT-Architekturen für Finanzdienstleister, in: Banking and Information Technology, 3, 2001, Nr. 2, S. 41-58

[Meuter et al. 2000a]
Meuter, M. L., Ostrom, A., Roundtree, R. I., Bitner, M. J., Self-Service Technologies: Understanding Customer Satisfaction with Technology-Based Service Encounters, in: Journal of Marketing, 64, 2000a, July, S. 50-64

[Meuter et al. 2000b]
Meuter, M. L., Ostrom, A., Roundtree, R. I., Bitner, M. J., Self-Service Technologies: Understanding Customer Satisfaction with Technology-Based Service Encounters, in: Journal of Marketing, 64, 2000b, Nr. 3, S. 50-64

[Meyer 2005]
Meyer, C.-P., Ratings - Fluch oder Segen?, in: VersicherungsJournal extra, Perspektiven 2006 für den Versicherungsvertrieb, 2005, Nr. 10

[Michelson 2005]
Michelson, B. M., Die Flash-Plattform von Macromedia - Rich-Media-Erlebnisse in breiter Anwendung, Patricia Seybold Group, 2005

[Miles/Huberman 1994]
Miles, M. B., Huberman, A. M., Qualitative Data Analysis: An Expanded Sourcebook, 2., Sage Publications, Thousand Oaks 1994

[Miller 2003]
Miller, G., The Web services debate: .NET vs. J2EE, in: Communications of the ACM, 46, 2003, Nr. 6, S. 64-67

[Mills/Morris 1986]
Mills, P. K., Morris, J. H., Clients as 'Partial' Employees of Service Organizations: Role Development in Client Participation, in: The Academy of Management Review, 11, 1986, Nr. 4, S. 726-735

[Milne/Boza 1999]
Milne, G. R., Boza, M. E., Trust and Concern in Consumers' Perceptions of Marketing Information Management Practices, in: Journal of Interactive Marketing, 13, 1999, Nr. 1, S. 5-24

[Miszori 2001]
Miszori, J., Ausweg aus dem Vertriebsdilemma, in: versicherungsbetriebe, 2001, Nr. 1, S. 38-39

[Mono 2006]
Mono, What is Mono?, http://www.mono-project.com/Main_Page, 19.09.2006

[Monse/Janusch 2003]
Monse, K., Janusch, M., Enterprise Self Services - Wege aus der Kostenfalle?, http://www.ecin.de/state-of-the-art/selfservices/print.html, 28.01.2005

[Moon/Frei 2000]
Moon, Y., Frei, F. X., Exploding the Self-Service Myth, in: Harvard Business Review, 78, 2000, Nr. 3, S. 26-27

[Moores 2005]
Moores, T., Do consumers understand the role of privacy seals in e-commerce?, in: Communications of the ACM, 48, 2005, Nr. 3, S. 86-91

[Mugavero/Negroni 2000]
Mugavero, P. S., Negroni, A. L., Opportunities in Account Aggregation, in: Mortgage Banking, 61, 2000, Nr. 3, S. 64-71

[Müller et al. 2001]
Müller, M., Liebig, O., von Ridder, C., Waisser, K., Schneider, R., Schmidt, T., Hälsig, M., e-Business bei der Allianz, in: Bauknecht, K., Brauer, W., Mück, T.A. (Hrsg.), Informatik 2001: Wirtschaft und Wissenschaft in der Network Economy - Visionen und Wirklichkeit, Tagungsband der GI/OCG-Jahrestagung, Universität Wien 2001

[Müller-Stewens/Lechner 2001]
Müller-Stewens, G., Lechner, C., Strategisches Management. Wie strategische Initiativen zum Wandel führen, Schäffer-Poeschel, Stuttgart 2001

[Mulligan/Gordon 2002]
Mulligan, P., Gordon, S., The impact of information technology on customer and supplier relationships in the financial services, in: International Journal of Service Industry Management, 13, 2002, Nr. 1, S. 29-46

[Murmann 1994]
Murmann, P. A., Expected development time reductions in the German mechanical engineering industry, in: Journal of Product Innovation Management, 11, 1994, Nr. 3, S. 236-252

[Mutter 2003]
Mutter, D. K., Finanzportale im Internet - Ansatz zur Lösung von Informationsproblemen der Nachfrager nach Finanzdienstleistungen, Dissertation, Universität St. Gallen, St. Gallen 2003

[Myers 2002]
Myers, M. D., Qualitative Research in Information Systems, http://www.qual.auckland.ac.nz/index.htm, 16.9.02

[N24 2006]
N24, Bahn setzt wieder auf Schalterpersonal, http://www.n24.de/lifestyle/reise/article.php?articleId=22680, 07.01.06

[Negrino/Smith 2007]
Negrino, T., Smith, D., JavaScript & AJAX for the Web, Peachpit Press, Berkeley, CA 2007

[Negroponte 1997]
Negroponte, N., Reintermediated, in: Wired, 5, 1997, Nr. 9

[Netcraft 2006]
Netcraft, September 2006 Web Server Survey, http://news.netcraft.com/archives/2006/09/05/september_2006_web_server_survey.html, 08.09.2006

[Niemann 1999]
Niemann, K. D., Client/Server-Architektur. Organisation und Methodik der Anwendungsentwicklung, Vieweg Verlagsgesellschaft, 1999

[Noack et al. 2000]
Noack, J., Mehmanesh, H., Mehmaneche, H., Zendler, A., Architekturen für Network Computing, in: Wirtschaftsinformatik, 42, 2000, Nr. 1, S. 5-14

[Noda/Helwig 2005]
Noda, T., Helwig, S., Rich Internet Applications - Technical Comparison and Case Studies of AJAX, Flash, and Java based RIA, Best Practice Reports UW E-Business Consortium, University of Wisconsin-Madison 2005

[Nonaka 1994]
Nonaka, I., A Dynamic Theory of Organizational Knowledge Creation, in: Organization Science: A Journal of the Institute of Management Sciences, 5, 1994, Nr. 1, S. 14-38

[Nordea 2006]
Nordea, Nordea Corporate Statement, http://www.nordea.com/sitemod/default/index.aspx?pid=73302, 23.06.2006

[Nusser 1998]
Nusser, S., Sicherheitskonzepte im WWW, Springer, Heidelberg 1998

[Oppliger 1998]
Oppliger, R., Internet and Intranet Security, Artech House, Boston 1998

[O'Rourke 2004]
O'Rourke, C., A Look at Rich Internet Applications, in: Oracle Magazine, 2004, July/August

[Österle 1995]
Österle, H., Business Engineering: Prozess- und Systementwicklung, 2, Springer, Berlin 1995

[Österle 1996]
Österle, H., Business Engineering: Transition to the Networked Enterprise, in: EM - Electronic Markets, 6, 1996, Nr. 2

[Österle 2002a]
Österle, H., Geschäftsmodell des Informationszeitalters, in: Österle, H., Fleisch, E., Alt, R. (Hrsg.), Business Networking in der Praxis, Springer, Berlin et al. 2002a, S. 17-38

[Österle 2002b]
Österle, H., Übergang zur Informationsgesellschaft (New Economy), in: Dubs, R., Euler, D., Rüegg-Stürm, J. (Hrsg.), Einführung in die Managementlehre, Verlag Paul Haupt, Bern 2002b, S. 329-349

[Österle 2003]
Österle, H., Geschäftsmodell des Informationszeitalters, in: Österle, H., Winter, R. (Hrsg.), Business Engineering, 2, Springer, Berlin 2003, S. 22-43

[Österle/Blessing 2000]
Österle, H., Blessing, D., Business Engineering Model, in: Österle, H., Winter, R. (Hrsg.), Business Engineering: Auf dem Weg zum Unternehmen des Informationszeitalters, Springer, Berlin etc. 2000, S. 61-80

[Österle et al. 1992]
Österle, H., Brenner, W., Hilbers, K., Unternehmensführung und Informationssystem - Der Ansatz des St. Galler Informationssystem-Managements, 2, Teubner, Stuttgart 1992

[Österle/Winter 2000]
Österle, H., Winter, R., Business Engineering, in: Österle, H., Winter, R. (Hrsg.), Business Engineering: Auf dem Weg zum Unternehmen des Informationszeitalters, Springer, Berlin et al. 2000, S. 3-20

[Österle/Winter 2003]
Österle, H., Winter, R., Business Engineering, in: Österle, H., Winter, R. (Hrsg.), Business Engineering, 2. Aufl., Springer, Berlin etc. 2003, S. 3-18

[Ott 2004]
Ott, K., Deutsche Bahn - Mit billigen Tickets an die Börse, in: Süddeutsche Zeitung, 2004

[Parasuraman et al. 1985]
Parasuraman, A., Zeithaml, V. A., Berry, L. L., A Conceptual Model of Service Quality and Its Implications for Future Research, in: Journal of Marketing, 49, 1985, Nr. S. 41-50

[Parvatiyar/Sheth 1994]
Parvatiyar, A., Sheth, J. N., The Emergence of Relationship Marketing, in: Sheth, J.N., Parvatiyar, A. (Hrsg.), Relationship Marketing: Theory, Methods and Applications, 2nd Proceedings of Relationship Conference, Atlanta 1994

[Paulson 2005]
Paulson, L. D., Building Rich Web Applications with Ajax, in: Computer, 38, 2005, Nr. 10, S. 14-17

[Payne 1998]
Payne, A., Relationship Marketing for Competitive Advantage: Winning and Keeping Customers, Butterworth Heinemann, Woburn 1998

[Payne/Rapp 1999]
Payne, A., Rapp, R., Relationship Marketing: Ein ganzheitliches Verständnis von Marketing, in: Payne, A., Rapp, R. (Hrsg.), Handbuch Relationship-Marketing: Konzeption und erfolgreiche Umsetzung, Vahlen Verlag, München 1999, S. 3-16

[Peppers/Rogers 1993]
Peppers, D., Rogers, M., The One to One Future - Building relationships one customer at one time, Currency Doubleday, New York 1993

[Phelps et al. 2001]
Phelps, J. E., D'Souza, G., Nowak, G. J., Antecedents and Consequences of Consumer Privacy Concerns; An Empirical Investigation, in: Journal of Interactive Marketing, 15, 2001, Nr. 4, S. 2-17

[Phifer et al. 2005]
Phifer, G., Valdes, R., Gootzit, D., Underwood, K. S., Wurster, L. F., Magic Quadrant for Horizontal Portal Products, 2005, Gartner Inc., 2005

[Picot et al. 1997]
Picot, A., Bortenlänger, C., Röhrl, H., Organization of Electronic Markets: Contribution from the New Institutional Economics, in: The Information Society, 13, 1997, S. 107-123

[Piller/Zanner 2001]
Piller, F., Zanner, S., Mass Customization und Personalisierung im Electronic Business, in: Wisu, 30, 2001, Nr. 1, S. 88-96

[Piller/Reichwald 2003]
Piller, F. T., Reichwald, R., Von Massenproduktion zu Co-Produktion - Kunden als Wertschöpfungspartner, in: Wirtschaftsinformatik, 5, 2003, Nr. 45, S. 515-532

[Prahalad/Ramaswamy 2000]
Prahalad, C. K., Ramaswamy, V., Co-opting Customer Competence, in: Harvard Business Review, 78, 2000, Nr. 1, January/February, S. 79-87

[Pressman 2005]
Pressman, R. S., Software Engineering: A Practitioner's Approach, McGraw-Hill, 2005

[psychonomics 2000]
psychonomics, Kundenmonitor e-Assekuranz 2000, 2000

[Puschmann 2003]
Puschmann, T., Collaboration Portale - Architektur, Integration, Umsetzung und Beispiele, Dissertation, Dissertation Universität St. Gallen, Difo-Druck, Bamberg 2003

[Quintas et al. 1997]
Quintas, P., Lefrere, P., Jones, G., Knowledge Management: A Strategic Agenda, in: Long Range Planning, 30, 1997, Nr. 3, S. 385 - 391

[Raepple 2001]
Raepple, M., Sicherheitskonzepte für das Internet, dpunkt Verlag, Heidelberg 2001

[Rahm 1994]
Rahm, E., Mehrrechner-Datenbanksysteme. Grundlagen der verteilten und parallelen Datenbankverarbeitung, Addison-Wesley, Bonn 1994

[Raol et al. 2002]
Raol, J. M., Koong, K. S., Lui, L. C., Yu, C. S., An identification and classification of enterprise portal functions and features, in: Industrial Management + Data Systems, 102, 2002, Nr. 7, S. 390-399

[Rapoport 1970]
Rapoport, R. N., Three Dilemmas in Action Research, in: Human Relations, 23, 1970, Nr. 6, S. 499-513

[Reichheld/Aspinall 1993]
Reichheld, F., Aspinall, K., Building High-Loyalty Business Systems, in: Journal of Retail Banking, 15, 1993, Nr. 4, S. 21-29

[Reichheld/Sasser 1999]
Reichheld, F., Sasser, E. W., Zero-Migration: Dienstleister im Sog der Qualitätsrevolution, in: Homburg, C., Bruhn, M. (Hrsg.), Handbuch Kundenbindungsmanagement - Strategien und Instrumente für ein erfolgreiches CRM, Gabler, Wiesbaden 1999, S. 135-150

[Reichheld/Sasser 1990]
Reichheld, F. F., Sasser, W. E., Zero defections: Quality comes to services, in: Harvard Business Review, 68, 1990, Nr. 5, S. 105-112

[Reichheld/Schefter 2000]
Reichheld, F. F., Schefter, P., E-Loyalty: Your Secret Weapon on the Web, in: Harvard Business Review, 78, 2000, Nr. 4, S. 105-113

[Remus 2002]
Remus, U., Prozessorientiertes Wissensmanagement - Konzepte und Modellierung, Dissertation, Universität Regensburg, Regensburg 2002

[Riempp 2003]
Riempp, G., Integrierte Wissensmanagement-Systeme in dienstleistungsorientierten Organisationen, Habilitation, Universität St. Gallen, St. Gallen 2003

[Riempp 2004]
Riempp, G., Integrierte Wissensmanagement-Systeme - Architektur und praktische Anwendung, Springer, 2004

[Roethlisberger/Dickson 1939]
Roethlisberger, F. J., Dickson, W. J., Management and the worker, Harvard University Press, Cambridge, MA 1939

[Root 2005]
Root, N. L., Say Goodbye To Portal Servers - Interaction Platforms And App Server Platforms Take Over, Forrester Research Inc., 2005

[Rosemann 1996]
Rosemann, M., Komplexitätsmanagement in Prozessmodellen: Methodenspezifische Gestaltungsempfehlungen für die Informationsmodellierung, Gabler, Wiesbaden 1996

[Rousseau et al. 1998]
Rousseau, D., Sitkin, S., Burt, R., Camerer, C., Not so different after all: a cross-discipline view of trust, in: Academy of Management Review, 23, 1998, Nr. 3, S. 393-404

[Ruh et al. 2001]
Ruh, W. A., Maginnis, F. X., Brown, W. J., Enterprise Application Integration, John Wiley & Sons, New York 2001

[Saffo 1998]
Saffo, P., DisinteREmediation: Longer, Not Shorter, Value Chains Are Coming, 1998

[Salomann et al. 2005a]
Salomann, H., Dous, M., Kolbe, L., Brenner, W., Customer Relationship Management Survey - Status Quo and Future Challenges, Working Paper, Institut für Wirtschaftsinformatik, Universität St. Gallen 2005a

[Salomann et al. 2006a]
Salomann, H., Dous, M., Kolbe, L., Brenner, W., Advancing CRM Initiatives with Knowledge Management, in: Journal of Information Science and Technology, 3, 2006a, Nr. 2, S. 22-43

[Salomann et al. 2005b]
Salomann, H., Dous, M., Kolbe, L. M., Brenner, W., Rejuvenating Customer Management: How to Make Knowledge For, From and About Customers Work, in: European Management Journal, 23, 2005b, Nr. 4, S. 392-403

[Salomann et al. 2006b]
Salomann, H., Kolbe, L., Brenner, W., Self-Services in Customer Relationships: Balancing High-Tech and High-Touch Today and Tomorrow, in: e-Service Journal, 4, 2006b, Nr. 2, S. 65-84

[Salomann et al. 2005c]
Salomann, H., Schierholz, R., Kolbe, L., Brenner, W., Kommunikation von Sicherheit im Online-Banking, Working Paper, Institut für Wirtschaftsinformatik, Universität St. Gallen, 2005c

[SAP 2004]
SAP, SAP NetWeaver, 2004

[Saueressig 1999]
Saueressig, G., Internetbasierte Self-Service-Systeme für kundenorientierte Dienstleistungsprozesse in öffentlichen Verwaltungen, Dissertation, Universität Erlangen-Nürnberg, Berlin 1999

[Schackmann/Schü 2001]
Schackmann, J., Schü, J., Personalisierte Portale, in: Wirtschaftsinformatik, Vol. 43, 2001, Nr. 6, S. 623-625

[Schedler 2006]
Schedler, K., E-Government in der Schweiz: Stand und Perspektiven, in: Die Volkswirtschaft, 79, 2006, Nr. 1/2, S. 32-35

[Scheer 1992]
Scheer, A.-W., Gegenstand der Wirtschaftsinformatik. Wirtschaftsinformatik: eine junge Wissenschaft, in: Küting, K., Schnorbus, A. (Hrsg.), Betriebswirtschaftslehre heute, Frankfurt am Main 1992

[Scheer 1998]
Scheer, A.-W., ARIS - Vom Geschäftsprozess zum Anwendungssystem, 3., völlig neubearbeitete und erweiterte Auflage, Springer, Berlin 1998

[Scheer et al. 2003]
Scheer, C., Deelmann, T., Loos, P., Geschäftsmodelle und internetbasierte Geschäftsmodelle - Begriffsbestimmung und Teilnehmermodell, Working Paper, Johannes Gutenberg Universität Mainz, 2003

[Scheer/Loos 2002]
Scheer, C., Loos, P., Internetbasierte Geschäftsmodelle - Neue Möglichkeiten der Wertschöpfungsorganisation in der Internet-Ökonomie, in: Dangelmeaier, W., Emmrich, A., Kaschula, D. (Hrsg.), Modelle im E-Business, ALB Verlag, Paderborn 2002, S. 27-38

[Schelp/Winter 2002]
Schelp, J., Winter, R., Enterprise Portals und Enterprise Application Integration, in: Meinhard, S., Popp, K. (Hrsg.), Enterprise-Portale & Enterprise Application Integration, dpunkt, Heidelberg 2002, S. 6-20

[Schierholz 2007]
Schierholz, R., Mobile Kundeninteraktion - Fallstudien und Methodenvorschlag von mobilen Kundeninteraktionen bei Dienstleistungsunternehmen, Dissertation, Universität St. Gallen, 2007

[Schlaaff 2004]
Schlaaff, K., Gestaltungsmöglichkeiten für den Online-Vertrieb von Versicherungen, Working Paper, Johann Wolfgang Goethe-Universität, Frankfurt am Main 2004

[Schmelzle 2005]
Schmelzle, O., Client-Server Architektur, Working Paper, 2005

[Schmid 2001]
Schmid, R., Eine Architektur für Customer Relationship Management und Prozessportale bei Banken, Dissertation, Difo-Druck GmbH, Bamberg 2001

[Schmidt 2001]
Schmidt, R., Finanzportale für den Zugang zu Finanzdienstleistungen, in: Berndt, R. (Hrsg.), E-Business-Management, 2001, S. 273-284

[Schöler 2004]
Schöler, A., Service Automation - Unterstützung der Serviceprozesse im Front- und Back-Office, in: Hippner, H., Wilde, K.D. (Hrsg.), IT-Systeme im CRM, 2004

[Schönert 2003]
Schönert, S., comparis.ch, in: Schubert, P., Wölfle, R., Dettling, W. (Hrsg.), E-Business-Integration - Fallstudien zur Optimierung elektronischer Geschäftsprozesse, Carl Hanser Verlag, 2003, S. 249-261

[Schulze 2000]
Schulze, J., Prozessorientierte Einführungsmethode für das Customer Relationship Management, Dissertation, Universität St. Gallen, St. Gallen 2000

[Schumacher/Meyer 2003]
Schumacher, J., Meyer, M., Customer Relationship Management strukturiert dargestellt: Prozesse, Systeme, Technologien, Springer, Berlin 2003

[Schütte 1998]
Schütte, R., Grundsätze ordnungsmässiger Referenzmodellierung: Konstruktion konfigurations- und anpassungsorientierter Modelle, Gabler, Wiesbaden 1998

[Schwartz 1999]
Schwartz, E. I., Digital Darwinism: 7 Breakthrough Business Strategies for Surviving in the Cutthroat Web Economy, New York 1999

[Schwarz 2000]
Schwarz, J., Mass Customization von Prozessen durch Unternehmensportale, in: Information Management & Consulting, Vol. 15, 2000, Nr. 2, S. 40-45

[Schwede 2000]
Schwede, S., Vision und Wirklichkeit von CRM, in: Information Management & Consulting, 15, 2000, Nr. 1, S. 7-11

[Schwede/Spies 2001]
Schwede, S., Spies, R., Customer Relationship Management: Rettende Oase oder Fata Morgana in der Servicewüste? - Eine internationale Betrachtung durch die META Group, in: Moormann, J., Roßbach, P. (Hrsg.), Customer Relationship Management in Banken, Bankakademie Verlag, Frankfurt/Main 2001, S. 21-42

[Selnes/Hansen 2001]
Selnes, F., Hansen, H., The potential hazard of self-service in developing customer loyalty, in: Journal of Service Research, 4, 2001, Nr. 2, S. 79-90

[Senger 2004]
Senger, E., Zum Stand der elektronischen Kooperation - Fallstudien, Muster und Handlungsoptionen, Dissertation, Universität St. Gallen, St. Gallen 2004

[Senger/Österle 2002]
Senger, E., Österle, H., PROMET BECS - A Project Method for Business Engineering Case Studies, in: Institut für Wirtschaftsinformatik, Universität St. Gallen, 2002

[Shahnam 2000]
Shahnam, E., The customer relationship management ecosystem. Application Delivery Strategies Delta 724, http://www.metagroup.com/communities/crm/ads724.htm, 17.11.03

[Shankar et al. 2002]
Shankar, V., Urban, G. L., Sultan, F., Online trust: a stakeholder perspective, concepts, implications, and future directions, in: Journal of Strategic Information Systems, 11, 2002, Nr. 3-4, S. 325-344

[Shaw/Reed 1999]
Shaw, R., Reed, D., Measuring and valuing customer relationships: How to develop the measures that drive profitable CRM strategies, Business Intelligence, London 1999

[Sinz et al. 2000]
Sinz, E. J., Knobloch, B., Mantel, S., Web-Application Server, in: Wirtschaftsinformatik, Vol. 42, 2000, Nr. 6, S. 550-552

[SITA 2005]
SITA, 2nd Airport IT Trends Survey - 2005, Société Internationale de Télécommunications Aéronautiques, 2005

[Skiera/Lambrecht 2000]
Skiera, B., Lambrecht, A., Erlösmodelle im Internet, in: Albers, S., Herrmann, A. (Hrsg.), Handbuch Produktmanagement, Gabler, Wiesbaden 2000, S. 813-831

[Smith/Bolton 1998]
Smith, A. K., Bolton, R. N., An Experimental Investigation of Customer Reactions to Service Failure and Recovery Encounters: Paradox or Peril?, in: Journal of Service Research, 1, 1998, Nr. 1, S. 65-81

[Smith 2002]
Smith, S., Microsoft and the European Union face off over Internet privacy concerns, in: Duke Law & Technology Review, 2002

[Stähler 2001]
Stähler, P., Geschäftsmodelle in der digitalen Ökonomie, Josef Eul, Köln 2001

[Stauss/Seidel 2002]
Stauss, B., Seidel, W., Beschwerdemanagement: Fehler vermeiden - Leistung verbessern - Kunden binden, 3, Hanser, München 2002

[Stavins 2000]
Stavins, J., ATM Fees: Does Bank Size Matter?, in: New England Economic Review, 2000, January/February, S. 13-24

[Stelzer 2004]
Stelzer, D., Portale - Einführung und Überblick, in: Gentsch, P., Lee, S. (Hrsg.), Praxishandbuch Portalmanagement. Profitable Strategien für Internetportale., Wiesbaden 2004, S. 1-26

[Stockdale/Standing 2004]
Stockdale, R., Standing, C., Benefits and barriers of electronic marketplace participation: an SME perspective, in: The Journal of Enterprise Information Management, 17, 2004, Nr. 4, S. 301-311

[Strasser 2003]
Strasser, P., Beschaffungsseitig orientierte Ansätze im Online-Insuring, Working Paper, Institut für Versicherungswirtschaft, Wirtschaftsuniversität Wien, Wien 2003

[Stuker/Tressl 2003]
Stuker, J., Tressl, M., Accessibility - Behindertentauglichkeit von Web-Angeboten, in: infosociety.ch newsletter, 2003, Juni, S. 3-4

[Süchting 1991]
Süchting, J., Die Theorie der Bankloyalität - (noch) eine Basis zum Verständnis der Absatzbeziehungen von Kreditinstituten, in: Süchting, J., van Hooven, E. (Hrsg.), Handbuch Bankmarketing, Wiesbaden 1991

[Tax et al. 1998]
Tax, S. S., Brown, S. W., Chandrashekaran, M., Customer Evaluations of Service Complaint Experiences: Implications for Relationship Marketing, in: Journal of Marketing, 62, 1998, Nr. S. 60-76

[Taylor 1911]
Taylor, F. W., The principles of scientific management, Harper, New York 1911

[Temkin et al. 2004]
Temkin, B. D., Manning, H., Sonderegger, P., Amato, M., Scenario Design: A Disciplined Approach To Customer Experience, Forrester, 2004

[The Economist 2004]
The Economist, You're hired, September 16, 2004, 2004

[Timmers 1998]
Timmers, P., Business models for Electronic Markets, in: EM - Electronic Markets, 8, 1998, Nr. 2, S. 3-8

[Toffler 1970]
Toffler, A., Future Shock, Amereon Ltd., New York 1970

[Tomczak/Reinecke 1996]
Tomczak, T., Reinecke, S., Der aufgabenorientierte Ansatz: Eine neue Perspektive für das Marketing, Thexis, St. Gallen 1996

[Trompenaars/Hampden-Turner 1997]
Trompenaars, F., Hampden-Turner, C., Riding the waves of culture: Understanding Cultural Diversity in Business, 1997

[TRUSTe 2004]
TRUSTe, Consumer Study Finds eBay Most Trusted Company For Privacy, http://www.truste.org/about/press_release/06_10_04.php, 12.10.2006

[Turau 1999]
Turau, V., Techniken zur Realisierung Web-basierter Anwendungen, in: Informatik-Spektrum, 22, 1999, Nr. 1, S. 3-12

[U.S. Dep't. of Health/Welfare 1973]
U.S. Dep't. of Health, E., Welfare, Secretary's Advisory Committee on Automated Personal Data Systems, Records, computers, and the Rights of Citizens viii, http://www.epic.org/privacy/consumer/code_fair_info.html, 12.8.04

[Ulrich 1970]
Ulrich, H., Die Unternehmung als produktives soziales System - Grundlagen der allgemeinen Unternehmungslehre, 2., überarbeitete Auflage, Paul Haupt, Bern 1970

[Ulrich 1984]
Ulrich, H., Management, Haupt, Bern 1984

[Ulrich/Probst 1988]
Ulrich, H., Probst, G. J. B., Anleitung zum ganzheitlichen Denken und Handeln - Ein Brevier für Führungskräfte, 1. Auflage, Haupt, Bern 1988

[Urban 2004]
Urban, G. L., The Emerging Era of Customer Advocacy, in: MIT Sloan Management Review, 45, 2004, Nr. 2, S. 77-82

[Urban et al. 2000]
Urban, G. L., Sultan, F., Qualls, W. J., Placing Trust at the Center of Your Internet Strategy, in: MIT Sloan Management Review, 42, 2000, Nr. 1, S. 39-48

[Vance 2003]
Vance, A., $2 trillion fine for Microsoft security snafu?, 2003

[Vavra 1995]
Vavra, T. G., Aftermarketing: How to keep customers for life through relationship marketing, Irwin, Chicago et al. 1995

[Vawter/Roman 2001]
Vawter, C., Roman, E., J2EE vs. Microsoft.NET, http://www2.theserverside.com/resources/article.jsp?l=J2EE-vs-DOTNET, 18.11.2002

[Vlachakis et al. 2005]
Vlachakis, J., Kirchhof, A., Gurzki, T., Marktübersicht Portalsoftware 2005, Working Paper, Fraunhofer-Institut für Arbeitswirtschaft und Organisation IAO, Stuttgart 2005

[Vossen 2000]
Vossen, G., Datenmodelle, Datenbanksprachen und Datenbankmanagementsysteme, 4., korrigierte und erg. Auflage, Oldenbourg, München 2000

[W3B 1995]
W3B, 1. WWW-Benutzer-Analyse W3B (2. Oktober bis 12. November 1995), 1995

[W3B 2005]
W3B, 20. WWW-Benutzer-Analyse W3B (4. April bis 9. Mai 2005), 2005

[WAI 2006]
WAI, W3C Web Accessibility Initiative, http://www.w3.org/WAI/, 28.11.2006

[Webster 1992]
Webster, F., Jr., The Changing Role of Marketing in the Corporation, in: Journal of Marketing, 56, 1992, October, S. 1-17

[Weill/Vitale 2001]
Weill, P., Vitale, M. R., Place to Space: Migrating to eBusiness Models, Harvard Business School Press, Boston 2001

[Whyte 1991]
Whyte, W. F., Participatory Action Research, Sage Publications, Newbury Park etc. 1991

[Wikström 1996]
Wikström, S., Value Creation by Company-Consumer Interaction, in: Journal of Marketing Management, 12, 1996, Nr. 5, S. 359-374

[Winkelmann 2004]
Winkelmann, P., Sales Automation - Grundlagen des Computer Aided Selling, in: Hippner, H., Wilde, K.D. (Hrsg.), IT-Systeme im CRM, Gabler, Wiesbaden 2004, S. 301-332

[Wöhe 1996]
Wöhe, G., Einführung in die Allgemeine Betriebswirtschaftslehre, 19, Vahlen, München 1996

[Wright/Quinn 2002]
Wright, J., Quinn, J., Enterprise Service Management: The Key to Service Excellence, Accenture, 2002

[Xideas/Moschuris 1998]
Xideas, E., Moschuris, S., The influence of product type on the purchasing structure, in: European Journal of Marketing, 32, 1998, Nr. 11/12, S. 974-992

[Yin 1994]
Yin, R. K., Case Study Research. Design and Methods, 2, SAGE Publications, London 1994

[Yousafzai et al. 2003]
Yousafzai, S. Y., Pallister, J. G., Foxall, G. R., A proposed model of e-trust for electronic banking, in: Technovation, 23, 2003, Nr. 11, S. 291-304

[Zablah et al. 2004]
Zablah, A. R., Bellenger, D. N., Johnston, W. J., An evaluation of divergent perspectives on customer relationship management: Towards a common understanding of an emerging phenomenon, in: Industrial Marketing Management, 33, 2004, Nr. 6, S. 475-489

[Zacharia et al. 2000]
Zacharia, G., Moukas, A., Maes, P., Collaborative reputation mechanisms for electronic marketplaces, in: Decision Support Systems, 29, 2000, Nr. 4, S. 371-388

[Zahn et al. 2000]
Zahn, E., Foschiani, S., Tilebein, M., Wissen und Strategiekompetenz, in: Hammann, P., Freiling, J. (Hrsg.), Die Ressourcen- und Kompetenzperspektive des Strategischen Managements, Deutscher Universitäts-Verlag, 2000, S. 47-64

[Zeithaml/Bitner 2003]
Zeithaml, V. A., Bitner, M. J., Services Marketing: Integrating Customer Focus Across the Firm, McGraw-Hill, New York 2003

[Zellner 2003]
Zellner, G., Leistungsprozesse im Kundenbeziehungsmanagement - Identifizierung und Modellierung für ausgewählte Kundentypen, Dissertation, Universität St. Gallen, St. Gallen 2003

[Zhang/Li 2003]
Zhang, J., Li, D., A Novel Design Criterion of Space-Time Code and New Codes for Quasistatic Rayleigh Fading Channels, MoMuC, A Novel Design Criterion of Space-Time Code and New Codes for Quasistatic Rayleigh Fading Channels, 2003

[Zhang/von Dran 2000]
Zhang, P., von Dran, G. M., Satisfiers and Dissatisfiers: A Two-Factor Model for Website Design and Evaluation, in: Journal of the American Society for Information Science, 51, 2000, Nr. 14, S. 1253-1268

[Zhu et al. 2002]
Zhu, H., Madnick, S. E., Siegel, M. D., The Interplay of Web Aggregation and Regulations, in: Lesavich, S. (Hrsg.), Proceedings of the 3rd International Conference on Law and Technology, International Society of Law and Technology (ISLAT), Cambridge, MA 2002

[Zimmermann/Beneken 2000]
Zimmermann, J., Beneken, G., Verteilte Komponenten und Datenbankanbindung. Mehrstufige Architekturen mit SQLJ und Enterprise JavaBeans 2.0, Addison-Wesley, 2000

[Zipser 2001]
Zipser, A., Business Intelligence im CRM - Die Relevanz von Daten und deren Analyse für profitable Kundenbeziehungen, in: Link, J. (Hrsg.), Customer Relationship Management: Erfolgreiche Kundenbeziehungen durch integrierte Informationssysteme, Springer, Berlin 2001, S. 35-57

GPSR Compliance

The European Union's (EU) General Product Safety Regulation (GPSR) is a set of rules that requires consumer products to be safe and our obligations to ensure this.

If you have any concerns about our products, you can contact us on ProductSafety@springernature.com

In case Publisher is established outside the EU, the EU authorized representative is:

Springer Nature Customer Service Center GmbH
Europaplatz 3
69115 Heidelberg, Germany

Kolibri 360 GmbH
Ferdinand-Jühlke-Straße 7
99095 Erfurt, Deutschland
produktsicherheit@kolibri360.de